Auxiliando a humanidade a encontrar a Verdade

A TERRA DAS ARARAS VERMELHAS
UMA HISTÓRIA NA ATLÂNTIDA

Roger Feraudy
Da Academia Petropolitana de Poesia Raul de Leoni e
Academia Neolatina e Americana de Artes do Rio de Janeiro

A TERRA DAS ARARAS VERMELHAS
Uma história na Atlântida

Projeto Terra

© 1999
Roger Feraudy

A TERRA DAS ARARAS VERMELHAS
Uma história na Atlântida
Roger Feraudy

Todos os direitos desta edição
reservados à
CONHECIMENTO EDITORIAL LTDA.
Caixa Postal 404
CEP 13480-970 - Limeira - SP
Fone/Fax: 19 34515440
www.edconhecimento.com.br
conhecimento@edconhecimento.com.br

Nos termos da lei que resguarda os direitos autorais, é proibida a reprodução total ou parcial, de qualquer forma ou por qualquer meio — eletrônico ou mecânico, inclusive por processos xerográficos, de fotocópia e de gravação — sem permissão, por escrito, do Editor.

Ilustração da Capa: Cláudio Gianfardoni
Projeto Gráfico: Sérgio Carvalho
Revisão: Mariléa de Castro
Colaborou nesta edição:
Paulo Gontijo de Almeida

• Impresso no Brasil • Presita en Brazilo

Dados Internacionais de Catalogação na Publicação (CIP)
(Câmara Brasileira do Livro, SP, Brasil)

Feraudy, Roger
A Terra das Araras Vermelhas - Uma história na
Atlântida / Roger Feraudy. — 5ª ed. — Limeira, SP :
Editora do Conhecimento, 2006. (Projeto Terra)

ISBN 978-85-7618-115-6

1. Espiritismo 2. Romance brasileiro I. Título. II. Série.
06-8501   CDD - 133.93

Índice para catálogo sistemático:
1. Romances espíritas : Espiritismo : 133.93

Roger Feraudy
Da Academia Petropolitana de Poesia Raul de Leoni e
Academia Neolatina e Americana de Artes do Rio de Janeiro

A TERRA DAS ARARAS VERMELHAS
Uma história na Atlântida

5ª Edição - 2006

Projeto Terra

EDITORA DO
CONHECIMENTO

Bibliografia do autor

- Serões do Pai Velho
Ed. Hércules/Age, P. Alegre, 1996
- Umbanda, essa Desconhecida
Ed. Hércules/Age, P. Alegre, 1999
- Religião e Cosmo
O Mistérios das Religiões e Origem do Homem
Ed. Thesaurus, Brasília, 1995.
- A Divina Mediadora
Ed. FEEU, P. Alegre, 1989 (esgotada),
Ed. Hércules/Age, P. Alegre, 1999 (no prelo)
- A Terra das Araras Vemelhas
Uma História na Atlântida
Ed. do Conhecimento, Limeira - SP, 1999
- Cyrne. História de uma Fada
O Trabalho dos Espíritos da Natureza e o Mundo Invisível
Ed. do Conhecimento, Limeira - SP, 2000
- A Flor de Lys
Saint Germain e os Bastidores da Revolução Francesa
Ed. do Conhecimento, Limeira - SP, 2001
- Baratzil - A Terra das Estrelas
Nossa Herança Extraterrestre e Atlante
Ed. do Conhecimento, Limeira - SP, 2002
- O Jardineiro
Uma fábula moderna
Ed. do Conhecimento, Limeira - SP, 2003
- Umbanda, essa Desconhecida
Ed. do conhecimento, Limeira - SP, 2004
- O Contador de Histórias
João Só e a rosa azul
Ed. do Conhecimento, Limeira - SP, 2005
- Um Anjo está nas Ruas
Não estamos sós
Ed. do Conhecimento, Limeira - SP, 2005

A sair:
- Sabedoria Oculta
A Origem do Homem e das Religiões
Ed. do Conhecimento, Limeira - SP, 2004

Poesia:
- Os Versos que te dou - Antologia
Ed. Pirilampo, Petrópolis, RJ, 1988 (esgotada)
- Velhas Memórias - Poesias
Ed. Gráfica IPAG, Petrópolis, RJ. 3ª ed, 1997 (esgotada)
- Lira Serrana - Poesias
Ed. Gráfica IPAG, Petrópolis, RJ, 1994 (esgotada)
- Momentos - Poesias
Ed. Gráfica IPAG, Petrópolis, RJ, 1995 (esgotada)
- Não nascem Roseiras no Chão da Cidade - Poesias
- Versos Satíricos e Outras Poesias

Sumário

Introdução 11
Explicação 15
1 — Zac 17
2 — Ay-Mhoré 23
3 — O tentador 33
4 — As bailarinas do vento 43
5 — A cilada 52
6 — Anhangüera 64
7 — A caverna na montanha 75
8 — Uma caçada real 91
9 — O passo das gaivotas 103
10 — A vingança do bruxo 116
11 — Revelações espantosas 131
12 — O desmemoriado 148
13 — As experiências de Nadja .. 160
14 — A esperteza de Aleutar 176
15 — O fio da meada 188
16 — Na boca do lobo 203
17 — Zanatar - o etíope 215
18 — O solitário da Montanha Azul ... 227
19 — O tempo e os fatos 240
20 — O porteiro do Templo do Som ... 254
21 — O caçador e a caça 269
22 — Marchas e contramarchas ... 278
23 — Uma audiência real 289
24 — As maquinações de Azamor .. 298
25 — Nas sombras da noite 311
26 — O grande conselho 324
27 — O testamento de Nadja 337
O autor 347
Epílogo 351

À minha esposa, Helena.
Aos meus filhos.
Aos meus amigos.

A Mariléa de Castro
querida irmã em Cristo,
meu agradecimento pela
digitação do texto.
Este livro também é seu.

In memoriam:

Durval Pentagna
Jacy Carvalho
Alberto Soares
Ivan Martins
Flávio Hosken
Ary Villar
Ivo Villar
Genoefa d'Angelo Villar
José Gonçalves da Luz
Leonina Cardoso
Edgard Machado
Jesus Mário Gonzalez
Ruy França de Almeida
Osmyra A. Lima
Roberto Resende e
Zélia Araújo

"A verdade, na grande maioria das vezes, é mais incrível que a ficção".

"... porque antes de salvar, o homem precisa ser salvo".
O Solitário da Montanha Azul

Introdução

> De hoje em diante, a Terra das Araras Vermelhas será conhecida como a Nação dos Aymorés.

A Atlântida existiu.

Não é apenas, no fundo da consciência coletiva da humanidade, o fascínio mágico que esse nome desperta.

Há o depoimento claro de Platão, nos diálogos Timeu e Crítias. E a tradição de vários povos sobre a grande terra que se estendia entre a Europa e a América, no oceano que lhe herdou o nome. Há, sobretudo — para os que nela confiam — os registros da sabedoria iniciática sobre esse continente, berço da Quarta Raça-Mãe do planeta.

Ainda não identificado pela História oficial, seu legado espiritual, científico e artístico se perpetuou em diversas grandes culturas mediterrâneas e americanas, pela migração de grupos atlantes que se transladaram para oriente e ocidente, estabelecendo colônias que prosperaram e reproduziram a cultura da Terra-Mãe.

Não houve apenas um afundamento da Atlântida. Ao longo de milênios, pelos menos três cataclismos se sucederam, reduzindo sucessivamente o território do continente de Atlas — o legendário rei do qual tomou o nome. Com o primeiro deles, a Grande Atlântida foi reduzida, há cerca de quarenta mil anos, a duas ilhas — Ruta e Daytia — e depois estas submergiram, deixando apenas a ilha de Posseidonis. Há cerca de nove mil anos a.C. ela dominava a região, deixando registros tão claros de sua influência, que os sacerdotes do templo de Sais, no delta do Nilo, puderam transmitir a Sólon as descrições minuciosas que Platão posteriormente aproveitou em *Timeu* e *Crítias*. Os famosos dilúvios da tradição de todos os povos coincidiram com esses trágicos afundamentos. O de Posseidonis se concretizou no espaço de um dia e uma noite.

Na Atlântida não existiu um só povo. Embora a raça vermelha — a Quarta Raça planetária — ali tivesse o seu berço, mais de um tronco racial se desenvolveu. Ali encarnaram em massa os exilados capelinos, trazendo ao planeta Terra o impulso de elevados níveis de ciência e tecnologia. Ali, a confraria dos Profetas Brancos semeou as bases das Escolas Iniciáticas que iriam manter a chama da Sabedoria Divina no planeta. Anfion e Antúlio, Supremos Iniciados, começaram a agregar discípulos nos Templos da Luz Eterna, que os homens foram ensinados a adorar. Simbolizada no fogo e na luz solar, essa crença foi difundida por onde andaram eles.

O conhecimento — tanto o que hoje denominamos "científico" como o chamado "esotérico", então unidos — foi esplendor e ruína da civilização atlante. Com ele construíram grandes cidades, empregaram alta tecnologia, desconhecida para a época, sondavam os astros, cruzaram os mares, desenvolveram uma arte e uma ciência requintadas. E alimentaram a ambição e as paixões. Com o conhecimento das forças poderosas da natureza e da mente, mergulharam nos extremos do mau uso. E as forças da natureza, em nome do equilíbrio planetário, reagiram. Quando a Grande Atlântida, vítima das forças sombrias que desencadeara, submergiu, a civilização, depois reorganizada em Ruta e Daytia, durou mais alguns milênios, mas terminou por repetir os mesmos desatinos. Idêntico efeito se repetiu. E finalmente Posseidonis, a última ilha, fértil e bela, das cidades de cúpulas douradas e casario branco sobre o azul do mar, quando a carga de energias perigosas atingiu a massa crítica insuportável, teve o mesmo destino. Os povos da bacia mediterrânea guardaram memória desses eventos na história bíblica do dilúvio, personificando em Noé os migrantes que, atendendo ao aviso dos iniciados, se retiraram previamente.

Ao longo dos milênios em que se desenrolou a história de grandeza, decadência e catástrofes da Atlântida, grupos sucessivos se dirigiram para a Europa e as Américas, e foram constituir focos de brilhantes civilizações, como a egípcia e a grega, os maias, incas e astecas, os povos indígenas da América do Norte e do Sul; e o tronco formador dos árias, os misteriosos homens de raça branca que um dia se derramaram das regiões hiperbóreas ao norte da Europa, seguiram para leste, até a Índia e o Planalto de Pamir, e depois se espalharam pelo continente europeu. Como sua marca peculiar, o culto do fogo sagrado, da Luz Solar. Como língua, aquela que daria, primeiro o sânscrito, depois todas as línguas indo-européias. A Quinta Raça, dos árias, se formara, com sua missão específica — o evolver do intelecto — causando todo o bem e mal que podia.

No substrato religioso, artístico e científico de todos aqueles grandes povos, a marca dos atlantes. Os incas se diziam descendentes de grandes seres divinos que tinham vindo de além do oceano, e entre as dinastias reinantes havia olhos azuis e cabelos louros, segundo cronistas espanhóis. As pirâmides do Yucatan e do Egito, os elevados conhecimentos astronômicos, médicos, matemáticos, arquitetônicos; os grandes princípios cósmico-psicológicos enfeixados na mitologia grega; os *Vedas* e o *Livro dos Mortos*, as máscaras douradas dos faraós e as estrofes divinas do Bhagavad-Gîta, a Tábua de Esmeralda e o monoteísmo, tudo guarda a marca dessa Sabedoria que o Continente Perdido exportou para o planeta, nas variadas latitudes, antes de submergir em sua própria insensatez. A humanidade planetária é filha da Atlântida.[1]

À época da presente narrativa, preparava-se o cataclismo que iria submergir a ilha de Ruta. Já então, uma colônia de atlantes, que saíra da Terra-Mãe há longo tempo atrás, liderados por Zac e inspirados pelos mestres do povo atlante, prosperava, de longa data, na Terra das Araras Vermelhas, no litoral do hoje estado do Espírito Santo. Por acaso? Não!

Os grandes planejadores planetários cuidadosamente haviam tangido a semente atlante original para a futura terra do Brasil, onde se abrigou esse núcleo que deveria ser preservado.

Porque o sangue atlante — a herança psíquica, espiritual e física da Atlântida — teria que participar da constituição da Sexta Sub-Raça que um dia, lentamente, iria se gestar na América do Sul. Por isso eles vieram, foram guiados e preservados da destruição. Como, a presente obra se encarrega de contar.

Essa a verdadeira origem, o segredo que se oculta nas raízes de grandes nações indígenas do Brasil.

Legítimo sangue atlante corre nas veias físicas e espirituais do povo brasileiro. Dele herdamos muita coisa — mas sobretudo o conhecimento mágico e psíquico, que faz do Brasil um berço eletivo para a nova civilização do terceiro milênio.

É um privilégio que a presente obra nos oferece, podermos

---

[1] "Temos o fato do notável paralelismo cultural entre povos das margens do Mediterrâneo e as civilizações pré-colombianas. A arquitetura piramidal e escalonada, comum a egípcios, babilônicos e os povos americanos; a mumificação inca, igual à etrusca; a imagem do gigante suportando o orbe, comum a gregos, babilônios e astecas; o sol alado, comum a egípcios e maias. O próprio tipo racial dos egípcios e maias, extremamente aparentados, e a total desvinculação genética do egípcio e outros povos da África. Tudo, enfim, aponta uma origem comum na Atlântida." — Norberto de Paula Lima, in *Timeu e Crítias ou A Atlântida* — Editora Hemus, 1981. p.26.

assim identificar claramente, nas raízes da terra brasileira, a presença da nação atlante.

E redescobrirmos o que tinha de melhor: sua elevada religião original, o amor e respeito à mãe-natureza, a nobreza e a estatura moral da maioria de seus líderes, a tradição espiritual de seus grandes sacerdotes, magos e curadores. Quando iremos retomar essa elevada tradição, que afinal nos pertence?

É bem verdade que, séculos afora, não se manteve o padrão original da herança atlante, tal como expresso nos ensinamentos de Payê-Suman.[2] Não foi mais a grande civilização da terra das araras vermelhas que Cabral encontrou nas florestas brasileiras.[3] O seu pálido reflexo ficou na herança xamânica dos povos indígenas. Seus remanescentes últimos, o crepúsculo de uma raça perdida, vagueiam hoje entre a indiferença e a crueldade dos brancos, que junto com suas terras, lhes roubaram a dignidade e a vontade de viver.

O ceticismo de muitos verá nestas páginas apenas ficção. Não importa. Aqueles que sabem que a Terra Atlântida foi real, porque nela viveram um dia, saberão em seus corações que é verdade. Para eles essa história foi escrita, e também para que a Terra da Cruz de Estrelas descubra e resgate as suas próprias origens, além da História conhecida. Talvez porque esteja na hora em que a Atlântida deva retornar à nossa consciência, e devam retornar também os filhos da Terra das Araras Vermelhas.

Mariléa de Castro

---

[2] Nota à 3ª edição: Três anos após a publicação desta obra, nos chegaram ao conhecimento informações relativas a tribos indígenas brasileiras que guardaram na tradição a figura de Payê Suman ou Sumé. Essa tradição indígena do Pai Sumé foi recolhida pelos primeiros colonizadores: "Na tradição mítica brasilíndia não são raras as referencias aos civilizadores brancos. A maior figura é o Sumé, o civilizador máximo das tribos Tupi. É descrito como um grande feiticeiro, branco, barbado, que veio pelo mar. Contavam os índios do Maranhão que o Sumé tinha ensinado a seus antepassados o plantio e o preparo da mandioca. A ele foram atribuídos também a abertura de caminhos e a introdução de novos princípios religiosos. Conta-se que Sumé foi para o Perú. Durante sua caminhada teria aberto a estrada que ficou conhecida como Peabiru ou Piabuyu, ou seja, o "Caminho da Montanha do Sol". (*btttp://geocities.yahoo.com.br/enigmasdahumanidade/peabiru.htm*).

As famosas pegadas de Pai Sumé, diz a lenda, ficaram marcadas nas rochas, por onde ele passou. Em muitas regiões do Brasil, como Nordeste e Amazonia, há marcas de pés gravadas em rochas, que lhe são atribuidas (cf. Pablo Villarubia Mauso, *Mistérios do Brasil*, Mercuryo, 1997, p. 30)

[3] Sobre esse processo, podemos apenas conjecturar, por enquanto. Mas seria no mínimo fascinante imaginar se Tupayba — filho e herdeiro do último dos Ay-Mhorés — não teria, ao reinar mais tarde nas terras altas, iniciado uma nova dinastia, a dos Tupaybas, posteriormente Tupys...

Tupis, um dos grandes grupos indígenas brasileiros, falavam a língua-geral ou Nhengatu.(!) Curioso notar que refere o padre Nóbrega, em cartas, sobre as suas crenças: "... as tradições que se referem ao *dilúvio*..." (cf. *História do Brasil*, sup. Herculano Mathias et alii, Bloch ed., s/d, vol. I, p.36).

Explicação

Esta história me foi contada aos poucos. Fiquei sabendo um bocadinho ontem, outro bocadinho hoje, e assim, lentamente, fui ordenando os fatos, até conseguir juntar todos os fios da meada, para pôr em ordem os assuntos. Pronto! Tinha toda a história completa, ou quase completa. Uma história que relata fatos remotíssimos, de uma perdida civilização.

É uma história real! Embora os fatos que vão ser apresentados possam parecer estranhos, do começo ao fim nada têm de romanesco ou ficção.

Esta história da Terra das Araras Vermelhas se passou há 40.000 anos, num determinado lugar do Brasil, que na época era denominado Colônia Atlante ou Terra de Zac.

Os fatos serão narrados, e embora estranhíssimos para a atualidade, devemos lembrar ao leitor que a verdade por vezes é bem mais incrível que a ficção.

Os leitores irão notar, no decorrer da leitura, que existiam dois tipos étnicos distintos nesses remotíssimos tempos, que a História não registra.

Um tipo racial apresentando pele de coloração clara, cabelos e olhos também claros, e nomes de origem sânscrita; outro tipo de coloração de pele avermelhada, olhos e cabelos negros e nomes de origem Nherigatu.

Petrópolis, janeiro de 1971
O autor

1
Zac

Zac aspirou profundamente o ar puro e sentiu a brisa ligeira no seu rosto de traços fortes, deixando escapar um profundo suspiro. Contemplou o vale exuberante, de vegetação a mais variada, e anteviu ao longe a massa de montanhas que o limitavam e que naquela hora, já ao entardecer, lhe parecia azul, de um azul esmaecido que dava, no conjunto com o vale, uma sensação de paz e beleza extraordinária.

Zac continuou em meditação durante algum tempo. Depois, virou-se lentamente e da pequena elevação em que se encontrava fitou o mar, coberto de embarcações fundeadas, e a azáfama do ir e vir para a terra, dos seus comandados.

Eram as duzentas famílias escolhidas a dedo pelo próprio Zac, para a migração demandando as terras a sudoeste de Aztalan, o centro do grande império de Mu.

Neste momento, Zac rememorou as palavras do seu Mestre, Antúlio: "Segue com todas as famílias que puderes, na direção sudoeste. Lá, filho meu, encontrarás um vale magnífico situado entre o mar e as montanhas. É ali que deverás te fixar, pois nessa terra florescerá um grande império. Nessa região o clima é ameno, a água fresca e abundante, a caça é de enorme variedade, o solo é fértil e os frutos são os mais variados possíveis. Tudo que for plantado nessa terra abençoada dará em abundância. Vai, meu filho! Procura essa terra prometida, pois é lá que vais fundar uma grande civilização. Vai em busca da Terra das Araras Vermelhas, e que a paz seja contigo".

Zac ainda relembrava absorto as palavras do Mestre quando, em revoada, três araras de um escarlate vivo vieram pousar numa árvore próxima, como que para observá-lo. Se alguma indecisão pairava no espírito de Zac, nesse momento desvaneceu-se completamente.

Ele atirou os longos cabelos negros para trás, olhou mais uma vez para a grande montanha azulada no horizonte, e caindo de joelhos, começou a orar contritamente.

Os últimos raios de sol ainda banhavam sua figura imponente em oração, quando Ussay, seu lugar-tenente, ao encontrá-lo, postou-se em silêncio, a respeitosa distância.

Zac finalmente levantou-se. Seu rosto brilhava e seus grandes olhos negros refletiam segurança e decisão.

— Ussay, meu filho, reúne os chefes, pois quero falar-lhes. Aqui termina a nossa peregrinação. É aqui, nesta terra, que o Grande Pai quer que eu fixe meu povo. Vai depressa, Ussay, meu filho. Chegou a grande hora de eu falar pela primeira vez ao povo de Zac, na terra de Zac.

Ussay aproximou-se e com todo respeito beijou a mão do grande chefe:

— Grande Zac! Tupã seja convosco e vos inspire para trazer paz e prosperidade à nossa raça, a grande raça Nhengatu. Irei correndo convocar os doze chefes para a reunião desta noite.

Zac o despediu com um aceno de mão e ainda permaneceu por muito tempo, imóvel, a fitar como que fascinado a grande montanha azulada que se desenhava no horizonte.

&&&

Já haviam se passado longos anos desde a chegada de Zac à Terra das Araras Vermelhas. Grandes cidades erguiam-se ao longo do vale, e o progresso se fazia sentir em todos os setores da recém criada colônia Atlante.

Zac dirigiu-se até a grande janela oval de onde divisava o vale quase inteiro, pois o seu palácio situava-se estrategicamente numa elevação do terreno, de onde se podia também avistar o mar e os últimos confins da terra já totalmente edificada.

O sol começava a cair no horizonte, colorindo de tons cobre os zimbórios arredondados dos templos de ouro maciço, e colocando tons rosados e miríades de cores nas paredes alvas dos edifícios, numa profusão de matizes fortes, em contraste com o crepúsculo que descia rapidamente.

Zac olhava o seu vale, enquanto milhões de pensamentos passavam por sua mente. Recordou primeiro da fundação das doze cidades, cada qual regida por um chefe sacerdote, e o crescimento lento das construções satélites, em torno de cada palácio-templo. Recordou as diversas reuniões do Grande Conselho dos Doze, dos grandes debates, da distribuição de encargos, da entronização dos doze príncipes, e o crescimento lento de cada cidade até se tornarem autônomas, apenas prestando obediência ao poder central, que ele mesmo ocupara nesses longos anos. Recordou ainda Zac a expansão dessas doze cidades para além do vale e a criação de colônias, expandindo-se cada vez mais. A formação dos exércitos, as conquistas que faziam dessa nação enorme uma potência cada vez mais forte, tão grande que poderia mesmo rivalizar, ou quase, com a Terra-Mãe Mu, de onde tinham emigrado.

Zac recordava-se de todas as artes realizadas, de todas as conquistas científicas e de todo o imenso progresso que florescia no vale, que caminhava para o ápice da civilização. Passou as mãos trêmulas pelos escassos cabelos brancos e tornou a afundar em suas recordações.

Relembrava agora os tempos difíceis, quando os príncipes, na ânsia de expansão e conquista, começaram a guerrear entre si. Lembrou-se da grande invasão, quando as hordas de Winn, o etíope, com seus inúmeros barcos, tentaram a conquista da Terra das Araras Vermelhas. Recordou ainda a trágica reunião com os doze príncipes, em que ele apelara dramaticamente pela união, pois que acreditava que só unidos poderiam vencer e se tornarem uma grande nação. Os príncipes haviam escutado o seu apelo, e então as cidades inteiras, reunidas, expulsaram os inimigos para além dos mares.

O perigo passara, porém um perigo maior lançava sua sombra pelo vale inteiro. A ânsia de poder dos príncipes continuava: cada cidade queria ser maior que a outra, guerrilhas e agressões sucediam-se, e o poder central se enfraquecia lentamente.

Zac sentou-se, cansado, num divã forrado de penas de araras, e tentou, esfregando as mãos nos olhos, afugentar essas visões do passado; porém elas voltaram mais nítidas ao seu pensamento. Zac sorriu, um sorriso algo triste de velho guerreiro cansado, quando chegou bem claro em sua memória o grande milagre que havia ocorrido em seu amado vale.

Parecia ainda hoje que aportara aquele grande barco no porto norte, e ninguém sabe como, pela primeira vez, no templo de Áries, começou a pregar um grande Mestre; e sua palavra era doce e ao mesmo tempo candente. Falava de união e amor à terra, dizia que todos os homens eram irmãos e pregava ainda não existirem raças, mas sim almas. Sua sabedoria era imensa, e ensinou a todos os homens novos métodos de cultivar a terra, desvendou os segredos da tecelagem, aparecendo daí o linho. Desenvolveu as ciências matemáticas e astronômicas, e ensinou os homens do vale a industrializar as penas de todas as variedades de pássaros para o fabrico de mantos e capas, tão importantes para o comércio com outras nações. Rapidamente foi amado e venerado por toda a Terra das Araras Vermelhas, e os príncipes, vencidos pela magia do seu amor, pacificaram-se e uniram-se a Zac, criando o Conselho dos Doze novamente, tendo como chefe temporal ele próprio, e espiritual esse grande Mestre.

A grande nação cresceu rapidamente, forte e unida, e para todos os habitantes do vale vieram dias de grande prosperidade e ventura.

Tudo isso Zac recordou nesse instante, em que sentia que chegava ao fim dos seus dias e ainda reunia as últimas forças para o Conselho que havia convocado, para escolha do grande tuxauá que haveria de governar os destinos da Terra das Araras Vermelhas.

Um gongo sonoro interrompeu subitamente a torrente dos seus pensamentos e um servo anunciou, curvando-se reverente:

— Grande Tuxauá! Payê-Suman, o grande Mestre, espera na ante-sala e pede para vos falar.

— Que entre, rápido, não o faça esperar!

O servo retirou-se e a dupla porta de carvalho abriu-se, entrando Payê-Suman, o grande Mestre, adorado por todos os homens da terra de Zac.

O Mestre era alto, vestia uma túnica de linho alvo, pregueada, que lhe descia até aos pés, calçados com sandálias de couro de veado. Sua basta cabeleira branca terminava-lhe nos ombros em cachos ondulados. Seu rosto, de um oval perfeito, era grave e sereno, e seus olhos azuis pareciam sorrir, exalando-se de sua figura um misto de pureza e bondade.

Zac ajoelhou-se a seus pés, e imediatamente o Mestre o ajudou a levantar.

— Salve o grande rei! disse Payê-Suman. E sua voz era grave e bem modulada.

— Salve, Mestre!

— Que a paz de Tupã esteja no teu coração!

Payê-Suman deu o braço a Zac e dirigiram-se para o divã de penas de arara, sentando-se.

— Finalmente chegou a hora — disse o Mestre, sorrindo. — Como não ignoras, é o término de minha missão. Creio que ela foi cumprida, e agora é o momento de me despedir deixando para sempre a Terra das Araras Vermelhas.

— É, Mestre, todos nós chegamos ao fim, de uma maneira ou de outra.

— Deixo todos os meus filhos, a quem sempre amarei, com

o coração saudoso, porém certo de ter plantado a semente de uma melhor compreensão entre os homens.

— Em nome de meus súditos, eu agradeço o que fizeste por nós. Jamais serás esquecido pelos séculos afora.

Payê-Suman sorriu e pousou sua mão espalmada no coração de Zac e logo após no seu:

— O terreno era bom, as sementes foram aquecidas com a compreensão e os frutos estão aí: uma forte nação Nhengatu! O que ensinei foi bem compreendido. A fortaleza não vem das armas, não vem da agressão. Vem do conhecimento de si mesmo, e os príncipes, com essa conquista, puderam levar esta civilização ao ponto em que se encontra agora. Ensinei apenas aos príncipes a se encontrarem, e quando eles se encontraram puderam achar todos os seus súditos e então amá-los. O amor, então, fez a força dessa grande nação. O amor está aí mesmo, tu podes quase tocá-lo. Vê! — e Payê-Suman, estendendo a mão em direção à grande janela oval, mostrou a Zac a última claridade do Sol, que ainda tingia de um resto de cor o horizonte distante.

— Vê, Zac, como o doador universal de amor, o Sol, como que arrependido de se retirar, ainda dá o que sobra do seu calor e luz para todas as coisas. É um pequeno repouso, um intervalo ligeiro, pois amanhã voltará novamente, com toda a sua intensidade, com todo o seu imenso amor, para mais uma vez dar luz e calor indiscriminadamente.

Zac escutava atento as palavras do Mestre, ou melhor, ávido bebia cada palavra dessa lição de sabedoria do seu adorado Morubixaba.

— Como o Sol, o grande Payê-Suman se vai, numa noite que todos nós ansiamos seja breve, porque nos nossos corações, a cada manhã, a cada novo dia, estarás bem presente, em nossa terra, em nossa gente.

— Eu me recordo, Zac, de uma história que ouvi há tempos. Dizem que uma lagarta morreu e enclausurada em seu casulo, foi velada e muito pranteada por suas amigas lagartas. Passou-se o tempo da incubação, e finalmente, a lagarta, pelo fenômeno da metamorfose, transformou-se em borboleta de asas diáfanas, que imediatamente voou de flor em flor, totalmente esquecida de suas amigas que ainda lamentavam sua morte. O exemplo é inverso: borboletas são os que ficam. A lagarta sou eu, que me transformo. Tudo é um constante mudar na natureza. Nada é imutável. É preciso que tu e eu mudemos para que a vida continue. Eterna é a vida. Homens e nações passam, e a única coisa que permanece é a vida. Conseqüentemente, o meu adeus não é definitivo. Todos nós temos um encontro marcado na eternidade.

A Terra das Araras Vermelhas

Zac beijou as mãos do Mestre:

— Eu tenho também um encontro marcado com o meu casulo, só que não posso garantir se serei uma borboleta das mais formosas.

— E a reunião do Conselho dos Doze? — perguntou Payê-Suman, mudando de assunto.

— Já a convoquei, a fim de que seja escolhido o meu sucessor.

— Fizeste bem, Zac. Quem escolheste? Que nome irás levar ao Conselho dos Príncipes?

— Espero que minha escolha seja a tua. Por suas qualidades e méritos, só um príncipe pode ser o supremo tuxauá: Ay-Mhoré!

— Tua escolha é a minha; Tupã te inspirou.

O Mestre levantou-se do divã de penas, e unindo as palmas das mãos cumprimentou Zac:

— Que as nossas almas estejam unidas como as palmas das minhas mãos. — Pousou a mão direita no seu coração e depois no de Zac: — Paz no teu coração!

E virando-se, se retirou.

Zac, olhos úmidos pela emoção, tentou acompanhá-lo até a porta, mas o Mestre o impediu com um gesto.

Payê-Suman dirigiu-se à grande porta de carvalho, abriu-a e retirou-se do palácio real. Misteriosamente, conforme aparecera, desapareceu para sempre da Terra das Araras Vermelhas.

⁓ ❦ ⁓

Depois desses acontecimentos, houve o solene Conselho dos Doze, e no dia do Sol, em cerimônia pública, no templo de Áries, foi entronizado Ay-Mhoré I como o grande tuxauá.

Sete dias após a cerimônia, numa tarde calma, quando os últimos raios do sol tingiam as montanhas azuladas nos confins do vale, uma grande borboleta escarlate pousou nos galhos de um cipreste que ficava abaixo da janela do palácio que dava para o quarto do antigo rei. Nessa mesma hora, as vozes se elevaram dentro do palácio, chegando até as ruas, e todos aqueles que por ali passavam ouviram claramente:

— Morreu o grande Zac, o velho tuxauá está morto!

A grande borboleta escarlate voou, e quando atingiu uma certa altura, desapareceu completamente.

2
Ay-Mhoré

O Sol quase a pino irradiava o seu calor, só atenuado por rajadas de brisa refrescante vindas de quando em vez do mar.

A grande cidade parecia adormecida, como que embriagada pelo calor daquela hora, e quase não se via ninguém nas ruas arborizadas por mangueiras.

Ao sul da cidade central, além do templo de Áries, existe um pequeno bosque que dá sempre uma sombra acolhedora e ali a brisa parece sempre ser mais fresca. Numa ligeira elevação ao centro do bosque, junto ao pé de uma majestosa palmeira gigante, vamos encontrar um homem imóvel, mãos cruzadas no peito, olhar perdido, distante. Sua figura é magnífica. Tem cerca de dois metros e meio de altura, ombros enormes e peito saliente. Veste apenas uma túnica leve de linho branco, trabalhada a fios de ouro, que lhe cobre um dos ombros e desce curta até o meio das pernas musculosas. Usa sandálias de couro cru e na cabeça, prendendo os cabelos negros que lhe descem pela nuca, uma fita vermelha, que presa à testa desce pelas costas, enrolando em grossa trança seus cabelos quase lisos. O rosto é grave, sério, de tez avermelhada, e de feitio quadrado, de maxilares fortes. Os olhos negros estão quase semicerrados, encimados por uma ruga que se desenha nítida na testa ampla. O conjunto enorme transmite uma sensação de força e determinação, porém em nada revela a força do bruto ou selvagem, e sim a aparência de harmonia numa musculatura bem proporcionada. Aquela massa enorme de homem dava a idéia, em sua imobilidade, de um jovem e belo deus descido das alturas e posto momentaneamente na Terra. Aquele homem era AY-MHORÉ, o supremo tuxauá da Terra das Araras Vermelhas, que naquele momento, no bosque de Pan, se encontrava afastado de todos, entregue a seus próprios pensamentos.

Ay-Mhoré moveu-se, afinal. Descruzou os braços, passou os dedos pelos cabelos, sacudiu a grande cabeça como se chegasse a alguma conclusão e voltou novamente à primitiva posição.
— Bartyra, minha esposa! Tupyaba, meu filho querido! — exclamou. — É preciso, vai ser necessário que eu o faça!
Ay-Mhoré levantou as mãos para o alto, suplicando:
— Ó grande Tupã, dai-me forças! Payê-Suman, grande Mestre! Ajudai-me, e que eu cumpra meu destino até o fim! Que eu tenha suficiente coragem para enfrentar todas as situações com calma e tranqüilidade a fim de encontrar a melhor solução para os meus problemas e os do meu povo.

Ay-Mhoré, olhos marejados de lágrimas, olhou o mar distante profundamente azul, àquela hora matizado pelos raios de sol, contemplou ao longe as grandes montanhas azuladas e depois, como quem toma uma decisão, saiu de sua postura estática e pôs-se a descer a pequena elevação onde se encontrava.

Quando descrevemos esta cena, já haviam se passado mais de quatrocentos anos após a morte de Zac. O primeiro Ay-Mhoré já havia reinado com grande sabedoria e a ele se sucederam outros seis com o mesmo nome, constituindo-se numa dinastia, a dos Aymorés, que deu um grande impulso àquela grande civilização, que durante esse largo período só viu dias de glória e de paz, num progresso crescente, o que elevou a Terra de Zac às culminâncias de uma grande potência.

O Ay-Mhoré que deixamos agora a descer a pequena colina do bosque de Pan é o sétimo Ay-Mhoré, e foi entronizado no Templo de Áries como Ay-Mhoré VII, grande tuxauá da Terra das Araras Vermelhas.

O rei alcançou sua liteira, que se encontrava à entrada do bosque, conduzida por quatro servos e ladeada por seis guardas armados de compridas lanças. Sentado nas almofadas de penas, indicou com um gesto a direção do palácio real, e alheio às saudações dos poucos transeuntes, continuou entregue aos seus próprios pensamentos.

Fora naquela tarde, no templo de Leo, quando oferecia um sacrifício pelo nascimento do seu primogênito, Tupyaba, que ouvira claramente aquela voz doce, porém firme, que lhe dizia:

"— Ay-Mhoré, meu filho, os povos do grande continente, da terra-mãe Mu, entregaram-se à mais baixa e torpe magia negra. Com essas práticas abomináveis selaram seu próprio destino. As forças da natureza, aviltadas por esses povos corruptos, irão desencadear sua força, sua ira contra seus aviltadores. Grandes cataclismos advirão. O vento soprará forte, o mar irá se enfurecer, convulsões internas na crosta terrestre a enrugarão, e entre tempestades violentas e vulcões em erupção, grande parte dos continentes desaparecerá. A terra-mãe quase toda será tragada pelo oceano, e as águas invadirão o vale inteiro da Terra das Araras Vermelhas. Precisamente doze luas bastarão para que essa tragédia ocorra. Ay-Mhoré, filho meu! É preciso que reúnas os doze príncipes e com eles planifiques um grande êxodo para as terras altas que ficam para além das grandes montanhas que delimitam o vale. Ainda é necessário que o sangue Nhengatu continue existindo no sétimo continente. Vai, Ay-Mhoré! Cumpre o teu destino, e que a paz de Tupã esteja no teu coração".

A voz calara-se, e no templo deserto Ay-Mhoré apenas escutava sua própria voz aflita que perguntava:

— Por quê, Tupã, por que?

O tuxauá, embalado pelo passo cadenciado dos carregadores, parecia ainda ouvir a misteriosa voz do templo.

— Seja feita a vontade de Tupã! — disse em voz alta.
— Porque aquilo que me cumpre fazer, eu já sei como o farei.

Os carregadores entrepararam espantados com o tom de voz do monarca, e um deles respeitosamente perguntou:

— Que ordenais, grande rei?
— Ao palácio, ao palácio!

⁕

Siamor levantara-se cedo e percorria o grande Templo do Som, verificando em todas as dependências se as suas ordens haviam sido cumpridas. Siamor era o Supremo Sacerdote do templo do Sagrado Som, templo esse que reunia cantores e cantoras, sacerdotes e sacerdotisas, capazes de emitir vocalmente os sons relativos a todos os ruídos da natureza, e que eram usados como sons mágicos nas cerimônias religiosas. Eram, esses sons, mantras capazes de propiciar certas divindades e, ao mesmo tempo, provocar harmonias e correntes magnéticas também usadas nas cerimônias de magia para os mais variados fins.

Mestre Siamor, vestido com a sua grande capa de penas brancas, entrou no salão central do templo e acendeu um grande círio para o Deva do Som. Fez uma breve prece e depois retirou-se de costas, recuando e fazendo várias saudações.

Siamor sentou-se à mesa, preparada para a refeição matinal por seu servo particular.

— Bom, muito bom! — exclamou o volumoso sacerdote, esfregando as mãos alegremente. — Uma boa refeição pela manhã deixa um homem preparado para enfrentar um dia inteiro de trabalho.

Começou a devorar os alimentos servidos pelo seu servo Aleutar, que se postava imóvel a seu lado.

— Então, Aleutar, quais as novidades?

— Grande Siamor, preferido dos deuses, Mestre adorado pelos devas do som...

— Basta, basta! As novidades, quero saber o que nossos espias averiguaram.

— O grande tuxauá deve estar com um problema muito sério. Foi visto ontem no bosque de Pan, sozinho, e lá ficou muito tempo.

— E depois, que mais verificaram?

— Depois o grande tuxauá retirou-se para o seu palácio.

— Só isso, imbecil?

— Só, augusto senhor.

— E vocês não verificaram o porquê dessa estranha atitude do tuxauá?

— Dizem os nossos espias que se trata de uma predição.

— Predição? Que predição?

— Nada sabemos a respeito, meu senhor.

— Bem pouca coisa sabem então! Naturalmente o rei resolveu ficar só, dar um pequeno passeio, e vocês ficam logo imaginando alguma intriga.

— Não, meu senhor, nossos homens ouviram o grande tuxauá pronunciar algumas palavras.

— Que palavras foram essas? — E Siamor parou momentaneamente de comer, interessado.

— Foram estas: " Seja feita a vontade de Tupã, pois aquilo que me cumpre fazer, já sei como o farei".

— Interessante — falou Siamor entredentes.

— Logo depois, o grande tuxauá foi para o seu palácio e lá o esperava o Sumo Sacerdote; os dois entraram juntos para os aposentos particulares do rei, e os nossos homens ainda puderam ouvir Sua Majestade dizer: "São problemas gravíssimos, e eu preciso lhe contar com a máxima urgência".

Siamor ficou calado depois das últimas palavras do seu servo particular. Aleutar tentou ainda lhe servir uma geléia de pêssegos, porém Siamor afastou o prato com uma das mãos e inclinando o corpanzil para trás, semideitado nas almofadas de penas macias, perguntou:

— Só isso é que sabes, Aleutar?

— Sim, Mestre!
— Trabalhaste bem, serás recompensado por isso. — E falando consigo mesmo: "— Preciso me preparar para ir ao palácio. Talvez consiga falar com o tuxauá, e quem sabe esses acontecimentos não poderão vir a servir os meus planos?"

Com um gesto, Siamor mandou o servo retirar a mesa, porém o outro permaneceu imóvel.

— E então? Avia-te!
— Mestre! Ainda tem mais.
— Mais?
— Sim, augusto! Irinia!
— Irinia?
— Sim, meu senhor! Consta que teve um encontro ontem à noite no jardim do seu palácio, com aquele vagabundo, cantador de trovas.

Siamor deu um murro na mesa, e inclinou-se para a frente, vermelho de indignação.

— O quê? E ninguém fez nada para impedir? Por que não me avisaram? Para que eu sustento essa chusma enorme de imbecis? — O gordo sacerdote tremia. — E o que mais? O que mais?

— Consta, meu senhor...
— Como consta? Então ninguém tem certeza?
— Foi o que eu soube através de um acaso.
— Prossiga. — Siamor parecia mais calmo.
— Eles ficaram algumas horas passeando de mãos dadas lá para os lados do velho pavilhão abandonado. Segundo pude saber, esse não é o primeiro encontro.

— Por Tupã! E ninguém viu isso? E a minha guarda? É incrível, nas minhas próprias barbas!

— É sempre em horas tardias, como já disse, meu senhor. Soubemos por acaso. O velho porteiro do Templo, Thumus, sofre de insônia e...

— Basta! Basta! Quando voltar do palácio do tuxauá, quero falar com essa menina. Que ela não saia e me espere. Quanto a esse vagabundo, vou tomar providências.

— Sim, augusto Mestre — disse Aleutar, impassível.

⁓ ჯ ⁓

A sala de audiências reais era grande, mas Ay-Mhoré a atravessava em poucas passadas. O grande tuxauá estava inquieto, esperando impaciente o Sumo Sacerdote do reino.

— Azamor, o Sumo Sacerdote dos templos em toda a Terra de Zac! — anunciou o servo particular do rei.

Azamor entrou no grande salão, e unindo as duas mãos saudou o tuxauá.

O Sumo Sacerdote era alto, quase da altura do rei, magro, anguloso, rosto fino e olhos perscrutadores de águia. Quase não encarava as pessoas ao falar, e o seu olhar furtivo denotava falsidade e ao mesmo tempo astúcia. Trajava uma bata de linho alvo, comprida, e por sobre os ombros uma capa de penas de araras. Trazia a cabeça coberta, e a lhe esconder os cabelos, um chapéu de pano cinza, de feitio quadrado, tendo na frente, bordado, um bastão com sete nós, encimado por uma arara vermelha de asas abertas, símbolo de sua posição sacerdotal.

— Salve, Azamor! A paz esteja no teu coração! — saudou Ay-Mhoré.

— Salve, grande tuxauá!

— Meditaste bem no que ontem te revelei? — E Ay-Mhoré, entrando logo no assunto, indicou ao sacerdote o grande divã de penas, convidando-o a sentar-se.

Azamor começou a falar. Sua voz era pausada, monótona e de acentos estridentes:

— Passei a noite inteira em meditação. Procurei ouvir Tupã, mas meus pobres ouvidos mortais são surdos e não pude ter a comunicação que queria. Vós, grande rei, sois mais afortunado que eu, pois podeis falar com os deuses.[1]

Ay-Mhoré sentiu uma ponta de ironia nas palavras do Sumo Sacerdote.

— Não se trata de afortunado ou não! Acho apenas que o caso é grave e que precisamos tomar providências.

— Acho que não há motivo para grandes preocupações. Se eu sou um representante de Tupã na Terra, se eu organizo um culto especial para uma comunicação com os deuses, e essa comunicação não vem, concluo que não devemos nos preocupar, pois lógico seria que eu tivesse também conhecimento dessa importante mensagem. Com o devido respeito de Vossa Majestade, os problemas de ordem espiritual estão a meu cargo.

— Duvidas por acaso de mim?

— Absolutamente, não tive essa intenção.

— Se dizes que és o intérprete de Tupã na terra, estás então agastado por esta comunicação ter vindo por meu intermédio e não pelo teu?

---

[1] Nessa época, o tratamento "tu" era empregado com os subalternos, e o "vós" aos superiores. (N.A.)

— Não se trata disso, Majestade. É que uma comunicação dessas... Convenhamos... parece-me muito estranha...

Ay-Mhoré levantou-se abruptamente:

— Estranha ou não, é autêntica, um tuxauá não mente!

Azamor, vendo a irritação do rei, procurou acalmá-lo:

— Com o perdão de Vossa Majestade — disse, medindo bem as palavras — pelo fato de ser estranha é que precisamos ponderar, para vermos qual a melhor atitude a ser tomada.

Ay-Mhoré, mais calmo, sentou-se novamente.

— O que sugeres, Azamor?

— Acho que seria conveniente reunirmos os doze príncipes, para em uma reunião do Grande Conselho ouvirmos suas opiniões.

— Assim seja; vou reunir os príncipes das cidades satélites. Até lá, nem uma palavra sobre o assunto. Isso deve ficar entre nós dois, pois a propagação de tal notícia poderia levar o pânico a toda população.

— Seja feita a vossa vontade, e eu também tornarei a meditar sobre o assunto, para opinar com mais sabedoria no Conselho.

Ay-Mhoré levantou-se, dando como terminada a breve reunião, e para si mesmo, pensou que "bem pouco poderia confiar no Sumo Sacerdote", e quase sorriu quando sentiu a inutilidade daquela espera e de tal entrevista.

Azamor saudou o rei com uma grande reverência e dispunha-se a se retirar, quando o servo particular do tuxauá anunciou que o Sacerdote do Templo do Som se encontrava no palácio.

— Mande-o entrar — disse Ay-Mhoré — e dirigindo-se a Azamor que entreparara à porta: — Mandarei te avisar o dia que marcarei para o Grande Conselho. E já sabes: nem uma palavra!

Siamor cruzou com o Sumo Sacerdote que se retirava e saudou-o afetuosamente. Ay-Mhoré, de pé no meio da sala, cruzou os braços sobre o peito e pacientemente esperou que as efusivas saudações terminassem, e quando Siamor entrou, convidou-o a sentar-se no mesmo divã em que havia atendido Azamor.

— Salve Ay-Mhoré, o grande tuxauá, eleito de Tupã!

— Salve, Mestre do Som!

— Espero não perturbar Vossa Majestade, que tem tão graves problemas a resolver — e acentuou esses "graves".

— Quanto aos meus, que trago à Vossa Graça, são de somenos importância.

A Terra das Araras Vermelhas

— Fala, Siamor.

— Em primeiro lugar, venho apresentar a Vossa Majestade o programa que organizei para as festividades próximas, do primeiro aniversário de vosso primogênito. Organizei junto com a sacerdotisa Nadja um espetáculo de canto e danças sagradas em louvor a Ara, o Deus-Sol, no templo de Leo. Vossa Majestade deseja ler e aprovar o programa? — Siamor desenrolou um grande papiro que trazia, porém Ay-Mhoré com um gesto o deteve:

— Se o grande Mestre do Som o organizou, deve estar perfeito.

Siamor sorriu lisonjeado:

— Vossa Graça me honra com vossa confiança. O espetáculo será dos mais belos e tenho certeza de que meu rei e minha rainha ficarão plenamente satisfeitos.

— Disso tenho certeza, não foras tu o meu Mestre do Sagrado Som.

— Com essas palavras o meu tuxauá me encoraja a vos pedir uma graça.

— Pede, Siamor; o que queres?

— Vossa Majestade já ouviu falar de Irinia, a bela princesa órfã que veio do grande continente?

— Sim, Siamor; prossegue.

— Eu a tenho como seu preceptor, e a venho ensinando nos mistérios do sagrado som. Queria fazê-la, com vossa permissão, Suprema Sacerdotisa do Som, tomando-a por esposa.

— É só isso que queres? Pois seja, tens minha permissão.

Siamor riu de contentamento e agradeceu comovido:

— Grande rei, bem amado do povo, que Tupã vos conceda as graças eternas! Já que meu tuxauá é tão condescendente com esse vosso humilde servo, eu me aventuro a vos pedir uma segunda graça.

Ay-Mhoré riu-se jovialmente:

— Hoje deve ser o dia das graças. Pois pede, Siamor.

— Vossa Majestade já ouviu falar na certa de Turano o nômade, o cantor vagabundo, que anda por aí produzindo sons profanos e desencaminhando moças casadouras.

— Não me digas que queres levá-lo para o templo e fazer dele um cantor sacro — disse Ay-Mhoré, divertido.

— Não, Majestade. Esse jovem é um abuso e uma ameaça aos meus delicados ouvidos.

— Mas que queres? Ele não canta o amor?

— Mas é um amor profano.

— Amor é apenas amor! E que mal pode haver no amor?

— Mas Majestade, ele zomba e tripudia da minha autoridade. Eu sou o guardião do som e o som é para mim sagrado. Esse saltimbanco, esse ferrabrás, avilta este som com canções obscenas e já anda mesmo a rondar o meu templo, na certa querendo desencaminhar alguma sacerdotisa.

— Mas afinal, que queres que eu faça?

— Gostaria que Vossa Majestade me concedesse a graça da devida autoridade para mandar prendê-lo, para que possa ser castigado convenientemente.

— Seja, embora eu não goste muito de me opor a qualquer gesto de amor. Pelo que me consta, esse rapaz, Turano — não é este o nome? — não cometeu nenhum crime grave. Afinal, umas canções de amor e alguns namoros menos sérios, não são coisas tão reprováveis assim. Não te parece, Mestre Siamor?

— Mas, Majestade...

— Seja, seja! Tens o meu consentimento para agir como quiseres.

Ay-Mhoré ainda permaneceu por muito tempo sentado no divã de penas e entregue a seus próprios pensamentos, depois que Siamor se retirou.

Que ele não podia confiar no Sumo Sacerdote, agora estava bem certo, depois dessa breve entrevista. Azamor era um ambicioso, um falso, e desde que assumira o cargo, pela morte repentina do seu antecessor, várias intrigas e alguns murmúrios haviam surgido. Nas últimas reuniões do Grande Conselho, já vinha notando, no Sumo Sacerdote, sonhos e aspirações mais altos do que seu cargo permitia.

"— Tenho que tomar muito cuidado com esse hipócrita", pensou Ay-Mhoré. "É preciso que eu faça rapidamente alguma coisa para cortar as asas desse biltre. E os doze príncipes?" Mentalmente enumerou-os um a um. "Em qual deles podia confiar?" Depois de uma análise objetiva, chegou à conclusão de que cinco lhe eram totalmente fiéis; os outros sete, eram um caso para se pensar seriamente.

"— Não!" pensou Ay-Mhoré em voz alta. "Eu preciso ser apoiado pelos doze integralmente. Antes de marcar o Grande Conselho, procurarei falar com cada um. Caso não consiga o apoio total, pelo menos terei que contar com a maioria. Depois, com o apoio dos príncipes, pensarei numa maneira de derrubar do poder esse falso Sumo Sacerdote. É, amanhã mesmo levarei avante o meu plano. Paciência e cautela. Nada de precipitações, pois segundo a Voz que ouvi no templo, ainda temos doze luas pela frente.[2] O mais importante de tudo é que não haja uma

---
[2] Doze luas seriam doze meses.

A Terra das Araras Vermelhas

revolta armada e derramamento de sangue entre irmãos", concluiu o rei em sua possante voz a ecoar pelo salão vazio.

A rainha acabara de pôr o seu filho no berço de penas macias, quando Ay-Mhoré entrou. Beijou carinhosamente a esposa, brincou distraidamente com os cabelos do filho adormecido, quando Bartyra que o observava, perguntou:

— Preocupado?

— Sim, bastante preocupado.

— Como foi o encontro com Azamor?

— Não serviu de nada. Acho que este farsante, ou não acreditou no que lhe contei, ou então tem outros planos.

— Esta segunda suposição é bem mais grave.

— Exatamente, mas já pensei no que terei que fazer, e dessa maneira, neutralizarei a ação do Sumo Sacerdote.

— Cuidado, Ay-Mhoré! Eu não gosto nada dele, acho seu olhar falso, e minha intuição feminina me diz que essa adulação junto aos príncipes tem como única finalidade derrubar-te do trono.

— Mas os príncipes me são fiéis.

— Ay-Mhoré! Ay-Mhoré! Não confies muito nisso. Tens que agir rápido.

— Vou agir, Bartyra. Procurarei todos os príncipes antes de marcar a data para o Grande Conselho. Eles na certa me ouvirão.

— E Azamor?

— Preciso encontrar uma maneira de controlar os seus passos. Colocarei espias de minha confiança no seu encalço.

— Acho que deverias procurar primeiro Anhangüera. Este é realmente nosso amigo e talvez os dois juntos possam encontrar uma boa solução.

— É, farei isso.

Bartyra abraçou o esposo e reclinou a cabeça no seu peito. Ay-Mhoré afagou os seus cabelos negros, dando tapinhas carinhosos em sua cabeça, como que tranqüilizando-a.

— Não te aflijas, eu ainda sei cuidar de mim — disse o tuxauá, abraçando-a

Silenciosos, os dois dirigiram-se à varanda, Bartyra aconchegada no seu ombro, e a se olharem com ternura, ali permaneceram alheios às intrigas que os cercavam.

3
O tentador

Siamor saiu do palácio do rei muito rápido, levando no coração grande felicidade pelo que obtivera, com mais facilidade do que pensara.

— Tenho que encontrar Azamor o mais depressa possível — murmurou para si mesmo, descendo célere os degraus do palácio e entrando na sua liteira. — Ao templo de Áries, ordenou aos seus carregadores.

Enquanto viajava para o templo, Siamor fazia planos para a conversa que teria com o Sumo Sacerdote. Já conseguira do tuxauá a promessa do seu casamento com Irinia. O perturbador Turano já estava, segundo ele, eliminado do seu caminho, ante o que lhe prometera o seu rei. Faltava agora, para completar o seu dia de felicidade, saber ao certo o que se passava com Ay-Mhoré. Devia ser algo bem sério, para ele ter tido duas entrevistas seguidas com Azamor, e também seria necessário que ele, Siamor, soubesse qual a posição do Sumo Sacerdote, seu superior hierárquico, para então ver qual seria sua diretriz e vantagem que tiraria desse esquema. Sua imaginação voou alto, e já se imaginava em uma situação das mais importantes do reino, quando foi interrompido no seu delírio de ambição pela chegada da liteira nas majestosas escadarias de mármore que davam acesso ao imponente templo de Áries.

Siamor deslocou seu corpo considerável com agilidade inusitada para tal volume, entrando com uma rapidez assombrosa por uma porta lateral que dava para a câmara particular do Sumo Sacerdote.

— Por Anhangá! — disse Azamor, virando-se. — Que pressa, homem!

— Salve, Azamor! — falou Siamor, esbaforido, e sem nenhum convite atirou-se num pequeno divã.

Azamor sentou-se também em frente ao seu visitante inesperado, e enfiando as duas mãos nas mangas largas de sua bata, dispôs-se a ouvi-lo:

— E então? Quais as novidades?

— Novidades? Como sabes?

— Eu farejo novidades à distância. Como não ignoras, sou o homem mais bem informado de todo o vale — disse Siamor com orgulho.

O outro concordou com um aceno de cabeça.

— Já pensaste — perguntou Siamor — de quanta utilidade eu poderia ser, e quantas informações valiosas eu poderia te prestar?

O Sumo Sacerdote permaneceu mudo por alguns instantes, e como que querendo avaliar até que ponto Siamor sabia, atirou a pergunta:

— Mas afinal, a que tu te referes?

Siamor jogou tudo para fora:

— Ora, Azamor! A predição, Ay-Mhoré! Eu já sei de tudo.

Azamor pouco se espantou com as declarações de Siamor, e, num segundo, vislumbrou a que ponto poderia chegar com tal aliado.

— Bem, já que estás tão bem informado, só posso te dizer que tenho um plano gigantesco e no qual, se me servires bem, terás um papel dos mais importantes.

— Posso te servir melhor do que imaginas. Inclusive, terás a minha rede de espiões à tua disposição, com as melhores informações do reino.

Azamor pareceu por instantes que estudava o seu visitante.

— Já estás a par do que trata a predição?

Siamor, não querendo parecer que desconhecia totalmente o que dizia a tal predição, respondeu evasivamente:

— Mais ou menos, escapam-me alguns detalhes.

— Segundo Ay-Mhoré, daqui a doze luas o vale inteiro será tragado pelas águas. O outro assobiou baixinho e o sacerdote continuou: — Segundo a Voz que lhe falou, haverá uma migração para as terras altas. O tuxauá, junto com os príncipes, serão os guias e organizarão a evacuação de todo o vale.

— E como se processaria esse êxodo para as terras altas? Penso que para lá não existe nenhum caminho, nenhuma trilha; pelo que sei, as terras altas são inatingíveis.

— Isso a Voz não revelou — disse Azamor com sarcasmo.

— E acreditas nessa predição? — perguntou Siamor algo preocupado.

— Tanto quanto acredito que o Sol não nascerá amanhã.

— Achas então que o tuxauá mente?

— Ele deve ter razões que eu ignoro.
— Então trata-se de um plano arquitetado por ele, visando alguma coisa?
— Quero justamente que descubras isso. Não poupes nem homens, nem ouro ou pedras brilhantes.[1]
— Será feito.
— Quero que descubras a verdade o mais rápido possível, e de uma maneira tal que não desperte suspeitas. É absolutamente necessário que saibamos com que intenção o rei inventou isso tudo.
— Temes pela tua posição?
— Não só a minha, como também a tua e de todos aqueles que detêm o poder nesta terra.
— Mas falaste num plano, plano esse em que eu teria um importante papel a representar. Que plano é esse?
— Escuta bem — e Siamor endireitou-se no divã, interessado e disposto a não perder uma palavra sequer. — O tuxauá não gosta nem um pouco de mim, logo minha influência junto a ele é quase nula. O Grande Conselheiro Tupyassu é um joguete em suas mãos, não tem a menor voz ativa, e ainda conta com a simpatia da maioria dos príncipes. Dessa forma, Ay-Mhoré centraliza o poder total em suas mãos.
— Mas alguns príncipes te são fiéis.
— Alguns, sim, mas eu precisaria da maioria.
— Com quantos contas?
— Talvez uns seis, não sei ao certo, tenho algumas dúvidas.
— Mas se o tuxauá centraliza o poder, eu não entendo essa agora de uma predição e de um êxodo total do vale.
— Nem eu! É aí que reside o mistério, e quero que tu também averigúes.
— Com os nossos espias trabalhando juntos, talvez possamos descobrir a verdade.
— Mas presta atenção no meu plano — disse o Sumo Sacerdote. — Vais começar a espalhar, porém com bastante cuidado e bastante jeito, que o grande tuxauá enlouqueceu. Que anda cheio de manias, que agora escuta vozes que lhe dão ordens. Espalha, também, que um rei doente e insano não pode mais governar os destinos da Terra das Araras Vermelhas.
— E se essa predição for verdadeira? — perguntou Siamor, ainda não de todo convencido da certeza de Azamor.
— Eu sou o enviado de Tupã na terra — disse o Sumo Sacerdote com voz cortante. — Ou duvidas disso?
O outro se encolheu, temeroso de ter ido longe demais com

---
[1] Pedras brilhantes: diamantes.

A Terra das Araras Vermelhas

sua pergunta.

— Não, não duvido — balbuciou Siamor.

— Achas, por acaso, que se houvesse realmente uma mensagem dos deuses, essa viria por intermédio do tuxauá? — e sem esperar resposta: — Viria por meu intermédio, é claro. Ou por acaso tens medo?

— Medo, eu! Vejo que ainda não me conheces bem — e tomando uma decisão: — Estou por tudo!

O Sumo Sacerdote fitou por algum tempo Siamor com seu olhar de águia, que o outro sustentou.

— Enquanto espalhas esse boato da loucura do rei — disse Azamor adoçando a voz — eu farei o trabalho de aproximação junto aos príncipes. Tenho alguns deles em minhas mãos. Quando me assegurar da situação, forço a escolha de Arary, o príncipe da cidade leste, para o cargo de supremo tuxauá. Com Arary como rei, eu é que governarei todo o vale como Grande Conselheiro. Arary é um fraco e eu sei demais a seu respeito; ele será meu joguete, e então terei todo o poder de que necessito.

— E eu, Azamor? Que papel vou representar nessa trama toda?

— Tu serás o Sumo Sacerdote da Terra de Zac. Todos os templos estarão subordinados a ti, e o teu poder será ilimitado. Que dizes?

— Aceito — disse Siamor, já antegozando as glórias e prestígio que adviriam com essa nova situação. — Porém, um ponto apenas ainda não está bastante claro para mim.

— Dize — falou Azamor, satisfeito.

— E se os outros príncipes que te são fiéis não aceitarem Arary como tuxauá? Sabes tão bem como eu que esse príncipe tem muito pouco prestígio.

— Já pensei nisso também, mas posso arranjar facilmente, com a autoridade que tenho como Sumo Sacerdote, uma mensagenzinha de Tupã, indicando, nessa emergência, o nome do príncipe Arary. O que precisamos, no momento, é a adesão da maioria dos príncipes. Precisamos trabalhar muito para isso, e tu vais ter um importante papel, fazendo exatamente o que te disse: o rei está louco, e louco não pode governar.

— É uma pena — disse Siamor fazendo um muxoxo. — O grande tuxauá enlouqueceu. Pobre rei, teus súditos estão penalizados.

Siamor riu, no que foi acompanhado por Azamor, que esfregava as mãos de satisfação.

— À felicidade do novo Sumo Sacerdote dos Templos! — saudou Azamor, servindo de um jarro de prata o vinho fermentado, em dois grandes cálices.

— Ao novo Grande Conselheiro do reino! — exclamou Siamor, estremecendo e erguendo também o seu cálice.

— Vida longa para o tuxauá Arary! — e o Sumo Sacerdote ergueu o seu cálice com um sorriso diabólico.

Os cálices se tocaram mais uma vez, e depois, um silêncio repentino caiu naquela sala, enquanto os dois conspiradores sorviam lentamente o líquido doce que selava o acordo entre eles.

A princesa Irinia acordou cedo naquele dia e levantou-se de suas almofadas de penas já cantarolando alegremente. Irinia estava apaixonada. Mirou-se no espelho de rocha polida, que ocupava quase uma das paredes do seu aposento, e sorriu apreciando sua própria figura.

Irinia era alta, bem alta para uma mulher. Rosto oval, de traços suaves, olhos lânguidos, ligeiramente amendoados, nariz afilado e boca regular de lábios carnudos desenhados acima do queixo arredondado e algo voluntarioso. Os cabelos negros e longos caíam sedosos por sobre seus ombros nus indo até a cintura. Sua tez, cor de cobre, contrastava com a bata alva de penas que ela vestia. Irinia era uma mulher lindíssima.

Permaneceu algum tempo examinando sua imagem refletida no espelho. Deu um último olhar aprovador, bateu com os nós dos dedos no gongo de cobre finamente trabalhado e sustentado por uma trípode, chamando sua serva particular, que atendeu pressurosa.

Enquanto Niza, a serva etíope, a ajudava a se vestir, a princesa tagarelava:

— Que dia maravilhoso, Niza! — e espreguiçou-se. — Acho tudo tão belo. A vida é magnífica, o amor é lindo. Ah! Tudo é maravilhoso! Não achas, Niza?

— Acho, senhora.

Irinia continuou falando sobre o amor, enquanto sua serva acabava de vesti-la.

— A sua refeição, senhora, já se acha pronta na outra sala.

A princesa passou ao aposento contíguo ao seu quarto de dormir. Niza abriu as janelas que davam para o pátio interno do templo, e a brisa fresca da manhã penetrou, acompanhada pela claridade forte do Sol. Irinia sentou-se para o desjejum, servida pela serva.

— Fizeste o que te mandei hoje bem cedo?

— Fiz, senhora.

— E viste-o?

— Vi, senhora.

— Deste o meu recado?

— Dei, senhora. Hoje à noite, à hora oitava, junto ao velho pavilhão por detrás do templo central.

— E ele, como estava ele, Niza?

— Bem, senhora. Recebeu o seu recado, sorriu e disse que à hora oitava, estará à sua espera.

Irinia suspirou. Empurrou o prato de ouro de sua frente e pôs-se a sonhar. Estava perdidamente apaixonada. Desde que vira Turano no templo do Som, durante uma cerimônia pública, sentira uma estranha sensação. Seus olhos haviam se encontrado, e então ela havia sentido, no íntimo do seu ser, que aquele era o homem dos seus sonhos. Turano lhe havia feito um aceno, ela sorrira, e naquela mesma noite, ouvira sua bela voz cantando uma canção de amor. A voz vinha de longe e ela apressadamente vestira uma capa de penas por cima de seu traje de noite. Guiada pela magia daquela voz que falava ao seu coração, fugira cautelosa de seus aposentos ao encontro do seu amado. Junto do muro do palácio-templo, Turano a esperava, meio escondido pela sombra dos arbustos. Parece que ela já o conhecia há muitos anos. Sentiu o coração bater apressado e, naquele momento, entendeu que o amor havia chegado pela primeira vez. Como Turano era belo! E a sua voz! Tinha nuances que ela nunca ouvira e que tocavam em todas as fibras do seu ser e a enlevavam, fazendo-a esquecer de tudo e de todos.

Como ela amava o seu Turano! Depois dessa noite, muitas outras noites eles se encontraram nos jardins do templo, sempre ajudada por Niza, sua leal serva, que levava seus recados e marcava seus encontros.

— Estou apaixonada, Niza, perdidamente apaixonada — disse Irinia, fitando sua serva e abandonando os seus pensamentos.

— Cuidado, senhora; e se Mestre Siamor descobrisse?

— Porque dizes isso, e porque havia de descobrir?

— É preciso que a senhora tenha cautela. Tenho visto Aleutar, aquele cão de fila, a rondar em torno dos seus aposentos.

— Aleutar?

— Sim, Aleutar, que agora cedo, quando a senhora ainda dormia, mandou avisar que Mestre Siamor deseja lhe falar ainda hoje. Pede que a senhora o espere à tarde.

— Siamor, aquele gordo baboso. Tenho nojo do contato de sua mão. E a princesa fez uma careta, ilustrando o desprezo que tinha por aquele homem.

— Todos sabem no templo que ele a ama, senhora.

— Amor, amor daquilo!

— De qualquer modo, penso que a senhora não deveria irritá-lo. Já pensou, se ele descobre alguma coisa?

— Que bem me importa. Se descobrir, Turano me leva com ele. Mas não quero pensar nisso.

— Mas senhora...

— Chega, Niza — disse Irinia, irritada, batendo com um dos pés no chão. — Chega! Não quero mais falar no assunto. Só o nome de Siamor pela manhã estraga o meu dia, e eu quero que o meu dia hoje seja maravilhoso.

A serva se calou, ficando entregue aos seus afazeres, enquanto a princesa levantou-se, dirigindo-se ao grande salão do templo onde já se encontravam as moças e rapazes que compunham o monumental coro misto, orgulho de todo o vale.

O ensaio já ia começar, e Irinia juntando-se aos outros, dispunha-se a cantar naquela manhã como um anjo.

Siamor voltou, depois da entrevista com o Sumo Sacerdote, ao seu palácio-templo, pisando nas nuvens. Já se imaginava na posição privilegiada prometida, e acalentando seus sonhos de grandeza, ordenou a um dos servos que mandasse Aleutar imediatamente aos seus aposentos particulares. O som do coro chegava aos seus ouvidos, e Siamor aprovou com um aceno de cabeça, como que marcando o compasso, e abrindo a porta de sua câmara esperou o servo Aleutar.

— Mais alguma novidade?

— Sim, Mestre! Mandei seguir Niza, a criada de quarto da princesa Irinia.

— E daí?

— Ela se dirigiu ao cais norte e lá teve um breve diálogo com o vagabundo Turano. Penso que foi levar algum recado da princesa.

Siamor empalideceu, e depois ficou rubro de cólera.

— E qual foi o recado? — perguntou refreando a raiva.

— Não consegui saber, senhor.

— Anotaste bem qual foi a casa?

— Sim, augusto Mestre! Mandei pouco depois meus homens vasculharem a casa. Porém pouco adiantou, o patife não mora ali e ninguém soube me informar nada.

— Como assim?

— O casal de velhos que ali mora nem sabe o seu nome. Disseram-me que ele havia lhes dado algumas moedas para de quando em vez ali parar. Aquela casa, para ele, serve apenas para ponto de encontro.

— Mandaste vigiar permanentemente tal lugar?

— Sim, Mestre! Tenho dois homens postados a alguma distância, em permanente vigilância.

— Ótimo! Trabalhaste bem, Aleutar.

— Obrigado, Mestre.

— Vai à sala do coro e pede que a princesa Irinia venha até aqui. Preciso falar-lhe. E Aleutar, assim que acabe de falar com a princesa, traze a serva etíope, Niza, não é esse o nome?

— Sim, augusto.

— Tenho métodos infalíveis de fazer as pessoas falarem — disse Siamor, dirigindo-se mais a si mesmo.

Aleutar, em passadas rápidas, foi cumprir suas ordens.

— Senta, minha filha, preciso falar-te. E Siamor adoçou a voz, sorrindo.

Irinia, um pouco pálida e já esperando por uma cena desagradável, sentou-se contrafeita.

— Como sabes — disse Siamor — desde que vieste bem pequena aqui para o Templo do Som, que eu tenho te tratado com o máximo desvelo e te cercado de todas as atenções. Fiz tudo que um preceptor poderia fazer por sua pupila, fiz de tudo para que te sentisses sempre feliz.

— Eu te agradeço por tudo que fizeste por mim — disse Irinia secamente.

— Não te peço agradecimentos; bem sabes do interesse que tenho por ti.

A princesa se fez de desentendida:

— Interesse, Mestre? Eu quero crer que aprendi bem os teus ensinamentos e já domino todos os sons sagrados.

— Não é isso, filha. Eu falo de coisas maiores, intenções mais sérias.

— Naturalmente o Mestre deseja me elevar à condição de primeira sacerdotisa?

— Não me chame de Mestre!

— Como devo chamar-te?

— Siamor, Irinia. Apenas Siamor.

— Esse tratamento não é bem adequado para uma sacerdotisa chamar o seu Mestre.

Siamor impacientou-se e procurou chegar mais perto da donzela, que recuou instintivamente.

— Irinia, tu serás a minha grande sacerdotisa do Sagrado Som. Acabei de falar com o rei e ele concorda com a tua indicação para o cargo.

— Eu só posso agradecer ao tuxauá e ao meu Mestre — disse a princesa, curvando ligeiramente a cabeça.

— Mas tem mais — disse Siamor, afoito. — Aproveitando a oportunidade, pedi também ao rei a tua mão em casamento, e Sua

Majestade acedeu ao meu pedido. Aceitas ser minha esposa? — E o Sumo Sacerdote do Sagrado Som tentou segurar a mão da moça.

Irinia levantou de um salto, e seus lábios tremiam.

— Nunca! Nunca!

Siamor passou do rubro ao pálido da decepção, misto de raiva ou orgulho ferido. Sua voz foi cortante e incisiva:

— Lembra-te que te pedi a mão com todo respeito e carinho e tu me negaste. Sabes bem que com a força e poder que tenho, posso obrigar-te.

— Nunca! Nunca! E Irinia, cobrindo o rosto com as mãos, começou a chorar.

Siamor ficou um pouco atrapalhado com a atitude da princesa, e procurou atenuar a sua reação.

— Não chores, filha. Isso não pode ser tão ruim assim. Afinal, sou um dos mais importantes homens do reino. Comigo terás não só proteção como todas as honrarias do vale. Não chores mais. Vai para os teus aposentos pensar bem no assunto, e mais tarde voltaremos a falar.

Irinia, aliviada por se ver livre daquela odiosa presença, mais cedo do que esperava, simulou um choro convulsivo e levantando-se abruptamente saiu correndo dos aposentos de Siamor.

O Sumo Sacerdote do Sagrado Som crispou os punhos e entre irritado e decepcionado com o primeiro insucesso, esmurrou violentamente a mesa à sua frente. Aos poucos foi-se acalmando, enquanto repetia para si mesmo:

— Paciência, Siamor, paciência! Pombas ariscas não se apanham com fel. Paciência! É preciso que tu, velha raposa, ajas com bastante tato com essa menina. Ela tem que ser minha! E eu vou conseguir! Juro que vou conseguir!

— Niza, a serva etíope, já está na ante-sala.

Aquelas palavras interromperam a torrente de seus pensamentos. E foi um Siamor seguro de si que deu a ordem:

— Traga essa escrava até aqui!

Medrosa e tremendo, Niza entrou na sala curvando-se a respeitosa distância.

— Salve grande Mestre, eleito dos deuses e...

— Basta! — E Siamor atirou a pergunta à queima-roupa: — Onde foste esta manhã?

— Comprar uns tecidos para minha ama — e sua voz saiu trêmula e insegura.

— Mentes, mulher. Fala!

— É a verdade, meu senhor.

— Não me faças perder a paciência, abjeta criatura! — e

A Terra das Araras Vermelhas

Siamor se aproximou da etíope.

Niza caiu de joelhos à sua frente, implorando:

— Piedade, senhor! Piedade!

Siamor agarrou-a brutalmente pelos cabelos e gritou nos seus ouvidos:

— A verdade, mulher! Fala a verdade!

— Piedade! — choramingou.

— Eu tenho meios de fazer-te falar. Posso mandar te chicotear até não ficar um palmo de pele boa nessas costas imundas.

— Mas eu falei a verdade — conseguiu dizer Niza, chorando copiosamente.

Siamor, com um repelão, atirou-a no chão.

— Posso também te entregar no porto e te enviar pelo primeiro barco para a tua terra miserável. — E dirigindo-se a Aleutar, impassível na porta: — Quando sai o primeiro barco para a terra de Zantar?

— Depois de amanhã, Mestre.

Niza desesperou-se com essa ameaça e rastejou de joelhos, tentando abraçar-se às pernas de Siamor, que a evitou com um pontapé.

— Isso não, senhor — disse Niza chorando. — Por amor de Tupã, isso não!

— Então fala, miserável! A verdade, fala!

— Eu conto tudo, senhor, mas pelos deuses eternos, não me mande de volta à minha terra.

— Fala, mulher!

— Fui levar um recado de minha senhora para Turano, o cantor nômade. Ele ficou de vir vê-la hoje à noite.

— Onde?

— Aqui no templo, à hora oitava, junto ao velho pavilhão que fica no fundo dos jardins.

— Só isso? — e a sua voz tremeu.

— Só, meu senhor, mas por favor...

— Chega! — Dirigindo-se a Aleutar: — Tire-a daqui!

Assim que Aleutar saiu com a serva etíope, Siamor deu vazão a todo o seu ódio, proferindo terríveis imprecações.

— Maldito! Vagabundo! Celerado! Desta vez te tenho em minhas mãos! Desta vez hás de cair nas minhas malhas, e então, tu verás... verás... — Siamor riu alto, e gritou: — Aleutar! Aleutar!

Como que por um passe de mágica, o servo fiel apareceu à porta de sua sala.

— Aleutar, prepara bem a recepção para a hora oitava. Eu quero pessoalmente comandar o espetáculo.

4

As bailarinas do vento

Nadja de pé, segurando em uma das mãos um bastão afilado, batia fortemente no chão, marcando a cadência dos passos que doze bailarinas, vestidas de gaze vaporosa, dançavam sob o seu comando. A música constava de uma flauta, um tambor, e um tipo de harpa, um pouco menor que as atuais, que produzia um som de grande beleza e harmonia.

Nadja era de estatura mediana para aquela época, cerca de um metro e oitenta. Rosto anguloso, e seus longos cabelos cor de cobre estavam amarrados numa trança que ela de vez em quando, com uma das mãos, jogava para trás, conforme as emoções que a música ou os passos das bailarinas provocavam. Nadja rodopiava em torno do seu bastão, bailando também, para mostrar os passos que queria, e parecia flutuar, tal sua agilidade e leveza. Seus olhos, de um cinzento-azulado, brilhavam a cada acorde, ou quando uma das bailarinas executava com maior precisão um dos difíceis passos que ela ensinara.

— Bravo! Bravo! — E interrompia, mostrando um novo passo que queria, e dirigindo-se aos músicos pedia: — Outra vez, toquem do começo.

As bailarinas, como num só bloco, rodavam, e a execução saíra perfeita, pelo menos foi isso que Nadja pensou, pois bateu várias vezes com seu bastão no chão.

— Perfeito! Era isso mesmo que eu queria. Chega por hoje!

Nesse exato momento um servo irrompeu pelo grande salão de ensaios, anunciando:

— Ay-Mhoré, o grande tuxauá da Terra das Araras Vermelhas está presente, honrando o Templo do Vento com sua presença.

Ay-Mhoré dirigiu-se a Nadja com um grande sorriso no rosto.

— Salve, Nadja! Salve a grande sacerdotisa da dança!

A sacerdotisa juntou as mãos espalmadas e curvou ligeiramente a cabeça.

— O que meu rei ordena? Venturosa sou em tê-lo no meu templo.

— O rei não ordena, o amigo pede.

Nadja botou a mão direita espalmada em seu coração e depois tocou no de Ay-Mhoré.

— Meninas, podem se retirar.

As bailarinas curvaram-se diante do rei, e o tuxauá com um gesto saudou-as também.

— Passava a caminho do sul em demanda do palácio de meu amigo Anhangüera e não pude me furtar ao desejo de rever a minha boa amiga Nadja.

— Então sede benvindo! Que pode a amiga fazer pelo seu rei?

— Dar-me paz!

— Se já sois o príncipe da paz, o príncipe do amor, como pode uma pobre bailarina dar-vos o que pedis?

Ay-Mhoré não respondeu, e Nadja que o fitava pôde notar em seus olhos uma nuvem de tristeza.

— Vem sentar ali comigo — disse Nadja, abandonando o tratamento cerimonioso que se dava aos superiores, e indicando um largo divã de penas. — E vais me contar tudo que te tem preocupado.

A sacerdotisa bateu palmas chamando sua serva Adenara, a fim de que fossem servidos refrescos à comitiva real que se encontrava em outra sala, e ao próprio rei.

Ay-Mhoré contou a Nadja todas as suas preocupações, seu malogrado encontro com o Sumo Sacerdote, a predição no templo de Leo e o que havia afinal decidido fazer. Nadja escutou toda a sua narrativa com bastante interesse, em completo silêncio, e finalmente, quando o rei acabou de falar, Nadja carinhosamente reclinou sua cabeça no ombro de Ay-Mhoré, fazendo um afago em seus cabelos.

— Meu pobre amigo, como deves estar preocupado.

— Que me dizes dessa predição?

— Eu já a conhecia — limitou-se a dizer Nadja.

— Conhecias? Tu? Mas como?

— Sim, querido amigo, conhecia. — Levantando-se, deu a mão a Ay-Mhoré — Vem, vamos ver o que a bailarina pode fazer pelo seu rei — disse, com uma pequena sombra de orgulho na voz.

Sempre seguindo Nadja, que o conduzia, Ay-Mhoré atravessou vários cômodos até que pararam em frente a uma porta estreita, totalmente forrada de um tecido azul brilhante, onde se viam, aplicados em dourado, desenhos e vários signos estranhos. Nadja parou por uns segundos, tirou uma pequena chave e abriu a porta. Os dois penetraram na escuridão.

Nadja chegara à Terra de Zac quando Ay-Mhoré ainda era pequeno. Seu pai, o tuxauá, havia adotado aquela estranha menina, depois que o velho que viera com ela, num grande barco procedente da terra-mãe Mu, morrera. Aquela meia-irmã de Ay-Mhoré sempre para ele se constituíra num grande mistério. Lembrava-se, na sua infância, das coisas que ela dizia e costumava fazer, inteiramente diferentes do comum. Lembrava-se de quando ela ficava horas, parada, quieta, olhando o céu, para depois se virar sorrindo e contar um acontecimento que estava ainda para se realizar. E Nadja nunca se enganava. Outras vezes, cabelos soltos ao vento, entrava numa espécie de transe e punha-se a dançar. Nessas horas, Ay-Mhoré ficava embevecido ao vê-la, pois julgava que nem as próprias sílfides do ar poderiam ter tal graça e leveza.

Era muito estranha realmente sua meia-irmã Nadja. Embora fosse um pouco mais velha que Ay-Mhoré, Nadja costumava passar dias inteiros com o então príncipe herdeiro, e lhe contava histórias maravilhosas. Dizia que cada astro do céu, que cada estrela, era um mundo habitado por seres de grande adiantamento espiritual. Contou-lhe também a história dos Grandes Senhores de Vênus e da criação da legendária Ilha Branca, quando esses seres vieram ao planeta Terra para ajudar o progresso e evolução dos terrenos. Contou-lhe da fundação da primeira cidade na terra-mãe Mu, e desceu a detalhes da grande guerra travada entre os magos brancos da Ilha Branca e os terríveis magos negros, guerra essa que teve, como conseqüência, a Idade Negra no continente Atlante, que deu início às grandes migrações.

Nadja contou a Ay-Mhoré toda a história de Zac e da fundação de sua colônia, a Terra das Araras Vermelhas. Ay-Mhoré gostava de vê-la falar, e um grande respeito nasceu em seu coração por essa companheira tão sábia e ao mesmo tempo tão meiga. Depois, veio o tempo de Ay-Mhoré aprender o ofício da realeza, e os dois se separaram. O futuro tuxauá foi para os templos do ensino, e Nadja para o Templo do Vento. O tempo passou. Nadja chegou ao cargo de Suprema Sacerdotisa da Dança, e Ay-Mhoré ao de supremo tuxauá. Seus encontros, pelo dever de cada um, tornaram-se mais raros, mas o amor de um pelo outro cada vez mais forte. Agora, naquela sala escura e misteriosa, o rei recordava com saudade aqueles tempos de sua infância e mocidade, passados ao lado daquela mulher admirável.

Nadja acendeu dois círios enormes e a luz, a princípio indecisa, depois mais forte, iluminou inteiramente a pequena sala. Era um aposento oval, as paredes forradas do mesmo pano azul brilhante que cobria a porta de entrada. Almofadas de feitio quadrado se achavam espalhadas pelo chão, pintado de um azul mais claro, tendo bem ao centro, em tinta forte escarlate, desenhada uma estrela de Salomão. Na mesa em que se encontravam os castiçais, um embrulho de pano branco de forma quadrangular.

Os movimentos de Nadja tornaram-se mais lentos e a sua fisionomia de repente ficou grave.

— Senta — disse Nadja indicando uma das almofadas.
— Só te peço para guardares o mais absoluto silêncio.

Ay-Mhoré obedeceu, e Nadja desembrulhou sobre a mesa o pano branco, que continha um espelho de basalto negro. A sacerdotisa sentou-se em frente do rei, na posição de lótus, tendo nas pernas o espelho com a parte negra virada para cima. Permaneceu Nadja naquela posição por um bom espaço de tempo, imóvel, e podia-se ouvir a sua respiração compassada. O ar naquela sala foi-se tornando leve, e a despeito do calor que fazia, Ay-Mhoré, atento a tudo que acontecia, pôde sentir no rosto um leve soprar de brisa fresca. Os círios pareceram tremer, e de repente ecoou forte um som de campainhas. Nadja estremeceu, e Ay-Mhoré reparou que a superfície negra do espelho enfumaçou-se, para logo depois começar um movimento ondulatório nas volutas de fumaça, que se foram dissipando, até que uma luz intensa cobriu toda a superfície do espelho. A luz era tão forte, a princípio, que Ay-Mhoré nada pôde ver, embora forçasse a vista. A luz se atenuou, vários riscos e borrões ocuparam o centro do espelho, para depois irem se delineando, e por fim, o rei pôde ver com a maior nitidez a figura de Azamor, o Sumo Sacerdote, e Siamor, o Mestre do Som, em animada conversa. Espantado, o tuxauá tornou a fixar a vista no espelho mágico, quando ouviu bem nítido, junto aos seus ouvidos, uma voz grave que lhe dizia:

"— Conspiram contra ti, cuidado!"

Ay-Mhoré voltou-se rápido. Na sala apenas ele e Nadja, que estática, na mesma posição, parecia se encontrar em êxtase, com um enigmático meio sorriso nos lábios.

O espelho estava negro novamente. Eis que aparecem os mesmos borrões, os mesmos riscos de luz e depois, o rei viu um mar encapelado em fúria nunca vista. Grandes vagalhões pareciam querer saltar para fora do espelho. O mar desapareceu momentaneamente e então o tuxauá viu o seu próprio rosto aparecer no espelho de basalto. A imagem de seu rosto foi diminuindo e ele apareceu ajoelhado, como que em prece, os braços levantados, numa praia de areias amareladas e repleta de troncos caídos que rolavam ao seu lado. O vento soprava muito forte, e isso Ay-Mhoré pôde ver no fundo da cena que lhe aparecia no espelho, pois duas palmeiras gigantes vergavam-se ante a fúria do vendaval. Depois, veio uma onda descomunal que cobriu a sua figura e toda a superfície do espelho, agora negro outra vez.

Um suor frio marejou a testa do rei ante a visão daquelas cenas, e novamente a mesma voz grave soou aos seus ouvidos:

"— Cumpre a tua missão! Cumpre a tua missão!"

Nesse instante, Nadja saiu do êxtase em que se encontrava e levantou-se, segurando o espelho mágico com as duas mãos levantadas. Sua voz soou estranha, mais grossa, quase tão grave como aquela voz que o rei escutara:

"— Segue em busca do solitário que vive na montanha azul, nos confins da cidade central. Lá é que acharás o caminho para o grande êxodo, o caminho para as terras altas".

Nadja calou-se, abriu os olhos, sorriu e jogou a trança para trás dos ombros. Apagou os círios, e dando as mãos a Ay-Mhoré, ambos saíram, sem dizer uma palavra, da sala misteriosa.

O tuxauá voltou ao grande salão de ensaios com Nadja, calado, e entregue aos seus próprios pensamentos, intrigado com a série de acontecimentos que presenciara e ouvira no quarto secreto da sacerdotisa.

— Surpreso? — indagou Nadja fitando-o nos olhos.

— Um pouco; confesso que isso tudo para mim é um pouco estranho e misterioso.

— Não existe nada de estranho ou misterioso, somente leis e forças que podemos manipular e compreender, e para aqueles que as desconhecem, tachadas de sobrenaturais.

— Mas se vi bem, apareceram naquele espelho cenas que ainda estão por acontecer. Não consigo compreender.

— O tempo, meu amigo, é uma ilusão da matéria. A ele estamos presos enquanto permanecermos na matéria. Quando o espírito atinge um estado em que não mais o encadeiam laços materiais, então o tempo deixa de existir e atingimos aquele estado que os Mestres denominam de eterno-presente. Porque passado e futuro também deixam de existir e tudo "simplesmente é". O que viste foi com os olhos do espírito, inteiramente liberto da prisão da carne.

— De quem era aquela voz que ouvi? Na certa tu também escutaste?

— Sim, ouvi. Aquela voz é do meu Mestre, Payê-Suman.

— Payê-Suman? — na voz de Ay-Mhoré havia a maior surpresa.

— Sim, foi esse mesmo Mestre quem ensinou ao primeiro Ay-Mhoré os mistérios do universo. Foi esse mesmo Mestre quem te falou no templo de Leo, quem te revelou essa predição de que as águas vão invadir o vale, e quem te mandou migrar com teu povo para as terras altas. Esse grande Mestre é também o meu Mestre, e foi ele quem me ensinou todas essas coisas, essas coisas de que agora eu faço uso e que tu chamas de estranhas e misteriosas. Aquele quarto azul é onde eu faço as minhas preces, é onde eu me recolho para entrar em contato com o grande Payê-Suman. É ali o meu santuário, um lugar sagrado, onde bem poucos entraram ou entrarão.

— E a minha imagem, que vi no espelho, sendo tragada pelas águas? Essa cena foi uma visão do futuro, não foi?

— Isso eu não posso te dizer, porque não sei — mentiu Nadja, e pelo seu rosto passou muito rápido um sorriso triste.

— E esse solitário da montanha azul? Nunca ouvi falar dele. Pelo que sei, habita apenas o alto daqueles montes um ser diabólico, Anhangá, de que os gentios têm muito medo.

— Isso são lendas, superstições. Meu Mestre já me falou de um grande sábio que habita a montanha azul. Vive lá solitariamente e jamais pronuncia uma palavra, pois fez voto de silêncio.

— Achas então que devo procurar esse solitário?

— Sim, se o Mestre assim o disse.

— Que devo fazer, Nadja, por onde devo começar?

— Procura Anhangüera, e depois os príncipes que te são fiéis. Vai depois à montanha azul, em demanda do sábio solitário, para que ele te ensine o caminho para as terras altas. Depois, reúne o Grande Conselho e com o apoio dos príncipes, o Sumo Sacerdote e sua camarilha serão impotentes. Então, meu rei, determinarás o que deve ser feito, e que Tupã te inspire e esteja no teu coração.

— Como posso agradecer à minha boa amiga tudo isso?

— Tu já me agradeceste com tua presença. Amizade é dádiva sagrada que recebemos dos deuses e que devemos cultivar. Feliz do mortal que tem um amigo como Ay-Mhoré.

O rei tocou o seu coração com a mão direita e depois o coração de Nadja.

— Que a minha palavra seja sempre doce quando me dirigir a ti. Que no meu pensamento sempre haja o mais puro amor para minha irmãzinha, e que o meu coração de rei te seja eternamente grato, porque o meu coração de homem só pode ter ternura e respeito por uma amiga tão querida.

Nadja abraçou o tuxauá e sentiu naquele momento o seu coração bater mais apressado, enquanto uma estranha sensação de saudade invadia o seu peito.

— Quero que antes que empreendas tua viagem, aprecies a dança de minhas três pupilas mais adiantadas. Já ordenei que servissem cordiais e alimentos aos servos que te acompanham; assim repousarás um pouco, e distrairás teu espírito com as danças de que tanto gostas.

Ay-Mhoré aquiesceu e Nadja batendo palmas ordenou:

— Manda vir à minha presença Narayade, Narayma e Narayama. Que venham preparadas para dançar para o grande tuxauá.

Pouco depois, três donzelas, vestidas com túnicas curtas, brancas e vaporosas, entraram no salão fazendo uma grande reverência ao rei, que as observava atento.

— Quero que dancem para o nosso grande tuxauá — disse Nadja, levantando o seu inseparável bastão. — Esta dança, meu rei, representa os três estágios da natureza: Narayma — e apontou o bastão para a primeira — dançará o amanhecer e a manhã. Narayade — e apontou a segunda — dançará o dia e a tarde onde se desencadeará um violento temporal. Finalmente Narayama — e apontou a terceira bailarina — dançará a tarde calma após a tempestade e o anoitecer. — Músicos a postos! — exclamou Nadja, batendo com o bastão no chão.

O balé começou, e Narayma em passos elásticos começou a representar sua parte, e o efeito era maravilhoso. Dir-se-ia mesmo que os seus movimentos sugeriam um dia nascendo numa calma e tranqüila manhã de verão. Ao final, seus passos tornaram-se mais rápidos, e quando atingiu o clímax, Narayade, num salto espetacular, retomou a dança de onde a outra deixara, e representou através de seus passos e piruetas exatamente o prenúncio da tempestade, e finalmente, na parte em que representou a tormenta, excedeu-se a si própria. Os passos se sucediam com uma rapidez enorme, de uma técnica e precisão incríveis. Narayade foi sublime. Quando, ao último passo, Narayade com vários rodopios caiu ao solo, Ay-Mhoré se levantou e aplaudiu entusiasmado.

A música tornou-se mais suave e Narayama começou a dançar. A impressão que dava é que não tocava no chão. Parecia uma pluma suavemente levada ao sabor de uma brisa. Uma sensação de calma e tranqüilidade invadiu todo o ambiente, e Narayama bailava suave como um sonho, dando a impressão da calma de um dia que morre, e da natureza que se aquieta após a tempestade.

Quando o bailado de Narayama terminou, Ay-Mhoré, não contendo a emoção, dirigiu-se a Nadja, que sorrindo observava o seu rei.

— Mas são magníficas! Jamais meus olhos viram dança mais bela!

Nadja chamou para perto de si as três bailarinas, para que cumprimentassem o rei. A cada uma delas o tuxauá fez um mimo, endereçando-lhes palavras de elogio e admiração. Depois, Nadja as despediu com um gesto e dirigindo-se ao rei:

— Viste, Ay-Mhoré! Primeiro a calma, tudo parece estar em seu lugar certo, e vem a tempestade, a tormenta, e tem-se a impressão de que tudo vai terminar, mas logo após a natureza se recompõe, tudo volta ao seu lugar, é a calma novamente. É o repouso, é a paz. Os personagens mudam. Reparaste bem? Eu usei três bailarinas diferentes, porém elas representaram apenas três estágios nas mutações da natureza. A tragédia que vai se abater sobre o vale vai ser assim como minha dança. Primeiro a calma, depois o nervosismo que antecede a tragédia, a própria tragédia, e a calma novamente. E outros dias surgirão, ficando esses acontecimentos para trás. Tragédias vêm e vão, continentes desaparecem, mas a espécie humana por muitos e longos anos ainda continuará a povoar a Terra. Teu povo passará por essa tempestade, e na calma das terras altas continuará os seus destinos.

Ay-Mhoré emocionado escutou as palavras de sua amiga e mais uma vez lhe agradeceu pelos conselhos e exemplos recebidos.

— Só queria de ti uma graça.

— Graça não, uma ordem. Pede e eu obedecerei!

— Gostaria que quando migrasses, ou melhor — consertou Nadja — quando o povo migrasse para as terras altas, colocasses essas três bailarinas que acabaram de dançar, debaixo da proteção da casa real.

— Tua ordem será cumprida, eu te prometo. Mas tu também seguirás conosco?

— Meu destino é o teu destino — disse a sacerdotisa com os olhos úmidos.

Quando as três bailarinas se retiraram do salão de ensaios, Narayade, ainda presa de visível emoção, comentou com suas companheiras:

— Que homem lindo! Repararam como me fitava enquanto eu dançava? Seu olhar tocou fundo no meu coração!

— Mas ele é o rei! — disse Narayama sorrindo.

— É o meu rei, que homem maravilhoso!

— Será que o deus do amor tocou teu coração? — perguntou Narayama, meio a sério, meio brincando.

Narayade, olhar perdido, distante, murmurou para si mesma:

— Eu o amo... eu o amo.

Deveria ser no máximo a hora nona e Nadja já havia se recolhido aos seus aposentos, quando sua serva Adenara veio lhe anunciar que se encontrava no templo a princesa Irinia, que queria com urgência lhe falar.

Nadja vestiu uma capa por cima do seu traje de noite e foi receber, intrigada, a sua inesperada visitante.

5

A cilada

Turano enfiou os dedos por entre seus cabelos cor de mel, e ajeitou-os para trás, num gesto característico. Depois, riu divertido, e seus olhos claros moveram-se vivos de um lado para o outro. Seu corpo esguio, queimado pelo sol, inclinou-se para a frente e afastando as pernas musculosas, mudou de posição na almofada, procurando uma postura mais confortável. Seu rosto quase quadrado, de boca pequena, lábios finos e cabelos revoltos, cortados rente à nuca, davam ao conjunto um aspecto simpático, que com os olhos muito azuis e sonhadores fazia o encanto das mulheres. Corria mesmo o boato, pelo vale, que ouvir Turano cantar e olhar para os seus olhos já tinha feito o desespero de muitos pais de donzelas casadouras e despedaçado inúmeros corações. Turano riu outra vez, atirando a cabeça para trás, e mostrando a fileira de dentes brancos e fortes.

— Por Anhangá ou por Tupã, o certo é que minha voz está cada vez melhor — disse, retomando a conversa e fitando o amigo Ararype à sua frente, o qual, reclinado num divã de penas, devorava um cacho de suculentas uvas.

— Com essa voz tu devias cantar canções sacras — e Ararype riu, jogando numa bacia o cacho de uvas e limpando as mãos na ponta do camisolão de seda listrada em cores vivas. — Mestre Siamor ficaria satisfeitíssimo. Seria a maior aquisição do gordo maroto, e tu ficarias bem juntinho de tua amada Irinia.

— Cretino — disse Turano ainda rindo, e dando tapinhas amigáveis no seu amigo. — Que Anhangá leve esse hipócrita para as profundezas do seu inferno!

Ararype levantou-se e se espreguiçou, levantando os braços, na ponta dos pés.

— Em boa hora vens me acordar esta manhã. — E boce-

jando: — Que sono!
— Precisava te falar.
Ararype bocejou novamente, se espreguiçando mais uma vez.
— Parece que todo o sono do vale desabou sobre a minha cabeça. Irra! Mal consigo manter os olhos abertos. Um homem de bem precisa dormir o dia inteiro, para viver a noite intensamente. Viva a noite! — disse Ararype, esfregando os olhos.

Ararype era moço ainda, regulava de idade com Turano. Embora não tão alto como seu amigo, era forte e bem proporcionado. Seus cabelos muito negros e lisos eram cortados curtos e lhe caíam pela testa fazendo franja, o que dava à sua fisionomia um certo ar cômico. O rosto era de traços bem delineados, fortes e másculos. Nariz aquilino, olhos negros e grandes, tez avermelhada, davam ao seu rosto certa beleza.

Pertencia ele a uma das famílias mais nobres da Terra de Zac. Filho único, muito cedo se viu órfão de mãe, e seu pai, o príncipe Paraguassu, primo-irmão de Ay-Mhoré VI, progenitor do atual tuxauá, o educou à sua maneira. Deu-lhe os melhores mestres, todo o conforto e facilidades que sua posição e fortuna podiam dar, porém Ararype foi criado sem amor. Quase não via o seu velho pai, e Poty, servo bem antigo da família, foi quem verdadeiramente, fazendo o que podia pelo jovem amo, foi seu pai, sua mãe e seu companheiro de todos os dias.

Quando Paraguassu morreu, Ararype, dono de uma das mais sólidas fortunas do vale, começou a levar uma vida de prazeres e festas, buscando em orgias e noitadas uma coisa que ele mesmo não sabia o que era. A ociosidade que sua fortuna lhe dava não o satisfazia, e intimamente Ararype era um homem triste e só.

Foi numa dessas noites loucas de aventura que ele conheceu seu amigo Turano, e daí nasceu uma grande amizade. Nessa noite, quando voltava para seu palácio, quase de manhã, numa ruela da cidade central, foi atacado por três homens. Quando estava prestes a ser morto ou estropiado pelo cacete de um deles, irrompeu bruscamente Turano em cena, e como um leão bravio, com sua comprida faca pôs a correr os malfeitores, não sem antes ferir bastante um deles. Dessa noite em diante, Turano passou a partilhar o palácio de Ararype como se fosse o dono, entrando e saindo à sua vontade, e lá dormindo quando lhe aprazia. Passou a partilhar da mesa e da bolsa do seu novo amigo em completa intimidade, e por várias vezes Turano pôde avaliar como essa bolsa era pródiga.

Ararype acomodou-se outra vez no seu divã, e depois de sacudir várias vezes a cabeça para espantar o sono, olhou curio-

samente seu amigo.
— Então querias me falar?
— Sim, Ararype: estou apaixonado.
— Outra vez! Isso não é novidade. A cada noite uma nova paixão! Pelo menos foi isso que aprendi contigo — Ararype riu despreocupado.
— Desta vez é sério.
— Vejo que Irinia conseguiu flechar o destruidor de corações — disse Ararype, meio zombeteiro
— Ela é maravilhosa, ela é linda, nunca conheci uma mulher mais meiga e adorável do que ela.
— Nem tão perigosa — disse o outro, sério.
— Perigosa?
— Sim. Bem sabes que ela, além de ser da nobreza, ainda é sacerdotisa do Templo do Som. Dizem que Siamor pretende fazer dela sua esposa, o que complica as coisas ainda mais, e bem sabes como esse velhaco tem força. Ele não perderá a sua deusa assim, portanto, acho que é uma empreitada perigosa.
— E que me importa o perigo! — disse Turano com a indiferença dos enamorados.
— Cuidado, amigo, cuidado!
— Eu sei que sou um pobretão, e...
Ararype o interrompeu:
— Minha bolsa é tua. Tenho ouro suficiente para nós dois, ou melhor, para nós três.
— Obrigado, amigo, mas se levar Irinia comigo, terei que cuidar da minha própria vida.
— E o que farias?
— Dezan, meu pai adotivo, tem umas terras nas fraldas da grande montanha azul. Poderia criar ovelhas.
— Tu, criador de ovelhas? — Ararype pôs-se a rir.
— Não ri, Ararype, que a situação é séria.
— Mas afinal, o que pretendes realmente fazer?
— Não sei ao certo. Irinia confia plenamente em mim. Iria comigo para qualquer lugar. O primeiro problema é: qual lugar? Sua serva particular me trouxe hoje um recado dela. Vou à noite, à hora oitava, ter um encontro com Irinia, no velho pavilhão por trás do Templo do Som.
— Não achas imprudentes esses encontros, bem na toca da onça?
— É o único local que temos.
— E se fores surpreendido?
— É muito difícil. Só se ela for traída por alguém de dentro do templo.

— O que não é impossível.
— Já pensei nisso; mas o que queres? Para vê-la arrisco tudo.
— Não sei, prefiro mil vezes o despreocupado Turano com uma dama a cada noite e cantando lindas canções de amor.
— Porque tamanha preocupação?
— Não quero ver o meu amigo preso ou morto, por causa de uma mulher.
— Achas que eles chegariam a tanto?
— Siamor chegaria a tudo para atingir seus fins.
— Não precisas preocupar-te tanto, prometo que terei cuidado.
— Acho muito bom.
— Irei me encontrar com Irinia, e então decidiremos o que fazer. Mas precisamos de toda a maneira do teu auxílio.
— Continuo achando que é uma loucura, mas farei o que quiseres.
— Conheces Nadja?
— Nadja, a suprema sacerdotisa do Templo das Bailarinas do Vento?
— Essa mesma.
— Era grande amiga de meu pai e eu a conheço também. Aliás, mantemos as melhores relações. Mas porque perguntas?
— Irinia me falou muito dela. Diz que é uma pessoa maravilhosa, e que se lhe acontecesse alguma coisa, iria pedir auxílio no Templo do Vento. Ela me disse que lá estaria bem escondida e a salvo dos espias de Siamor. Se tens livre acesso a Nadja, com Irinia naquele templo, eu ficaria tranqüilo e teria sempre notícias.
— Talvez fosse realmente uma solução. Irinia iria para o templo da Nadja, e depois veríamos o que poderia ser feito.
— Assim faremos, amigo. — e Turano, levantando-se, apresentou suas despedidas a Ararype.
— Já vais tão cedo? Teu encontro não é à hora oitava da noite?
— Tenho que passar antes pela casa de Dezan, só depois é que irei para o Templo do Som.
Ararype se levantou e foi caminhando com seu amigo até a porta de entrada do palácio.
— Se me acontecer alguma coisa e eu não aparecer para te contar as novidades, é porque estou preso ou morto. Mas passa antes pela casa de Dezan, posso estar lá foragido.
— Estás com algum pressentimento?
— Não, não é isso! Mas tu mesmo não disseste que tenho que ter o máximo de cautela? Estou tendo! Ficarás sabendo assim de todos os meus passos, e poderás facilmente me encon-

trar ou me ajudar.

— Eu é que tenho um estranho pressentimento — disse Ararype, colocando afetuosamente a mão no ombro do amigo.

— Ora, Ararype, não vai me acontecer nada. — Mas quando disse essas palavras, um arrepio percorreu o seu corpo, e mil idéias povoaram seu pensamento, e que ele, com um sacudir de ombros, procurou afastar.

— Até breve, amigo, e cuida-te!

— Até breve — disse rindo Turano, e ganhou a rua.

⁂

O bruxo Dezan resmungou uma fórmula encantatória, e observou detidamente a grande panela de barro no fogo, a qual exalava um cheiro nauseabundo. Apanhou num armário carcomido um punhado de ervas, e jogando no caldeirão deu uma gargalhada estridente.

A idade de Dezan era indefinida. Rosto fino, sulcado de rugas, e olhos pequenos que brilhavam em constante movimentação, emoldurados por cabelos ralos e brancos que lhe desciam desgrenhados por sobre uma túnica larga, que já fora branca noutros tempos.

Dando-se por satisfeito com sua caldeira fumegante, Dezan voltou a atenção para uma mesa de tábuas largas onde se viam os mais complicados aparelhos, misturados com alfarrábios velhíssimos. Numa bacia de barro contendo um líquido viscoso de coloração esverdeada, Dezan colocou um punhado de folhas pequenas, e mexendo-as com uma vareta, começou a observar os estranhos desenhos que as folhas de coloração marrom formavam no líquido. Alguns segundos depois, as folhas ali jogadas pareceram tomar vida própria, e aproximavam-se e se repeliam em movimentos rápidos e sucessivos. Dezan, atento, murmurou na sua voz baixa e rouca:

— É o fim, é o fim da Terra das Araras Vermelhas. Confirma-se agora plenamente o meu vaticínio.

Dezan riu satisfeito consigo mesmo:

— Sofre, rei. Sofre, orgulhoso tuxauá, porque bem cedo, mais cedo do que eu esperava, te verei despido de tua realeza...

Neste exato momento, o caldeirão fervente chiou num estrépito. O bruxo voltou-se pôde ver uma coluna de fumaça que se elevava no ar, espalhando um cheiro acre de enxofre, por todo o aposento. Dezan levantou a mão direita e pronunciou uma invocação mágica:

— Eu te conjuro, príncipe das trevas, para que sob meu domínio possas, passivo, obedecer às minhas ordens!

Imediatamente, a nuvem de fumaça espessa tomou forma, e uma figura cinzenta e monstruosa apareceu vacilante à frente do bruxo.

— Nagreb! Nagreb! Mostra-me a verdade!

O monstro recuou um pouco para o lado e Dezan viu uma sala baixa onde se via um divã com um homem deitado, profundamente adormecido. Esse homem era Ay-Mhoré, que com a cabeça pendida para fora do divã, ressonava compassadamente.

Ao mesmo tempo da aparição do tuxauá, inúmeros monstros de pequena estatura, coloração escura, rodopiavam junto à cabeça do rei adormecido, como que infernizando-o. O rei levantou-se sobressaltado, e esfregando os olhos soltou um grande grito. Depois, deitou-se novamente, olhos esgazeados, como que fitando os pequenos monstros escuros, murmurando:

" — O sonho novamente, eu enlouqueço!"

As sombras monstruosas que volteavam em sua cabeça se agitaram, rindo-se estridentemente. Neste exato momento, uma figura branca, resplandecente de luz, apareceu no cenário, inopinadamente, e levantando uma das mãos, expulsou as sombras que importunavam o sono do tuxauá. Nagreb, o monstro cinzento, desvaneceu-se num átimo e o caldeirão explodiu com violência, jogando Dezan por sobre a mesa, gritando e tapando o rosto com as mãos:

— Maldição! Nadja outra vez! Preciso eliminá-la de qualquer maneira!

Enquanto Dezan, às voltas com a limpeza do aposento, resmungava entredentes, violentas pancadas soaram na porta, e a voz alegre de Turano chegou até ele:

— Ei, velho! Teu filho chegou! Prepara o pirão que estou com uma fome de seiscentos demônios!

Dezan apressou-se o mais que pôde em abrir a porta, antes que ela fosse derrubada, tal a força e a insistência das batidas.

— Dormindo, velho?

— Vadio, pensas que sou como tu, não tendo nada que fazer. Pensas que vivo por aí à toa?

— Calma, velho, calma, vim te ver!

— O que precisas desta vez? Só me vens ver quando estás com fome ou quando necessitas algo. O que é desta vez?

Turano, não se importando com as palavras de Dezan, internou-se pela casa procurando o que comer, e sem cerimônia começou a se servir do que foi encontrando.

— É, dessa vez foi a fome mesmo que te trouxe — disse o velho.

Turano, com a boca cheia e sem levantar os olhos do assado à sua frente, dirigiu-se ao bruxo:

— Velho, preciso dos teus préstimos. Estou amando, mas tudo está muito confuso e eu gostaria que visses para mim qual o melhor caminho a seguir.

Dezan encarou o filho adotivo um pouco espantado e perguntou:

— Amando, tu? Que eu saiba, és muito egoísta para isso, e pelo que sei, a única pessoa que amas realmente é a ti mesmo.

— Dessa vez é amor mesmo. Vê nas tuas agüinhas algo para mim.

— Se começas a escarnecer não verei nada.

— Velho, sê bonzinho e atende à súplica do teu filho — disse Turano ironicamente, e levantando-se passou o braço pelos ombros magros do pai adotivo.

Sempre resmungando, Dezan, de má vontade, dirigiu-se à sua bacia de barro e jogou novas ervas no líquido viscoso.

— Que dizem, pai?

— Espera, e permanece em silêncio.

Passados alguns segundos, Dezan suspirou, resmungando:

— É estranho, muito estranho. Não consigo ver com clareza.

— Olha bem!

— Silêncio! Quieto, ou não posso me concentrar. Espera! Ah, sim, já posso ver melhor.

— O que dizem? — perguntou Turano, curioso, a fitar a bacia de barro.

— Filho, afasta-te dessa mulher. Vejo uma tragédia, uma grande tragédia. Vais sofrer muito por causa dela. — E o bruxo, não querendo ver mais nada, misturou as folhinhas com o bastão, turvando completamente o líquido.

— Viste direito, ou estás querendo me impressionar?

— É claro que vi, jamais me engano nessas coisas.

— Mas nós nos amamos tanto, velho, que mal pode acontecer?

— Já te disse, afasta-te dela.

— Mas velho...

— Afasta-te dela — disse o bruxo, com convicção.

— Tudo está contra nós, mas acho que seu amor vale o risco. Aliás, de que vale a vida sem risco? — disse Turano, soltando uma sonora gargalhada e abraçando seu pai adotivo.

— Não te preocupes, pois depois que tu me benzeste, com aquelas folhas malcheirosas, eu fiquei imune ao perigo — e entre brincando e sério: — Confio ou não confio no meu velho pai!
— Cuidado, filho, as folhas jamais mentem.
— Está certo, tomarei cuidado — e sentando-se à mesa continuou calmamente a refeição.
Dezan retirou-se para o fundo dos aposentos e começou a procurar alguma coisa, por entre a desordem dos seus guardados. Afinal, encontrou o que queria, e voltando para junto de Turano perguntou:
— Estás mesmo disposto a continuar com essa loucura, mesmo te avisando que isso só pode te acarretar um grande mal?
— Estou.
— Não vá dizer depois que não te avisei — e o bruxo suspirou. — Quando te encontrarás com ela?
— Daqui a pouco, na hora oitava.
— Toma — disse Dezan, e entregou a Turano um medalhão com estranhos caracteres, preso numa corrente de prata.
— Leva contigo, pendura-o no pescoço, pois te livrará de todos os males.
Silenciosamente, Turano examinou a medalha. Colocou-a no pescoço, e parecendo indiferente, sem uma palavra, continuou a comer com toda a tranqüilidade.

No Templo do Som, o movimento naquela hora era incessante. O Sumo Sacerdote já havia dado todas as suas ordens e Aleutar apressou-se a dar providências para que tudo saísse conforme os desejos de seu amo.
Em primeiro lugar, providenciou para que desde a hora sétima, dez homens escolhidos por ele próprio, componentes da guarda do Templo, fossem postados em diferentes posições estratégicas nas proximidades do velho pavilhão, situado nos fundos dos jardins do palácio-templo. Depois de passar uma vistoria nos homens e se certificar de que tudo estava em ordem, Aleutar dirigiu-se para o alojamento das cantoras, e manteve por longo tempo um diálogo com uma delas, numa saleta que servia ao mesmo tempo de escritório particular e de ante-sala do grande salão, onde eram guardadas as batas e os diferentes apetrechos, para as cerimônias onde atuava o coro misto de Mestre Siamor. Ao se despedir da cantora, Aleutar, todo sorrisos, deu um tapinha afetuoso em seu ombro e disse:
— Vou te recomendar a Mestre Siamor. Fica tranqüila e lembra-te: quero apenas que fiques imóvel junto às sombras

do velho pavilhão, e quando ele se aproximar diz apenas o seu nome em voz baixa. Tudo entendido?

Depois que a moça saiu de sua sala, Aleutar dirigiu-se para a ala norte do templo, e bateu suavemente na porta da antecâmara da princesa Irinia. Uma serva abriu a porta e Aleutar entrou.

— Onde está tua ama?

— Nos seus aposentos; está deitada, acho que dorme.

— Já sabes das ordens: deves impedi-la de sair desta sala. Colocarei dois guardas à porta, com ordens expressas nesse sentido. Qualquer coisa de anormal que vejas, deves chamá-los e eles te ajudarão. Entendeste?

— Sim, excelência — disse a serva curvando-se.

Aleutar deve ter gostado do "excelência", pois sorriu, envaidecido.

— Serás bem recompensada por tudo isso.

— Pode estar tranqüilo, excelência, pois farei tudo conforme as ordens recebidas.

Aleutar retirou-se satisfeito consigo mesmo e com a serva, e andando rápido pelos corredores do palácio-templo, dirigiu-se à sala do seu amo, para lhe prestar conta das providências que havia tomado.

As sombras da noite haviam caído sobre o vale e a voz do arauto da ronda já havia anunciado a hora oitava, quando, para os lados do Templo do Sagrado Som, um vulto furtivo passou colado ao muro que dava para os jardins. O homem parou, como que escutando, e depois, num salto ágil, escalou o muro pulando para o lado de dentro. Sem ruído, deslizou por entre as árvores até a altura do velho pavilhão, que, totalmente às escuras, não deixava a visão mais apurada perceber coisa alguma. O homem, pé ante pé, aproximou-se do velho edifício abandonado e a custo avistou uma sombra imóvel.

— Irinia... — sussurrou.

— Turano — respondeu fracamente, e a voz lhe soou estranha e diferente.

Turano pressentiu a cilada, e girando voltou-se, quando foi seguro por várias mãos.

— Quero o patife vivo, não o matem! — gritou Siamor, que se aproximava, seguido de perto por seu fiel Aleutar.

Turano, no chão, fez força e quando viu que era inútil, aquietou-se, procurando tomar fôlego.

— Como ousas, cão! Como te atreves a invadir meu palácio! Vagabundo! — gritou Siamor.

Turano, bem seguro pelos guardas, deu uma risada sarcástica, acrescentando com a voz aparentemente calma:

— Porco gordo!

Siamor, vermelho de cólera, desferiu um violento pontapé nas costas de Turano, que deixou escapar um gemido de dor.

— Levem-no para o subsolo! — E dirigindo-se a Turano: — Já irei te ver, farsante, e aí veremos se tens ainda a mesma arrogância.

Os guardas levantaram-no do chão, e um de cada lado, segurando-o pelos braços, começaram a caminhar na direção do templo central.

Neste momento, um grande alarido se ouviu no muro do jardim e uma flecha sibilando penetrou fundo no peito de um dos guardas que conduzia Turano, o qual dando um grito, levou as duas mãos ao peito e caiu ao solo. Turano, livre de um dos braços, deu um encontrão de ombro no outro guarda, que perdendo o equilíbrio caiu por terra, atingindo os outros dois guardas que vinham logo atrás. Várias flechas continuaram a cair sobre o jardim, impedindo que os outros guardas pudessem avançar, e então Turano, correndo rente ao chão, dirigiu-se célere na direção de onde vinham as flechas.

— Guardas, a mim! — berrou Siamor. — Não o deixem fugir! Às armas! Às armas!

As flechas continuavam a voar em todas as direções, e esse segundo de indecisão dos guardas foi o tempo exato para Turano, num pulo acrobático, escalar o muro e pular para o outro lado, caindo nos braços do seu amigo Ararype.

— Como é bom te ver novamente — disse Turano ofegante.

— Rápido, à retirada! — gritou Ararype a seus homens postados sobre o muro. — À retirada! — gritou, e dirigindo-se ao amigo: — Não há tempo a perder, vem comigo!

Num instante, os homens de Ararype abandonaram o alto do muro, e mais depressa ainda desapareceram das proximidades do Templo do Som.

⁂

Pouco antes desses incidentes, vamos encontrar a princesa Irinia terminando sua "toillete" em frente ao grande espelho de cristal de rocha, no seu quarto.

Irinia atirou uma capa de penas por cima dos seus belos ombros nus e dispôs-se a sair, porém foi impedida pela serva, que em atitude desafiadora se colocou à sua frente.

— Aonde vai, senhora?

— Que audácia — disse Irinia fitando-a furiosa. — Saia da minha frente, já!
— Por favor, senhora.
— Saia, já disse. Desde quando devo dar satisfações aos criados? — E tentou passar, mas foi impedida pela serva, que além de decidida, era bastante forte e volumosa.
— Senhora, por favor, recebo ordens, tente compreender...
Irinia, irritada, procurou passar, mas a serva delicadamente a segurou pelos pulsos, imobilizando-a.
— Tira as mãos de mim, imediatamente! — disse a princesa, descontrolada pela raiva.
— Senhora, por favor! Vá para o seu quarto e não tente passar.
— Larga-me, imbecil!
— Senhora, por favor — limitou-se a dizer a serva.
Irinia tentou fazer força, mas a outra apertou um pouco mais os seus pulsos, e como era bem mais forte, não teve a menor dificuldade em dominá-la. A princesa, arfando, desistiu de lutar e a serva afrouxando a pressão, mas sem largar os seus pulsos, procurou acalmá-la:
— Senhora, são ordens de Mestre Siamor. Tente entender, ele não quer que saia dessa sala. Por favor, senhora.
Nesse momento ouviram uma série de gritos, imprecações e blasfêmias misturadas com ordens de comando. Num instante, o palácio era um pandemônio e ouvia-se perfeitamente o barulho das armas e passos correndo pelos corredores. Ao grito de "às armas, às armas", os dois guardas postados à porta da antecâmara de Irinia movimentaram-se, arrastando pelo lajeado as pesadas lanças.
Foi esse último ruído que a serva que impedia a passagem da princesa ouviu, pois largando seus pulsos olhou em direção à porta. Irinia não perdeu tempo: apanhou sobre a mesa ao lado uma pesada estatueta de ouro maciço, e quando a serva acabava de se virar, com toda a força desferiu-lhe um violento golpe na cabeça. Sem soltar um gemido, a serva caiu ao chão.
Irinia aproveitou a grande confusão que reinava no templo, juntando-se às cantoras, que curiosas umas e amedrontadas outras, transitavam pelos corredores, para esgueirar-se por entre toda aquela balbúrdia e dessa forma tentar sair do templo.
Atravessou sem grandes problemas toda a ala norte do palácio, e depois cautelosamente dobrou à direita e pôs-se a descer a escadaria que levava à parte lateral do palácio-templo, do lado oposto àquele em que ficava o velho pavilhão. Com o coração a bater desordenado e apreensiva pela sorte que

poderia ter tido o seu Turano, pois imaginava que esses acontecimentos inusitados só poderiam estar ocorrendo por causa dele, Irinia chegou ao fim da escadaria. Foi quando viu uns guardas armados correndo a poucos passos de onde se encontrava. A princesa, tremendo, abaixou-se, e oculta pela sombra da própria escada, e ajudada pela noite escura, deixou que os homens passassem sem vê-la. Morrendo de medo, a princesa começou a correr pelo jardim, em direção oposta ao palco dos acontecimentos. Oculta pela sombra das árvores, pôde ainda ouvir o som distante, que chegava fracamente aos seus ouvidos, e sempre correndo, dirigiu-se ao extremo do jardim, em direção à casa do velho porteiro. Já divisava as sombras das construções baixas que serviam para alojar os carregadores e as liteiras, quando parou trêmula de susto. Uma sombra a pequena distância, imóvel, como que querendo devassar a escuridão reinante, parecia observá-la. A sombra moveu-se afinal, e Irinia, gelada, sentiu o seu próprio coração bater desordenado dentro do peito.

— Quem vem lá? — disse uma voz rouca.

A princesa respirou aliviada. Reconhecera a voz de Thumus, o velho porteiro, encarregado das liteiras do palácio.

— Princesa Irinia — respondeu a moça, tentando dar a sua voz um tom firme e despreocupado.

O velho aproximou-se a passos lentos e reconhecendo a princesa apressou-se em saudá-la:

— Salve, princesa! Mas que há essa noite no templo? Ouço tanto barulho, ruído de armas e correrias. O que está havendo, princesa?

— Não sei, parece que um malfeitor invadiu o palácio ou coisa parecida. Mas estou com pressa, Thumus, arranja-me uma liteira e quatro carregadores, pois tenho que sair.

O velho porteiro pareceu indeciso.

— A estas horas, princesa!

— Depressa! Tenho muita pressa! É uma importante missão que vou cumprir para Mestre Siamor! — disse Irinia incisiva.

Em face dessa ordem, e devido à posição que a princesa ocupava no palácio-templo, o velho porteiro movimentou-se, e num instante, que pareceram séculos para Irinia, foi providenciada sua condução.

A princesa, aliviada, sentou-se nas almofadas da liteira e quando esta saiu para fora dos portões, Irinia ordenou aos carregadores:

— Para o Templo das Bailarinas do Vento, e a toda pressa!

6

Anhangüera

Azalym virou o rosto para o lado, fazendo uma careta, enquanto o outro, com mãos ágeis, cortava fundo com uma pequena faca, bem entre as unhas da pata de uma jaguatirica, que Azalym com os joelhos segurava de encontro ao chão.

— Pronto — disse Urassay. — O espinho entrou por entre as unhas e depois foi penetrando cada vez mais. Logo, logo, eu termino.

O animal contorceu-se de dor, dando rugidos entrecortados, enquanto Azalym, afagando sua cabeça, falava baixinho numa língua estranha.

Urassay, com habilidade, pensou a ferida, e depois, tirando de uma sacola um pó esbranquiçado, polvilhou a pata do animal, completando o curativo.

— Pronto, pode soltar. Ficará perfeito novamente, em algumas horas deixará de mancar.

Azalym olhou com ternura a jaguatirica, e levantando-se, soltou-a. O animal revirou-se no chão e claudicando afastou-se dos dois homens, indo deitar-se à sombra de uma árvore.

Urassay começou a guardar os seus apetrechos na sacola, e encarou seu amigo, que olhava para o animal já distante, ainda penalizado.

— Deve ter doído muito, não?

— Um pouco — e Urassay começou a rir. — És mesmo o protetor de todos os animais! Que carinho e que desvelo tens por todos eles!

— Quanto mais conheço os homens mais amo os animais.

— Mas existem exceções?

Azalym riu, e abraçando o amigo, puseram-se a caminhar

em direção à casinha branca que ficava situada bem no início da floresta de caça do príncipe Anhangüera, e onde Azalym, guarda-caça, morava com sua irmã Nayade. Entraram na sala de teto baixo, pintada de claro, de aspecto acolhedor e agradável.

— Então ficas conosco algum tempo?

— Sim, algum tempo. Mas onde anda Nayade?

— Deve andar aí pelo bosque. Sabes bem o quanto ela gosta de solidão. Perde horas sem fim olhando as nuvens que passam levadas pelo vento e os pássaros nos galhos. Quando não fica a cismar, um tempo enorme, na mesma posição, olhar parado, fitando alguma coisa que ninguém vê, mas que ela, evidentemente, deve ver, pois de repente sorri e se levanta para fazer alguma coisa, como se nada houvesse.

— É bem estranha tua irmã — disse, dando de ombros.

— Mas quem não tem lá suas esquisitices?

— Mas fala-me de ti. O que tens feito?

— Quase nada, aqui e ali praticando a minha arte de curador.

— E chegaste bem em tempo. Eu já não sabia mais o que fazer com a minha jaguatirica.

— Tens mais algum animal doente? — disse Urassay. — Se tiver eu corto com o maior prazer.

— Acho que eu não agüentaria num dia mais uma operação. Arre! É preciso ter nervos!

Urassay olhou para o amigo. Sempre o intrigara muito essa faceta do caráter de Azalym. Durante esses longos anos de amizade, seu amigo demonstrara inúmeras vezes sua grande coragem e destemor. Dotado de uma força física extraordinária, ele era um inimigo terrível, e em várias campanhas de que tinham participado junto, as proezas de Azalym haviam impressionado os seus superiores, e por ser leal, bravo e destemido, o grande Anhangüera o havia tomado sob sua proteção e o distinguia com sua amizade. Agora, com relação a animais, Azalym era um frouxo, capaz de chorar como uma criança só de ver o sofrimento de um deles. Isso, Urassay não podia compreender. Como também não podia entender como Azalym falava com os animais, como eles ficavam mansos e dóceis em sua presença, e como também parecia que todos os animais o entendiam.

Urassay continuou a fitar o amigo. Há alguns anos não se viam, porém o tempo não alterara a profunda amizade que existia entre ambos. Azalym pouco mudou, pensou Urassay, enquanto todas essas coisas passavam pela sua mente. Os mesmos cabelos ondulados e fartos, cor de trigo, divididos ao meio, mostrando a testa alta, inteligente. Os olhos azuis límpidos, suaves e meigos e boca bem desenhada, num rosto oval quase perfeito. Urassay deixou o olhar cair no corpo do seu amigo. Alto, bem alto, ombros largos e músculos bem distribuídos em contornos proporcionados. "É — pensou — Azalym não mudou em quase nada".

— Que foi? Estás me olhando de um modo tão estranho — disse Azalym, reparando no mutismo súbito do amigo.

— Nada, apenas pensava nos velhos tempos! Reparava em como estás bem. Não mudaste nada!

— Tu também estás ótimo! — disse o guarda-caça, colocando as duas mãos nos ombros de Urassay.

O fato é que também ele observara como o seu amigo, depois desses longos anos sem se verem, apresentava algumas diferenças. Parecia mais magro, seus cabelos já não tinham o mesmo brilho, e seus olhos escuros pareciam algo cansados. Mesmo assim, Urassay fazia ainda uma bela figura. Cabelos negros, cortados rente à nuca, boca voluntariosa e queixo bem delineado. Corpo esguio e musculoso, mais para magro, e mãos de dedos finos e simétricos, que embora grandes, eram lindas para um homem.

— Mas fala-me de ti! — disse Urassay, quebrando o silêncio que de repente caíra entre os dois.

Azalym pareceu despertar de um sonho, abandonando seus pensamentos:

— Aquela vida calma de sempre, aqui na floresta.

— Porém a tua calma vai ser um pouco perturbada.

— É verdade, o grande tuxauá está para chegar.

— Eu soube de grandes novidades, eu diria mesmo que são novidades bastante sérias.

— Que novidades?

— Quando passei pela cidade central, dizia-se por lá que o rei está louco.

— Não digas uma coisa dessas!

— É verdade, é o que se comenta, reservadamente, é claro.

— E acreditas nisso?

— Bem, boatos são boatos. Alguns sempre têm um fundo de verdade.

— Eu não creio nessa história — e Azalym sacudiu a cabeça, como se quisesse afastar do pensamento essas notícias.

— Não sei não! O fato é que é o último boato que corre na corte!

— Já pensaste como isso é sério?

— Sim, pode haver uma revolta e muito derramamento

de sangue.

— Achas que a vinda do tuxauá até as terras do príncipe Anhangüera se prende a esse boato?

— Talvez, quem sabe?

— De qualquer modo, iremos saber em breve se essas notícias têm fundamento.

— Como assim?

— O rei não está para chegar?

— Sim, mas...

— Esta floresta é o orgulho do príncipe Anhangüera; todas as pessoas ilustres que vêm ao seu reino, ele as traz para uma caçada, quanto mais o próprio rei. Ele na certa virá até aqui, e eu sei reconhecer um louco a dez passos de distância — disse Azalym sorrindo.

— E se o rei estiver efetivamente enfermo e não vier à caçada?

— Então eu irei ao palácio de Anhangüera e tirarei isso a limpo. Louco ou não, ele é o meu tuxauá. Braços são braços. Largo a minha floresta e irei ajudar a defender meu rei, em qualquer situação.

Azalym, com um brilho nos olhos, juntou essas palavras ao gesto, esmurrando a palma de uma das mãos com o punho fechado.

— Queres saber de uma coisa? Eu também largarei minhas facas afiadas de cortar e as substituirei por outras maiores, que na certa vão fazer um pouco de estrago nas entranhas dos inimigos do tuxauá! — e ambos riram alegremente.

— Estranho — disse Azalym, fazendo-se sério — eu não ter ouvido nada a esse respeito!

— Aqui na tua floresta, é realmente muito difícil.

— A última vez em que estive no Templo do Vento não foi há tanto tempo assim.

— Tu no Templo do Vento? E o que foste fazer lá?

— Ver uma jovem.

— Ah! O amor!

— Sim, o amor.

— Então me conta, isso é importante.

— Estou amando, Urassay.

— Quem é ela?

— Seu nome é Narayma, uma bailarina de Nadja.

— Uma bailarina é uma bailarina! Nadja não quererá perdê-la. As Bailarinas do Vento são sacerdotisas da dança. O amor para elas é proibido.

— Eu sei disso muito bem.

A Terra das Araras Vermelhas

— E o que pretendes fazer?
— Não sei, ainda não fizemos planos.
— E Nadja?
— Acho que ignora. Nos encontramos às escondidas.
— E ela? Também te ama?
— Oh sim, nós nos amamos.
— O certo seria falares com Nadja. Dirias: "Eu a amo, eu a farei feliz, consente que a leve comigo e a faça minha esposa?"
— Não brinques.
— Não estou brincando, é a única solução. Não vejo outra. A não ser que a roubes uma noite dessas.
— Já pensei nisso — foi a calma resposta de Azalym.
— Então o caso é sério mesmo?
— É seríssimo!
— Porque não falas com Anhangüera? Seria menos perigoso que raptá-la.
— O que falaria com ele?
— Pedirias a ele para interceder por ti junto a Nadja.
— Acho que não teria coragem de fazer tal pedido.

Interrompendo o diálogo dos dois amigos, ouviram-se batidas na porta, que Azalym se deu pressa em abrir. Era um mensageiro do príncipe Anhangüera, que vinha avisar ao guarda-caça que no dia seguinte, às primeiras horas da manhã, ele esperasse a comitiva real, com tudo preparado para uma caçada na floresta.

Azalym recebeu as ordens e depois de se despedir do mensageiro, tornou a ficar só com seu amigo, retomando a conversa interrompida.

≈≈≈

— Com seiscentos demônios! — praguejou Anhangüera, exprimindo sua admiração e olhando Ay-Mhoré sentado à sua frente.

Anhangüera era um homem que se poderia qualificar de magnífico. Imaginem um gigante de cerca de dois metros e setenta, músculos admiráveis, cabeça soberba de cabelos encaracolados e fartos, de tom avermelhado, caindo pelos ombros retos, em cachos desordenados. Rosto quadrado de malares salientes, mento forte, olhos muito azuis, e completando o conjunto um nariz um pouco grande e ligeiramente recurvado, o que lhe dava um ar feroz, que desaparecia ao sorrir, aparecendo uma fileira de dentes muito grandes e certos. Aí então, a fisionomia do grande príncipe se abrandava, dando o aspecto de um gigante com cara de anjo.

— Com seiscentos demônios! — tornou a repetir Anhangüera na sua voz de trovão. — Então esses vermes, esses patifes estão conspirando contra ti. Não é à toa que aqueles caras de sabujo, que aqueles hipócritas, lambe-chão, nunca tiveram coragem de me encarar de frente, nas poucas vezes em que os encontrei.

— Esses foram os motivos por que vim procurar-te — disse Ay-Mhoré tranqüilamente.

— Porque não me mandaste chamar ao palácio?

— Queria evitar suspeitas.

— Suspeitas?

— Sim, antes de marcar a data do Grande Conselho, queria falar com os príncipes que me são fiéis. Se fosses à cidade central para me falar e depois com os outros príncipes com quem posso contar, isso na certa chamaria a atenção e poderia precipitar os acontecimentos, o que acho que no momento não é aconselhável.

— Achas que o Sumo Sacerdote tem tanta força assim?

— Infelizmente. Ele conta com o apoio de alguns príncipes e de alguns nobres do reino. Não sei até que ponto vai essa influência, daí estar agindo com cautela.

— E esse Siamor, esse palhaço gordo e petulante?

— Tem uma rede de informações impressionante. É um elemento perigoso e ambicioso.

— Está certo que tenhamos cautela, porém não podemos perder tempo, pois afinal doze luas são doze luas, e ainda temos muita coisa para fazer.

— Isso é que me preocupa.

— Que providências tomaste além de me procurar?

— Tenho dois homens de confiança, seguindo os passos de Azamor. Creio que também posso confiar no capitão da minha guarda e alguns nobres da cidade central. Não sei ao certo.

— E os príncipes em quem confias, quais são?

— Sem contar contigo, acho que posso confiar plenamente em Arary-Bhoya, Tupangüera, Tupyara e Urubatan. Cinco ao todo!

— Com esses quatro, mais tu e eu, poderemos fazer a guerra e dominar a situação.

— Sabes que sou contra derramamento de sangue entre irmãos, e depois, não teríamos tempo. Lembra-te que temos menos de doze luas.

— Seja como quiseres. E Jatay, o príncipe da aldeia sudoeste?

— Sobre esse, eu tenho as minhas dúvidas. Se contássemos

com ele, teríamos exatamente a metade do Conselho.
— Isso pode-se ver. O melhor é agora reunirmos esses quatro e começarmos a trabalhar.
— Tens razão.
— Acho que no momento o melhor seria mandar mensageiros de confiança às terras desses quatro príncipes, pedindo em caráter sigiloso que venham ao meu palácio.
— Acho que um convite dessa natureza poderia despertar suspeitas.
— Poderia então mandar dizer que o tuxauá me honra com sua presença, e que em sua homenagem organizei uma caçada em minhas terras. Será um inofensivo convite para uma caçada.
— E se eles não comparecerem?
— Mandarei dizer que o rei pessoalmente os convida.
— Ótimo, acho melhor assim!
— Com todos aqui, juntos debateremos o assunto.
— Certo! Conversaremos e eu os porei a par da terrível tragédia que está para cair sobre o nosso vale — disse Ay-Mhoré com tristeza na voz.
— Só uma coisa não entendo bem.
— O que é?
— Esse caminho para as terras altas. Eu sempre soube que as montanhas são inacessíveis.

Ay-Mhoré, que contara tudo ao seu amigo, menos a parte que se referia ao acontecido no Templo do Vento, no quarto secreto de Nadja, sorriu despreocupado.

— Eu já tenho conhecimento de que na grande montanha azul mora um grande sábio, um verdadeiro morubixaba, que conhece uma trilha capaz de levar facilmente todo o meu povo às terras altas.
— Um sábio vive lá? Pelo que sei, aquela montanha é desabitada, ou melhor, lá reside Anhangá, o deus do mal. Tudo que é praga ou coisa ruim que acontece no vale é proveniente da ira desse deus.
— Acreditas nisso, realmente?
— Não creio nem descreio; já ouvi muitas histórias a respeito. Não sei o que te dizer!
— Deus do mal ou não, o certo é que estou convicto que acharei lá esse sábio, e pretendo ir procurá-lo.
— Com o vale ameaçado pelas águas, temos que encontrar uma saída. A única saída são as montanhas, logo a migração tem que ser necessariamente por ali. Se existe realmente um sábio na montanha azul, e ele sabe o caminho que queremos, o

jeito é verificar se ele existe mesmo — disse Anhangüera, usando sua lógica decidida.

Ay-Mhoré levantou-se. Sua fisionomia estava grave e seus olhos refletiam uma profunda tristeza. Olhou por uma das janelas do palácio do amigo e divisou uma grande extensão de terra, que acabava num maciço de montanhas, àquela hora bem claras de encontro ao horizonte. O tuxauá, de costas para Anhangüera, fitando as montanhas azuladas distantes, deu vazão a toda sua enorme tristeza.

— Nunca mais ver o pôr-do-sol colorir o meu vale imenso, pondo um matiz diferente em cada coisa... Nunca mais sentir a brisa fresca que vem do mar acariciando as palmeiras, pondo música nos galhos das árvores e ondulando de leve a relva fresca como um afago de amante... Nunca mais ouvir o som dos riachos límpidos, correndo por entre as pedras, e o ruído dos seixos soltos, fazendo dueto com o canto dos pássaros por entre as galhadas, que preguiçosas se debruçam por entre as margens... Nunca mais ver essas praias brancas, de areias mornas que se entregam às marés, como as donzelas apaixonadas aos seus amantes... Nunca mais ver esse mar de mil cores, que como um caleidoscópio muda segundo a posição do Sol... Nunca mais ver essas tardes calmas, em que meu vale se estende preguiçoso para ainda captar os últimos raios do Sol, como que querendo se aquecer para passar a noite... Nunca mais ver esse céu tão lindo, que à noite salpica de estrelas o mar, que languidamente se espraia pela sua costa inteira... Nunca mais ver essas araras de penas brilhantes e coloridas que emprestam às árvores em que pousam um espetáculo multicor de rara beleza. Nunca mais, nunca, ó Anhangüera, por quê? Por quê?

Ay-Mhoré, voltando-se, atirou-se nos braços do amigo, que o estreitou ternamente. O tuxauá sentiu o seu ombro úmido, e levantando um pouco a cabeça, pôde ver duas lágrimas grossas que desciam lentas pelo rosto do príncipe Anhangüera.

⁂

Os dias que antecederam à chegada dos ilustres visitantes às terras de Anhangüera foram de grande movimentação. Várias providências foram tomadas para que os convidados pudessem se sentir como em seus próprios palácios, e nesse ponto Anhangüera desdobrou-se, como bom hospedeiro que era, observando cada detalhe, para que nada faltasse aos seus hóspedes.

Com visível impaciência, Ay-Mhoré esperava a chegada dos importantes convidados e só na tarde do segundo dia eles apareceram: primeiro Tupyara, logo a seguir Urubatan e finalmente, na manhã do terceiro dia, chegaram quase juntos Tupangüera e Arary-Bhoya.

Nessa mesma tarde, no grande salão do palácio, com portas fechadas e no maior sigilo, os príncipes se reuniram, e quando o grande tuxauá terminou de falar, os quatro príncipes que ouviam atentos aqueles graves relatos, emudeceram por um instante, depois se entreolharam, e como que movidos num bloco único, levantaram-se, e tocando com a mão direita os seus corações, imediatamente tocaram no coração do rei.

— Para a vida ou para a morte — disse Arary-Bhoya na sua voz tonitruante.

— Até o fim — disse Tupangüera.

— Somos dois homens tu e eu — disse Urubatan.

Finalmente o último príncipe, Tupyara, com um grande sorriso nos lábios, disse na sua voz doce e bem modulada:

— Grande tuxauá! Minha lança é a tua lança, tua guerra é a minha guerra e tua paz é a minha paz!

Aqueles seis homens, extraordinariamente fortes no físico e no caráter, abraçaram-se como irmãos e Anhangüera disse feliz:

— Precisamos agora estudar nossos planos para vermos qual a primeira medida a ser tomada.

Já era noite alta quando os seis homens se retiraram do grande salão, com as fisionomias preocupadas, porém inteiramente de acordo com o que deveria ser feito.

⁂

Devia ser a hora sexta da tarde, quando Nayade em desabalada carreira entrou pela cabana do guarda-caça, em prantos.

Azalym e Urassay, que conversavam animadamente, foram espantados atrás de Nayade, que chorando muito, correra para seu quarto sem parecer vê-los e jogara-se sobre as almofadas.

— Que tens, irmã?

— A moça continuou a soluçar e Urassay sentando-se a seu lado, pôs-se a afagar os seus longos cabelos negros, procurando confortá-la. Azalym, presa de grande aflição ante a inopinada cena, procurou também sentar-se ao seu lado, perguntando preocupado:

— Que tens, Nayade? Que te aconteceu? Fala, pelo amor

de Tupã!

A moça, ainda soluçando, tirou a cabeça das almofadas e em palavras entrecortadas pelo choro, conseguiu dizer:

— Eu vi... eu juro que vi... foi horrível.

— Viste o quê? — disse Urassay tomando-lhe as mãos.

— Fala, Nayade; afinal, o que te assustou tanto? — perguntou Azalym, preocupado.

A moça, presa de indizível emoção, repetiu:

— Foi horrível... foi horrível...

— Mas o que foi tão horrível, Nayade? — e Azalym acariciou o rosto da irmã.

Nayade continuou chorando e agarrando-se ao pescoço do irmão, tremia tanto que se podia ouvir o barulho de seus dentes batendo.

Urassay deu-se pressa em procurar na sua sacola algumas ervas, misturou-as com um pouco de água quente, fazendo uma beberagem de coloração verde intensa, e colocou numa grande caneca de folha, trazendo para a moça.

— Bebe, Nayade, vai te fazer bem.

Nayade, com as lágrimas ainda a escorrer pelo rosto pálido, pôs-se a beber ajudada por Azalym, que segurava a caneca, de tão trêmulas que estavam suas mãos. Nayade algum tempo depois pareceu ter se acalmado, pois deixou de tremer e parou de soluçar.

— E então, mais calma? — perguntou Urassay, fazendo um afago no seu queixo.

Nayade sacudiu a cabeça afirmativamente.

— Já podes nos contar essa coisa horrível que viste? — e Azalym segurava a caneca vazia, olhando interrogativamente para a irmã.

— Sim — disse Nayade com voz sumida. — Mas foi tão horrível! — e cobriu o rosto com as mãos.

Os dois amigos, cada um segurando uma das mãos da moça, ansiosos, se preparavam para ouvir o relato do que tanto a assustara.

— Estava no alto do vale — começou Nayade — junto à clareira grande, e como ali estivesse muito fresco, sentei-me à sombra de uma árvore e acho que com o calor da tarde e o ruído do vento nas folhas, adormeci. Não sei quanto tempo dormira, quando fui acordada subitamente como se alguém me tivesse tocado no ombro. Meio acordada, meio dormindo, virei-me, porém não vi ninguém. Mas era como se ali, bem ao meu lado, estivesse alguém. Inexplicavelmente, não me assustei nem um pouco, pois esta presença invisível me transmitia uma paz e uma tranqüilidade como nunca sentira. Foi aí que uma voz muda, mas bem clara, dentro de mim, disse: "Olha, Nayade, observa bem!" Abri muito os olhos, e olhando em frente não vi mais a clareira da floresta. Vi uma praia de areias amarelas, na qual um homem muito alto, de costas para mim, olhava o mar muito forte, com vagalhões como nunca eu vira. O vento soprava muito forte, pois as palmeiras em torno vergavam-se quase até o chão e o céu estava escuro, coberto de nuvens negras, e a chuva caía torrencialmente, podendo ver-se enormes relâmpagos, cortando o céu cor de chumbo. O homem alto levantou os dois braços para o céu, e virando-se um pouco eu pude ver o seu rosto. Por Tupã! Era o grande tuxauá que estava naquela praia. Imediatamente a terra toda tremeu, enormes fendas apareceram no chão, a água elevando-se a uma altura incalculável cobriu inteiramente a praia, e eu, alongando a vista, pude ver o vale inteiro submerso pelas águas, até as grandes montanhas que delimitam as terras.

A narrativa de Nayade terminou nesse ponto, e um grande silêncio caiu sobre a cabana do guarda-caça, só interrompido pelo choro nervoso e baixo da moça, que cobrira o rosto com as mãos, como que temerosa de ver novamente a cena impressionante.

O sol mal acabara de nascer, quando Anhangüera, à frente de seus reais convidados, penetrou na floresta, para dar início à caçada prometida no convite, aos príncipes amigos.

Um pouco adiante, na grande clareira onde se achavam armadas as barracas que Azalym ali mandara instalar, para abrigo dos utensílios necessários a quem se dedica a esse esporte, podemos ver um homem, no local onde as árvores eram mais cerradas, encarapitado num dos galhos, observando atentamente toda a clareira. Quando o último homem da comitiva real se internou mata a dentro, o observador furtivo deixou-se escorregar pela árvore até o chão, e, em desabalada carreira, seguiu em direção contrária.

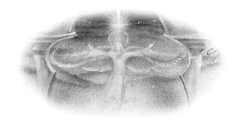

A caverna na montanha

Salve a grande sacerdotisa da Dança! — disse Irinia, tocando com a mão direita o seu coração e depois no de Nadja, que a observava curiosa.
— Salve, princesa! Mas como estás pálida, e tão ofegante! — a sacerdotisa pegou as duas mãos de Irinia.
— Ah! Nadja! O que eu passei esta noite!
— Vem comigo, minha filha, e fica tranqüila. Vou mandar te servir uma bebida revigorante e depois mais calma, em meus aposentos, tu me contarás tudo que te aflige — e Nadja obervou que Irinia estava a ponto de prorromper em choro.

Servida a bebida, já nos aposentos que Nadja destinara à princesa, esta de um jato contou à amiga todas as peripécias de sua fuga, e sobre seu amor por Turano. Nadja escutou em silêncio, e quando a outra, segurando suas mãos, lhe pediu asilo e proteção, a sacerdotisa a abraçou, e colocando sua cabeça no colo, pôs-se a afagá-la como se faz às crianças assustadas.

— Pobre menina! Mas não te preocupes, aqui estarás a salvo de tudo. Siamor não se atreverá a mandar seus esbirros buscar-te!
— Não mesmo?
— Não! Para revistar este templo, Siamor precisaria de uma ordem do Sumo Sacerdote.
— Mas a esta hora, Siamor já deve saber onde me encontro. Deve saber que vim para aqui pedir asilo.
— Por que aqui?
— Já devem ter encontrado a serva que eu abati com o peso. Já devem saber pelo porteiro que eu saí, e os carregadores que me trouxeram, interrogados, já terão contado qual o meu destino. O que faremos, Nadja? — disse a princesa, torcendo as mãos, aflita.

— Calma, filha; como já disse, ninguém entra com facilidade no Templo do Vento.

— E Turano, Nadja? Ó Tupã, tem piedade! Não sei se a estas horas estará preso ou morto. Ó Nadja! — a princesa começou a chorar.

— Não fiques assim, minha filha. Pode não ter lhe acontecido nada, e ele pode muito bem estar solto e oculto em algum lugar seguro, assim como estás aqui agora. Amanhã providenciarei para que tenhas notícias dele.

— Farás isso, Nadja? Minha boa e querida amiga! — Irinia se atirou nos braços da outra, deixando de chorar. — Farás isso?

— Farei! Agora é preciso que durmas um pouco, que descanses desta noite tão atribulada. Verás que amanhã tudo te parecerá melhor.

A princesa afinal adormeceu, depois que Nadja lhe deu um calmante. Só aí então foi que Nadja retirou-se para os seus aposentos.

Visivelmente preocupada, a sacerdotisa começou a pensar nos estranhos caprichos do destino, que trazia sobre os seus fracos ombros de mulher o peso de tantas responsabilidades. Jogou sua trança para trás, naquele gesto característico muito seu, como que querendo afugentar os maus pensamentos, e pôs-se a refletir na melhor maneira de resolver esse problema.

"Afinal, nada acontece por acaso, e se essa menina me caiu nas mãos, é sinal de que eu tenho alguma responsabilidade em relação a ela. Siamor — pensou Nadja — não terá coragem suficiente para tomar qualquer providência por conta própria. — Nesse ponto podia estar descansada. Se o Sacerdote do Som viesse procurá-la, ela negaria de pés juntos que houvesse acolhido a princesa Irinia. Sob esse aspecto não havia mais o que pensar. Irinia nem estivera no Templo do Vento. — Existe, porém, a possibilidade de que Siamor procure o Sumo Sacerdote, e nesse caso poderia haver uma ordem no sentido de que a princesa fosse encontrada, e então, eu não teria autoridade para impedir a entrada no meu Templo — pensou Nadja, analisando a situação. — Até que isso aconteça, teremos muito tempo para pensar num lugar seguro para enviar Irinia — continuou divagando a sacerdotisa. — E de qualquer modo ela não poderia mesmo ficar aqui indefinidamente".

Nadja, imóvel junto à janela do seu quarto, indiferente ao céu estrelado, que àquela hora oferecia a quem o contemplava um espetáculo magnífico, franziu a testa, apertando muito os olhos azuis acinzentados. Lutava com a profusão de pensamentos que povoava sua mente.

"E esse Turano? Como seria esse rapaz? Ah, o amor! — pensou Nadja suspirando. — Porque eram tão perseguidos os amantes, se o amor era a única coisa pura e bela que existia em toda a natureza? O mundo deveria ser feito unicamente de dança e amor. Nada de ódios, invejas, perseguições e guerras! Tudo seria tão mais fácil, tudo seria tão mais belo. Ah! O amor!" — não pôde deixar de pensar novamente nele, e sentindo o seu coração cheio de uma saudade incontida, escondeu o rosto nas mãos, enquanto lágrimas desciam pelo seu rosto.

— Ó amado meu! Cada vez mais longe, cada vez mais distante pelo dever e pela honra. Ó amado meu! Até quando? Tupã, dai-me forças, e pelo menos mais uma vez, somente uma vez, eu desejava vê-lo, antes de o perder nesta vida — disse Nadja em voz alta, sacudida pelo soluços que ecoavam alto pelos aposentos vazios.

Pouco a pouco, Nadja foi se acalmando e finalmente recuperou-se da crise passageira, procurando concatenar seus pensamentos, interrompidos pela explosão dos seus sentimentos mais íntimos.

"Em primeiro lugar — pensou Nadja — preciso saber quem é este Turano. Não posso livrar Irinia de uma fera, para entregá-la a outra talvez ainda pior. Irinia é muito moça, este é seu primeiro amor. Ela pode estar cega, pode não estar vendo com os olhos da razão, e depois do fato estar consumado não haverá nada a se fazer. É preciso que eu saiba com certeza por quem a minha menina se apaixonou".

A sacerdotisa tomou uma decisão e tocou forte com os nós dos dedos num gongo de prata, que àquela hora, ressoou bem alto. Alguns instantes se passaram e atendeu sua serva Adenara, em quem Nadja depositava toda a confiança, pois que a adotara desde a infância.

— Desculpe tê-la chamado a esta hora, Adenara.
— Nada, senhora — e a serva esfregou os olhos.
— Já ouviste este nome: Turano?
— Sim, senhora.
— E quem é?
— Todos no vale o conhecem. Tem uma voz linda e é muito bonito.
— E o que faz ele, além de cantar e ser bonito?
— Acho que nada, senhora.
— Como nada?
— Dizem que ele enfeitiça as mulheres com seu canto.
— Crendices, na certa.
— Não, senhora, eu sei de vários casos em que as moças

que o viram cantar ficaram loucas de amor.
— Então esse Turano é um conquistador?
— Não sei, senhora, o fato é que uma das minhas amigas que o conhecia bem, me contou várias coisas a seu respeito.
— Que coisas?
— Bem... ela disse que ele não tem pouso certo, que vive uma vida alegre e irresponsável, ora num lugar, ora noutro.
— Sei, sei — disse Nadja, interessada.
— Ela me disse também que ele pode ser visto em todas as festas alegres e nesses outros lugares... lugares de orgia — disse Adenara, baixando a cabeça. — Cada noite e cada festa com uma mulher diferente.
— Essa amiga que te contou tudo isso, por acaso não falou por ouvir falar?
— Não, minha senhora, ela teve uma espécie de ligação com ele, sabe como é... viveu com ele — respondeu Adenara meio sem jeito.
— É só isso que queria saber; vai dormir, minha filha; e olha: nem uma palavra sobre o que conversamos.
Nadja, ficando a sós, agradeceu a sua boa intuição em ter querido saber quem era esse amor da princesa Irinia.
— Então é esse vagabundo conquistador que tu amas — disse a sacerdotisa em voz alta, falando consigo mesma. — Bem — continuou — não será por meu intermédio que irás dar tão mau passo. Agora mais do que nunca procurarei te ocultar de Siamor, e mais ainda, desse cantador apaixonado — e Nadja recolheu-se, satisfeita consigo mesma.
No dia seguinte, logo à hora sétima, Ararype dirigiu-se ao Templo do Vento, depois de deixar Turano a salvo, na casa de seu pai adotivo, Dezan. No grande salão, foi recebido por Adenara, e pediu para falar com a grande sacerdotisa da dança.
Ararype teve que aguardar um pouco, pois devido aos acontecimentos da véspera, Nadja ainda se encontrava recolhida. Ararype, enquanto esperava, começou a ensaiar a melhor forma de falar com a sacerdotisa sobre os seus propósitos, sem esquecer das melhores palavras em favor do seu amigo Turano.
Medindo seus próprios passos, Ararype caminhava de um lado para outro, e tão absortos se encontrava, que nem reparou quando Aleutar, acompanhado de dois guardas, chegou até quase junto a ele.
— Preciso falar com tua ama — disse Aleutar a Adenara, que o atendera. — Diga-lhe que venho em nome do Sumo Sacerdote do Som, o muito nobre Mestre Siamor.
Ararype pareceu sair do interior dos seus pensamentos, e

fixando Aleutar de cima para baixo, pensou: "Então é esse o cão fiel do nosso belicoso patusco! Ah! Ararype! Em boa hora vieste ao Templo da Dança. Toca a observar esse estafermo!"

Aleutar, mãos na cintura, pavoneando-se na sua imponência, olhou demoradamente para Ararype, que sustentando o seu olhar, fez o outro, mais acostumado a obedecer, desviar o seu. Ararype sorriu, enquanto Aleutar, engrossando a voz, falou autoritário a seus homens, como querendo provar ao outro que sorrira, quem é que dava as ordens ali:

— Retirem-se para a porta de entrada e esperem-me na escadaria do Templo. Se precisar os chamarei — e Aleutar despediu seus homens com um gesto, ao qual procurou dar a maior dignidade.

Ararype, mau grado seu, não pôde conter uma risada, que soou mais alto do que esperava naquele salão vazio. Aleutar virou-se em sua direção, os olhos faiscando de raiva.

— Por acaso ris de mim, senhor?

— Eu! — disse Ararype, fingindo o maior espanto. — De modo algum, meu caro. Lembrava-me de um caso que um amigo me contara — e rindo, deu as costas ao outro, ostensivamente, recomeçando a caminhar pelo salão.

Aleutar apertou os maxilares, contendo-se. Nessa hora, arrefecendo toda sua cólera, Nadja entrou no salão, sorridente, para atender aos seus visitantes matinais.

— Salve Nadja, grande sacerdotisa da dança, eleita dos deuses, preferida das sílfides — saudou Aleutar, fazendo uma mesura.

— Salve — respondeu a sacerdotisa e reparando em Ararype, que não via há algum tempo, dirigiu-se a ele: — Salve, Ararype, mas que prazer! Fica à vontade e aguarda só um momentinho enquanto falo com o enviado de Siamor.

Ararype saudou-a juntando as duas mãos espalmadas, e afastando-se um pouco, apurou os ouvidos para não perder nada de um diálogo tão importante.

— O que deseja de mim o Grande Sacerdote do Som?

— Em primeiro lugar, envia respeitosas saudações, e em segundo lugar manda vos pedir desculpas por não ter podido comparecer pessoalmente.

— Eu agradeço — disse Nadja, secamente.

— Meu amo pediu que vos informasse que, segundo os entendimentos que teve com o Tuxauá, fará da princesa Irinia Suprema Sacerdotisa do Som.

Nadja fingiu o maior espanto:

— Não, não sabia! Naturalmente, ele quer marcar alguma

cerimônia junto as minhas bailarinas, para comemorar esse evento?
— Não, não se trata disso, senhora.
— Como? Eu não entendo, então, como isso possa me interessar.
— O meu amo, Mestre Siamor, manda vos avisar que de acordo com seu pedido ao nosso rei, vai fazê-la sua esposa.
— Ah! Mas de qualquer modo, penso que ainda não estou entendendo.
— Com isso, meu amo quer fazer ver à senhora como a princesa lhe é importante.
— Sem dúvida, eu também acho que nessas condições ela deve ser importantíssima para Mestre Siamor.
Aleutar com essa resposta pareceu meio desconcertado, mas mesmo assim prosseguiu:
— Meu amo pede... meu amo vos suplica, uma... uma explicação, uma... explicação — repetiu Aleutar, encontrando a palavra certa.
— Explicação! Que explicação? Eu é que peço para que tu sejas mais claro.
— Senhora, meu amo acha que a princesa Irinia se encontra neste Templo.
— O que? Aqui no Templo das Bailarinas do Vento?
— Sim, senhora. E ele necessita vosso auxílio, no sentido de que a princesa me seja entregue.
— Mas a princesa Irinia não se encontra aqui. Como posso auxiliá-lo?
— Perdão, senhora, mas os carregadores da liteira em que ela saiu do Templo do Som foram interrogados, e confessaram que a trouxeram para o Templo do Vento.
— Como ousas duvidar de minha palavra? — disse Nadja, irritada.
— Por favor, senhora.
— Diga a Mestre Siamor que eu não vejo a princesa Irinia há um bom par de luas.
— Cumpre-me informar-vos que o meu Mestre já comunicou o acontecimento ao Sumo Sacerdote Azamor.
— Que comunique até ao próprio rei — foi a resposta de Nadja, alterando a voz. — E agora saia, pois não admito impertinentes no meu Templo.
Aleutar empalideceu, mas como era bem mandado, não recuou um centímetro.
— Senhora, meu amo queria apenas impedir que vosso Templo fosse revistado por ordem do Sumo Sacerdote, mas...

— Saia já! — gritou Nadja.
— Mas como a senhora deseja assim... — e Aleutar completou a frase sacudindo as mãos.
— Eu disse já, nem mais uma palavra. Saia!
Nesse instante, Ararype interpôs-se entre os dois, colocando-se em atitude provocadora em frente de Aleutar.
— Não ouviu o que a senhora disse? Ou por acaso além de mal educado é surdo? — Ararype levou a mão ao cabo do punhal, que carregava no braço esquerdo, preso por uma correia de couro.
Aleutar, ante a ameaça, recuou um passo para trás. Do rubro passou ao lívido, tentou balbuciar uma palavra, seus lábios tremeram e ele não disse nada. Ficou ali parado, sem ação, na frente de Ararype, que então riu, e abaixando a mão que tocava o cabo do punhal, o empurrou com dois dedos, pressionando firme o peito do acovardado servo de Siamor.
— E então! Não ouviu a senhora? Fora!
Aleutar virou-se rápido e quase correndo, atravessou o salão em direção à porta principal do templo, àquela hora já aberta, facilitando assim sua retirada, um tanto precipitada.
— Com mil perdões por esta cena, senhora — e Ararype muito calmo dirigiu-se sorrindo a Nadja.
— Eu é que vos agradeço. Os servos hoje em dia estão de uma petulância sem igual. Mas que prazer enorme me dá vossa visita. Há muito tempo não vínheis me visitar.
— É verdade, os afazeres às vezes afastam os amigos.
— Mas em que vos posso servir?
— Passava aqui por acaso — mentiu Ararype — e pensei: há quanto tempo não vejo a minha boa amiga Nadja, e embora a hora fosse um pouco imprópria, senti vontade de entrar. Agora não me arrependo da inobservância de horário, pois vos pude ser útil nesse pequeno incidente.
— Para o filho do meu querido amigo Paraguassu não existe horário neste templo que vos impeça de me falar ou de me ver. A qualquer hora sois bem-vindo, pois as etiquetas não foram feitas para os amigos — disse a sacerdotisa sorrindo, e tomando o braço do rapaz foram sentar-se em grandes almofadas junto às janelas do templo.
— Devido à distância em que me encontrava não pude me furtar de ouvir toda a conversa. Em que vos posso ser útil?
— Continuando a ser meu amigo.
— Por acaso duvidais disso?
— Em absoluto, Ararype.
— Então porque não confiais em mim?

— Confiar! Mas se não tenho nada a confiar!
— Nada mesmo?
— Claro! — Nadja começou a rir, fingindo a maior despreocupação. — Parece que hoje é o dia de todos afirmarem que tenho alguma coisa de muito misteriosa para poder confiar aos outros. Ou por acaso acreditais no que disse o enviado de Siamor? — e uma sombra de preocupação passou muito rápido pelo semblante da sacerdotisa.

— Perdão, mas eu sei que a princesa Irinia se encontra neste templo. Não me pergunteis como sei, isso agora não importa; o fato é que eu vos afirmo que ela aqui se encontra, e os meus motivos são inteiramente diferentes dos do esbirro de Siamor. Eu afirmo apenas para vos ajudar.

Nadja pareceu um pouco surpresa, e olhando firmemente para os olhos de Ararype, viu refletida neles tanta sinceridade, que uma calma e uma tranqüilidade súbita a invadiram.

"Seria aquele aliado inesperado que poderia ajudá-la a resolver esse problema que começava a preocupá-la? Seria, esse jovem que ela não via há tanto tempo, um anjo salvador enviado por Tupã na hora precisa?" — pensou a sacerdotisa. Mas mesmo assim arriscou:

— E se ela estiver realmente aqui?
— Então temo pela vossa segurança e a dela.

Novamente Nadja sentiu nos olhos francos do rapaz a mesma segurança e tranqüilidade. Aqueles olhos não podiam ser de um traidor. A sacerdotisa decidiu-se:

— E o que podemos fazer?
— Temos que agir com toda a pressa. Se Aleutar não está blefando, o seu amo já deve ter pedido a Azamor a devida ordem para revistar o vosso templo. Se essa ordem foi dada, os guardas não tardam e então estará tudo perdido.

— Achais que temos ainda algum tempo?
— Se Siamor tentou primeiro a ameaça através dos seus homens, e se só depois que Aleutar chegar é que tentará o Sumo Sacerdote, então pelos meus cálculos, devemos ter algumas horas.

— Para onde levaremos a princesa?
— A senhora confia em mim?
— Sim, confio — disse Nadja sem hesitação.
— Acho que a princesa Irinia estará bem segura em meu palácio, por alguns dias; depois a levaremos para as terras de caça que possuo ao norte da cidade central.

Imediatamente Nadja tomou todas as providências, e em poucos instantes Irinia estava a par de todo o plano. Os dois, depois de se despedirem da sacerdotisa, entraram numa liteira fechada e dirigiram-se ao palácio de Ararype.

※ ※ ※

O Sumo Sacerdote Azamor, sentado em suas cômodas almofadas de penas, olhava distraído o homem que, ajoelhado à sua frente, vinha lhe trazer notícias das terras do sul, a cidade do príncipe Anhangüera. O Sumo Sacerdote pensou: "Como é delicioso o poder, quanta coisa podia saber, quantos homens podia dominar, quanto ouro podia amealhar, quanta autoridade e direito de vida e morte, quanta honraria, que chegava quase à condição de um pequeno deus, que com um simples gesto, decidia o destino de um homem ou de uma nação. Como era gostoso o poder", pensou Azamor, olhando com mais atenção o homem, curvado a seus pés naquela posição submissa.

Com um simples gesto, o Sumo Sacerdote fez o homem se levantar. "Como era fácil — pensou — bastava um gesto seu para um homem se levantar ou curvar-se, conforme sua vontade. O tuxauá também há de curvar-se em breve, e então, serei eu que darei todas as ordens", e Azamor riu-se intimamente, antegozando essa posição futura. Depois, franzindo o sobrolho e dando à sua fisionomia um tom ameaçador, dignou-se dirigir a palavra ao homem que esperava impassível.

— Que novidades me trazes do sul?
— Algumas novidades, excelência.
— Fala.
— Tupyara, Arary-Bhoya, Tupangüera e Urubatan reuniram-se ao rei no palácio de Anhangüera.
— E que mais?
— Houve lá uma reunião secreta.
— Soubeste por acaso do que trataram?
— Não, excelência, não me foi possível saber do assunto da reunião.
— E o que mais soubeste?
— A reunião foi das mais longas, terminou altas horas da noite.
— Altas horas da noite, hum! Longas reuniões, muitos debates, grandes problemas — disse Azamor falando consigo mesmo. — E o que mais?
— Quando terminou a reunião, saíram todos com caras bem preocupadas.
— Ótimo, ótimo! — e o Sumo Sacerdote, satisfeito, calculou por essa informação que os príncipes estavam bem preocu-

pados, e isso se adaptava de forma magnífica aos seus planos.
— E o que mais soubeste?
— No dia seguinte, bem cedo, organizaram uma caçada de que todos participaram.
— Uma caçada?
— Sim, excelência, o rei mandou um convite a esses príncipes, convidando-os a caçarem nas terras de Anhangüera.

Azamor ficou por alguns instantes calado e concluiu que a caçada fora apenas um disfarce para evitar suspeitas, e depois de analisar bem essa conclusão, dirigiu-se ao mensageiro:
— Foi só o que conseguiste saber?
— Foi, excelência.
— Pede ao meu servo Dagbar para te dar uma moeda de ouro.
— Muito obrigado, excelência! — O homem curvou-se numa mesura, retirando-se da sala.

Ficando sozinho, Azamor pôs-se a pensar no que lhe havia dito o seu espia, e concluiu que o rei já havia iniciado sua campanha de aproximação junto aos príncipes. "Suponhamos que ele tenha cinco príncipes a seu favor — pensou o Sumo Sacerdote — ainda me restam sete para serem trabalhados, antes do Grande Conselho. O pior é que não entendo a razão dessa louca predição, nem quais os verdadeiros motivos para o tuxauá agir dessa maneira. E aquele imbecil ambicioso do Siamor, que não me descobre nada", pensou Azamor crispando os lábios finos.

O Sumo Sacerdote continuava absorto, tentando resolver esse complicado problema, quando foi interrompido pelo seu servo particular:
— Quem é? — perguntou irritado, por ver interrompida a cadeia de seus pensamentos.
— Diz chamar-se Dezan e tem importantes revelações para vos fazer.

Azamor levantou-se de um salto de suas almofadas e espantadíssimo exclamou:
— Dezan! O bruxo que mora nos confins da cidade central?
— Ele mesmo, excelência.
— Que entre — disse o Sumo Sacerdote, intrigado.

Tupyassu examinou a última armadilha de pegar coelho, que armara na véspera, sacudiu a cabeça vendo que ela estava vazia, e pegando o balaio de fibra que largara no chão, no qual se viam vários coelhos, levantou-se e olhou o vale imenso a seus pés, estendendo-se até onde sua vista alcançava.

Ficou por alguns momentos admirando a paisagem, e depois, sobraçando o grande balaio de coelhos, enveredou por uma trilha entre as escarpas rochosas.

Não se podia dizer que Tupyassu fosse velho; ele aparentava quarenta ou cinqüenta anos. Alto, robusto, sendo visíveis os seus músculos salientes nas partes que sua túnica de pele de cabra deixava a descoberto. Seu rosto era grande, mais para o redondo, parecendo entalhadas as feições rudes e regulares. Os cabelos abundantes e grisalhos nas têmporas completavam a figura imponente de Tupyassu, que com o semblante sério, tinha um ar de respeito e sobriedade.

A casa de Tupyassu, feita de lajes de pedras irregulares, com um teto de colmo circular, fora construída quase de encontro a um dos paredões da montanha, o que lhe dava, a quem a visse de longe, o aspecto de um grande cogumelo cinza. Ali, nos lados da casa, o terreno era mais plano, menos acidentado, com uma boa extensão de terra quase toda arborizada, que terminava mais além, numa pequena elevação, onde corria, vindo do alto do maciço de montanhas, um córrego de águas límpidas, a serpentear por entre as margens irregulares. A frente da casa, o terreno descia suavemente, formando mais abaixo um pequeno vale, que se estendia para a direita até uma distância considerável, em direção a um escarpado de rochas a prumo, que o separavam do mar a uma altura de mais de quarenta metros; e à esquerda, uma topografia acidentada perdia-se de vista, acompanhando abaixo as cidades situadas no vale.

Tupyassu subiu a pequena elevação, e veio ao seu encontro, correndo, uma mocinha de pouco mais de dezoito anos. Seus traços fisionômicos lembravam os de Tupyassu, com a diferença de que seu rosto era suave, tinha grandes olhos castanhos claros e cabelos bem negros, compridos e soltos, que faziam dela uma moça muito bonita. Quem os visse, juntos e abraçados, caminhando em direção à casa de pedra, só poderia dizer que eram pai e filha.

— Coelhos, pai? — perguntou a moça, entreabrindo a tampa do balaio.

— Sim, Nayma, coelhos! Coelhos hoje para o jantar.

— Que bom! — E a moça abriu um sorriso, fazendo duas covinhas no seu rosto corado.

— Mas onde anda Zyliar? — perguntou o pastor, empurrando a porta da casa, deixando aparecer um cômodo único e bem espaçoso.

— Pescando no córrego — disse Nayma, ajudando o pai a

colocar o balaio sobre uma banqueta.

— Janyara, ó Janyara!— gritou Tupyassu. — Avia-te, velha, coelhos para o jantar!

Dos fundos da casa surgiu uma velha gorda e desdentada, cabelos brancos, desgrenhados, ar bondoso e gestos calmos. Janyara era uma espécie de serva e havia criado Nayma quando a mãe morrera, porém Tupyassu fazia questão de não a tratar como uma empregada. Janyara era como um dos membros da família, assim como Zyliar, que ele adotara desde a mais tenra infância, quando o encontrara abandonado nas montanhas e o recolhera, criando-o como filho.

— Como quer os coelhos? — perguntou Janyara, dirigindo-se aos dois e pegando no balaio.

— Cozido — disse Tupyassu.

— Faz assado na brasa, é muito mais gostoso — falou Nayma, dirigindo-se à velha, que consultou Tupyassu com o olhar.

— Assado na brasa, Janyara — limitou-se a dizer o pai.

Quando a velha com seu balaio de coelhos retirou-se para os fundos da casa, para providenciar seu assado, Nayma correu para a porta de entrada.

— Vou ver Zyliar, pai — e em desabalada carreira saiu pulando por entre as pedras na direção do córrego, logo acima.

Sentado de encontro a uma árvore, uma vara comprida de ponta aguçada nas mãos, Zyliar, como se estivesse distante, olhava em direção ao córrego sem parecer ver, com os pés dentro d'água e uma ruga formando um cordão sinuoso em sua testa ampla, encimada por cabelos castanhos claros, muito crespos, cortados bem curtos. Seu rosto, naquele momento, tinha uma aparência de bem mais velho, pois a boca crispada num dos cantos e os olhos escuros semicerrados sombreavam-lhe a face, enrugando-a toda.

Quando Nayma veio silenciosa por trás dele e o tocou no ombro, o rapaz sobressaltou-se, como quem desperta subitamente do sono, e estremeceu; depois, virando-se rápido, encarou a moça e sorriu. Aí então, no rosto descontraído e sorridente, podia-se notar que Zyliar era ainda bem moço.

— Sonhando outra vez ou pescando? — e Nayma apontou para a vara fina, inútil no seu colo.

— Acho que sonhando.

— O que sonhas tanto, Zyliar?

— Não sei, coisas que vejo e depois fico a imaginar como poderiam ser tão diferentes.

— Como assim?

— Este córrego. Já pensaste se ele corresse em sentido contrário? Subiria pela montanha acima com uma força enorme e a gente no impulso de sua correnteza poderia parar lá em cima — e Zyliar apontou com o dedo a enorme montanha que se desenhava no horizonte.

— Que bobagem! — Nayma pôs-se a rir, logo acompanhada pelo outro, que também achou graça em sua própria idéia.

— Estava olhando os peixes e pensei comigo mesmo: "Zyliar, já pensaste no que seria se os homens estivessem na água e os peixes na terra?"

— Tu e eu seríamos pescados — concluiu Nayma, e de novo riu-se, acompanhada pelo irmão.

Era sempre assim, Zyliar inventava histórias absurdas e Nayma ria-se a valer. Gostava muito daquele seu irmão adotivo e meio maluco, e mais ainda, de correrem juntos por todas as trilhas e todos os caminhos da montanha, que ele conhecia como a palma de suas mãos. Foi por isso que, excitada pela descoberta que fizera pela manhã, quando o irmão andava a vagar pela montanha, Nayma resolveu procurá-lo àquela hora.

— Conheces esses morros todos? — perguntou a moça, desviando o assunto.

— Todos — disse o rapaz, despreocupado.

— Todas a trilhas, todos os caminhos e todas as cavernas?

— Tu sabes que eu conheço essas montanhas melhor que o pai. Por que perguntas?

— E se eu te disser que não conheces tudo?

— Ora, Nayma, bem sabes que não há vereda, não há riacho, não há caminho que eu não conheça nesses morros!

— Há um lugar que tu não conheces.

— Qual?

— Lá para o lado do Passo das Gaivotas.

— Ali não tem nada. A trilha termina na rocha escarpada. Do outro lado só existe o precipício e o mar.

— Não tem não — e a moça fez-se misteriosa.

— Como não tem? Todo mundo sabe disso!

— Eu descobri hoje de manhã uma caverna linda lá. É tão grande que se pode andar de pé lá dentro.

— Uma caverna? Naquela rocha lisa? E como se entra lá, Nayma, se não tem entrada?

— Eu descobri como se entra.

— Descobriste! Leva-me até lá — disse Zyliar curioso, puxando a mão da irmã.

— Só se me levares para ver o velho que mora lá em cima, no sopé da montanha azul.

— Já te disse mais de uma vez que o caminho para lá é

muito perigoso para uma mulher.

— Então também não te levo para ver a minha caverna.

— Mas Nayma, a vereda que vai até o pé da montanha azul é muito perigosa. Tem passagens muito estreitas e o abismo fica logo embaixo.

— Não me levas? Não vais conhecer a caverna, pronto! — disse a moça, amuada.

— Sê razoável, Nayma, o pai não haveria de gostar se eu te levasse até lá.

— O pai não precisa saber.

Zyliar usou de toda a sua argumentação para demover a irmã de seu intento, e vendo que ela não desistia, e como ele também estava curioso para conhecer um lugar que ele nem sonhava que existisse, afinal cedeu.

— Está bem! Te levo para ver o velho que habita a caverna, no sopé da montanha azul.

— Oh, que bom! — disse a moça, batendo palmas.

— Mas primeiro leva-me para ver tua descoberta. Amanhã bem cedo, quando for levar ao velho sua coalhada de leite de cabra, levo-te comigo. Mas isso fica sendo um segredo entre nós dois. Que o pai não saiba, prometes?

A resposta da moça foi perfeitamente feminina, pois respondeu com uma pergunta ao irmão:

— A coalhada que levavas toda manhã era então para o velho da montanha? E eu que pensava que tu ias caçar e levavas a coalhada para comer!

— Era para ele mesmo — e Zyliar começou a rir, por haver enganado sua irmã por tanto tempo. — Mas prometes que não falarás nada com o pai?

— Sim, prometo.

— Vamos! Ainda há tempo de visitar tua caverna antes do jantar.

— Vamos, disse Nayma, e caminhando no terreno muito acidentado à frente de Zyliar, chegaram em poucos instantes ao Passo das Gaivotas.

A vegetação, naquela região, era seca e rasteira, o terreno era arenoso e milhares de pedras pareciam saltar aguçadas em várias direções. A trilha estreitava-se muito e quase ao seu final descia suavemente, e então ali era limitada de um lado pela rocha escarpada, e do outro pelo abismo de grande profundidade. A trilha estreita, na qual os dois caminhavam apressados, terminou num paredão de rocha.

— Aqui termina o Passo das Gaivotas. Será que essa caverna existe mesmo? — perguntou Zyliar entre duvidoso e brincalhão. — Não estarás querendo me pregar mais uma de tuas peças?

Nayma, não dando resposta ao irmão, abaixou-se, ante o olhar curioso do outro, e escavando um pouco a terra fofa à sua direita, rente à rocha, fez aparecer uma argola de ferro, enferrujada pelo tempo, que a moça sem fazer força puxou com as duas mãos para cima. Um ruído estridente se ouviu, e o espantado Zyliar, de boca aberta, recuou um passo para trás, quando a rocha, aparentemente sem emendas, deslocou-se suavemente, abrindo uma cratera imensa e escura à sua frente.[1]

— Por Tupã! Não é que existe mesmo? — conseguiu dizer o rapaz.

Nayma, com um sorriso triunfante nos lábios, tomou a mão do relutante Zyliar e o impeliu para a abertura da caverna.

— Espera, precisamos de uma tocha.

— Que nada, só a entrada que é escura, lá para dentro é bem claro, pois na parte superior tem aberturas que deixam entrar a luz do Sol.

— E aonde vai dar? — perguntou Zyliar ainda espantado.

— Não sei ainda, não a explorei toda. Fiquei com medo de ir sozinha mais para o fundo. Estava louca para te mostrar minha descoberta, para então juntos a percorrermos.

Zyliar pareceu decidido afinal, e tomando a mão da irmã, passo ante passo, começaram a caminhar pela abertura escura.

— Não há perigo disso se fechar com a gente aqui dentro?

— Não, a pedra só se move empurrando a argola para baixo. Eu mesma a fechei hoje de manhã.

O terreno, íngreme a princípio, depois tornou-se plano, e uma pequena claridade, adiante, pôde guiar o passo dos dois mais facilmente. A claridade aumentou, e os olhos espantados de Zyliar puderam ver quase todo o interior. A caverna, de tamanho considerável, era alta, e a abóbada, que ficava a cerca de sete metros do chão, possuía várias fendas naturais, que filtravam bem, àquela hora, a claridade do Sol. As paredes eram irregulares, de pedras salientes e limosas, podendo ver-se em alguns pontos certa umidade provocada pela infiltração da água. O chão de areia fina era macio e suas sandálias de couro, grossas, afundavam em alguns trechos, como se o terreno ali fosse menos firme. Mais para diante, o terreno tornou a descer suavemente e eles puderam divisar uma massa escura formada pelo paredão de rocha onde terminava a caverna.

---

1 Nota do Autor - A passagem pela Caverna dos Antigos e o respectivo mecanismo de abertura, conduzindo às terras altas, tinha sido obra dos colonizadores originais da Terra de Zac, que detinham elevados conhecimentos e utilizavam a energia do vril. Em 400 anos, o conhecimento da passagem tinha se perdido.

— Como é grande — disse Zyliar, e sua voz ecoou sonora, naquele recinto fechado.

— Olha, tem alguma coisa ali — e Nayma apontou para o fundo da caverna, que ficava a alguns passos de distância.

Dirigiram-se os dois para o lugar indicado pela moça, e à pequena distância, porque a luz nesse trecho era menos intensa, puderam ver nitidamente um homem deitado de bruços, imóvel.

— Está morto? — perguntou Nayma, assustada, colocando-se atrás do irmão.

Zyliar, cauteloso, aproximou-se do homem, e mais cautelosamente ainda, tocou no seu ombro com uma das mãos. O homem inerte permaneceu na mesma posição. Abaixando-se a seu lado, Zyliar com as duas mãos o virou lentamente, até que o corpo do desconhecido ficasse de costas para o chão. Enorme talho marcava seu rosto, da fronte até a altura do osso malar, passando rente ao olho direito. Zyliar aproximou-se do rosto do desconhecido e viu que ele respirava fracamente.

— Está vivo, posso sentir as batidas do seu coração.

— Como será que chegou até aqui?

— Não sei, o único caminho para este lugar é este em que nós viemos, e um de nós na certa o teria visto passar.

— O que faremos? Não podemos deixá-lo aqui para morrer. É tão moço — e Nayma encorajada chegou-se mais para perto.

— Depressa, traz o pai até aqui, que eu espero; diz a ele que traga uma esteira forte para que possamos carregá-lo até em casa.

Quando Nayma saiu correndo, Zyliar sentou-se no chão, ao lado do desconhecido, que nesse momento balbuciou algumas palavras que ele não pôde entender direito. O homem moveu um dos braços em direção ao ferimento, mas parou o gesto em meio e o braço tornou a cair junto do corpo. Zyliar tomou a cabeça do ferido e pondo-a no colo, procurou dar ao desconhecido uma posição mais confortável. Sentiu então que o corpo do estranho estremecia sobre suas pernas e começando a ficar apavorado, já se preparava para sair correndo dali, quando o homem, parecendo delirar, abriu muito os olhos, balançou a cabeça de um lado para o outro e gritou:

— Irinia! Irinia!

Seu corpo estremeceu, torcendo-se para um lado, e Zyliar a custo conseguiu segurá-lo; seus olhos tornaram a se fechar e ele voltou à primitiva imobilidade.

O homem que se encontrava inerte nos braços de Zyliar era Turano.

8
Uma caçada real

A grande onça, acuada numa elevação rochosa, cercada por todos os lados pelos caçadores, arreganhou a beiçorra enorme, mostrando presas amarelas, e encolhendo-se sobre as patas traseiras, preparou-se para matar ou morrer.

Era um macho admirável, em toda a plenitude e força, de cerca de trezentos quilos de músculos e destruição. O animal, rugindo, mostrando apenas duas riscas amarelas de olhos coléricos, preparou-se para o salto.

Ay-Mhoré, jogando a lança curta para o lado, esperou para enfrentá-lo, abaixando-se no terreno. Anhangüera, um pouco mais atrás, sem tirar os olhos do animal, curvou-se, também desprezando a lança, preparando-se para o bote do felino. Um pouco mais atrás, formando um semicírculo em torno da fera, os outros príncipes, Azalym, Urassay e os batedores, que apoiados em suas lanças curtas observavam a cena.

As caçadas, naquela época, eram totalmente diferentes das que se tem notícia. Os animais caçados eram primeiro acuados, para depois serem aprisionados a mão limpa. Quando muito, admitia-se o uso de fortes redes para prendê-los, porém a morte do animal era proibida pelas leis; só poderia ser praticada como recurso extremo, ou quando houvesse perigo de morte para o caçador. Os animais caçados, ao final do dia, eram soltos novamente, e aquele que conseguisse apanhar o maior número era considerado o vencedor. Não é de estranhar, pois, que tanto Ay-Mhoré como Anhangüera tivessem nessa hora posto de lado as lanças, e esperassem, contando apenas com a força de seus músculos, o salto do animal.

A onça, dando um último rugido, pulou afinal, passando como uma flecha por sobre Ay-Mhoré e indo cair em cheio sobre Anhangüera, que a recebeu com um formidável murro que chegou a ecoar pela clareira.

— Bravo, mão de ferro! — gritaram os caçadores.

A onça estonteada caiu para um lado, mas logo se refez do impacto, rodopiou sobre as próprias patas e num outro salto pulou sobre Ay-Mhoré, que jogou-se rente ao chão, com todo impulso de seu corpo, contra a barriga do animal, caindo os dois embolados no chão. Enquanto rolavam, Ay-Mhoré, fincando um dos pés no chão, jogou a outra perna por cima do lombo da onça, ficando a cavaleiro sobre a fera. Evitando as garras afiadas, passou o seu possante braço pelo pescoço do animal, enquanto com o outro, livre, puxava para trás a enorme cabeça. Fazendo força com os joelhos, firmou-se bem no seu costado, e então, levantando o mais que pôde a onça, foi lentamente trazendo-a para o seu corpo, até que homem e animal ficassem de pé. A onça, soltando rugidos e debatendo-se como louca, procurava soltar-se, e Ay-Mhoré, com todos os músculos retesados, puxava pouco a pouco, e cada vez mais, a fera para trás. Seus músculos pareciam que iam arrebentar; seus pés procuravam apoio no chão, e afinal, quando a tensão suportada pela coluna dorsal do animal chegou ao máximo, ela imobilizou-se e ficou a estremecer, arfando, nos braços do rei.

— Viva o tuxauá! — gritou Anhangüera entusiasmado.

Um só viva ouviu-se na floresta, repetido por todos os caçadores, que ergueram a lança em saudação.

Ay-Mhoré, num derradeiro esforço, empurrou violentamente a onça para a frente, e dando um salto para trás, libertou-se do seu abraço. Mal a onça, projetada para diante, caiu rolando no solo, os batedores jogaram enorme rede sobre ela, prendendo-a em suas malhas; em seguida, as pontas da rede foram amarradas nos troncos de duas árvores.

Os príncipes cercaram entusiasmados o tuxauá, que respirando fundo, pelo grande esforço despendido, só conseguia sorrir.

— É uma façanha digna de um rei — disse Urubatan, fitando Ay-Mhoré com admiração e respeito.

— Por vezes, é necessário usar-se de força com as feras — e Tupyara aproximou-se do rei, pondo afetuosamente as mãos nos seus ombros.

Tupangüera levantou a lança várias vezes, exclamando:

— O tuxauá é o tuxauá! Isso é uma proeza digna de um homem!

Arary-Bhoya também não pôde deixar de elogiar a atuação do rei, classificando-a de estupenda, e Anhangüera, com o seu grande sorriso, estreitou no peito o amigo, e com indizível orgulho, naquela voz de trovão, exclamou:

— Com seiscentos demônios! Com tal rei, nós poderemos levar a guerra ao reino de Anhangá e garanto que sairemos vencedores!

Azalym, Urassay e os batedores, numa respeitosa distância dos grandes príncipes, curvaram um joelho em terra e todos com uma só voz, olhos brilhantes de admiração e orgulho, levantando suas lanças, gritaram:

— Salve o tuxauá! Que Tupã conserve o nosso rei!

Ay-Mhoré, ajeitando os fartos cabelos revoltos, agradeceu as saudações dos amigos, modestamente, e fazendo um gesto afetuoso, saudou os caçadores distantes. Só então Tupyara reparou que Ay-Mhoré estava ferido. Dois sulcos profundos desciam do seu antebraço esquerdo, de onde escorria um sangue muito vermelho, e os seus joelhos apresentavam algumas escoriações.

— Mas está ferido — Tupyara examinou o corte no braço do rei.

— Nada, uns arranhões apenas — e Ay-Mhoré fez uma careta, pois o ferimento devia estar doendo bastante.

— Um curador! Um curador! — gritou Anhangüera preocupado, olhando em torno como que a procurar alguém.

Azalym, que à distância ouvira o grito do seu príncipe, empurrou Urassay para diante e tomando-o pelo braço, dirigiu-se ao grupo dos príncipes que em torno do rei o examinavam. Azalym e Urassay ajoelharam-se e o primeiro dirigiu-se ao rei:

— Vossa Majestade permite que meu amigo Urassay, grande curador em todo o vale, examine os vossos ferimentos?

— És tu, Azalym? — disse Anhangüera, fitando seu guarda-caça. — Que ele então examine o rei e veja o que pode fazer — ordenou o grande príncipe.

Urassay aproximou-se de Ay-Mhoré, que lhe estendeu o braço ferido. O rapaz, com olhar entendido, examinou-o e, retirando de sua sacola um pó esverdeado, polvilhou o corte e depois, com mãos hábeis, enrolou a ferida em pano de linho.

— A dor passará num instante, Majestade; amanhã, porém, será necessário se fazer novo curativo — e Urassay ajoelhando-se, pôs-se a examinar a perna do tuxauá.

— Mas é impressionante — disse Ay-Mhoré — a dor passou como que por encanto — e o rei, admirado, olhou o rapaz, que ajoelhado à sua frente, espargia o mesmo pó em suas pernas.

— Como se chama teu amigo? — perguntou Anhangüera, dirigindo-se ao seu guarda-caça.

— Urassay, meu príncipe. É meu amigo de infância.
— Onde vives, rapaz? — perguntou o rei.
— Aqui e ali, exercendo a minha arte. Estou agora de visita ao meu amigo Azalym.

Num instante o tuxauá estava completamente refeito e sem dores. Todos se dirigiram para a rede, onde a onça ainda se debatia, presa nas malhas.

— Azalym! O animal é teu! — ordenou Anhangüera.

Azalym, com passos decididos, aproximou-se da rede e então, virando-se para o real grupo, pediu:

— Por favor, senhores, eu vos rogo que vos afasteis um pouco.

— Que vai ele fazer? — perguntou o rei, dirigindo-se a Anhangüera.

— Vamos nos afastar um pouco — pediu Anhangüera.
— Um momento apenas e já verão porque esse rapaz é meu guarda-caça.

O que se viu então foi deveras impressionante, e isso todos depois foram unânimes em dizer, e até o próprio Anhangüera, já habituado com os métodos do seu guarda-caça, confessou mais tarde que cena igual àquela jamais presenciara.

Azalym desamarrou as duas pontas da rede presa nas árvores, e aproximando-se do animal, falou-lhe em voz baixa, numa língua estranha. A onça, ainda presa, rosnou ameaçadoramente. Azalym continuou a falar, e aproximando-se a uns dois pés da fera, pôs-se a desvencilhá-la das malhas que a prendiam, sempre murmurando estranhas palavras. O animal pareceu se aquietar, e quando se viu livre da rede, recuou um pouco, ainda mostrando as presas enormes e amarelas. Azalym, ajoelhado na sua frente, levantou uma das mãos e tornou a falar na língua estranha:

— Néla! Azíut nalá sinê!

A fera o encarou, erguendo a pata dianteira, como se o fosse ferir. O rapaz, ainda de joelhos, avançou um pouco mais, até quase tocar a onça. O animal rosnou fracamente e Azalym, levantando novamente o braço, ergueu a mão em direção à cabeça da fera, sempre murmurando frases incompreensíveis para os que assistiam à cena.

Todos na clareira viram então o milagre. O animal cerrou os olhos, e Azalym calmamente começou a afagar sua cabeça por trás da orelha. Aquilo durou uns minutos, e finalmente, o rapaz levantando-se, segurou o animal pelo cangote, e sempre murmurando sua estranha algaravia, pôs-se a caminhar, conduzindo o grande animal em direção à floresta.

Quando os dois desapareceram da vista de todos, um silêncio caiu pela clareira, e podia-se ouvir a respiração dos homens assombrados.

— Isso é obra de Anhangá — disse Urubatan, quebrando o silêncio reinante.

— Por Tupã! Coisa igual meus olhos nunca viram! — e Tupanguera esfregou os olhos, para ver melhor ou para afastar uma visão absurda.

Tupyara, sempre muito calmo, não se deixou abalar pelo que vira, e tocando no ombro de Anhangüera, que sorria ante o espanto dos seus amigos, a ele se dirigiu na sua voz bem modulada:

— Evidentemente, aí está a prova de que um gesto de amor é muito mais eficaz do que um ato de violência.

— Gesto de amor! Explodiu Arary-Bhoya com sua voz de trovão. — Isso é obra de pura feitiçaria, isso sim!

— Feitiçaria ou obra de Anhangá, o caso é que ele consegue — disse Anhangüera, ainda sorrindo.

— Mas como? O que eu vi é difícil de se acreditar! — e Arary-Bhoya sacudiu a cabeça várias vezes.

— O homem é superior ao animal, porque é inteligente, e com inteligência tem sobrevivido até os dias de hoje. Inteligência contra a força — disse Tupyara, com um enigmático sorriso nos lábios.

— Usa tua inteligência e entra na toca de uma onça, desarmado e indefeso, e então veremos qual será o resultado — replicou Urubatan.

— Tudo é possível — limitou-se a dizer Tupyara. — O exemplo aí está, a cena incrível que todos nós vimos.

— É bem estranho esse guarda-caça — disse Ay-Mhoré, que se conservara calado. — Quando ele voltar, quero falar-lhe! — disse, dirigindo-se a Anhangüera.

Formaram-se grupos, e cada um procurava dar uma explicação razoável para o acontecido, quando Azalym, sozinho, assomou à entrada da clareira.

— Ó Azalym! Vem até aqui, o rei quer te falar! — e Anhangüera acenou com a mão na direção do rapaz.

Azalym, meio tímido, aproximou-se do tuxauá respeitosamente, e os príncipes chegaram também para perto, para ouvirem melhor e não perderem nada do que se ia seguir.

— Sabes que o que fizeste hoje chega a ser miraculoso? — disse Ay-Mhoré, fitando o rapaz nos olhos.

— Nada, Majestade. Cumpri apenas o meu dever de guarda-caça.

A Terra das Araras Vermelhas

— Um guarda-caça não anda assim pelas matas passeando calmamente com uma onça.
— Sempre fiz isso, senhor — Azalym pareceu mais tímido ainda.
— Dize, meu rapaz, como o consegues?
— Não sei ao certo — gaguejou.
— Fala, meu rapaz, não tenhas medo. É por acaso alguma arte de bruxaria?
— Não, meu senhor, jamais usei dessas coisas.
— Então algum encantamento?

Azalym, bastante embaraçado, torceu as mãos, sem encontrar uma resposta adequada, e então Anhangüera, pondo a mão no seu ombro, dirigiu-se a ele com a maior ternura:

— Fala, meu filho, conta ao nosso rei o que uma vez tu me explicaste, quando também intrigado, te vi amansar só com palavras uma jaguatirica enraivecida.

Azalym pareceu mais confiante, e muito vermelho, baixou os olhos ante o olhar penetrante do tuxauá.

— É que, meu senhor, eu me dirijo a todos os animais com o maior amor que possuo.
— Como assim?
— Olho-os bem nos olhos e procuro transmitir-lhes minha paz, a minha ternura e o meu amor.
— Que língua é aquela que falas? — perguntou Ay-Mhoré, ainda meio incrédulo.
— São vários sons que eu inventei.
— Inventaste?
— Sim, Majestade. Depois de algumas experiências com vários animais, eu notei que quando emitia esses sons ele ficavam mais dóceis, e isso me facilitava amansá-los.
— É incrível — disse Ay-Mhoré, dirigindo-se aos seus amigos.
— Tens então alguma força nos olhos? — perguntou Urubatan.
— Eu acho que sim, pois ao fixar qualquer animal, ele logo evita o meu olhar — respondeu o guarda-caça.
— Além dessa força que o rapaz tem no olhar, o que provoca o milagre que todos nós vimos, é a irradiação do seu amor puro em relação aos animais, não é, meu filho? — e Tupyara com seu sorriso doce, pousou os olhos claros e límpidos em Azalym.
— Não sei, talvez seja, meu príncipe.
— E há quanto tempo fazes essas... essas coisas? — perguntou Ay-Mhoré.
— Desde pequeno, Majestade.

— É realmente admirável!

— Fizeste hoje coisas que assombraram o rei — disse Urubatan entusiasmado.

— Obrigado, meu príncipe — e Azalym modestamente abaixou a cabeça.

— Realmente — disse o rei — tu me assombraste, Azalym. Podes pedir o que quiseres. O que desejas mais?

— Majestade, para mim só desejo a minha floresta, servir o meu príncipe e ao meu tuxauá.

— És um rapaz gentil. Mas, não desejas nada? Alguma coisa que tu queiras?

— Majestade, eu vos pediria humildemente para que levásseis para vossa corte o meu amigo Urassay, como curador do palácio.

— És um amigo dedicado. Feliz o homem que pode ter um amigo como tu. Teu pedido será satisfeito. Que se prepare Urassay para seguir comigo amanhã para a cidade central.

Azalym caiu de joelhos, e louco de alegria, beijou a mão que o rei lhe estendia.

— Muito obrigado, Majestade, que Tupã o conserve para a glória de nossa terra — e Azalym retirou-se, fazendo uma mesura, mas chegando a uma certa distância, pôr-se a correr até ao espantado Urassay, caindo em seus braços.

— Tens um belo rapaz em tua companhia — disse Ay-Mhoré a Anhangüera. — É um excelente guarda-caça.

— Mas tu ganhaste hoje um maravilhoso curador — disse Anhangüera, brincando.

— É verdade, acho que todos nós ganhamos — e dirigindo-se aos príncipes: — Porém, onde conseguiremos encontrar outra onça? À caçada!

Os homens riram-se, e acompanhando o rei, todos se internaram na floresta.

Ao final da tarde, quando os caçadores voltaram para as barracas, armadas pelo guarda-caça no centro da clareira, foi feito o balanço das atividades do dia. Azalym, cumprindo as obrigações inerentes ao seu posto, no centro da barraca maior que abrigava o rei e os grandes príncipes, leu sua tábua de madeira, em que anotara os resultados da caçada.

Ay-Mhoré fora o herói do dia, aprisionando uma onça, uma jaguatirica e imobilizando um grande touro bravio. Anhangüera o seguiu de perto, com uma onça e uma jaguatirica. Tupangüera e Arary-Bhoya vieram logo depois, empatados, com duas jaguatiricas cada um. O príncipe Urubatan, depois de declarar que se encontrava em um dia de muito azar, ficou apenas com uma jaguatirica. Nesse dia, até o calmo e tranqüilo Tupyara, que parecia mais interessado em observar os caçadores do que propriamente caçar, não perdendo sua tranqüilidade, conseguiu segurar em pleno salto uma enorme jaguatirica, proeza que arrancou os maiores aplausos de todos, que ele, sempre sorrindo, agradeceu com a maior modéstia.

Quando a noite desceu sobre o palácio de Anhangüera, um lauto banquete foi servido, e não faltou alegria, apesar dos maus presságios que ameaçavam o futuro do vale. O comentário geral da noite foi o feito praticado pelo rei e a espantosa cena da onça amansada pelo guarda-caça Azalym.

A noite correu depressa, e quando já ia bem alta, Ay-Mhoré, que ocupava a cabeceira da grande mesa de carvalho, entalhada no próprio tronco, levantou-se e agradecendo a seus amigos, lembrou-lhes, mais uma vez, das graves responsabilidades que pesavam sobre cada um. Depois, unindo as duas mãos espalmadas, saudou os príncipes, pedindo licença para se recolher.

Era madrugada, quando o palácio de Anhangüera foi sacudido por um enorme grito vindo dos aposentos do tuxauá.

Ay-Mhoré, com o suor frio molhando sua fronte, levantou-se das almofadas de penas, e esfregando os olhos, murmurou surdamente:

— Por Tupã, novamente o sonho.

෴ ♥ ෴

Azy-Mhalá tornou a dar uma rápida fervura em seu chá de ervas aromáticas, e a cabana inteira foi tomada por um cheiro gostoso, que fez a velha estalar a língua, antegozando seu sabor. Depois, despejou o conteúdo da panela de barro que estivera a ferver dentro de uma caneca de folha, e dispôs-se a prová-lo, quando foi interrompida por fortes pancadas na porta.

— Quem pode ser a uma hora dessas? — resmungou Azy-Mhalá, deixando a caneca com o chá em cima da mesa, e dirigindo a atenção para a porta trancada, que continuava a ser esmurrada.

Azy-Mhalá morava sozinha, numa pequena cabana situada quase no centro da floresta de caça do príncipe Anhangüera. A velha era uma espécie de curandeira, que ali chegara sem que ninguém soubesse ao certo de onde, e ocupando a cabana abandonada, ali se instalara, vivendo de forma misteriosa, porém atendendo a quantos a procurassem e precisassem de ajuda. Fazia partos, curava feridas, rezava bruxarias e fazia encantamentos de espíritos, sempre com um humor admirável, e que lhe granjeou a simpatia de todos e uma certa fama, que já corria para além da espessa floresta. Azy-Mhalá estava sempre pronta para atender quem quer que fosse, sem jamais cobrar uma mísera moeda de ferro, o que paradoxalmente a ajudava muito, pois seu humilde casebre estava sempre cheio de alimento, ali deixado pelos consulentes agradecidos. Não era, pois, de estranhar que batessem de quando em vez em sua porta, porém nunca àquela hora tardia, o que fez a digna Azy-Mhalá ficar um tanto preocupada, e antes de abrir a tranca, gritar em voz ainda bastante forte para a sua idade:

— Quem bate?

— Eu, tiazinha, Azalym!

Num instante, a velha retirou a tranca e com seu olhar perquiridor e penetrante encarou o guarda-caça.

— Entra, meu filho, entra — e a velha afastou-se, para o rapaz entrar. — Já é bem tarde, não é, meu filho?

— Já, tia, peço que me perdoe a hora. Mas estava muito aflito.

— Mas o que tens? Pareces doente — Azy-Mhalá reparou que o rapaz estava muito pálido e suava muito.

— Não sou eu, tia, é Nayade.

— Nayade! Mas que tem ela?

— Não sei, está muito mal.

— Engraçado, há coisa de dois dias eu a vi aqui por perto, e ela me pareceu tão bem!

— Isso foi há dois dias. Ontem foi que ela começou a passar mal.

— E o que sente ela?

— Dorme muito, quando desperta diz coisas estranhas, coisas sem sentido, e está sempre muito quente.

— Não terá apanhado febre maligna?

— Não, tiazinha, ela ficou assim depois da visão.

— Visão? Que visão?

— Diz que ouviu vozes, e depois lhe foi mostrada uma cena em que viu o tuxauá ser tragado pelas águas, e estas invadindo todo o vale.

— Trata-se então de uma visão — e Azy-Mhalá, já acostumada com esse tipo de consulta, não pareceu se impressionar muito. — E porque não a trouxeste até aqui?

— Ela mal pode se pôr em pé. Como poderia trazê-la?

— Para a poder curar eu preciso vê-la — disse a velha com convicção.

— Sei, tiazinha, é por isso que estou aqui.

— Isso não adianta nada, pois não posso tratá-la através de ti.
— Sei muito bem, e foi por isso que vim buscar-te.
— Mas a uma hora dessas, Azalym? — E Azy-Mhalá encolheu-se para ilustrar o que ia dizer: — Lá fora faz tanto frio! Sabe, ossos velhos são bem piores, parecem sentir mais frio.
— Por caridade, tiazinha! Eu te levo e te trago de volta. Depois, em minha cabana tem um caldo bem quentinho. Caldos quentes fazem muito bem no frio, e irá fazê-la sentir-se muito bem.

Ou fosse pelo caldo, ou fosse pela simpatia de Azalym, ou porque a velha fosse caridosa, o fato é que decidiu atender ao rapaz, e num instante, enrolados em grossas mantas, pois a noite era fria, puseram-se a caminhar lado a lado pelos meandros da floresta, em direção à cabana do guarda-caça.

Nayade, prostrada sobre suas almofadas de penas, suava abundantemente. Seu rosto, muito pálido, estava mais magro e havia abaixo de seus belos olhos fundas olheiras. De quando em vez, sua respiração tornava-se mais pesada, e então Nayade, procurando se apoiar nos cotovelos, tentava se levantar, porém logo caía pesadamente. Nessa hora, a moça se agitava e como num pesadelo levava as duas mãos aos olhos e repetia numa voz entrecortada:
— Não! Não! É horrível, não quero ver, é horrível!

Era um quadro triste de se ver, e foi assim que Azy-Mhalá a encontrou, quando entrou no quarto.

A velha aproximou-se da moça, que no momento dormia um sono pesado e entrecortado por uma respiração arfante, e colocou a mão na sua testa.
— Como está quente! Deve estar ardendo em febre — disse Azy-Mhalá, mais para si mesma.
— Não te disse, tia? Por Tupã! Não sei mais o que faço — e Azalym torceu as mãos de desespero.
— Calma, meu filho, tem fé nos deuses e deixa o resto com tua tia velha, que sabe muito bem o que deve fazer.
— É grave? Ó Tupã! Tem piedade de minha pobre irmãzinha! — e Azalym, presa de grande preocupação, limpou a testa suada de Nayade, afastando com um afago os cabelos molhados que lhe caíam desordenados pela face.

A velha não pareceu ouvir a pergunta de Azalym, e dirigindo sua atenção para a trouxa de pano que trouxera consigo, começou a desfazer o embrulho, procurando entre o amontoado de coisas que continha, aquilo de que necessitava. Retirou afinal três velas de cera, grossas, já usadas, uma pequena cuia de barro, um vidro contendo um líquido branco, e outro, um pouco maior, cheio de outro líquido branco amarelado. Botou aquilo tudo no chão da cabana, perto do leito da moça, e arrumou as velas, de tal forma que formou um triângulo. Colocou a cuia bem no centro do triângulo formado pelas velas, e despejou nela o conteúdo dos dois vidros. Aí então Azy-Mhalá sentou-se no chão, de pernas cruzadas sob o corpo, e pediu a Azalym que acendesse as três velas. Quando as velas começaram a bruxolear, a velha, dando um grande suspiro, abriu os braços e estremecendo toda, entrou numa espécie de transe, pois fechou os olhos e começou a cabecear para a direita e para a esquerda. Aquilo durou alguns minutos, e foi então que Azy-Mhalá levantando o braço direito muito lentamente, segurou a vela à sua direita e com movimentos mais lentos ainda, a encostou com a ponta acesa no líquido dentro da cuia, que logo se inflamou. Feito isso, a velha recolocou a vela na posição primitiva e voltou à sua imobilidade.

O ambiente, no interior da cabana, tornou-se tenso, carregado, e podia-se sentir o ar como que impregnado de eletricidade. Azalym, que a alguns passos atrás observava toda a cena, sentiu o corpo se arrepiar todo e pôde notar que seus cabelos se eriçavam, o que ele tentou evitar alisando-os várias vezes. O ambiente, agora, estava mais tenso ainda, algo estava para acontecer, e a velha, imóvel, parecia flutuar no ar, envolvida por vapores de fumaça colorida que se evolavam da cuia inflamada. Azy-Mhalá, de repente, foi sacudida por violentos estertores e finalmente sua cabeça pendeu para a frente do corpo e sua voz saiu grossa, pastosa, totalmente diferente:

"— É preciso ter muito cuidado, um sopro apenas e a menina pode morrer. Seu espírito sofreu uma grave injúria com o que viu, houve um grande desequilíbrio entre os seus veículos, e para voltar tudo ao normal, será necessário que os seus corpos espirituais sejam examinados e curados. Antes de mais nada, será preciso que a sua Tela de Prata[1] seja restaurada, será preciso que ela seja guiada e industriada por um Mestre verdadeiro, a fim de que sua visão espiritual seja aclarada e ela possa ver, sem entrar em desequilíbrio. Com instruções e esclarecimentos, ela poderá ser uma valiosa auxiliar dos planos invisíveis. Essa será sua missão na Terra. Primeiro sua cura, depois a sua instrução. O que ela tem é uma mera explosão do seu espírito aprisionado na carne, que por falta de orientação adequada, foi violentamente sacudido por causas externas. Isso não deverá acontecer mais, pois outra experiência dessas

---
[1] O mesmo que tela atômica ou búdica.

a levará à loucura irremediável. Procura, meu filho, no Templo da Dança, com a maior urgência, aquela que é a única que te poderá ajudar: Nadja, a suprema sacerdotisa do Templo do Vento."

Azy-Mhalá calou-se, e o espantadíssimo, e porque não dizer, temeroso Azalym, que não entendera quase nada, ou melhor, apenas a parte final do estranho discurso, piscou os olhos várias vezes, como se a sua visão pudesse resolver aquele complicado quebra-cabeça.

Azy-Mhalá agora estava imóvel. As velas de cera e o fogo da cuia que espalhava fumaça colorida pela cabana, apagaram-se por si mesmos, como se uma mão invisível os tivesse extinguido, e a velha, despertando do seu transe, levantou-se sem aparente esforço, do chão.

Nayade, que dormia, deu um profundo suspiro, abriu os olhos e erguendo-se no leito encarou os dois, com fisionomia espantada. Apesar de haver pouca luz na cabana do guarda-caça, ele, naquela hora, poderia jurar que sua irmã, que o fitava interrogativamente, sorria.

9

O passo das gaivotas

Turano pareceu um pouco espantado. Há dez minutos que martelava a porta do seu pai adotivo, e ela, para desespero seu, continuava fechada.

"O que estaria acontecendo?" — pensou. Dezan não costumava sair, e embora fosse um pouco surdo, o barulho que ele agora fazia dava para despertar a vizinhança inteira, se ali houvesse vizinhos, pois a casa do bruxo ficava nos confins da cidade central, completamente isolada.

"Teria acontecido alguma coisa com meu pai?" — pensou, enquanto rodeava a casa, a fim de verificar se pelos fundos teria mais sucesso. Um silêncio absoluto vinha do seu interior, e Turano, intrigado e preocupado, dirigiu-se à porta da frente, jogando-se com toda a força de seu corpo contra a frágil madeira, que se abriu sem aparente esforço. A casa de Dezan estava vazia.

Turano permaneceu por uns momentos de pé, no centro da sala, a refletir, depois jogou-se num catre. Seus músculos doíam, e ele sentia ainda dor nas costelas, provocada pelo violento pontapé que levara.

"Estaria Irinia a par do que acontecera? Estaria ela bem, ou prisioneira no Templo do Som? Teria ela conseguido fugir, indo buscar abrigo no Templo de Nadja, conforme ficara combinado?" — Tudo isso passou-lhe pela mente, enquanto deitado procurava coordenar as idéias. A sua situação também não era das melhores, com a guarda de Siamor nos seus calcanhares, ainda mais agora, que já havia um dos seus homens, morto, na balança dos acontecimentos. "É — pensou Turano — o Mestre do Som devia andar vasculhando a cidade à sua procura, e este não é um dos lugares mais seguros. Por outro lado, preciso aguardar notícias de Ararype, e seguro ou não, é a única solução que me resta" — continuou a divagar, passando a mão pela testa molhada de suor.

Os pensamentos continuavam a fervilhar em sua mente. "E se Ararype não conseguisse manter contato com Irinia? E eu que não posso ficar aqui esperando por muito tempo. Acabaria sendo descoberto e então estaria tudo perdido". — E Turano remexeu-se no leito incômodo, enquanto todas essas perguntas sem respostas passavam pela sua cabeça. — "E Dezan que não chegava. O velho sempre seria de alguma utilidade, poderia me dar alguma sugestão" — e o rapaz começou a ficar inquieto com a sua solidão naquele momento.

As horas se passavam e Turano cada vez mais impaciente, analisou cada possibilidade, cada impossibilidade, cada solução que poderia tomar e cada imprevisto que poderia ocorrer. Completamente desorientado, sem saber o que fazer e tendo apenas que esperar, pois depois dessas divagações, parecia-lhe a melhor conduta a adotar no momento. Turano, suando abundantemente, o corpo todo doído e a cabeça parecendo que ia arrebentar, revirou-se várias vezes no estreito catre.

Ou fosse pelo cansaço, ou fosse pela exaustão mental que tais preocupações haviam provocado, o certo é que, após alguns minutos, o rapaz dormia pesadamente. Turano não soube se dormiu algumas horas ou alguns minutos, mas foi despertado subitamente, com violentas pancadas na porta.

❧

Poty, o velho servo de Ararype, como era de hábito, acordou naquele dia ao romper da aurora. Pela enorme janela de seu quarto, que ficava permanentemente aberta, pois Poty tinha hábitos regulares, ele olhou a cidade que se estendia abaixo e àquela hora dormia silenciosa e vazia. Poty já ia se entregar aos seus afazeres matinais, quando notou, próximo à esquina, um homem imóvel, a observar o palácio de seu amo em atitude suspeita. Logo em seguida, outro homem, saído das sombras de um prédio, aproximou-se do primeiro. Falaram algum tempo, e depois o primeiro apontou com o braço o palácio de Ararype, e então, cada um caminhou para um lado, indo postarem-se na esquina, em observação.

Poty a princípio curioso e a seguir preocupado, pois já estava a par de todos os acontecimentos referentes à princesa Irinia, rápido deixou a janela, e correndo, dirigiu-se para os fundos do palácio, que davam para outra rua, e procurou, espiando por outra janela, ver se havia na rua algum movimento.

Dois outros homens, postados a alguma distância um do outro, pareciam observar atentamente essa parte do palácio.

Foi o bastante. Poty, com uma rapidez considerável para sua idade, correu em direção ao quarto de seu amo, que ficava no mesmo andar em que se encontrava.

— Acorda Ararype, levanta depressa! — e Poty sacudiu com alguma violência Ararype pelos ombros.

— Anh! — foi o único som que se ouviu, e o outro continuou dormindo.

— Acorda, Ararype! Ararype, acorda! Ó Ararype!

O outro, tonto de sono, resmungou qualquer coisa e erguendo-se no leito, meio espantado:

— Que foi? O que houve? — e reparando no servo: — Que foi, Poty? Mas que cara espantada!

— Bom dia, Ararype! — Ele tinha toda intimidade com seu amo, pois que o criara. — Temo que o palácio esteja cercado.

Ararype, de um salto, acabou de acordar e ficou em pé no meio do quarto, esfregando os olhos.

— Que? Estamos cercados?

— Sim, ao acordar agora mesmo vi dois homens postados na rua em frente e mais dois na parte que fica nos fundos do palácio.

— Não seriam transeuntes conversando? — Ararype bocejou, perguntando sem muita convicção.

— Eu acho que não, pois os dois primeiros apontavam nessa direção e a essa hora da manhã é bem difícil ver-se gente pela rua. Mas vê tu mesmo — e Poty afastou a pesada cortina de pele de carneiro, deixando entrar a pálida claridade do dia que ia nascendo, pela janela aberta.

Ararype constatou por si mesmo a veracidade das informações do seu velho servo; os dois homens, naquele momento, postados um em cada extremo da rua, observavam atentamente o palácio.

— Os homens de Siamor — murmurou Ararype entredentes, cerrando a cortina.

— O que faremos? — Poty parecia bastante preocupado.

— Não sei, preciso pensar — Ararype, franzindo a testa, começou a procurar um meio de resolver, com alguma rapidez, esse novo problema.

— Os servos dormem? — perguntou depois de uns minutos de silêncio.

— Todos dormem no palácio, exceto eu e tu.

— Vê minhas roupas, rápido!

Poty mexeu-se, e enquanto se vestia, Ararype começou a

dar suas ordens:
— Acorda a princesa e pede que ela se vista com urgência.
— Digo alguma coisa?
— Não, apenas que se trata de uma emergência, limita-te a dizer isso, e depois, traze-a para cá.
— Sim, farei isso rápido — e já dispunha a sair para cumprir sua ordens, quando Ararype continuou:
— Acorda o porteiro, e manda que ele apronte duas liteiras com quatro carregadores cada uma, e depois manda até aqui aquela arrumadeira, a mais alta que trabalha no palácio.
— A mais alta é Janycia. Será essa?
— Sim, essa mesmo. Manda que ela se vista e ponha por cima do traje uma longa capa de penas.
— Só isso?
— Sim, só isso. Vai depressa, Poty, temos que agir com alguma rapidez.
Quando Poty saiu para cumprir suas ordens, Ararype, meio agitado, olhou novamente pela janela e começou a andar pelo quarto com a cabeça a trabalhar.
— Tem que dar certo — disse em voz alta — rapidez e audácia são armas que não podem falhar.
Em poucos instantes, demorados para o agitado Ararype, Irinia, Janycia e Poty estavam em seu quarto devidamente preparados, segundo suas ordens.
— O que aconteceu? Poty me disse que era uma emergência — perguntou a princesa empalidecendo.
Ararype a tomou pelas mãos.
— Não precisa se preocupar, mas acho que o palácio está cercado.
— Ó Tupã, são os homens de Siamor. Estamos perdidos.
— Sim, mas não há razão para grandes preocupações.
— Como não há? Quando o dia amanhecer, estaremos cercados e eu terei que voltar para as mãos daquele infame — e a princesa estava a ponto de prorromper em choro.
— Nada, ou não confias em mim?
Irinia, em face da confiança demonstrada pelo seu anfitrião, pareceu acalmar-se um pouco.
— Claro que confio!
— Vamos fazer o seguinte: Janycia, que tem a mesma altura da princesa — disse, dirigindo-se à sua serva — vai, vestindo uma capa parecida com a tua, sair numa liteira em direção ao porto. Esperaremos alguns momentos e então, noutra liteira, sairemos nós em direção oposta, até o lugar onde se encontra oculto Turano. Bem entendido? — E Ararype sorria confiante.

— E se não der certo? — Irinia estava ainda temerosa.

— O lusco-fusco da manhã deve iludi-los, e depois, nos fundos do palácio por onde sairemos só há dois homens.

— Mas deve haver outros, espalhados, longe do palácio.

— Não importa, pois avisados pelos dois observadores, devem interceptar a liteira que conduz Janycia. Teremos então tempo de escapar.

— E se eles interceptarem as duas liteiras?

— Nesse caso só nos resta lutar — e dirigindo-se a Poty: — Prepara dez homens armados para o que der e vier.

— Agora mesmo — disse o servo, saindo rápido.

— Janycia, presta atenção. Quando interceptarem tua liteira e ao te interpelarem, dize apenas que saíste para teu amo, para esperar um convidado que chega de barco.

— Sim, meu senhor — e a serva cobriu a cabeça com o capuz de sua longa capa de penas.

— Então vamos — disse Ararype. — Não temos tempo. As horas passam e a claridade da manhã não tarda.

O grupo, num instante, comandado por Ararype, ocupou as duas liteiras.

— Abram os portões — ordenou Poty — e a sólida porta dos fundos do palácio foi aberta, mostrando a rua, àquela hora já fracamente iluminada pela claridade da manhã.

O que aconteceu então foi muito rápido, e exatamente de acordo com o que imaginara Ararype.

Mal a liteira de Janycia dobrara a esquina, ouviu-se uma série de assobios e ruídos de passos correndo. Os dois homens ali postados correram em direção da liteira que saíra, enquanto os outros dois, que estavam em frente do palácio, tão logo ouviram os assobios, fortes na manhã muito quieta, correram na mesma direção que os outros, indo a eles se reunir. Parece que havia mais homens pelas imediações do palácio, pois houve um ruído maior ainda, de passos correndo e gritos de comando. A liteira de Janycia devia estar sendo interceptada, pensou Ararype, pois ordenou a seus carregadores:

— Vamos, a toda pressa, em direção às montanhas!

A liteira saiu pelo portão, que foi imediatamente fechado, enquanto os quatro carregadores, pondo toda a velocidade possível nos pés, seguiram na direção ordenada, atravessando, rápidos, boa parte da cidade central sem serem molestados.

— Acho que conseguimos — disse Ararype, entreabrindo uma das cortinas da liteira, para verificar em que parte da cidade se encontravam.

— Graças a Tupã! Graças! E graças a ti também, querido

A Terra das Araras Vermelhas 107

amigo! — Irinia, exausta pelas emoções constantes desses últimos dias, caiu nos braços do seu companheiro.

A princesa tremia e a sua voz era arquejante.

— Não há mais motivo para ficar assim, falta pouco para chegarmos até onde se encontra Turano.

— Obrigada, meu amigo! Como posso te agradecer o que fizeste por nós? — E os olhos de Irinia estavam úmidos de lágrimas de gratidão.

— Os amigos são para isso mesmo! Não penses mais nesse assunto, o que deves pensar agora é na tua felicidade e na do meu amigo Turano — disse Ararype, confortando a princesa.

A liteira seguia, puxada pelos carregadores que mantinham a mesma cadência das passadas. Já naquele trecho da cidade podia-se notar que as construções começavam a rarear, e Ararype, afastando uma das cortinas, olhou para a rua estreita e certificando-se do lugar em que se encontravam, gritou para os carregadores:

— Ao fim dessa rua, dobrem à direita!

Com precisão, suas ordens foram obedecidas, e então o rapaz, que observava atento a caminhada dos seus servos, tornou a comandar:

— Sigam em frente e junto da elevação da montanha, parem na pequena casa que fica ali, isolada.

O Sol acabava de sair completamente, e Ararype pôde ver logo adiante, destacando-se em uma elevação do terreno, a casa de Dezan.

— Será que não tem ninguém? — perguntou Irinia saltando da liteira e olhando para a porta e janelas fechadas.

— É só verificar — e Ararype pôs-se a esmurrar a porta com os punhos. — Ó de casa! Venha abrir! Vamos, que já é bem tarde!

Houve um ruído abafado vindo do interior da choupana e finalmente a porta escancarou-se, deixando aparecer a figura de Turano a esfregar os olhos.

— Ararype! Mas como demoraste! — exclamou, estreitando o amigo nos braços. Só então viu Irinia, que um pouco atrás, a fisionomia iluminada por um largo sorriso, o olhava ternamente. — Irinia, ó meu amor! Eu morria de ansiedade! — E Turano, soltando-se dos braços do amigo, atirou-se nos braços da amada.

— Meu amor! Pensei que jamais te veria novamente — disse a princesa, a afagar os cabelos de Turano. — Mas Tupã foi misericordioso e me concedeu a graça de podermos nos reunir, afinal.

— Minha querida, jamais te deixarei, eu juro — e beijou-a com toda a ternura.

Ararype, ao lado, com um fugidio sorriso nos lábios, olhando os dois namorados, pareceu despertar, de súbito, do seu enlevo para a realidade.

— Espero não interromper, mas julgo que não temos muito tempo.

Turano e Irinia, abraçados, olhavam para o amigo sorridentes.

— Não tive nem tempo para te agradecer. Só podemos dizer, agora, muito obrigado, amigo! — Turano pousou a mão suavemente no coração de Ararype.

— Vamos deixar os agradecimentos para depois, agora toca a andar, pois esse não é um pouso seguro.

— Foste seguido?

— Não sei ao certo, mas tudo é possível. Não se pode brincar com os homens de Siamor — e Ararype, em rápidas palavras, pôs Turano a par da maneira usada para tirar Irinia do seu palácio.

— E para onde iremos? — perguntou a princesa, depois que Ararype terminou seu breve relato.

— Sim, esse é o problema! Não consigo pensar num lugar seguro — e Turano procurou com olhar interrogativo seu amigo.

— Há minhas terras de caça, ao norte. Lá poderiam estar tranqüilos e bem escondidos, em segurança.

— Acho ótimo — disse a princesa. — Quanto mais longe, melhor.

— Isso mesmo, nas terras de caça, além de todo o conforto, terão ainda meus servos para os atenderem em tudo que for necessário.

— Achas que lá é seguro? — perguntou Turano, indeciso.

— Acho que ficarão muito bem, com a vantagem de que a pretexto de ir caçar, eu poderei de vez em quando, levar-lhes notícias da cidade central.

— Vamos, amor, é a nossa única saída — disse Irinia, afagando o queixo de Turano.

— Não há escolha, amigo, decide-te logo, o tempo passa rapidamente — e Ararype esquadrinhou a rua, àquela hora ainda deserta.

— Vamos! — disse Turano, e pegando Irinia pelo braço dirigiu-se para a liteira.

Foi nesse momento que ouviram um ruído de passos apressados e um murmúrio de vozes. O carregador, que estava parado no outro extremo da liteira, e por conseguinte com melhor visão da rua inteira, deu o alarme:

— Senhor! Dez homens armados se aproximam!

— Os homens de Siamor! — gritou Ararype, levando a mão ao cabo do punhal.

— Só nos resta lutar — disse Turano em voz surda, apertando os maxilares.

— Ó Tupã! Por piedade, não! — conseguiu dizer a princesa.

Os homens de Siamor subiam a rua e já eram visíveis pelos três, que parados, esperavam, quando Ararype, mais à frente, voltando-se para os amigos, em voz cortante ordenou:

— Para as montanhas, e bem rápido! Eu fico, tentando atrasar ao máximo a passagem dos guardas.

— Isso nunca, amigo! Ficamos contigo!

— Se for preciso morrer, então morreremos todos juntos — disse Irinia com os olhos brilhantes e com coragem na voz.

— Não discutam, eu não corro perigo algum. Só vou conversar um pouco.

— Nunca, amigo!

— Por favor, rápido, enquanto é tempo. Olha, eu não estou sendo procurado, nem perseguido; só vou atrapalhar um pouco. Se me apanharem não vai acontecer nada. Siamor não tem nada contra mim, e pensaria duas vezes antes de tomar qualquer medida contra um nobre. Por favor, amigo, e rápido, porque os homens já estão chegando — e Ararype, juntando a palavra à ação, empurrou Turano para diante.

— Nós vamos, mas eu juro por todos os deuses, que se te acontecer alguma coisa, eu venho esfolar vivo com minhas próprias mãos esse gordo indecente — e Turano, pegando Irinia pela mão, correu em direção às fraldas da montanha, enquanto chegavam aos seus ouvidos gritos distantes:

— Lá vão eles! Depressa! Não os deixem fugir!

Ararype, com toda a calma, passou para o outro lado da liteira que atravancava o caminho, naquele local muito estreito, e dirigindo-se ao homem que parara e que apontava os dois fugitivos para os seus comandados.

— Vejo que temos que nos encontrar sempre nos lugares mais estranhos. Que coincidência, não te parece, amigo? — Ararype postou-se bem em frente de Aleutar, pois que não era outro o homem que comandava a perseguição, e que o encarou com espanto.

— Deixe-me passar, senhor! — e desviou-se para o lado, no que foi acompanhado por Ararype.

— Que pressa é essa? Ou esqueceu as boas maneiras? Bom

dia, amigo!

— Bom dia — disse o outro precipitadamente e corando.
— Mas por favor, senhor, afaste-se que tenho pressa — e procurou passar novamente, e mais uma vez foi impedido pelo corpo de Ararype.

Os guardas, logo atrás, pararam e atentos pareciam esperar as ordens do seu comandante.

— Vejo que realmente tens muita pressa, mas cuidado, amigo! Essas caminhadas apressadas pela manhã podem fazer mal a um homem de tua idade. Eu tive um amigo que...

— Senhor, se não sair da frente, serei obrigado a usar a força — atalhou Aleutar, impacientando-se.

— A força! Por Tupã! Queres dizer a violência? — exclamou Ararype, fingindo o maior espanto.

— Senhor, estais impedindo a ação da lei, pois represento a autoridade de Mestre Siamor, agindo sob ordens expressas do Sumo Sacerdote Azamor e conseqüentemente do próprio rei; afastai-vos e deixai-me passar!

— Viva o rei! — saudou alegremente Ararype, e rindo tentou abraçar Aleutar, que com um gesto de braços o impediu.

— A passagem, senhor! Rápido, não posso perder tempo!

— O quê? Eu saúdo o rei e tento amistosamente confraternizar e tu me repeles? — Ararype deu ao seu tom de voz um timbre de surpresa, misto de decepção.

— Viva o rei! — gritou o outro desesperado, querendo terminar logo aquilo. — Agora deixe-me passar!

Ararype deu uma rápida olhadela em direção às montanhas. Seus amigos já haviam desaparecido, e então ele tentou o último recurso para atrasar mais ainda a perseguição.

— Um momento! Um momento! Dize-me primeiro, aonde vais com tanta pressa?

Aleutar, chegando ao auge da impaciência, não agüentou mais.

— Guardas! A mim! Tirem esse intruso da frente!

Os guardas, que pareciam estar ainda mais impacientes com esse longo diálogo, marcharam como um bloco, lanças em riste, na direção de Ararype, que dando um salto para o lado, os deixou passar de roldão. Aleutar, rubro de cólera, chegando à elevação das montanhas à frente de seus homens, virou-se para trás, e de punhos cerrados ameaçou Ararype, que encostado à sua liteira ria-se a valer.

— Ainda nos veremos, senhor, e então, vamos ver quem rirá melhor!

Os homens de Aleutar começaram a subir a encosta da

montanha, perdendo-se da vista de Ararype, que entrando na liteira, mandou que os impassíveis carregadores o levassem de volta para o seu palácio.

O sol já estava bem forte, o que fazia que a subida de Turano, ainda acrescida da companhia da princesa, não afeita a caminhadas, muito menos em terreno tão acidentado, fosse um pouco lenta. Por isso, eles andavam com cuidado, seguindo uma trilha estreita, que em alguns lugares se tornava íngreme, o que mais ainda dificultava a subida dos dois namorados.

Ararype havia conseguido retardar um pouco os guardas de Aleutar, porém estes, mais afeitos do que uma mulher delicada, começaram a ganhar terreno, embora ainda não conseguissem avistar os dois fugitivos.

— Ainda falta muito, amor? — perguntou Irinia, respirando pesadamente, coberta de suor, encostada no ombro largo de Turano.

— Pouca coisa, querida — disse ele, passando o braço em torno de sua cintura. — Um pouco mais acima, o caminho melhora, torna-se mais plano, e ali teremos entre as árvores lugar para nos ocultar.

— Estou no limite das minhas forças — e Irinia teve um leve desfalecimento.

— Coragem, amor, falta muito pouco.

Turano, amparando-a, pôs-se a caminhar. Não haviam dado ainda mais de vinte passos, quando o corpo da princesa amoleceu, e se o rapaz não a segurasse, ela na certa viria ao chão.

— Meu pobre amor — e Turano pondo-a no colo, beijou suavemente seus olhos cerrados, que se abriram, e a moça esboçou um sorriso. — Assim está melhor, eu te levo nos braços, não tenhas medo.

— Junto de ti jamais terei medo — disse Irinia, passando os dois braços em torno do pescoço do amado, deixando-se ali ficar, enroscada como num ninho, enquanto Turano continuava sua fatigante subida.

Os homens de Aleutar ganhavam terreno pouco a pouco, e Turano, carregando o seu precioso fardo, que semi-inerte de cansaço, acomodava-se nos seus braços, já podia ouvir o ruído dos passos que ressoavam na trilha, e o murmúrio de vozes desencontradas e ainda ininteligíveis para ele.

O terreno tornara-se mais plano, e ele pôde divisar adiante a densa vegetação do pequeno vale onde terminava a trilha. Irinia mexeu-se em seu colo e Turano, parando por um momento, procurou se orientar, pois a trilha ali terminava, para recomeçar um pouco além, bifurcando-se para a direita e para a esquerda. O momento de indecisão foi breve, a trilha à sua esquerda parecia mais plana, mais larga, e ele refletindo rápido, tomou o caminho da esquerda. Nesse instante, a princesa pareceu despertar do seu torpor, abriu os olhos e fitando o seu amor perguntou:

— Já chegamos?

— Não, meu amor — Turano olhou-a nos olhos com carinho — falta muito pouco agora.

— Põe-me no chão, creio que já posso andar.

De mãos dadas, os dois seguiram pela trilha, cada vez mais larga, e seus passos se tornavam mais rápidos, talvez pelo descanso momentâneo da moça. Turano procurava animá-la com palavras de conforto, incutindo-lhe coragem e confiança.

A vantagem dos dois parecia aumentar sobre os homens de Aleutar, quando a trilha, de repente, foi-se estreitando, o chão tornou-se mais arenoso, e o caminho, de plano que era, começou a descer, primeiro suavemente e depois de forma mais acentuada. A vegetação tornou-se rasteira e seca, e por fim só se via areia e rocha. A trilha fez uma curva acentuada no meio de duas grandes rochas, terminando numa vereda estreita, limitada de um lado pelo alto precipício e do outro pela rocha escarpada. Turano apressou mais ainda os passos, guiando Irinia pela mão, mas quando deu a volta pela garganta estreita, parou, e um suor gelado desceu pela sua testa. A trilha terminava ali, entre a montanha e o abismo, tendo à frente um maciço de grande altura de rocha, quase a prumo.

— Maldição! — exclamou. — É o fim!

— O que disseste? — perguntou Irinia, que um pouco atrás, pois a trilha ali só dava para um seguir à frente do outro, não tinha visto ainda que o caminho terminava.

Turano abraçou-a com ternura.

— Não olhes, amor. O caminho não tem saída, termina na rocha.

— Por Tupã! Não é possível! Estávamos tão perto, tu mesmo não disseste?

— Sim, querida, agora só nos resta estar perto um do outro — disse Turano com tristeza na voz.

— Mas temos que fazer alguma coisa. Num instante estaremos encurralados — a moça olhou aflita para ele.

— Não temos mais nada a fazer, amor. Não podemos voltar, os homens de Siamor devem estar perto, e seguir adiante é impossível.

— Mas deve haver alguma coisa que poderemos tentar! Ó Turano! Ter-te tão perto e te perder logo em seguida. É demais!

Tupã que nos ajudou a reunir não pode nos abandonar agora. Seria muito cruel — a princesa abraçou-se com seu amor, que aconchegando-a ao peito pôs-se a afagar os seus longos cabelos.

— Só há uma solução — disse Turano depois de alguns segundos de silêncio.

— Qual, minha vida? — Havia esperança nos olhos de Irinia.

— Lutar ou morrer!

— Mas são muitos, eles podem te matar.

— Garanto que levarei para o reino de Anhangá uma meia dúzia deles.

— Não, querido, eu sinto que vou perder-te.

— Poderemos sair vitoriosos — disse Turano, sem nenhuma convicção na voz.

— Não, mil vezes a morte, do que te ver morto ou prisioneiro desse covarde Siamor, que na certa irá te inflingir as maiores torturas.

— É a única saída, minha vida.

— Não, amor, não! — e Irinia, soluçando, e segurando com as duas mãos o seu rosto, procurava dissuadi-lo.

— Mas o que podemos fazer?

A princesa parou subitamente de chorar e olhando bem nos olhos do único homem a quem ela amava, em uma voz firme e com certo orgulho, em que deixava transparecer sua alta estirpe, falou:

— Eu não voltarei jamais para aquele templo, viva. Tu és o homem da minha vida, jamais conheci outro amor. Se lutares, também lutarei, se morreres também morrerei. Ó Turano! Como te amo!

— Irinia, meu amor, eu te adoro — e o rapaz, tomando-a nos braços, beijou-a na boca, ardentemente.

O tropel de passos e o som de vozes na trilha aumentou, e Aleutar assomou, acompanhado logo atrás por um guarda, à entrada da garganta estreita.

— Ali! Afinal os pegamos! — disse Aleutar, apontando com o dedo os dois, aos guardas que chegavam esbaforidos.

— O Passo das Gaivotas é um beco sem saída — e riu-se divertido.

Lado a lado, acuados contra o paredão de rocha íngreme, Turano sentiu que estava perdido.

— Atrás de mim, amor, deixa que eu combata esses cães — disse, levando a mão direita ao cabo do punhal que carregava no antebraço esquerdo.

— Não, amor, eles te matam — e segurou a mão de Turano

com força.

Aleutar e seus homens puseram-se a caminhar cautelosamente.

— À morte, meu amor, à morte! Pelo menos nas sombras desconhecidas estaremos juntos — e Irinia soltou a mão de Turano, virando-se para o abismo imenso a seus pés.

— Não, amor, não! — gritou Turano segurando-a pelo pulso.

— Eu serei eternamente tua, somente tua! — a princesa fez força com o corpo na direção do abismo.

Turano com o outro braço segurou-a, e quando tentou puxá-la para si, sentiu-se preso pelo pescoço. Virou-se, e para desvencilhar-se, largou o braço de Irinia por um segundo. Foi o bastante para que a princesa, perdendo o equilíbrio, escorregasse no chão de areia, e dando um grande grito, desaparecesse no abismo à sua frente. Turano voltou-se rápido, o medalhão que lhe dera seu pai adotivo, e que ele colocara no pescoço displicentemente, havia se enganchado numa saliência de pedra, e foi esse curto lapso de tempo que o fez largar por segundos o braço de sua amada.

Aleutar e seus homens pararam horrorizados, e Turano, com as duas mãos na cabeça, cambaleou como um homem atingido por um impacto violento. Abrindo muito os olhos, deu um grito enorme de desespero, e caiu com toda a força de seu corpo de encontro à rocha íngreme.

Aleutar, que estava a quase dez passos de Turano, recuou espantado, enquanto os guardas, em pânico, olhos esbugalhados, olhavam sem nada entender.

Quando Turano caiu sobre a rocha, esta, com um ruído estridente de ferragens rangendo, abriu-se de repente, e o rapaz semidesmaiado foi projetado para seu interior, batendo com o rosto em uma saliência de rocha, e desaparecendo das vistas dos homens espantados ali agrupados, que pasmos de assombro, viram a rocha se fechar novamente com grande estrépito.

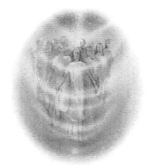

10
A vingança do bruxo

S alve, Azamor, Sumo Sacerdote em toda a Terra de Zac, e eleito entre os deuses! — disse Dezan, com certo sarcasmo na voz, e curvando ligeiramente a cabeça descoberta.
— Salve, Dezan. Mas o que queres de mim? — perguntou o outro, querendo abreviar o mais possível aquela incômoda entrevista.
— Falar-te, apenas.
— Que sejas breve; sabes muito bem que és proscrito dos templos e da cidade central.
— O assunto é demorado — Dezan permaneceu impassível à fria recepção do outro.
— Nem sei mesmo como te recebi; és deveras ousado!
— Vou apenas te revelar o assunto, ou melhor, os assuntos que me trouxeram até aqui. Se de fato forem do teu interesse, então discutiremos a base da transação.
— É ouro o que queres?
— Não te precipites e ouve.
— Então é chantagem?
— Se continuas nesse tom ofensivo, não chegaremos a um acordo.
Azamor, que chegara ao auge da curiosidade, e ainda por cima intrigado com tão inesperado visitante, e como não tinha nada a perder, achou melhor calar-se e ouvir o que o outro tinha de tão importante para lhe dizer:
— Está bem, vejamos o que tens para me revelar!
O bruxo fez uma ligeira pausa, e propositadamente, deixou que o silêncio caísse por um momento entre eles, espicaçando assim ao máximo a curiosidade do outro, o que se podia notar pela fisionomia concentrada, pelo franzir de testa do Sumo Sacerdote, o que lhe dava uma expressão de astúcia diabólica.

Dezan então sorriu, um sorriso escarninho, que mostrou suas gengivas sem dentes, ao sentir que tinha o interlocutor preso, aguardando com ansiedade as suas palavras.

— Os assuntos que me trazem aqui, em ordem de importância são três. Primeiro: a razão, o verdadeiro motivo que fez o rei inventar essa doida predição.

Azamor pareceu espantadíssimo, pois interrompeu o bruxo, admirado de que um segredo que ele julgava encerrado no círculo de suas maquinações pudesse ser do conhecimento de Dezan.

— O quê? Como tiveste conhecimento dessa predição?

— Isso não importa, o fato é que sei que o rei ouviu uma voz anunciando a tragédia que irá se desencadear sobre o vale.

— E acreditas nessa predição?

— Não — mentiu o bruxo. — O importante é que sei a verdadeira razão do tuxauá ter inventado essa história toda.

Azamor estudou demoradamente o rosto do bruxo, mas o outro continuou impassível, não mostrando nenhuma alteração nos traços fisionômicos.

— Mas disseste três assuntos; quais são os outros dois?

— O segundo — disse Dezan, com toda a calma — diz respeito ao paradeiro de tua mulher, Jacyara.

Esta segunda revelação do bruxo foi uma estocada violenta no alvo, pois Azamor ficou muito pálido, esbugalhou os olhos de tal forma que esses pareciam querer saltar das órbitas e depois cambaleou como se fosse cair, cobrindo o rosto com as duas mãos. Quando conseguiu falar, sua voz saiu gaguejante e presa de indizível emoção:

— Queres... queres brincar comigo — conseguiu dizer — Jacyara está morta; morta, entendeste? Será possível que tua maldade chegue ao ponto de usar uma morta para alcançar teus desígnios? — e a voz do Sumo Sacerdote denotava emoção, cólera e dúvida.

— Jamais brinco com coisas sérias — disse Dezan muito calmo, em voz pausada. — Eu afirmo que Jacyara vive!

— Mas como? Se eu mesmo a vi morta, como é possível? — Azamor tornou a cobrir o rosto com as mãos, deixando no bruxo a impressão de que chorava.

— Torno a dizer que tua mulher vive.

— Mas onde se encontra ela? Por Tupã, não me deixes mais nessa dúvida — e o Sumo Sacerdote sacudiu Dezan pelos ombros.

O bruxo, não perdendo a calma, tirou a mão do outro de seu ombro, e encarando-o firmemente, soltou as palavras cruéis:

— Calma, primeiro os assuntos; depois de chegarmos a um acordo eu te darei todas as indicações que quiseres. Por acaso tu e os outros tiveram compaixão e piedade quando me arrasaram, quando me acusaram com falsas provas, despojando-me dos meus títulos e dos meus bens? — Dezan deu uma curta gargalhada sarcástica.

Azamor, muito pálido, afastou-se um pouco, diante daquelas palavras que lhe traziam o passado bem nítido ao pensamento, e foi com voz sumida e quase a implorar que pediu:

— Tudo, conta tudo!
— Primeiro os fatos, não temos pressa.
— Tudo que quiseres, mas por Tupã, continua! Continua!
— Agora usas bastante o nome de Tupã — escarneceu o bruxo. — Mas seja! O terceiro assunto, e esse é tão importante quanto o segundo, diz respeito ao teu filho.

Aquilo foi demais. Azamor, não contendo a emoção, caiu sentado em suas almofadas, arfando, levou a mão ao peito, parecendo que ia desmaiar ou morrer de tanta aflição. O bruxo, porém, parecendo conhecer o segredo da medida certa do que dizia, dosou bem suas palavras; gozando intimamente pelo sofrimento do outro, falou com voz sussurrante:

— Teu filho também vive, Azamor. Está passando muito bem e é um moço forte e bem apessoado.

— Onde? Onde? — balbuciou o Sumo Sacerdote, no limite extremo do que podia suportar.

— Paciência, primeiro o nosso acordo, depois... bem, depois, tu saberás de tudo, nos mínimos detalhes.

Azamor desabou por fim do alto de sua importância, e foi um homem sucumbido, amargurado, foi um homem trêmulo e suplicante, de uma humildade que ninguém antes conhecera, que se dirigiu a Dezan:

— Por piedade! Tem piedade de um pobre velho. Não aumentes por mais tempo a minha angústia e inquietação. Por amor de Tupã, não sejas tão cruel.

— Cruel, eu? A vida é muito mais cruel, e lembra-te, foste um dos responsáveis por esta mesma crueldade que se abateu sobre minha cabeça, e que agora tu me aplicas como responsável. Não falemos em crueldade, falemos em justiça.

— Peço-te, vamos deixar esses atos do passado descansarem nas sombras do esquecimento.

— A lembrança dos teus atos indignos não interessa agora, quero saber somente, e isso me interessa muito, se aceitas minhas condições.

— Aceito. Estou em tuas mãos — disse Azamor, visivel-

mente derrotado e submisso.
— Bem, se aceitas, podemos então falar de negócios.
— Quais são as tuas condições? — a voz de Azamor ainda era vacilante e sem aqueles acentos firmes que a caracterizavam.
— Quero, no dia da sagração do Grande Conselho, estar no Templo de Áries, oculto atrás do altar central.
— E para quê? Se é que posso saber.
— Pretendo matar o tuxauá — disse Dezan com satisfação na voz.
— Matar o rei? Azamor teve um arrepio, que não passou despercebido ao outro.
— Sim, vou acabar para sempre com essa dinastia odienta.
— Mas serás morto imediatamente!
— Preocupado comigo?
— Não! É que não posso entender...
— Isso se encaixaria perfeitamente nos teus planos, hein? O rei morto, e eu preso e morto também. Que maravilha!
— Prossegue e deixa o escárnio para depois.
— No dia da sagração, tu não estarás sozinho com o rei junto ao altar central?
— Sim.
— Os guardas do templo e o povo não estarão a uma distância de mais de vinte passos?
— Exatamente.
— Pois eu estarei logo atrás do altar, devidamente armado e pronto para ferir — e pelos olhos do bruxo passou uma faísca de maldade, enquanto sorria malignamente.
— E depois?
— Eu conheço muito bem a passagem secreta que vai do altar central até os teus aposentos particulares. Só quero que me introduzas no templo sem ser visto, e depois que me arranjes um lugar seguro.
— Sim, e depois?
— Com o tuxauá morto, será eleito outro imediatamente, e então, quero ser reintegrado nas minhas antigas funções.
— E se o novo tuxauá eleito não aceitar tua indicação?
— Aceitará sim, pois o novo tuxauá será um dos príncipes que tens sob o teu domínio, e o cargo de Sumo Sacerdote não te interessará mais, pois aspiras a uma situação mais elevada.
— Como sabes que aspiro a ser Grande Conselheiro?
— Eu sei tudo — limitou-se a dizer o bruxo.
— Como podes saber se o novo tuxauá, na hipótese de o atual ser morto, estará debaixo da minha influência?

— Eu também conheço essa tua conspiração que pretende fazer de Arary o supremo tuxauá da Terra das Araras Vermelhas. E o príncipe Arary será um mero joguete em tuas mãos. E então, que dizes?

Azamor permaneceu um instante em silêncio, analisando a situação e chegando à conclusão de que o bruxo parecia saber de todos os seus planos, e como desejava arrancar do outro a resposta para aqueles três assuntos que o torturavam, o Sumo Sacerdote respondeu:

— Aceito!

— Ótimo! Inclusive eu te prestarei um grande favor, pois te livrarei de um incômodo rei, que atrapalha bastante os teus planos.

— Já que estou de acordo com o teu pedido, penso que agora poderás me falar a respeito de minha mulher e de meu filho — disse Azamor não escondendo sua impaciência.

— Calma, calma — disse o bruxo, irônico. — Não basta dizeres que aceitas, para eu começar a contar tudo o que sei.

— Como assim?

— Não confio nem um pouco em ti — e Dezan riu.

— Não perdes a insolência!

— As condições me permitem ser insolente!

— Mas afinal, o que queres que eu faça?

— Assim está melhor! — o bruxo parecia divertir-se muito, para desespero de Azamor, que além de aflito estava inquieto com o rumo da conversa.

— Fala! Por Anhangá, fala!

— Primeiro quero uma ordem escrita num papiro real, devidamente firmada com teu selo, indicando-me para o cargo de Sumo Sacerdote dos Templos, e em seguida, uma declaração tua, também em ordem, afirmando que és meu cúmplice pela morte do rei.

O outro chegou a pular, de espanto.

— Mas isso seria assinar minha sentença de morte! De modo nenhum! O primeiro documento com a tua indicação eu posso fazer, porém a declaração de cumplicidade, nunca!

— Pior para ti, porque jamais saberás os verdadeiros motivos da história da predição e nunca mais verás tua mulher e teu filho.

— Sê razoável — disse Azamor — pondera bem, não vês que isso é impossível?

— Impossível por quê?

— Sabes muito bem que essa declaração está completamente fora de propósito.

— Reflete bem — disse Dezan. — Depois que tiver eliminado o rei, fugirei pelo corredor secreto até teus aposentos. Ali estarei bem oculto, porém em tuas mãos. Poderás entregar-me aos meus inimigos quando bem quiseres. Entendes?
— Sim, e daí?
— Daí que tenho que ter uma garantia de que não me trairás.
— E a declaração de cumplicidade?
— Estará guardada em lugar seguro.
— E depois?
— Só farás o novo tuxauá pôr o seu selo em minha nomeação, quando eu te entregar a declaração.
— E se tu me traíres antes disso?
— E porque eu o faria? Não teria lógica.

Houve um longo silêncio entre aqueles dois homens, que abrigavam tanto ódio em seus corações, e foi Azamor, movido pelo remorso, pela ansiedade e pela ambição, que falara sempre mais alto naquele caráter fraco, quem quebrou o silêncio:
— Aceito tuas condições!
— Muito bem, eu voltarei dentro de um dia e tu terás os documentos prontos, então falaremos outra vez.
— Mas... e Jacyara? E meu filho?
— Paciência, Azamor, amanhã tua curiosidade será satisfeita.

Dezan, sem um cumprimento ou saudação, deu as costas ao sucumbido Sumo Sacerdote, e no seu passo arrastado, deixou a sala e o palácio de Áries.

✧

É necessário que recuemos no tempo trinta anos, para podermos acompanhar a história do bruxo Dezan.

Estamos em pleno reinado de Ay-Mhoré VI, supremo tuxauá da Terra das Araras Vermelhas, quando, no templo de Áries, quebrando o silêncio que reinava na nave central de cerimônias, irrompeu de repente, em passos apressados, que ressoaram alto no lajeado, o sacerdote Azamor, que dirigindo-se em grande excitação ao Sumo Sacerdote Dezan, que orava no altar principal, assim lhe falou:
— Mestre, perdoai a interrupção, mas o grande tuxauá solicita a vossa presença com toda a urgência no palácio — disse, fazendo uma grande reverência.

O outro virou-se, um pouco espantado pela insólita interrupção em suas preces, e encarou o seu subordinado.

— Da próxima vez, quando me interromperes, pelo menos não faças tanto barulho. Não te esqueças de que estamos numa casa de oração.

— Perdão, Mestre, mas o mensageiro real disse que era muito urgente, assim eu me apressei logo a vos comunicar essa importante mensagem.

Dezan o examinou mais uma vez com a fisionomia severa, e então deu suas ordens:

— Manda preparar rápido minha liteira com quatro carregadores.

— Mais uma vez eu peço perdão, Mestre, mas quando recebi a mensagem, tomei logo providências e ordenei o preparo de vossa liteira com quatro carregadores — disse Azamor, curvando-se novamente.

— És um auxiliar dedicado, dedicado e eficiente. Obrigado, irei imediatamente.

Quando Dezan saiu, Azamor, esfregando as mãos de satisfação, dirigiu-se ao altar principal e entrando por uma porta secreta oculta na parede dos fundos, seguiu por um longo corredor estreito que terminava noutra porta, também disfarçada na parede. Azamor abriu-a, com um toque de dedo num botão, e entrou numa sala ampla, onde quatro homens o esperavam.

— E então — perguntou o sacerdote — fizeram tudo conforme as instruções?

— Fizemos — foi a resposta de um deles.

— Vamos então repetir tudo de novo para não haver falhas — disse Azamor, dirigindo-se aos quatro homens. — Uma faca longa, um capuz preto, uma capa bem comprida e um vidro contendo narcótico.

— Confere, Mestre — disse um deles.

— E está tudo isso no lugar combinado?

— Sim, senhor! — exclamou outro homem. — Só estamos esperando vossas ordens para levarmos a cabo nossa missão — levarmos todas essas coisas para o local que Vossa Excelência determinar.

— Ótimo! Quero que coloquem agora mesmo, pois a nave central está vazia, todos esses objetos atrás do altar principal, formando um volume o menor possível, no chão, de encontro à parede, no lado direito. Entendido?

— Perfeitamente entendido, Excelência — falou um dos homens.

— Então, cumpram minhas ordens, e serão bem recompensados, porém tenham muito cuidado, pois se falarem nesse assunto com quem quer que seja, não terão vida longa para gozarem do ouro que ganharão com esse trabalho.

Os homens saíram, e Azamor, com pressa, dirigiu-se ao andar superior do templo, onde o esperava o Grande Conselheiro do reino, o eminente Ady-Nharam.

— Tudo resolvido — disse o sacerdote, sentando-se na frente do conselheiro sem cerimônias.

— Digo-te mais uma vez que isso tudo pode ser muito perigoso.

— Qual nada! Vai sair tudo perfeito!

— Nem sei como posso compactuar contigo, nessa trama infernal.

— Porque sou casado com tua irmã, e porque queres ver o teu cunhado como Sumo Sacerdote dos templos.

— Continuo achando que é uma indignidade o que vais fazer com Juranan, para poder galgar essa posição.

Juranan era o verdadeiro nome do então Sumo Sacerdote, que agora conhecemos com o nome de Dezan, o bruxo.

— Ora, Ady-Nharam, que importância pode ter uma pequena maquinação? Os fins justificam os meios, e o meu fim é ter uma posição à altura da tua. O cunhado do Grande Conselheiro do reino tem que ser um Sumo Sacerdote dos templos!

— Azamor riu-se divertido.

— Estou quase desistindo disso tudo. Ainda é tempo de prevenir Juranan e assim frear tua ambição doentia, que um dia ainda há de te perder.

— Nesse caso, eu me veria obrigado, a contragosto é claro, a apresentar ao rei as provas que tenho, do ouro que meu querido cunhado acumulou negociando com os etíopes, inimigos do reino — a fisionomia de Azamor tornou-se ameaçadora, em oposição à sua voz que era quase ciciante.

Ady-Nharam suspirou resignado. Nada podia fazer ante a chantagem do seu terrível cunhado, e dando de ombros concordou:

— Está bem, não precisas fazer ameaças, eu irei até o fim conforme prometi.

— Assim é muito melhor para todos nós.

O Grande Conselheiro mudou o rumo da conversa.

— Juranan já foi para o palácio do rei?

— Sim, há poucos instantes.

— Então o tuxauá está para chegar?

— Exatamente, quando o Sumo Sacerdote chegar lá, o rei estará entrando aqui no templo.

— Colocaste as provas do atentado junto ao altar?

— Mandei colocar agora mesmo.

A Terra das Araras Vermelhas

— Então vamos descer para receber o tuxauá — disse Ady-Nharam, levantando-se de suas almofadas de penas.

— Um momento; ainda temos tempo, e tu não me contaste das tuas providências no palácio.

— Juranan, assim que chegar ao palácio real, será introduzido por um servo, por mim industriado, nos aposentos particulares do tuxauá. Ele ficará esperando na sala vazia por algum tempo, até que esse mesmo servo de confiança leve a rainha ao seu encontro, a pretexto de que Juranan solicita sua presença para lhe falar. Sobre a mesa, eu mandei colocar dois cálices, contendo um deles veneno, que vai ser encontrado facilmente quando eu levar o rei para lá. Juranan ficará nos aposentos particulares do rei, com a rainha, o tempo de que precisarmos, pois como ele nada tem a falar com ela, haverá um mal-entendido, que para nós será altamente favorável.

Azamor, que escutara impassível a narrativa de seu cunhado, perguntou:

— E se eles beberem, antes do rei chegar até lá? Ela pode muito bem pegar do cálice que contém o veneno!

— Não haverá tempo para isso.

— E se houver?

— Nesse caso, Juranan somará mais um crime entre os outros que cometeu. Ou melhor, que nós cometemos por ele.

— Ótimo! E o papiro em branco, com a assinatura e o sinete do Sumo Sacerdote?

— Está aqui comigo — disse Ady-Nharam, desenrolando e lendo para o outro o que escrevera nele.

Era uma carta forjada pelo Grande Conselheiro, em que Juranan escrevia a um nobre de grande influência no reino, concitando-o a tomar parte num plano para assassinar o rei e a rainha. Plano esse em que Juranan seria alçado à condição de Grande Conselheiro do reino, apoiado por vários príncipes e nobres. A carta continha ainda vários nomes supostos e implicava alguns verdadeiros, que se encontravam em desgraça, para dar mais autenticidade à suposta maquinação.

— E os príncipes que não estão nas boas graças do rei? Mandaste avisá-los?

— Sim, enviei mensageiros para os dois príncipes, pedindo que comparecessem à presença do tuxauá hoje, para uma audiência particular.

— A essa hora, então, já devem estar no palácio, na antecâmara dos aposentos do rei?

— Certamente.

— E quantos nobres avisaste?

— Uns quatro ou cinco. Para ser exato, cinco. Usei o mesmo método: o rei queria falar-lhes. Convidei-os a comparecer ao palácio à mesma hora que os dois príncipes.

— Vai ser uma maravilhosa reunião de traidores — disse Azamor sorrindo.

— É verdade, quando o rei os encontrar ali reunidos, poderá jurar que já começou a rebelião contra ele.

— Muito bem — disse Azamor. — Vamos esperar o tuxauá — e dirigindo-se a um móvel, tirou de um compartimento uma caixa de folha que colocou debaixo do braço.

— O que é isso?

— A correspondência de um ex-Sumo Sacerdote — respondeu, com um riso diabólico. — Cartas comprometedoras que eu fabriquei, e que de passagem vou colocar nos aposentos particulares de Juranan.

— Ahn! — fez o outro, e saíram ao encontro do rei.

Ay-Mhoré VI estava de pé, no meio da nave central, ladeado por dois guardas de sua segurança pessoal. Pela sua fisionomia carregada, o conselheiro notou que denotava impaciência.

— Salve o grande tuxauá! — e Ady-Nharam fez uma profunda reverência.

— Recebi tua mensagem — disse o rei, saudando seu conselheiro. — Porém não entendi a urgência, nem tampouco o pedido para vir ao Templo de Áries. De que se trata? Que assunto tão grave é esse que me obriga a vir te encontrar no templo e não tu no meu palácio?

— Perdão, Majestade, mas já conheceis Azamor? O primeiro sacerdote é um fiel servidor de Vossa Alteza!

O outro curvou-se reverente, dando um passo à frente.

— Já conheço — disse o rei secamente. — Mas não foi para me apresentar a um sacerdote que me fizeste vir ao Templo de Áries? Explique-se, senhor! — e o rei tornou-se ainda mais impaciente.

— Não, Majestade — disse Ady-Nharam aparentando muita calma e separando bem as sílabas. — É que esse fiel servidor descobriu por acaso, e apressou-se a me colocar a par, uma maquinação diabólica contra Vossa Alteza e a nossa rainha.

— Que dizes! Uma revolta? Detalhes, Ady-Nharam, os detalhes!

— Se Vossa Majestade quiser se dar ao trabalho de me seguir, vos mostrarei algo muito interessante para ilustrar as explicações que se seguirão.

Acompanhando o conselheiro, seguido de perto por Azamor, o rei chegou até a parte posterior do altar principal, onde lhe foi mostrado o embrulho de objetos ali colocados. A capa que os embrulhava, entreaberta, mostrava os objetos menores.

— Que é isso? — perguntou o rei, espantado.

— Vede Vossa Majestade mesma. Quando verificamos o que era, deixamos tudo no mesmo lugar sem mexermos em nada.

O tuxauá examinava os objetos com um olhar admirado e a fisionomia carregada.

— Mas afinal, o que significa tudo isso?

— Significa que amanhã, na hora da sagração, antes do Grande Conselho, Vossa Majestade seria assassinado ou seqüestrado, como provam essas coisas que Azamor encontrou, conforme disse: por acaso.

O rei pareceu um pouco confuso e ainda perplexo perguntou:

— Mas não entendo, quem poderia?

— Quando Azamor achou isso — e apontou com o dedo o embrulho desarrumado — mandou me chamar e então tomamos algumas providências, tais como passar uma revista nos aposentos do Sumo Sacerdote e em outros locais deste templo.

— E encontraram mais alguma coisa?

— Felizmente sim, mas leia Vossa Majestade mesma — e Ady-Nharam lhe entregou os papiros forjados.

O rei avidamente pegou os documentos e leu-os com toda a atenção. Ficou lívido, tornou a ler, e então, sacudindo a cabeça várias vezes, explodiu desorientado:

— Por Tupã! Não é possível, Juranan! Logo Juranan, em quem eu depositava a maior confiança! Essa é de pasmar, senhores! — O rei estava mais decepcionado que irritado. — Onde está Juranan? Quero vê-lo imediatamente.

— Perdão, Majestade — disse Azamor que até então permanecera calado. — Ele quando saiu me avisou que ia ao palácio de Vossa Alteza.

— Vamos ao palácio, rápido! — disse Ay-Mhoré, dirigindo-se ao seu conselheiro.

— Ainda há mais, Majestade! Azamor e eu encontramos nos aposentos de Juranan várias cartas altamente comprometedoras.

— Estão contigo? — e o tuxauá parecia distante e algo agitado.

— Vou buscá-las num instante! Com vossa permissão — disse Azamor, curvando-se.

Mal a liteira de Ay-Mhoré chegou ao seu palácio, ele acompanhado de perto pelo Grande Conselheiro, em passos apressados, atravessou o grande salão de entrada, dirigindo-se como uma flecha para seus aposentos particulares. Sem ao menos olhar para as pessoas que àquela hora ali se encontravam e o saudavam, ao atingir a porta de sua antecâmara, onde estavam dois guardas perfilados à frente da porta cerrada, Ay-Mhoré entreparou.

— Guardas, a mim! — e o rei, rápido, entrou na sala.

Os convidados do Grande Conselheiro, que aguardavam para falar com o rei, conforme as mensagens recebidas, levantaram-se ante a presença de Ay-Mhoré, que correndo os olhos de um a um, e não respondendo às saudações que respeitosamente lhe faziam, ordenou a Ady-Nharam que o acompanhava de perto:

— Mande deter esses homens e averiguar até que ponto estão implicados no ato de traição!

— Guardas! Cumpram as ordens do tuxauá! — limitou-se a ordenar o conselheiro, ante a estupefação dos convidados que não ofereceram a menor resistência. — A guarda! A guarda! — e Ady-Nharam, abrindo a porta da ante-sala que dava para os corredores, solicitou à patrulha volante do palácio, que num segundo o atendeu, levando aqueles homens, que de tão espantados com o que estava acontecendo, mal puderam dizer uma palavra de protesto.

Ay-Mhoré, num repelão, abriu a porta, e afastando a pesada cortina de peles, viu no meio do salão, Juranan e a rainha.

— ...falar-me, por quê? Solicitaste minha presença?

Esta frase incompleta chegou até aos ouvidos do rei, que parado junto à porta, observava com a fisionomia transtornada o Sumo Sacerdote.

— Cão traidor! — explodiu o tuxauá.

A rainha tornou-se lívida, e levando a mão ao peito, recuou sem entender nada.

— Ay-Mhoré! O que houve?

— Depois saberás de tudo — e o rei avançou até junto a Dezan, controlando-se para não esganá-lo com suas mãos crispadas.

Dezan, desorientado com o acontecido e completamente inocente, não teve reação alguma, a não ser ficar muito branco e gaguejar:

— Mas... mas Majestade... — e só conseguiu dizer isso, sem compreender o que estava se passando.

— Traidor miserável! — gritou Ay-Mhoré bem junto ao seu ouvido, e perdendo a calma, segurou-o com as duas mãos pelos braços, jogando-o com extrema violência na direção dos guardas que haviam entrado no salão junto com o conselheiro.

Dezan ou Juranan, completamente tonto, espantado, e sem entender coisa alguma, caiu de encontro à parede, sendo imediatamente seguro pelos dois guardas, um de cada lado.

— Eminente Ady-Nharam — disse o rei sofreando a raiva — cuide para que o traidor seja proscrito para sempre dos templos da nossa terra. Que os seus bens sejam confiscados, que o seu nome jamais seja pronunciado e que ele jamais pise em qualquer cidade da Terra das Araras Vermelhas. Podem levar o traidor!

As provas contra Juranan eram esmagadoras, e foram analisadas uma a uma pelo Grande Conselheiro que ia pondo o tuxauá a par dos forjados acontecimentos, sem esquecer do cálice de veneno encontrado no salão onde houvera a entrevista falsa com a rainha. Com facilidade, Ady-Nharam provou a inocência dos dois príncipes, mas, aproveitando a ocasião, arrolou os nobres que se encontravam em desgraça na trama, e assim livrou o reino para sempre desses importunos.

Juranan, preso numa masmorra, incomunicável, jamais pôde protestar e provar sua inocência, enquanto se processavam essas verificações. Aguardou primeiro com impaciência, depois com revolta e finalmente, quando foi solto e escoltado pelos guardas até os confins da cidade central, com o maior ódio no coração, por ter sido tão duramente punido por coisas que ignorava tivesse feito.

Sete dias após o banimento de Juranan, foi nomeado para o cargo de Sumo Sacerdote Jaraguará, contrariando os planos de Ady-Nharam e Azamor. Durou, porém, muito pouco tempo esse sacerdote no cargo supremo, pois uma manhã foi encontrado morto, de forma misteriosa, em seu quarto. Azamor era agora o Sumo Sacerdote dos templos.

Enquanto essas tramas ocorriam nos templos da cidade central, acontecimentos estranhos levavam ao desespero Azamor. Sua esposa Jacyara amanheceu morta sem causa aparente, e nesse mesmo dia, à tarde, seu corpo desapareceu misteriosamente sem que jamais fosse encontrado. Não pararam aí as desventuras do então Sumo Sacerdote, pois dois dias depois da morte de sua mulher, seu filho de apenas quatro anos também desapareceu, e ele, desesperado, nunca pôde encontrá-lo.

Quinze dias após esses acontecimentos estranhos, Ady-Nharam morria de forma horrível. Uma doença que ninguém conhecia, e que devia causar-lhe dores terríveis, o acometera de forma inopinada, e seu corpo aberto em chagas foi-se deteriorando em vida, até que entre gritos pavorosos, o pobre conselheiro entregou a alma cheia de culpas a Tupã.

Juranan nunca mais foi visto na cidade central, e apenas falavam de quando em vez que nos confins da cidade, numa choupana velha, moravam de forma solitária e misteriosa um homem e um menino. Esse homem era conhecido naquelas paragens como Dezan, o bruxo.

☙ ❧

Quando Dezan saiu da sala, Azamor, arrasado e oprimido pelas sombras do passado que tão vivo agora voltava à sua memória, deixou-se cair nas almofadas de penas, e cobrindo o rosto com as mãos, deu vazão a todo seu desespero, pois lágrimas de ódio e remorso, numa mistura confusa, molharam seus dedos crispados.

Nesse momento, o Sumo Sacerdote, sobressaltado, pressentindo a presença de alguém, levantou-se de um salto, encarando entre surpreso e irritado, Siamor, que com a fisionomia descomposta e muito pálido, entrara sem ser notado pela porta secreta da sala de Azamor.

— Ó! Tupã! — foi só o que conseguiu dizer o Mestre do Som, e cambaleou, quase caindo para trás.

— O que houve? Mas o que tens? — e Azamor procurou segurá-lo, ajudando-o a sentar-se.

Siamor não pareceu reparar no rosto ainda molhado de lágrimas e contraído pela dor do Sumo Sacerdote. Jogou-se nas almofadas, como um homem derrotado, e em voz sumida conseguiu dizer:

— Irinia está morta. Ó Tupã! Despencou-se do abismo, lá nas montanhas, no Passo das Gaivotas — e levando as mãos ao rosto, sacudiu o enorme corpo, como em convulsão.

— O quê? Como aconteceu isso?

O outro, a custo, fez a Azamor o relato completo da tragédia a ele transmitido por Aleutar.

— O que faço agora, Azamor? Por Tupã! Perdida para sempre a coisa mais preciosa que eu tinha. Sinto que a vida para mim perdeu grande parte do seu atrativo.

O Sumo Sacerdote pôde ver nos olhos de Siamor lágrimas, enquanto o seu rosto redondo se contraía num rictus doloroso.

Azamor, algo penalizado, mesmo assim não pôde se furtar a uma pergunta:

— Dizes que esse vagabundo que acompanhava a princesa morreu também, sumindo por dentro da rocha? Como pode ser isso?

— Que sei eu! Já não sei mais nada! — disse Siamor, desanimado.

— Veremos isso depois, mandarei investigar esse assunto com bastante cuidado. Rochas que se abrem e engolem pessoas não é lá muito comum.

— Foi o que Aleutar e seus homens me comunicaram.

— O que importa, meu amigo, se é que serve de consolo, é que o bandido, esse vagabundo cantador de trovas, morreu também — e Azamor deu à sua voz um tom de condolência, que ele sabia em certas ocasiões, como ninguém, dar.

— Mas eu o queria matar com minhas próprias mãos — Siamor fez o gesto de quem enforca com as mãos, enfurecendo-se.

— Paciência, nem sempre podemos fazer aquilo que queremos.

Por longo tempo Azamor falou com o Mestre do Som, confortando-o e procurando consolá-lo e pouco a pouco, Siamor foi-se tornando mais seguro de si, até que quase em seu estado normal, pôde tratar de negócios com o Sumo Sacerdote.

— Embora não seja o momento adequado — disse Azamor — precisamos ver as novidades que se relacionam com os nossos planos.

— É, e eu tenho algumas, melhores que essas — e Siamor suspirou.

— Ótimo, então começa.

— A propósito, quando chegava aqui no teu templo, encontrei-me nas escadarias com um conhecido teu.

— Quem? — Azamor estremeceu.

— Aquele bruxo, Dezan, se não me engano no nome. Como ele não pode transitar pela cidade pelo fato de ser proscrito por lei, mandei que os guardas do palácio real, que passavam no momento, o prendessem.

— Não! — gritou Azamor, levantando-se e segurando o espantado Siamor, com força, pelos ombros.

11
Revelações espantosas

Narayma ajeitou os longos cabelos muito negros, deixando as orelhas pequenas e bem feitas aparecerem, e pousando os olhos claros e brilhantes em Narayama, tornou a perguntar:
— O que achas que devo fazer?
— Continuo achando muito pouco, penso mesmo que não há nada a fazer — e Narayama sorriu tristemente, fazendo aparecer uma pequena ruga na testa.
— São muito encorajadoras tuas palavras!
— O que queres? Não posso, por mais que procure, encontrar uma solução visível para o teu caso.
— E o que vou fazer? Ó Narayama! Sinto tanto a sua falta! Os poucos momentos que passamos juntos foram tão maravilhosos, e as longas horas de ausência são tão tristes — e Narayma suspirou.
— Então, tu o amas tanto assim?
— Sim, eu o amo com toda a força do meu coração.
— Mas esse amor só te pode ser prejudicial.
— Eu já não me importo com mais nada.
— E se Nadja descobrisse?
— Haveria uma revolução no templo.
— Já pensaste no que isso representaria? Afinal és uma sacerdotisa da dança, e as bailarinas do vento não podem e nem devem abrir o coração ao amor — Narayama tomou as duas mãos da amiga carinhosamente entre as suas.
— Eu sei! Eu sei! Ó Tupã! O que eu faço? — e a moça começou a chorar baixinho.
— Calma, amiga querida, não te desesperes. Embora seja uma situação para a qual não vejo saída, deve haver um modo, uma maneira. Para tudo há jeito na vida.

— Mas qual? Estou desesperada, Narayama, desesperada — disse, enxugando os olhos.

— Não sei qual, mas analisando objetivamente a situação, eu só encontro duas soluções.

— Quais? — e a outra, parando de chorar, apertou com força a mão de Narayama que segurava a sua.

— Estás realmente certa do amor de Azalym por ti?

— Mais do que certa!

— Achas que não podes mais viver sem ele?

— Acho.

— Então só existem dois caminhos: ou falas francamente com Nadja, implorando seu apoio e proteção, ou então foges com ele.

— Não tem outro jeito? — Narayma parecia indecisa.

— Não, não tem outro jeito!

— E qual te parece a melhor solução?

— Nenhuma das duas.

— Como, não te entendo! Falavas há pouco que eram os dois únicos caminhos que me restavam.

— Exatamente! E não existem outros mesmo!

— Mas...

— São dois recursos extremos, mas como sou tua amiga, acho que qualquer um deles só te traria desespero e sofrimento.

Um silêncio repentino caiu entre as duas amigas. Narayma parecia pensar, enquanto Narayama preocupada, olhava com ternura para a amiga sentada à sua frente, quando irrompeu quarto a dentro Narayade apressada.

— Confidências? — perguntou com um sorriso travesso.

— Não, falávamos sobre coisas sem importância — mentiu Narayama levantando-se.

— Lágrimas? — e Narayade fez um afago nos cabelos da Narayma.

A outra deixou escapar o mínimo de resistência que ainda conservava e atirou-se soluçando nos braços de Narayade, que a abraçou consolando-a.

— Chora, Narayma, o pranto derramado por amor lava a alma e faz bem, e depois, quem nunca pôde chorar por amor, realmente não amou.

— É, esse assunto tu entendes bem e como estão no mesmo caso, uma pode consolar a outra — disse Narayama, dando um risinho maroto.

— Não ligues para ela — disse Narayade. — E se eu te disser que vais vê-lo muito mais depressa do que imaginas?

Narayma soltou-se dos braços da amiga, e surpresa, olhou interrogativamente para Narayade.
— O que queres dizer? Fala logo, Narayade, não vês a minha aflição? Por favor!
— Nadja está no pátio interno do templo, conversando com uma moça e com... com ele — disse rindo. — Pediu para ires até a sua presença.

A outra, entre chorosa e rindo, deu um salto, indo se pendurar no pescoço de Narayade, e logo depois, rodopiando, caiu nos braços de Narayma dançando com ela uma movimentada e alegre sarabanda.
— Que bom! Que bom! — e Narayma dava pulos de alegria.

As duas riram, vendo a felicidade da amiga, quando Narayama que caíra numa almofada arfando pelo esforço despendido na selvagem dança com a amiga, disse:
— Não perde tempo, menina! Desce logo e vai ver o teu amor antes que ele fuja!
— Quem é a moça que está com Nadja e Azalym, Narayade?
— É a irmã dele, boba! — e as duas caíram na gargalhada, enquanto Narayma, como se tivesse asas nos pés, saiu porta afora em desabalada carreira.

❦

Antes dessas cenas que descrevemos, vamos encontrar Nadja em seus aposentos particulares, despertando após uma noite agitada por sonhos que traziam mensagens e revelações as mais diversas.

Nadja estava cansada. Deixou-se ficar em suas almofadas de penas macias algum tempo, olhando em direção da janela, oculta por pesada cortina, que por uma fresta deixava filtrar a claridade do Sol, projetando no chão um foco tênue de luz, e começou a relembrar os acontecimentos da sua estranha noite de sonhos, bem nítidos agora em sua mente.

Deitara-se cedo na véspera. Havia sido um dia bem árduo, ensaiando o bale especial em homenagem às comemorações do primeiro aniversário do príncipe Tupyaba, primogênito do tuxauá. Logo que deitou, caiu num sono profundo e pesado, que poderia ter durado horas ou minutos. O fato é que foi despertada por uma mão tocando levemente no seu ombro, e ouvindo uma voz que dizia:
— Vem, Nadja, vem comigo para ver e ouvir aquilo que necessita ser ouvido e visto!

Nadja, mau grado seu, abriu os olhos, e não vendo ninguém, concluiu que ainda estava dormindo, e que aquela voz a acordá-la fazia parte do seu sonho.

Imediatamente, sentiu-se muito leve e começou a flutuar por entre nuvens espessas, podendo divisar, olhando para baixo, seu próprio corpo adormecido ligado por um fio prateado até onde se encontrava agora.

Sentiu que voava numa velocidade fantástica e sua mente bastante clara podia antever para onde se dirigia, pois como um raio penetrou por uma das janelas do palácio de Anhangüera, onde se encontrava adormecido Ay-Mhoré. À sua entrada, monstros escuros e de aparência hedionda, que volteavam em torno do rei, agitaram-se e com esgares de ódio e gargalhadas escarninhas tentaram envolver a figura de Nadja, que levantando a mão direita, fez um gesto cabalístico, o que provocou imediatamente um rebuliço entre os monstros, que se encolheram, agrupados em um dos cantos do aposento, e pouco a pouco foram se desvanecendo, até que desapareceram de todo, como se tivessem sido tragados pela parede.

Nadja olhou o rei adormecido, que nesse exato momento, levantou-se de um salto, dando um grande grito, a esfregar os olhos com as mãos.

— Por Tupã! O sonho novamente!

Após essa exclamação, Ay-Mhoré que a proferira semi-desperto, tornou a deitar-se, e Nadja aproximando-se de suas almofadas, pôs-se a afagar ternamente os seus cabelos empapados de suor, até que sua respiração tornou-se novamente regular e pausada.

— Amor meu! — disse Nadja beijando com os lábios do espírito a face de Ay-Mhoré. — Que posso fazer pelo meu amor? De que modo, de que maneira poderei ajudá-lo?

A resposta às indagações da sacerdotisa veio imediatamente, através da mesma voz que a despertara nos seus aposentos. Era voz do seu Mestre e dizia:

— Afastando-se dele, minha filha; ninguém tem o direito de intervir no carma alheio. Ninguém pode caminhar pelos outros na estrada da evolução. O caminho tem que ser percorrido sozinho. Deixa que ele cumpra seu destino. Afasta-te dele — repetiu novamente a voz do Mestre.

— Por amor de Tupã! Não posso, não posso! Está além de minhas forças! Tenha piedade de mim! — exclamou suplicante Nadja, abraçando com seu corpo espiritual o rei adormecido.

— É preciso! — repetiu o Mestre. — Para o teu próprio bem e para o bem dele, é necessário que tu sejas apenas uma mera espectadora nessa vida. Uma observadora dos fatos que irão ocorrer.

— Mas que posso fazer, se eu o adoro? Como não intervir se ele é a minha própria vida?

— Pode apenas amá-lo à distância, podes ajudá-lo com teu amor e compreensão, mas jamais poderás unir tua vida à dele e nem intervir nos acontecimentos que virão, pois isso redundaria no teu atraso espiritual e no dele.

— Mas é demais o que me pedem; posso tentar amá-lo em segredo como sempre fiz, mas deixá-lo morrer! Ó, não, é demais!

— Queres prejudicá-lo?

— Não!

— Sabes muito bem que ele é responsável pela salvação de um povo inteiro. Sua missão nesta vida é preservar uma raça, a raça Nhengatu, que ainda terá que existir pelo futuro distante. Essa é a sua obra, é o resultado de um carma antigo para o qual foi destinado.

— Mas eu acho que posso ajudá-lo.

— Ninguém, a não ser ele próprio, poderá ajudar.

— Mas, Mestre, eu...

— Se por acaso insistires nos teus propósitos, afirmamos que nos próximos séculos, jamais se encontrarão na matéria. Tua vida estará perdida para ele, assim como a dele para a tua. Ouve bem e procura entender — disse a voz do Mestre. — Serão séculos de procura e desencontros na vida material, até o fim dos tempos nunca mais terão uma encarnação juntos.

— Ó Mestre! Porque tem de ser assim?

— Porque não se vive uma vez apenas. Tu e ele, nas encarnações passadas, prepararam através dos seus atos, essa vida atual. É necessário que queimem, que esgotem esse carma, para poderem se encontrar em vidas futuras, a fim de cumprirem suas evoluções espirituais. Decide-te agora, minha filha, é preciso!

A voz do Mestre calou-se, e a sacerdotisa, com a alma em prantos, contemplou o seu amor. Foi do fundo de sua alma que saiu como num lamento sentido sua resposta mental:

— Ter tanto amor para dar e não poder! Encontrar a minha alma gêmea e ter que abandoná-la! Sim, por amor a meu amor eu me afasto dele!

Quando Nadja pronunciou, ou melhor, pensou essa resposta, viu o duplo[1] de Ay-Mhoré deslocar-se do seu corpo de matéria e flutuar por instantes no ar, logo à sua frente. Imedia-

---

1 Corpo astral

tamente, a voz do Mestre se ouviu:

— Venham, meus filhos!

Num abraço demorado, Nadja e Ay-Mhoré sentiram todas as fibras dos seus seres tocadas por uma emoção indescritível. Seus olhos se encontraram, e uma ternura enorme e uma paz nunca antes sentida invadiu seus corações. Mil sons harmoniosos se ouviram e suas vozes se encontraram uníssonas e impregnadas pelo mesmo enlevo:

— Meu amor! Minha vida! — disseram, e depois, como numa vertigem foram, corpos unidos, arrebatados para uma região de cores e harmonias indescritíveis, alí ficando de mãos dadas, olhos nos olhos, a contemplar a alma idêntica um do outro.

Quanto tempo durou esse enlevo, esse arrebatamento, Nadja agora rememorando, nunca pôde saber. O tempo perdera sua importância totalmente, e vivendo um no outro, numa felicidade completa, os dois deixaram-se ficar, alheios a tudo, por entre nuvens coloridas e sons que faziam suas almas pulsarem em acordes perfeitos. Depois, beijaram-se com carinho, não um beijo carnal que é transitório e efêmero, mas um beijo espiritual, supremo, em que se misturam o "eu" e o "tu", restando apenas "nós". E um e outro se completaram, e fundiram num só, e num só apenas deixaram-se ficar, completando seus próprios interiores, que emoldurados pelos seus corpos fluídicos, brilhavam de intensa felicidade.

O êxtase foi interrompido por um clamor surdo que chegou aos dois, e Nadja, fixando seu olhar espiritual, pôde ver mais abaixo uma multidão aflita a correr desordenada, braços levantados, aos gritos. O som confuso das vozes chegou até eles, e entre imprecações e súplicas Nadja ouviu claramente:

— Salve-me, tuxauá! Socorro! Salve-me, meu rei!

A multidão, apavorada, corria para um ponto onde numa pequena elevação, o seu amado rei ia fazendo subir, para onde se encontrava, todos aqueles que chegavam até ele. Quando o último homem desapareceu na pequena elevação onde se encontrava Ay-Mhoré, ele, sorrindo, desceu do monte de braços abertos. Nadja correu ao seu encontro, quando um estrondo terrível se ouviu; um vagalhão enorme apareceu e o tuxauá desapareceu entre turbilhões de ondas e redemoinhos gigantescos, antes que a sacerdotisa pudesse sequer segurar suas mãos.

Nadja agora estava sozinha. Sentiu uma espécie de vertigem e com o coração apertado de uma saudade enorme, se viu a flutuar, a pouca altura, por sobre os jardins do seu templo. Aí então ouviu a voz novamente:

— Entendeste o simbolismo da tua visão?
— Sim, Mestre! Entendi perfeitamente.
— Então olha, minha filha, e vê se podes ajudar agora aqueles que tu muito prejudicaste em outras vidas. Com esses, tu poderás intervir.

Dois casais de mãos dadas vieram correndo até o centro do jardim e sentaram-se, rindo alegremente, nos dois bancos que ladeavam um pequeno lago. Os casais pareciam vibrar de intensa felicidade, tal a luz que emanavam, e Nadja pôde ver suas auras brilhantes que se uniam duas a duas. A sacerdotisa aproximou-se e postou-se sem ser vista bem em frente dos quatro jovens.

O primeiro casal Nadja reconheceu de imediato. Eram Azalym e Narayma, que de mãos dadas, se olhavam nos olhos com a maior ternura. Um fio dourado que lançava reflexos matizados partia do coração de cada um deles, unindo-os estreitamente, e sobre a cabeça dos jovens via-se um reflexo de cores de tons claros idênticos, de nuanças azuis que refletiam no ambiente a cor do amor puro.

A voz do Mestre sussurrou aos ouvidos da sacerdotisa:
— Vê! Observa como foram feitos um para o outro. Basta apenas que tu não interfiras na felicidade deles, para que essas almas gêmeas possam se completar nessa vida. Tens uma grande dívida para com essa jovem, tu a fizeste sofrer muito; chegou agora a hora de redimires essas faltas.

Nadja, atônita, observava e ouvia a voz do seu Mestre, e então um profundo amor se apoderou dela e imediatamente o seu coração foi invadido pela ternura da moça, que expediu um raio azul claro e brilhante do seu coração, atingindo em cheio o da sacerdotisa.

Nadja entreviu todo o mal que havia feito a Narayma e sua alma contrita ajoelhou-se aos pés da moça e um pedido sincero de perdão saiu de seus lábios mudos. A moça, que não via a sacerdotisa, levantou-se radiante de felicidade junto com Azalym e abraçando-se a ele, exclamou:
— Estamos libertos! Libertos totalmente para o amor e a felicidade! — e os dois sempre abraçados elevaram-se no ar sumindo do cenário.

No outro banco, cena idêntica esperava Nadja, que reconheceu num do jovens Ararype, de mãos dadas com uma moça para ela totalmente desconhecida.
— Reconheces essa moça? — perguntou a voz do Mestre.
— Não — disse a sacerdotisa fixando-a com interesse.
— Repara bem! Embora a aparência seja totalmente dife-

rente, tu irás notar certa peculiaridade que não te é estranha. Olha bem!

Nadja sentiu um arrepio percorrer o seu corpo fluídico e um impacto violento tocou o seu coração, e então, ela num átimo reconheceu uma de suas vítimas de tempos pretéritos. Sua alma em jorros verteu um pranto sentido e a sacerdotisa implorou humildemente:

— Perdão, mil vezes perdão pelo que te fiz — e Nadja a envolveu totalmente com sua luz azul de amor.

— Essa moça te será entregue; faz dela tua discípula, tua irmã, tua filha — disse a voz do Mestre. — Faze por ela o máximo, para que possas ajudá-la em sua evolução e esgotar o teu carma, e a grande dívida que tens para com ela.

— Assim o farei, Mestre, de todo o meu coração — disse a sacerdotisa, com a alma ainda em prantos.

Nadja sentiu-se leve, seu ser foi invadido por uma grande felicidade, e nesse momento compreendeu a importância de sua missão. Seu corpo espiritual foi levemente sacudido e então, com a rapidez do raio, a sacerdotisa voltou a seu corpo material, que deitado nas almofadas de penas dormia profundamente.

Nadja, agora bem desperta, rememorava todos os fatos dessa noite de grandes revelações para ela, e foi com determinação e confiança que se levantou e dirigiu-se à janela, e descerrou a pesada cortina deixando o Sol da manhã entrar em jatos no seu aposento, começando a se preparar para o começo de um novo dia.

Terminava a sacerdotisa seu desjejum, quando Adenara veio anunciar:

— Senhora, o guarda-caça do príncipe Anhangüera acompanhado de sua irmã pede para vos falar.

— Azalym! — exclamou Nadja surpresa, e o sonho da noite lhe veio imediatamente à cabeça. — Traga-os até aqui, Adenara.

Azalym e Nayade, guiados pela serva, chegaram até a presença da sacerdotisa, e o guarda-caça, fazendo uma mesura, saudou-a, acompanhado pela irmã.

— Salve, grande Nadja! Magnífica sacerdotisa da dança e eleita dos deuses!

— Salve Azalym! — disse Nadja, e pousando os olhos em Nayade reconheceu a moça do sonho.

Nadja, admirada e espantada, fitou demoradamente a moça, que corou.

— Peço perdão pela hora, vejo que interrompi vossa

refeição — disse Azalym, olhando para os pratos em cima da mesa.

— Nada, meu filho! Mas como é bonita tua irmã! Como te chamas, meu bem?

— Nayade, senhora! — a moça fez outra mesura, corando novamente.

— Peço licença para vos oferecer um pequeno presente — e o guarda-caça abaixando-se, pegou numa caixa quadrada que pousara no chão, e abrindo a tampa entregou-a à sacerdotisa. — É ainda filhote, mas muito manso.

Nadja segurou a caixa e tirou do seu interior um filhote de jaguatirica, e pondo-o no colo começou a afagar sua cabeça, enquanto o animal com a pata brincava com o colar que a sacerdotisa usava.

— Como é lindo! — disse Nadja. — E repara como é meigo! — a pequena jaguatirica, nesse momento, com os olhos semicerrados, escondia a cabeça nas dobras do vestido de Nadja e ronronava de satisfação. — Muito obrigada, meu rapaz, és de fato muito gentil, pois toda vez que vens me visitar me ofereces um mimo.

— Espero que tenhais gostado, senhora!

— Se gostei! Mas claro, Azalym! — e Nadja brincava com as mãos, com a jaguatirica.

— Senhora, vim procurar-vos pois me encontro em grande aflição.

O guarda-caça, então, sem esquecer um detalhe, contou a Nadja todo o drama que estava vivendo com sua irmã Nayade. A sacerdotisa ouviu atentamente a narrativa do rapaz aflito, pensando intimamente no que vira e ouvira à noite, e quando o outro terminou, a olhá-la suplicante, Nadja sorriu e dirigiu-se a ele:

— Fizeste muito bem em vir me procurar; espero em Tupã poder ajudar tua irmã. — E dirigindo-se a Nayade: — Acho que ficarás muito bem aqui no templo comigo. Queres ficar com tua irmã Nadja? — perguntou com todo carinho.

— Quero sim, senhora!

— Como posso vos agradecer por tanta bondade e carinho para com minha irmã, senhora?

— Deixa os agradecimentos para depois, para quando tua irmã estiver completamente boa — disse Nadja, colocando a jaguatirica em suas almofadas e abraçando a moça com ternura. — Aí então, eu quero que me tragas uma arara bem bonita para enfeitar meus jardins, está bem?

— Todas as araras do reino serão vossas, senhora! — e

Azalym curvou-se louco de alegria e reconhecimento.

— Deixa Nayade morando comigo por algum tempo; aqui ela terá tudo que lhe for necessário e tu poderás visitá-la quando quiseres, pois as portas do Templo do Vento estão sempre abertas para os amigos.

— Senhora, sois digna da inveja dos deuses do ar, pois sois uma deusa de bondade que habita provisoriamente a Terra.

— És muito bom, meu filho; não faço nada de mais cuidando de tua irmã. Mas... vejo que tens outra caixa — disse Nadja, olhando em direção aos pés de Nayade. — Acho que não é outro presente para mim, não? — Os olhos cinzento-azulados da sacerdotisa brilharam divertidos.

Azalym ficou muito vermelho, e não encontrando uma pronta resposta baixou os olhos encabulado. Foi Nayade quem respondeu rapidamente:

— É um presente para Narayma, senhora! — a moça segurou a caixa com as duas mãos.

— Ah! — fez Nadja sorrindo. — Para Narayma, hein! E porque não o entregas tu mesmo? — A sacerdotisa, recebendo a caixa das mãos de Nayade, a entregou ao guarda-caça mudo de espanto.

Passava nessa hora pelo jardim Narayade, e Nadja chamando-a, apresentou-a aos dois jovens e depois lhe pediu que fosse avisar Narayma de que ela queria lhe falar. A espera não foi demorada; Narayma pouco depois veio juntar-se ao grupo, rosto afogueado, os olhos brilhantes, e foi com voz algo trêmula que saudou Nadja:

— Salve, Mestra! — depois, encarando Azalym ficou rubra, baixando os olhos.

Nadja, que a observava atentamente com um meio sorriso nos lábios, viu nítido, e dessa vez com os olhos da matéria, o grosso cordão dourado unindo os corações do guarda-caça e de sua bailarina.

— Já conheces, penso, Azalym, o guarda-caça do príncipe Anhangüera e sua irmã Nayade?

— Já senhora — disse Narayma de cabeça baixa, depois de dar um tímido sorriso para Nayade.

Azalym, muito vermelho, sem jeito, em saber o que dizer, foi socorrido nessa hora pela irmã que aliviou a tensão:

— Como é linda sua discípula, senhora!

— Obrigada — balbuciou Narayma sem tirar os olhos do chão.

— E então, Azalym? Será outra jaguatirica? Um presente para ti, minha filha — disse a sacerdotisa dirigindo-se a Narayma.

— Não, senhora! — Azalym, abrindo a tampa da caixa, entregou-a à bailarina. — Apenas uma arara domesticada com penas coloridas, de rara beleza. — E o guarda-caça retirou cuidadosamente o pássaro da caixa, colocando-o no antebraço estendido da moça.

— Realmente é muito bela — disse Nadja, passando a ponta do dedo na cabeça da ave empoleirada no antebraço de Narayma.

— Gostou? — perguntou Azalym fitando a moça com olhos enamorados.

— Muito! Muito! É tão bonita, e que cores lindas as de suas asas! — disse a bailarina muito sem jeito, ante a presença de sua Mestra.

— Vamos, Nayade — e Nadja passou o braço pelos ombros da moça. — Quero te mostrar as acomodações que irás ocupar. Deixemos esses dois à vontade, pois parece que têm muito que conversar, sem a nossa presença, é claro! — Nadja deu uns dois passos abraçada com Nayade e depois virando-se, encarou os dois namorados, que estáticos, não diziam uma palavra. — Azalym, meu filho, tens minha autorização para vir conversar com Narayma no dia que quiseres.

— Ó senhora! — exclamou a bailarina, abrindo um grande sorriso.

— Obrigado — balbuciou o guarda-caça, pasmo de admiração.

— Bem... há porém uma condição: na hora do ensaio, terás que esperar pacientemente que ela termine — e Nadja, rindo alto, ante a estupefação dos dois namorados, tomou o braço de Nayade e seguiu em direção à porta lateral do templo, deixando os admiradíssimos jovens abismados com o desfecho de um caso que pensavam fosse irrealizável.

Durante quinze dias, Nadja submeteu Nayade a um tratamento intensivo durante o sono físico da moça. Com a ajuda de seu Mestre, foram equilibrados todos os veículos extrafísicos de Nayade, seus chacras ativados magneticamente e sua tela prateada, rompida em vários pontos, restaurada. Com paciência e carinho, todos os dias Nadja lhe ensinava por longas horas os mistérios do universo e como podia enfocar certo a sua visão espiritual, fazendo com ela pequenas experiências. Grande sensitiva que era, Nayade fez grandes progressos e orientada sabiamente pela sacerdotisa, já conseguia realizar com êxito pequenos transportes e efetuar premonições com alguma perfeição, o que satisfez enormemente sua mestra.

Em pouco tempo, Nayade, totalmente refeita e completamente curada, podia já voltar a morar em companhia do irmão, deixando o Templo do Vento, mas Nadja, que se afeiçoara à moça, pois a tratava como filha, achou conveniente que ela permanecesse por mais algum tempo com ela. Assim, Nayade e Nadja continuaram, nas horas de lazer da sacerdotisa, a passear de braços dados pelos jardins do templo, em compridos diálogos, ou então, no quarto secreto de Nadja, onde experiências se verificavam e os progressos da grande sensitiva eram cada vez mais apurados e treinados.

Foi numa manhã, após três dias dos graves acontecimentos sucedidos no Passo das Gaivotas, que culminaram com a morte da princesa Irinia, que Adenara, aproximando-se de sua ama que passeava com Nayade pelos jardins, lhe anunciou a visita do nobre Ararype.

— Traga-o até aqui — disse Nadja, com uma pequena ruga a lhe sulcar a testa, e os olhos cinzento-azulados a exprimirem inquietação e dúvida.

೧౨ ♥ ೧౨

Arary, o príncipe da cidade leste, bocejou com enfado, levando as mãos rugosas ao queixo pontudo, depois de olhar quase com indiferença o servo ajoelhado aos seus pés.

Sua figura encurvada pela idade, de cabelos ralos e brancos, encaracolados, numa tez avermelhada e preguead pelos anos, completada pelos olhos muito separados um do outro, de aspecto fugidio, dava a impressão, em quem o observava, de um homem no fim dos seus dias. Porém quem o imaginasse assim enganava-se redondamente, pois debaixo dessa aparência cansada e deprimida havia uma energia incalculável de velhacaria e raciocínio, acumulada através de anos de intrigas e maquinações, de ambições desmedidas e de crueldades ilimitadas, e que faziam do príncipe sem herdeiros Arary um homem dos mais perigosos.

Era um dissimulado, capaz de falar com voz doce e ao mesmo tempo ferir. Capaz de trair e injuriar, atacando sempre nas sombras, nunca em campo aberto. Arary era um homem terrível. Mais ainda pela sua aparência fraca e desprotegida, que enganava constantemente os menos avisados.

O príncipe tornou a olhar o servo a seus pés com a fisionomia fechada.

— Mande-o entrar — disse com voz arrastada que soou fraca e trêmula.

Azamor penetrou no grande salão do palácio, fazendo uma profunda mesura.

— Salve, grande príncipe Arary, favorito dos deuses e eleito de Tupã! — e juntou as mãos espalmadas, curvando a cabeça.

— Salve, Azamor, Sumo Sacerdote dos templos! Sentai-vos — Arary indicou com um gesto as almofadas ao seu lado.

— Necessitava vos falar com alguma urgência... — começou Azamor, no que foi interrompido pelo outro.

— Como se encontra a situação? — atalhou Arary, sem nenhum preâmbulo, tocando direto no assunto.

— Eu diria que vai caminhando segundo os nossos planos.

— E o rei?

— O rei ignora totalmente as manobras que arquitetamos.

— E os nobres da cidade central?

— Já contamos com oito nobres da melhor linhagem e da maior influência na cidade.

— E eles concordam plenamente com o que propuseste?

— Sim, apóiam o príncipe Arary contra o tuxauá, e lutarão pela derrubada da dinastia dos Ay-Mhorés.

— E o boato da loucura do rei, como anda na cidade central?

— Correndo conforme esperava, suscitando as maiores dúvidas e divergências. Aquilo que realmente nós esperávamos.

— Ótimo!

— Perdão se vos pergunto: e aqui? Em vossa cidade, como estamos?

— Tudo correndo normalmente. Os nobres da cidade leste estão todos comigo.

— E os outros príncipes? Aqueles que vos apóiam, falastes com eles?

— Sim — e Arary sorriu. — Conto certo com Aratimbó e Juruá. Já falei também com Jaranan e Javaré; poderemos ter esses dois como certos na nossa causa. Temos assim quatro, comigo cinco.

— Exatamente, meu príncipe; faltam Ubiracy e Jatay, de vez que os outros pertencem de corpo e alma ao tuxauá.

— Credes que esses dois estariam do nosso lado?

— Não sei dizer; Ubiracy é possível, mas Jatay? Não confio nada nesse príncipe.

— Tendes razão, nem eu. Mas precisamos trabalhar para termos a maioria no Conselho.

— É o que também penso, embora ache que a situação esteja favorável ao nosso lado.

A Terra das Araras Vermelhas

— Vou mandar emissários à cidade do nordeste, pedindo a presença do príncipe Ubiracy no meu palácio, depois mando vos comunicar o resultado da entrevista. Desejais mais alguma coisa? — perguntou Arary, querendo terminar a conversa.

— Sim, príncipe, necessitava de uma ordem selada com a nomeação de Juranan para o cargo de Sumo Sacerdote dos Templos.

— Juranan, o proscrito? Não entendo!

— Ele está nos meus planos — e Azamor contou a Arary parte da conversa que tivera com o bruxo, ocultando, é claro, a parte referente à sua mulher e filho.

— E pretendeis realmente depois de ele matar o rei elevá-lo à condição de Sumo Sacerdote?

— É claro que não! Depois do fato consumado Juranan estará em minhas mãos e então...

— Ah! Compreendo.

— Só que me encontro em uma pequena dificuldade.

— Que dificuldade?

— O imbecil do Siamor, crente que me prestava um grande favor, ao encontrá-lo nas escadarias do meu palácio, mandou prendê-lo.

— E onde Juranan se encontra encarcerado?

— Nas masmorras do palácio real.

— Não possuis homens de tua confiança no palácio?

— Sim, tenho gente minha trabalhando lá, mas a minha autoridade e penetração não chegam a tanto, a ponto de poder libertá-lo.

— Por quê? Já o interrogaram ou já foi registrado?

— Infelizmente sim. O caso já se encontra com o Grande Conselheiro.

— Então está resolvido, não precisais vos preocupar tanto.

— Como assim? — Azamor pareceu espantado com a afirmação do outro.

— Procurai Turyassu e pedi a libertação de Juranan.

— Ainda não entendo!

— Ireis a ele em meu nome; caso torne-se inflexível, direis apenas duas palavras: Pedras e Zara. Depois podereis acrescentar: Arary tem todas as provas.

— Que vem a ser isso?

— Como pensais que o Grande Conselheiro Turyassu enriqueceu, tornando-se um dos nobres mais ricos do reino?

— Nem imagino!

— Na sua mocidade, desviando pedras brilhantes destinadas aos templos. Vendendo-as a Zara o etíope, inimigo de nossa raça. Tenho todas essas provas comigo.

— É inacreditável!

— Bem, eu também entrei nessa transação, só que meu nome nunca foi envolvido em coisa alguma — disse Arary, mostrando os dentes tortos e carcomidos.

Azamor riu divertido e sua preocupação com o rumo tomado pela prisão de Dezan desapareceu completamente.

— O documento de nomeação, o levarei agora? — perguntou o Sumo Sacerdote depois de um breve silêncio.

— Claro! Agora mesmo! — disse Arary, e tocando o gongo ao seu lado, chamou um servo, para providenciar papiro e sinete a fim de atender ao pedido de Azamor.

A sala de audiências do Grande Conselheiro estava vazia, quando o servo introduziu Azamor, que ficou ali de pé, no meio da sala, a esperar com alguma impaciência. Os minutos passavam e o Sumo Sacerdote, caminhando febrilmente de um lado para o outro, media seus próprios passos, inquieto, a estudar mentalmente o que diria a Turyassu.

Uma porta abriu-se no canto da sala, interrompendo abruptamente a cadeia dos pensamentos de Azamor, e o Grande Conselheiro Turyassu silenciosamente parou a poucos passos do Sumo Sacerdote, olhando-o de forma interrogativa. Ficaram os dois a encarar-se por alguns segundos, e foi o Grande Conselheiro quem quebrou o breve silêncio:

— Salve Azamor, Sumo Sacerdote dos templos!

— Salve Turyassu, Grande Conselheiro de todo o reino! — o Sumo Sacerdote curvou ligeiramente a cabeça.

— Desejas falar-me? — Turyassu tinha pressa.

— Sim, assuntos importantíssimos me trazem aqui.

— De que se trata? E Turyassu procurou ser o mais objetivo possível.

— Trata-se de um assunto que diz respeito a um julgamento de ordem espiritual.

— Se é de ordem espiritual, ninguém melhor que tu para resolvê-lo. Não vejo por que motivo então deva estar envolvido nisso.

— Os problemas de ordem espiritual, é claro que eu os resolvo, desde que não haja interferências.

— Interferências?

— Sim, inadvertidamente foi preso e encarcerado um

homem que envolve interesses espirituais e por conseguinte eu deveria ser ouvido. Penso que sua prisão dependeria exclusivamente da minha opinião.

— De que preso falas? — Azamor sentiu que o outro mentia.

— Falo de Juranan, que hoje é conhecido como bruxo Dezan. Foi preso depois de ter uma importante entrevista comigo, sobre assuntos ligados à segurança do reino.

O outro não pareceu se perturbar, pois retrucou sem vacilar:

— Esse é um preso político; é acusado de alta traição. Conspirou contra a segurança do falecido tuxauá. Não me parece ser um assunto de ordem espiritual.

— Eu digo que é! É importantíssimo para mim, ou melhor, para a sobrevivência dos templos. Vim justamente te falar a fim de que com a autoridade que possuis, providencies para que ele me seja entregue.

— Impossível!

— Mas é importante! Estão em jogo complexos problemas político-religiosos.

— Torno a te dizer que é impossível! É desejo do rei que o prisioneiro seja interrogado e novamente julgado. Nada posso fazer.

— Mas... conversando com o príncipe Arary, ele me falou que o viesse procurar e...

— O príncipe Arary — interrompeu Turyassu — reina na cidade leste. Assuntos de âmbito geral não lhe dizem respeito — disse o Grande Conselheiro em tom incisivo.

— É pena, eu julguei não ser necessário citar as pedras brilhantes e Zara.

Turyassu empalideceu e recuou um passo, como se essas palavras o tivessem atingido, e foi com voz sumida e algo trêmula que perguntou:

— Que sabes a respeito disso?

— Tudo!

O outro desarmou-se. Primeiro ficou muito vermelho, depois empalideceu novamente e por fim começou a tremer e a suar, passando as mãos pelos cabelos revoltos, diversas vezes. Azamor, que o observava com o olhar de águia, não lhe deu muito tempo para se recompor:

— E então? Entregas-me o homem?

— Não posso — disse Turyassu com a voz vacilante.

— Não podes por quê? E a tua autoridade?

— O rei esta manhã o interrogou demoradamente em seus aposentos particulares. Amanhã terá nova conversa com ele. Deu ordens expressas e pessoais para que ele fique bem guardado até que resolva o que deve ser feito — a voz do Grande Conselheiro era suplicante.

Azamor pareceu atônito por uns momentos com essa notícia. Isso atrapalhava bastante os seus planos. "E se Dezan falasse?" — tal hipótese foi logo afastada de sua mente. — "Não, era impossível que o bruxo falasse, não teria lógica ele prejudicar sua vingança contra o rei. Não, Dezan não iria falar nada".
— Tudo isso, num átimo, passou pela cabeça do Sumo Sacerdote, que não dando a perceber ao outro sua ligeira perturbação, disse em voz autoritária:

— Tens muitas maneiras de conseguir libertar Dezan e fazei-o chegar às minhas mãos.

— Mas eu não posso, ele está sob a vigilância do próprio rei! Será que não entendes isso?

— Isso é problema teu! Espero até amanhã por esta providência tua, senão... Sabes, as pedras... Zara...

O outro desesperou-se e procurou argumentar, tentando demover Azamor dos seus propósitos:

— Mas... é difícil... não tenho meios...

— Amanhã — interrompeu o Sumo Sacerdote, e juntando as mãos espalmadas saudou Turyassu, retirando-se.

12
O Desmemoriado

Ay-Mhoré, com a fisionomia carrancuda, deixou seu olhar penetrante devassar o interior do bruxo Dezan, que impassível à sua frente, não demonstrava o menor temor e nenhum sinal de humildade. Pelo contrário. O bruxo, embora pálido, encarava o rei com arrogância e com um certo ar de desdém.

Depois de um breve silêncio, Ay-Mhoré em voz autoritária, tornou a inquiri-lo:

— Resolveste falar, ou ainda preferes terminar o resto dos teus dias apodrecendo numa masmorra?

— Não tenho nada para falar! — a voz de Dezan era aparentemente calma, porém notava-se acentos irritados.

— Mais uma vez torno a te perguntar: o que fazias no palácio do Sumo Sacerdote?

— Como sabeis que estava no palácio de Azamor, se fui detido na rua?

— Não mintas! Tenho provas concretas de que tiveste uma entrevista bastante longa com ele!

— Admitamos que de fato eu tivesse...

— O assunto da entrevista?

— Tratávamos de coisas sem importância, assuntos particulares.

— Não me parece que um proscrito como tu viesse à cidade central, arriscando o pescoço, no caso de ser reconhecido, para tratar de assuntos sem importância.

— Mas foi o que realmente ocorreu.

— Insistes em não querer falar?

— Não tenho nada a dizer, Majestade! — e Dezan acentuou ironicamente o "Majestade", fato que não passou despercebido ao rei.

— Sabes muito bem que tenho meios para fazer-te falar — disse Ay-Mhoré, irritado.

— Sob tortura, inventarei qualquer coisa para me livrar. Acho esse método pouco aconselhável — disse o bruxo com um sorriso escarninho.

— Cala-te, insolente! E Ay-Mhoré avançou um passo na direção de Dezan, que recuou ante o olhar terrível do rei, que de mãos fechadas, quase o tocou no peito.

O tuxauá abrandou um pouco a voz e recompondo a fisionomia, ficou a olhar por uns momentos, bem dentro dos olhos do bruxo, que atrevidamente não desviou os seus.

— Sei que conspiras com Azamor contra a minha segurança. Não adianta negar; por isso, para o teu próprio bem, seria de teu interesse que me contasses tudo.

— E se de fato eu falasse? Isto é, se tivesse mesmo alguma coisa para contar?

— Não tens outra escolha, se não falares deixarei que fiques numa cela pelo resto dos teus dias.

— E se o que eu tiver para vos contar fosse do maior interesse para Vossa Majestade? O que me aconteceria?

— Não posso prometer nada. Fala e depois veremos.

— Já confiei demais num Ay-Mhoré em outros tempos e por ter sido leal e de muito boa fé, vede a que fiquei reduzido! — havia um misto de ódio e de revolta nessas palavras do bruxo.

— Logo tu? Um reles traidor, falso, vem agora me falar em confiança — disse o rei com desprezo.

— Não adianta recordar o passado! Deixemos que ele fique sepultado nas sombras do esquecimento!

— Acho bom; teus atos do passado eu os conheço muito bem, estou agora interessado somente nas tuas traições do presente.

— Vós deveríeis falar do futuro.

— Futuro? Quer dizer então que teus atos de traição visam o futuro.

— A traição não é bem minha, Majestade, são várias as causas que traiçoeiramente vêm trabalhando até culminar na catástrofe que está para chegar.

Isso tudo Dezan disse pausadamente, medindo bem as palavras para ver o efeito que produziam.

Foi um tanto perplexo que Ay-Mhoré perguntou:

— Como sabes disso? Foi na certa Azamor quem te confiou esse segredo?

— O Sumo Sacerdote é um imbecil que nada entende do seu ofício, inclusive não crê em absoluto nessa predição. Eu o soube através de minhas práticas. Eu sou realmente um mago e tenho minhas revelações — disse Dezan com orgulho.

— E o que sabes a respeito da predição? — Ay-Mhoré parecia indeciso.

— Tudo!

— Tudo, é muito vago! O que realmente sabes?

— As águas, depois de grandes maremotos e terremotos, irão invadir todo o vale. Vossa Majestade está incumbido de fazer a migração para as terras altas.

Ay-Mhoré pareceu impressionado com os detalhes apresentados, pois arriscou outra pergunta:

— Conheces alguma passagem para as terras altas?

— Não existe passagem para as terras altas — disse o bruxo com convicção.

Outro grande silêncio caiu entre os dois. De um lado, Ay-Mhoré, a mente repleta de pensamentos, tentando uma maneira de fazer o outro falar, pois agora mais que nunca, conhecia o quanto o bruxo sabia; do outro lado, Dezan, que não tinha grande coisa a perder, esperando pacientemente que o rei falasse.

— Se o que sabes realmente — disse o tuxauá quebrando o silêncio — for de grande importância para mim, prometo que te deixarei ir embora livre. Só isso por enquanto é que posso te dizer.

A resposta de Dezan intrigou mais ainda Ay-Mhoré.

— Gostaria de, em vez de ir embora livre, que Vossa Majestade examinasse novamente todos os fatos que culminaram com a minha proscrição e com a pecha que levei de traidor.

— Afirmas com isso que eras inocente e foste vítima de uma grande injustiça?

— Afirmo! Digo mais ainda: poderei ser de grande utilidade para Vossa Majestade.

— E o que conspiravas com Azamor?

— Não conspirava, fui até ele para fazer uma proposta sobre assuntos do meu interesse.

— Para te prometer alguma coisa, tenho que saber de tudo que se passa.

— Não entremos em detalhes agora, e para vos provar que estou sendo sincero, Vossa Majestade tem até amanhã para pensar bem em todas essas coisas que vos disse. No caso de concordardes, logo pela manhã estarei ao vosso dispor para tudo o que quiserdes.

— Aceito — disse o rei, sem titubear.

— Vossa Majestade não se arrependerá.

— Só uma coisa: Azamor prepara algo contra mim?

— Prepara — disse Dezan com um enigmático sorriso nos lábios.

Ay-Mhoré elevou a voz, chamando os guardas.

— Guardas! Ó da guarda!

Quando esses entraram, o tuxauá indicou com um gesto de cabeça o impassível bruxo e deu as suas ordens:

— Que esse homem seja guardado com toda a vigilância. Quero que o tirem da cela em que se encontra e seja encerrado num dos quartos do andar superior. Dêem a ele o melhor tratamento e avisem ao Grande Conselheiro que quero falar-lhe com urgência. Podem levá-lo!

Dezan fez uma grande reverência e saiu ladeado pelos dois guardas, sempre com seu enigmático sorriso, que tanto podia ser de satisfação como de desprezo.

Passados alguns momentos, Turyassu entrou nos aposentos do rei, e depois de saudá-lo conforme a etiqueta, anunciou a presença, na ante-sala, de Siamor, que desejava uma audiência urgente e privada com o tuxauá, dizendo trazer importantíssimas revelações.

⁂

Já por uma lua inteira Turano se encontrava na casa de Tupyassu, nas fraldas das grandes montanhas que limitavam o vale a oeste. Naquela tarde em que fora encontrado por Nayma e Zyliar, inconsciente, na gruta do Passo das Gaivotas, fora levado para a casa de Tupyassu com todo cuidado, e por dois longos dias e noites delirou com febre alta, dizendo frases desconexas, prostrado no monte de palhas que lhe haviam arranjado por leito num dos cantos do aposento.

Nayma, penalizada pelo estado em que se encontrava aquele rapaz tão moço e para ela tão belo, com toda a paciência e carinho, nas longas horas de vigília que passou ao seu lado, tratando de seu ferimento e de quando em vez, com alguma dificuldade, fazendo-o tomar, nos momentos de calma, um caldo bem quente, viu pouco a pouco sua melhora, até o despertar, com a febre desaparecendo de todo.

O despertar de Turano teve lances de grande dramaticidade. Depois de uma noite bastante agitada, em que Nayma ao seu lado teve que segurar-lhe a cabeça várias vezes, para que o rapaz não abrisse o crânio de encontro à parede feita de pau a pique, a febre de Turano foi desaparecendo gradativamente, e quando o dia nasceu, ele abriu os olhos espantados e encarou a moça, curvada a seu lado, a olhá-lo interrogativamente.

Um grande vazio passava pela cabeça de Turano. Não conseguia lembrar-se de nada. Era como se tivesse despertado para o mundo naquela hora e a visão de Nayma e logo atrás Zyliar e Tupyassu, que o fitavam com interesse, para ele não significava nada. Eram três desconhecidos, como desconhecida agora era sua vida passada. Quem era, o que fizera ou o que fora? Turano perdera a memória completamente.

Foi com um ar perplexo que tentou se levantar do leito, mas enfraquecido pela febre, tornou a deitar-se, fechando os olhos e não vendo solução alguma para resolver o intrincado problema de sua identidade.

Quando Turano pôde se levantar e dar os primeiros passos, a princípio apoiado nos braços de Zyliar e Nayma, foi que Tupyassu, vendo que o rapaz já se encontrava mais fortalecido, lhe fez várias perguntas, que Turano não soube responder. Depois de haver tentado várias vezes saber quem era aquele rapaz, e como havia chegado no Passo das Gaivotas, entrando na caverna, e como tivesse ficado sem resposta, pois Turano limitava-se a apertar a cabeça entre as mãos e repetir que não sabia, o chefe da casa, resignado em não poder resolver tal mistério, o deixou em paz e não voltou a tocar mais nesse assunto, que deixava Turano tão aflito e atrapalhado.

Nayma e Zyliar, por várias vezes, lhe fizeram as mais variadas perguntas, porém o resultado era sempre o mesmo. Turano não sabia quem era ou como chegara até a gruta da montanha. No mais, melhorava dia a dia. Seu talho no rosto cicatrizou, deixando um cordão sinuoso, de coloração mais clara que sua pele, e a fraqueza que o acometera, resultante dos dias de febre, desaparecera, e não fosse a completa falta de memória, Turano estaria como era, antes dos trágicos acontecimentos.

Passou a ajudar Zyliar a pastorear os rebanhos e num instante aprendeu com ele a conhecer todos os meandros e trilhas das montanhas. Aprendeu bem rápido a fazer redes para pesca no riacho e a confeccionar armadilhas para pegar coelhos. Passadas algumas semanas, quem o visse diria se tratar de um montanhês perfeito. Nas horas de lazer, gostava de conversar com Nayma e lhe contar histórias engraçadas, o que fazia que a moça risse, divertida.

Certo dia, ao cair da tarde, quando Zyliar reunia o rebanho, Turano elevou a voz e cantou uma estranha canção. Zyliar o olhou espantado e imediatamente o outro calou-se.

— Continua — disse Zyliar sorrindo. — Que voz maravilhosa tu tens! Acaso foste cantor em algum templo?

Turano pareceu perplexo. Coçou a cabeça e depois, com

mãos aflitas, a apertou, sacudindo-a várias vezes.

— Não sei, Zyliar! Não sei! Há como que um vazio, uma escuridão em minha cabeça. Mas engraçado, posso me lembrar dessa música e dessa letra — e Turano elevou a voz, cantando uma bela canção que falava de amor.

Quando Turano terminou de cantar, Zyliar que se sentara com as costas de encontro a uma grande árvore, encarou o novo amigo de pé à sua frente com ar de perplexidade:

— Muito linda, jamais ouvi nada mais bonito, nem voz tão bela!

— Ah! Nayliar! Que coisa maravilhosa! — e Nayma entrou correndo na clareira, abraçando-se com o rapaz — estava ali abaixo a passear, e ouvindo tua voz vim correndo, ficando escondida a te escutar. Como cantas bonito!

Turano, agora Nayliar, afagou distraído os cabelos da moça e depois olhando interrogativo para Zyliar, exclamou:

— Como eu gostaria de saber quem eu sou, como gostaria!

— Não te sentes feliz entre nós? — Nayma o encarou nos olhos.

— Claro que ele se sente — respondeu Zyliar por Turano — mas querer saber quem ele é eu acho também que é um sentimento muito natural.

— Não canses tua cabeça — disse Nayma. — Agora és Nayliar. Estás bem, forte e saudável junto com teus novos irmãos — e Nayma sorriu afetuosamente para o rapaz.

Turano sacudiu a cabeça de um lado para o outro e também sorriu.

— É, não adianta pensar muito mesmo — disse com voz algo desanimada. — Nayliar é um nome tão bom como qualquer outro, e depois estou me sentindo muito bem entre meus bons amigos — e abrindo os braços, abraçou os dois jovens, descendo com eles a pequena encosta em direção à cabana.

O tempo passava, e Nayma pouco a pouco, a princípio sem ela mesmo perceber, ia se afeiçoando cada vez mais àquele estranho rapaz, de olhos muito claros e de voz tão doce, que punha compassos mais rápidos em seu coração. Depois, esse sentimento se acentuou, tomou força, e numa noite em que os dois passeavam ao luar de mãos dadas, como já vinham fazendo há longo tempo, Nayma o sentindo tão próximo, compreendeu que o amava loucamente e que não poderia mais viver longe do contato dos seus braços, de suas mãos, longe de sua voz, dos seus olhos, enfim... longe do seu Nayliar.

Nayma olhou fixamente para o rosto de Turano que caminhava vagarosamente ao seu lado. A claridade da lua punha estranhos reflexos em seus cabelos claros. Nayma suspirou fundo e parou. Seus olhos se encontraram. Os olhos de Nayma refletiam ternura e os de Turano pareciam sorrir. Havia uma estranha magia no luar. Turano pôde perceber as batidas do coração da donzela.

— Ó! Nayliar! — disse a moça, abraçando-o pelo pescoço.

Os dois estreitaram-se por um momento, e quando os seus lábios se tocaram um enlevo muito grande se apossou de Nayma. Depois, ficaram algum tempo colados a se olharem com ternura, e então Turano abaixou a cabeça e Nayma, à luz do luar, pôde notar que os olhos do rapaz, agora baixos, refletiam um ar de tristeza. Nayma ainda o fitou amorosamente por um instante, e então, tirando os braços do pescoço de Turano, pôs-se a correr em direção à cabana de seu pai, pouco distante.

Turano, cabeça baixa, deixou-se ficar no mesmo lugar, com a mente povoada de pensamentos. Por um segundo, quando beijava Nayma, vislumbrou um outro rosto, um rosto que não lhe era estranho, mas que nas sombras de sua mente, ele não conseguia fixar. Fez uma força enorme para se lembrar e não conseguiu. Uma saudade indefinida invadiu seu peito, e uma opressão se apossou de todo o seu ser. Suas têmporas doíam, e Turano, cobrindo os olhos com as mãos, deixou que as lágrimas soltas as molhassem, enquanto o seu peito arfava em soluços descompassados.

— Eu a amo também, Nayma — conseguiu dizer, voz embargada pelos soluços — mas sei que não é teu, esse amor enorme que trago dentro de mim.

Nayma durante alguns dias procurou evitar a presença de Turano, e foi numa noite clara que a magia de sua voz, que havia partido tantos corações no passado, se fez sentir, dessa vez nas montanhas, atingindo direto o coração da donzela.

Podia ser a hora oitava. O ar estava quieto e morno, era uma noite de verão. Tupyassu consertava dentro da cabana uma armadilha, Nayma a seus pés, bordava um pano de linho, quando aquela voz modulada chegou nítida a seus ouvidos.

Turano, a poucos passos da casa, encostado a uma árvore, tendo Zyliar a seu lado, dedilhava um instrumento parecido com um violão, que ele mesmo fabricara nas horas de folga e agora experimentava, tocando para seu amigo. Turano começou a tocar, sua fisionomia tornou-se séria e seus olhos pareciam estar longe, enquanto seu forte peito desnudo expandia-se ao som de cada nota. A canção dizia assim:

Fitar teus olhos
Não dizer-te nada,
Não querer... querendo...
Tomar tuas mãos
Naquele aperto mudo
Que diz mais que tudo.
Sentir teus braços
Me envolver em abraços
De eternais procuras,
E em silêncio, juras,
Sufocar desejos
Em milhões de beijos...
Nos encontros breves
Nos momentos vagos
Encontramos tudo,
Ah! Se em mim existe
Essa procura
Meu amor, te juro
Terminou agora...
Se a vida passa
Nós iremos juntos
Pela vida afora
Tudo fica fútil,
Tudo fica inútil,
Temos só saudade...

Quando os últimos acordes soaram, Zyliar, que em silêncio ouvia enlevado, não pôde conter a admiração:

— Lindo, Nayliar! Por todos os deuses, jamais em minha vida ouvi canção tão bela!

O outro baixou a cabeça, segurando o instrumento com uma das mãos, e Zyliar percebeu que seus olhos estavam úmidos. Foi então que ambos perceberam que havia uma terceira pessoa entre eles. O vulto de Nayma se destacou das sombras das árvores e silenciosa caminhou até Turano, abraçando-o com ternura. Zyliar deu um tapinha amigável na cabeça do amigo e depois encarou os dois com um meio sorriso nos lábios.

— Nayliar — disse — a vida nas montanhas pode ser um pouco dura, mas tem seus encantos. Não sei de onde vens e tampouco sei quem tu foste. Sei apenas que és para mim um amigo muito querido. Não desejaria outro marido para minha irmã que não fosses tu.

Havia emoção em sua voz. Turano, muito calado, fitava ora o rapaz, ora a moça, enquanto Nayma corando, se atirou nos braços do irmão, que a abraçou com carinho. Zyliar, tomando depois o amigo nos braços, o apertou com força de encontro ao peito.

— Deves falar com o pai — disse Zyliar.

— Já vou — balbuciou Turano, segurando Nayma pela mão.

Zyliar, colocando cada uma das mãos no ombro dos dois namorados, olhou-os demoradamente com a maior ternura.

— Estou muito feliz — e fazendo meia volta, os deixou sozinhos.

Os dias que sucederam esses acontecimentos foram de grande atividade na cabana da montanha. Primeiro Tupyassú teve uma longa conversa com Turano. Zyliar e Nayma nunca souberam o que o pai falou, por uma manhã inteira, com o desmemoriado. O fato é que por volta da hora décima-primeira, Tupyassu e Turano voltaram abraçados em direção à cabana, onde os esperava, algo ansiosa, Nayma, e pela fisionomia sorridente do pai, a moça pôde concluir que tudo estava bem e o consentimento paterno havia sido outorgado, abençoando o seu enlace próximo.

Os dias de felicidade passavam rápidos para a moça, e uma atividade febril invadiu os moradores da montanha, com os preparativos para as bodas, que haviam sido marcadas para o mês de Leo, logo nas primeiras semanas. Nayma deixou de perambular pelas montanhas, ocupada agora com a confecção de uma linda bata de penas de arara branca para a cerimônia, isso sem contar com as vestimentas do seu pai, de Zyliar e as do próprio Turano. É verdade que Janyara a ajudava bastante entre as folgas do seu fogão, pois o apetite naquelas paragens era sempre intenso e quando se come muito, mais ainda se trabalha no forno, e o tempo fica sempre escasso para outras atividades. Até o próprio Turano parecia contagiado pelos preparativos, pois estava mais alegre e despreocupado e suas crises de melancolia e aquele seu olhar vago e por vezes alheio haviam desaparecido quase completamente.

Respirava-se felicidade na cabana da montanha, e foi numa manhã fria, quando ainda restos de bruma salpicavam o chão de branco, que apareceu inopinadamente junto à cabana aquele homem estranho naquelas paragens.

Zyliar, junto ao riacho, armara suas redes de pesca e acabara de se levantar, quando avistou o homem, a pouca distância, de pé, a observá-lo detidamente.

Era uma figura magnífica, de beleza máscula e majestosa, em cada traço. Vestia apenas uma túnica de linho cru, apesar do frio, trabalhada com fios de ouro, que denotava sua alta estirpe. Trazia um cinturão de couro largo, onde se via pendido do lado esquerdo um punhal com o cabo trabalhado em pedras, que àquela hora, com os tênues raios de Sol, infiltrados pela bruma, brilhavam em vários reflexos. Nesse exato momento, em que Zyliar curioso observava o estranho, ouviram-se vários estalidos no mato espesso ao lado, e a galhada abriu-se, arremetendo na cena um enorme veado macho, que de chifres em riste, com tremenda velocidade, atirou-se, pronto para ferir o homem imóvel, que também observava Zyliar.

A cena foi rápida. O estranho virou-se e recebeu o impacto em cheio. Duas mãos poderosas seguraram os terríveis chifres. O homem não recuou um passo. Seus músculos retesaram-se, seus pés fincaram-se no chão e sem aparente esforço, o estranho foi virando a cabeça do veado, pouco a pouco, lentamente, até que se ouviu um forte estalido e a cabeça destroncada do animal pendeu para um lado, molemente, enquanto golfadas de sangue escorriam pela boca do veado, que caiu a seus pés, estrebuchando em agonia até ficar completamente inerte.

Essa façanha de força hercúlea, Zyliar presenciou em silêncio e ficou observando assombrado o homem que agora sorria para ele.

— Carne fresca para hoje — disse o estranho, apontando o animal morto.

Zyliar aproximou-se, postando-se a distância respeitosa.

— O que fizestes! Mas é incrível! Torcer assim a cabeça de um machão com as próprias mãos! — balbuciou Zyliar, arregalando os olhos de admiração.

— Coisa de somenos — e o outro parecia não dar a menor importância ao acontecido. — Moras aqui na montanha?

— Sim, com meu pai e minha irmã — disse Zyliar, aproximando-se mais e notando que o homem de músculos admiráveis estava bem sereno e nem parecendo ter despendido há poucos instantes tão grande esforço físico.

— Conheces por acaso a cabana de Tupyassu, o pastor?

— É meu pai — disse Zyliar espantado.

— Leva-me até ele! — havia um tom de autoridade na voz do estranho, que não passou despercebido a Zyliar.

— E o veado?

— Depois viremos buscá-lo — limitou-se a dizer o homem, começando a andar, o que fez com que Zyliar corresse logo à sua frente, para indicar o caminho.

Aquele homem estranho, que tão inopinadamente aparecera nas fraldas da montanha, e matara com as mãos nuas um grande veado macho, era Ay-Mhoré, o supremo tuxauá da Terra das Araras Vermelhas.

Azamor, qual fera enjaulada, caminhava de um lado para o outro em seus aposentos particulares, proferindo de quando em vez terríveis imprecações. "Agora que tudo ia lhe correndo tão bem, depois de ter trabalhado em suas maquinações e ter conseguido visualizar a situação geral do reino quase a seu favor, o imbecil do Siamor vinha no momento exato atrapalhar tudo" — pensava o Sumo Sacerdote. — "O Sacerdote do Som sabe demais" — continuou Azamor em suas divagações — "e além do mais é um idiota vaidoso. Os homens são como as frutas, depois de usados, os bagaços são atirados fora".
— "Também — pensou Azamor, continuando a deambular pelo aposento — todas as informações que Siamor poderia me dar através de sua rede de espiões, eu já possuo. De que me serve ele agora? Depois, o gordo maroto é ambicioso, ambicioso e perigoso! Quando eu tiver as rédeas dos negócios do reino nas mãos, na certa terei problemas com ele. É — pensou — sabe demais esse velhaco, preciso afastá-lo do meu caminho com alguma pressa".

— Maldito imbecil! — gritou Azamor em voz alta. — Prender Dezan quando eu tinha o pássaro em minhas mãos, foi o seu último ato!

Azamor pareceu acalmar-se depois desse desabafo, pois parou de caminhar e depois de refletir por alguns momentos, dirigiu-se à sua mesa de trabalho e tocou com o nó dos dedos um gongo de prata, que ressoou bem alto naquela sala silenciosa.

Quando seu servo particular entrou no aposento, já encontrou o Sumo Sacerdote mais calmo, sentado em suas almofadas atrás da grande mesa de carvalho.

— Dagbar — disse, dirigindo-se ao servo. — Manda chamar à minha presença o capitão da minha guarda pessoal.

O outro retirou-se, tão silenciosamente quanto entrara, e poucos minutos depois, deu entrada no gabinete particular do Sumo Sacerdote o capitão Arassagy, comandante dos guardas do templo.

— Salve Mestre Azamor! Sumo Sacerdote dos templos e eleito dos deuses! — saudou o capitão, unindo as palmas das mãos e curvando-se reverente.

— Mandei te chamar — disse Azamor entrando direto no assunto — pois tenho uma importante missão a te confiar.

— Às vossas ordens, Mestre.

— A propósito, como vai a situação?

— Tudo sob controle. O boato sobre a insanidade do rei continua se espalhando metodicamente, tenho homens de toda confiança infiltrados junto aos príncipes fiéis e ao próprio tuxauá; mantenho permanente contato com os príncipes que estão ao nosso lado, e junto à nobreza do vale desenvolvo um permanente trabalho de sedução. Posso vos informar que a nossa causa se encontra muito bem alicerçada e quase posso vos garantir que, reunido o Grande Conselho, a vitória final vos sorrirá.

Azamor ouviu esse pequeno relatório calado e parecendo prestar a maior atenção. E foi com voz doce e persuasiva, que enganaria aos menos avisados, que perguntou:

— E o caso da predição? Alguma informação?

— Excelência, quase que posso vos afirmar, segundo relatório de vários dos meus homens, que se trata de um golpe do rei, a fim de centralizar o poder. Porém dentro de pouquíssimos dias poderei responder à vossa pergunta com a maior precisão.

— Ótimo! Ótimo! E a rede de espiões do Sumo Sacerdote do Som?

— Completamente neutralizada pelos meus homens. Conforme vossas ordens já se acham todos do vosso lado, comprados que foram a peso de ouro.

— Muito bom! Agora, presta atenção! Siamor me incomoda. A cada dia torna-se mais incômodo. É preciso que ele desapareça, entendes? Desapareça sem deixar vestígios, nem rastros! Entendes bem?

— Perfeitamente, Excelência! Será feito!

— Deve ser feito o mais rápido possível.

— Perfeitamente, Excelência.

— Que notícias me dás do palácio?

— O bruxo Dezan está agora prisioneiro no andar superior, numa sala comum, com guarda dobrada.

— Só isso, capitão Arassagy, podes ir, e lembra-te: rapidez e nada de pistas. Desaparecimento completo — arrematou Azamor.

Quando Arassagy desapareceu da vista do Sumo Sacerdote, este teve plena convicção de que Siamor, o Sacerdote do Som, era um homem morto.

13

As experiências de Nadja

Salve, Ararype! Bem-vindo ao Templo do Vento! — disse Nadja, dando o braço a Nayade e observando com atenção o rosto do rapaz, que de olhos baixos, parou a pouca distância das duas.

Ararype, a sacerdotisa pôde observar, estava pálido, bem mais magro, e aquele ar de alegria, que fazia o encanto dos seus amigos, havia desaparecido totalmente. Uma ruga sulcava sua testa, e ele apertava as duas mãos, denotando um estado de grande agitação. Foi com os olhos marejados de lágrimas que Ararype encarou a sacerdotisa, e a custo soltou as palavras:

— Minha amiga, sou um homem desgraçado. Traí a confiança dos meus amigos, e por minha culpa exclusiva entreguei-os à morte, perdendo-os para sempre.

Ararype caiu de joelhos aos pés de Nadja, e cobrindo o rosto com as mãos, deixou que os soluços fortes sacudissem o seu corpo. Nadja o olhou, primeiro espantada e depois com a maior ternura. Nayade, que quando avistara o rapaz sentira algo estranho dentro de si, encarou sua Mestra entre perplexa e curiosa, e então Nadja pôde ver, nesse exato momento, com os olhos da matéria, o cordão dourado unindo o coração dos dois jovens. Nayade, que olhava ora para Ararype, ora para Nadja, sentiu um aperto maior no coração, uma pena infinita a invadiu e sem saber ao certo o que fazer, suplicou à sacerdotisa:

— Mestra, por amor de Tupã, faça alguma coisa.

Nadja afagou os cabelos de Ararype e ajudou-o a se levantar. Tomou as mãos dele entre as suas e com voz terna perguntou:

— O que pode ter acontecido de tão ruim assim, que não se possa dar um jeito ou remediar?

— A morte — disse Ararype, os olhos úmidos e vermelhos.

Só então pareceu perceber que Nadja não estava sozinha, pois soltou-se das mãos da sacerdotisa e ficou olhando fixamente para Nayade. Ararype, a princípio, ficou mais pálido ainda, depois um leve rubor subiu às suas faces, e então, levou uma das mãos trêmulas ao coração, ficando ali de pé, sem dizer nada, ofegante e como que magnetizado, sem tirar os olhos de Nayade, que também ficara pálida e o encarava com os olhos brilhantes.

Todos esses detalhes não escaparam a Nadja, que curiosa e interessada, observava os dois jovens.

— Depois me contarás com detalhes todos esses problemas que te afligem tanto. Antes quero que conheças minha nova discípula, Nayade — disse Nadja, tomando a moça pelas mãos.

Um rubor imediato tomou conta do rosto dos dois jovens, que não conseguiram dizer uma palavra, olhando-se nos olhos, em completo silêncio. A sacerdotisa, depois de um instante, que lhe serviu para observação, quebrou o encanto:

— Vem, Ararype — e deu o braço ao perturbado rapaz. Depois, dirigindo-se a Nayade: — Aproveita o tempo, minha filha, passeando pelo jardim, enquanto eu converso a sós com Ararype — e pôs-se a caminhar, ou melhor, a arrastar o atordoado rapaz em direção contrária a Nayade, que sem dizer uma palavra ainda olhava para o rosto de Ararype com as faces vermelhas.

— Como é mesmo o nome dela? — conseguiu dizer Ararype.

— Nayade, meu filho.

— Como é linda!

— Tu achas? — perguntou Nadja interessada.

— Muito! Mas engraçado, por uns momentos tive uma vaga impressão de que já a conhecia há muito tempo.

— De fato a conheces — disse a sacerdotisa, com um enigmático sorriso.

— Como assim?

— Isso é uma história muito comprida que eu depois te contarei; agora vamos falar nesse assunto que te trouxe até aqui e te aflige tanto — e Nadja fez o rapaz sentar-se ao seu lado, num dos bancos de pedra do jardim.

Ararype contou a Nadja, sem omitir o mínimo detalhe, todos os incidentes da fuga de Irinia e Turano. Desde a saída da princesa do seu palácio até o trágico acidente, que culminou com a morte e desaparecimento dos dois nas montanhas. Nadja ouviu o rapaz em silêncio, disfarçando sua emoção e procurando não interrompê-lo, a cada lance mais dramático da narrativa. Quando Ararype terminou de falar, a emoção contida a custo quebrou suas últimas reservas, e soluços lhe saíram do peito, e instintivamente, o rapaz atirou-se nos braços de Nadja, que afetuosamente pôs-se a afagá-lo com palavras de carinho.

— Meu bom amigo, meu filho muito querido, nada se pode fazer contra a fatalidade. Com o que tem que acontecer, nada ou muito pouco podemos fazer. Nada no Universo acontece por acaso, tudo tem uma razão de ser. Até as próprias desgraças ocorrem por uma razão superior, que escapa à nossa própria razão de pobres mortais ignorantes que somos. Tu não tiveste culpa, meu filho, tuas intenções foram as melhores possíveis. Havia, porém, outras intenções superiores que nos escapam, outras causas já impressas no livro dos grandes Senhores do Carma, que culminaram com esse desfecho, doloroso para nós, mas inevitável ante a lei que nos governa a todos. Não se pode lutar contra o destino, Ararype — e Nadja suspirou. — Tu também nada podias fazer ante o inevitável. Consolemo-nos com a certeza de que não vivemos apenas uma vez, e diante da eternidade, esses dois jovens que agora deploramos, ainda terão muitas vidas juntos. Nada acontece fora de propósito e sem uma razão de ordem superior, e os nossos pequeninos dramas são insignificantes diante do grande plano divino de evolução, a que todas as coisas do universo são encadeadas. Afasta de ti o sentimento de culpa. Todos nós somos culpados, pois estamos ligados por laços de amor ou de ódio, que fazem com que acontecimentos bons ou maus ocorram no dia a dia de nossas existências terrenas. Levanta a cabeça, meu filho, olha para o futuro com confiança. Nem eu nem ninguém poderá te condenar ou lançar a menor dúvida de culpa em acontecimentos que estão totalmente fora de nosso controle.

Ararype ouviu com atenção as palavras da sacerdotisa e embora não entendendo muita coisa do que ouvira, sentiu-se bem melhor, e foi com a voz mais segura que perguntou:

— Achas realmente isso?

— Tenho certeza!

— Falaste em coisas que eu não entendo, porém sinto bem dentro de mim uma estranha força e uma vontade de saber, o que antes nunca senti.

— Tua irmãzinha Nadja está sempre a teu dispor para conversarmos sobre esses assuntos, que vejo te interessam tanto — disse a sacerdotisa, sorrindo e o encarando com carinho.

— Eu posso mesmo, de vez em quando, vir perturbar a minha boa amiga com meus problemas?

— Podes não, deves. De hoje em diante tens um encontro marcado comigo sempre que queiras.

— E eu virei! — disse Ararype, retomando sua calma habitual.

— Ótimo! Teremos muita coisa para fazer e para dizer.

— E essa moça, Nayade? Disseste ter uma história para me contar?

— Calma, meu amigo. Temos tempo, uma coisa de cada vez. Mais para diante, teremos o tempo que quiseres para falarmos sobre esse assunto.

— Seja — disse Ararype, levantando-se. — Parto com o coração mais leve. Triste, mas profundamente grato pela tua opinião a meu respeito, opinião para mim muito valiosa, vinda da quem vem.

— És um amigo muito querido, e os amigos são raros hoje em dia.

— Obrigado, Nadja; nasce dentro de mim um sentimento e uma certeza de que a minha vida inútil encontrou afinal alguma coisa digna e por que vale a pena ser vivida. As coisas que me disseste tocaram certas num ponto qualquer dentro de mim. O que eu buscava sem saber onde nem como, parece que reacende-se dentro da minha alma e quando falavas, algo de muito bom e muito sincero veio à tona e penso ter compreendido por um momento, que a vida dissoluta e irresponsável que eu levava era uma inconseqüência. Quero ser útil em alguma coisa, Nadja. Sinto que quero aprender e ajudar de alguma maneira. Penso que estou confuso, porém aliviado de um peso enorme que quase me esmagava.

— A dor é sempre boa e nos ajuda bastante, algumas vezes. Diz o meu Mestre: "A dor faz pensar, pensando se adquire sabedoria, e adquirindo sabedoria, nós encontramos a nós mesmos, ficando libertos e livres para encontrarmos a nossa realidade e verdade". Assim, damos o primeiro passo no caminho árduo da evolução.

— Mais uma vez, obrigado. Agora mais do que nunca quero aprender as grandes lições — e Ararype ajoelhando-se na frente da sacerdotisa, uniu as palmas das mãos e com os olhos brilhantes pela emoção, suplicou: — Permites que eu seja teu discípulo?

Nadja, nessa hora, viu uma luz muito intensa sobre a cabeça do rapaz, luz tão viva que quase a ofuscava, e então compreendeu que o seu Mestre aprovava e dava a permissão pedida por Ararype.

— Levanta, meu bom irmão — disse a sacerdotisa, tomando-o pela mão. — O Templo do Vento e eu estamos a qualquer hora à tua disposição. Amanhã pela manhã começaremos com a nossa primeira lição.

Ararype beijou a mão de Nadja e retirou-se do templo, leve, e com a certeza de que encontrara afinal o caminho e aquilo que tanto procurara por todos esses anos de vida alegre e despreocupada.

Durante um mês inteiro, Ararype, todas as manhãs, comparecia religiosamente ao Templo do Vento e passeando pelos jardins, aprendia com Nadja as lições que a bondosa sacerdotisa lhe ministrava. Algumas vezes, Nayade também comparecia a esses passeios, e nessas ocasiões, quando Nadja terminava suas palestras, deixava os dois a sós nos jardins e ia tratar dos seus ensaios e de suas bailarinas.

Ararype fazia grandes progressos, era bastante inteligente e possuía grande força de vontade. Possuía, ainda, grande sensibilidade, o que ajudava a Mestra a conseguir com ele avanços extraordinários. Por outro lado, cada vez mais Ararype via pontos de afinidade com Nayade, e por várias tardes deixavam-se ficar os dois, sentados em um dos bancos do jardim, a conversar.

Foi numa tarde, depois de um ensaio bastante prolongado, que Nadja dirigiu-se aos jardins e encontrou os dois jovens sentados de mãos dadas, a se olharem carinhosamente.

— Vejo que ainda não esgotaram todo o assunto que tinham para falar — disse Nadja, sorridente.

Ararype pôs-se de pé, saudando a sacerdotisa. Nayade baixou os olhos, sem coragem de encarar sua Mestra.

— De fato, Nadja — disse o rapaz — acho que poderia conversar com Nayade a vida inteira e talvez nem assim conseguiríamos acabar o que temos para falar um com o outro. Não é, Nayade?

— Sim — disse a moça, com os olhos baixos.

— Mas eu acho isso ótimo! — disse Nadja. — Fico muito feliz em saber que os dois se querem tanto!

— Assim eu fico mais à vontade — disse Ararype, dirigindo-se a Nadja. — Eu gostaria que minha boa amiga e Mestra falasse por mim com o seu irmão; gostaria de ter a felicidade de fazê-la minha esposa.

— Mas que bom, Ararype! Não sabia que estavam tão adiantados assim; fico felicíssima por Nayade, que é como se fosse minha filha. E tu, Nayade, que dizes?

A moça, levantando-se, e atirando-se nos braços da sacerdotisa, conseguiu dizer baixinho:

— Eu o amo, Mestra! Acho que sempre o amei! Ó! Sou tão feliz!

Nadja afagou seus longos cabelos, e encarando Ararype:

— Falarei com Azalym o mais breve possível; por mim, meus filhos, têm a minha bênção e os votos sinceros de que tenham toda a felicidade do mundo — e Nadja empurrou delicadamente Nayade para Ararype, que a abraçou com toda a ternura, beijando-a depois com delicadeza na testa.

Novamente, Nadja viu com a maior nitidez o fio dourado envolvendo os seus corações e sentiu, bem dentro do seu ser, que como um peso havia saído do seu peito. Lembrou-se de sua visão noturna e sentiu-se feliz por ter sido veículo para resgatar uma dívida do passado.

— Aproveitando esse estado de grande felicidade para todos nós, felicidade da qual participo intensamente, pois que os quero como se fossem meus filhos — disse Nadja emocionada — já é tempo de Ararype participar das experiências que tenho feito com Nayade. Venham, meus filhos — e a sacerdotisa dirigiu-se, seguida pelos dois jovens de mãos dadas, para seu quarto secreto no interior do templo.

As experiências a que Nadja se referia, já vinham sendo praticadas há alguns meses com Nayade. Eram deslocamentos do veículo astral, projetado no espelho mágico de basalto, que a moça já executava com perfeição e sem nenhum temor, preparada que fora, através de incontáveis exercícios, pela sacerdotisa e seu Mestre.

Ararype, profundamente interessado, entrou no quarto azul. Acesos os círios de cores, Nadja desembrulhou o espelho de basalto, colocando-o em cima da mesinha, e pediu ao atento Ararype o mais absoluto silêncio. A sacerdotisa parecia agora ter entrado em meditação, pois ficou estática. O ar tornou-se leve e podia-se notar uma leve ondulação elétrica, como se o quarto inteiro estivesse eletrificado. Afinal, Nadja saiu de sua imobilidade, seus movimentos eram lentos, pausados. Aproximou-se de Nayade, que também parecia em transe, e tocou a sua fronte, bem na base do nariz. A moça estremeceu e abriu muito os olhos, porém continuou na mesma postura.

— O que vês? Descreve a cena! — a voz da sacerdotisa era metálica e incisiva.

— Vejo um quarto grande, quase sem nada dentro, a não ser uma mesa, algumas almofadas espalhadas e um estrado baixo, forrado de penas, onde se vê um homem deitado, profundamente adormecido — a voz de Nayade era baixa, compassada, sem entonação.

Nadja, sempre em movimentos lentos, segurou o espelho de basalto e levantando-o em frente aos olhos de Nayade, com as costas viradas para a moça, ou seja, com a superfície negra do espelho voltada para Ararype, falou em sua voz metálica:

— Projeta no espelho mágico as cenas que presencias! Vamos! Projeta agora!

O espelho imediatamente enfumaçou-se, e o descrito há poucos instantes por Nayade apareceu na superfície do espelho, com a maior nitidez. O homem deitado no estrado de penas era Dezan, o bruxo, e por sobre sua cabeça adormecida se podia ver várias sombras que se movimentavam incessantemente.

— Que lugar é esse?

— Um dos quartos do palácio do rei — disse a moça, sempre com a mesma voz sem entonação.

— Mostra-nos o que ele pensa, mostra-nos o que ele faz durante o sono físico!

A essa ordem, as sombras delinearam-se do lado direito da cabeça do adormecido bruxo, e materializou-se Nagreb, o mago negro, manipulado por Dezan. Sua aparência horrenda parecia querer saltar do espelho, e instintivamente Ararype recuou um passo, mas continuou olhando fixamente para a superfície do espelho.

— Não temas! — exclamou Nadja, levantando uma das mãos e continuando a comandar a experiência. — Faz Nagreb falar!

O som de uma voz áspera e com certos acentos irritados parecia partir do espelho, invadindo o quarto:

— Quero a alma de Ay-Mhoré para mim! Dezan está sob o meu domínio e terá que fazer o que eu ordeno!

Nadja elevou a voz e com determinação comandou:

— Tenho já por várias vezes impedido a tua ação durante o sono físico de Ay-Mhoré. Nada podes contra mim e já percebeste que eu tenho sempre expulsado teus monstros que povoam os sonhos do rei.

— Eu tenho paciência e por fim vencerei! — disse Nagreb, rindo pavorosamente.

— Tenho trabalhado o corpo espiritual dessa tua vítima, Dezan — disse Nadja com autoridade — e muito breve irei livrá-lo para sempre de ti.

— Nunca! Nunca!

— Olha, infame! Olha, agora! — e Nadja passou uma das mãos pela superfície do espelho.

Imediatamente, do lado esquerdo da cabeça de Dezan

apareceu uma luz azul intensa e afinal delineou-se uma figura toda branca, irradiando tanta luz que não se conseguia divisar a fisionomia. Nagreb deu um grande grito e desvaneceu-se por entre uma nuvem de fumaça. A figura branca envolveu o corpo inteiro de Dezan e depois lentamente foi desaparecendo. O bruxo estremeceu no estrado e levantando-se de um pulo, como se tivesse sido despertado bruscamente, ficou segurando a cabeça com as duas mãos.

— Ó! Tupã! Sinto que fraquejo na minha vingança. Dia a dia, mudo minha opinião com respeito ao rei; o ódio que sinto transforma-se em piedade, o que não consigo entender! — a voz do bruxo soou baixa, como a de um homem muito cansado.

— Fala com ele! Fala! — disse Nadja.

Nayade abriu a boca e não produziu nenhum som. Pouco depois, uma voz soou alta, como se tivesse vindo de dentro do espelho:

— Dezan! Ó Dezan! É o Grande Mestre que te chama para as suas fileiras. Com a tua força e conhecimentos, podes fazer muito bem e ajudar ao teu rei a cumprir sua missão. Nagreb não é nada e tu podes destruí-lo facilmente.

Dezan tirou as mãos do rosto e encarou a porta do aposento onde se encontrava, e de onde parecia vir aquela voz.

— Não! Mil vezes não! Eu também tenho uma missão! Eu sofri muito, eu fui despojado de tudo, eu tenho direito à minha vingança!

— Tu conheces a Lei melhor do que ninguém. De que vale uma vingança pessoal ante os milhares acontecimentos passados e os que ainda estão por vir durante toda a eternidade?

— Essa vida e essa vingança para mim é tudo — disse o bruxo, com irritação.

— Então vê!

Nadja levantara outra vez uma das mãos, passando-a em frente do espelho. A parede do quarto onde se encontrava Dezan desapareceu e ali formou-se como que por encanto a trilha do Passo das Gaivotas e logo após a figura de Turano a cambalear, e finalmente, dando com a cabeça e as costas na rocha íngreme, foi tragado, como que por um passe de mágica, pela montanha enorme.

Ararype cobriu o rosto com as mãos, pois reconhecera de imediato seu amigo morto, e Dezan, no espelho, deu um grande grito, pondo-se de pé. A voz soou forte novamente, enquanto a montanha desaparecia outra vez, para dar lugar à parede do quarto.

— Viste, Dezan! A única coisa que tinhas e que realmente amavas está desaparecendo para sempre. És o único responsável por isso, pois se não o tivesses roubado ao seu legítimo pai, nada disso teria acontecido.

Dezan caiu de joelhos, o corpo sacudido pelos soluços:
— Tem piedade! Ó Tupã! Piedade!
— Terás piedade para com tuas vítimas?
— Não agüento mais, tem piedade!
— Trabalharás com as falanges do bem e do amor?
— Piedade! Piedade!
— Se nós te ajudarmos, prometes que deixarás teus planos de vingança e darás tua colaboração ao rei, para que ele possa cumprir o seu destino?
— Prometo — disse Dezan com voz sumida.

Nadja tornou a passar a mão por sobre o espelho. A figura branca tornou a aparecer; o bruxo se encolheu e cobriu os olhos, cego pela luz. Nagreb materializou-se a seu lado e recuou também enceguecido por tanta luz. A figura branca levantou um dos braços e um jorro de luz azul foi despejado por sua mão, atingindo Nagreb em pleno peito. O monstro, dando um urro, desmaterializou-se num segundo, enquanto Dezan, parecendo envolvido numa luz clara, prostrava-se de rosto no chão aos pés da magnífica figura branca.

— Vê, Dezan — disse a voz, e no fundo do quarto apareceu uma cabana construída de encontro a uma rocha, onde na porta, sentados, se encontravam três jovens.

Um deles fabricava com um pedaço de madeira um instrumento parecido com um violão. Esse jovem tinha uma cicatriz grande do lado esquerdo do rosto, e quanto levantou a cabeça do pedaço de madeira que tinha no colo e olhou para a frente, o atônito Dezan pôde reconhecer que esse jovem que agora lhe aparecia era seu filho adotivo Turano. Foi demais para o velho bruxo arrependido, pois dando um grito fraco, caiu para trás desmaiado.

Na sala secreta de Nadja, Ararype cambaleou e por fim caiu, batendo com as costas na parede. Os círios apagaram-se, o espelho ficou outra vez negro, e Nadja e Nayade saíram imediatamente do transe em que se encontravam.

Ararype, depois que saíram do quarto secreto, completamente aturdido, como era de se esperar, tão logo ficou a sós com Nadja, crivou-a de perguntas:
— Nadja, se bem compreendi, as cenas que vi no espelho mágico foram de projeções astrais, agindo como veículo Nayade. Não foi isso mesmo?

— Foi — disse Nadja calmamente, sentando-se num divã de penas e convidando o outro a se sentar ao seu lado.
— Algumas coisas já aprendi, porém certos fatos que vi ainda estão bem confusos para mim.
— Por exemplo?
— Os acontecimentos que vimos, pertencem ao passado, presente ou futuro?
— Embora esses conceitos digam respeito somente à matéria, ou melhor, à vida material, e como tu pudeste ver, foi uma incursão pelo mundo astral, eu diria que os acontecimentos a que tu te referes poderiam ser catalogados como no passado. Um passado não muito distante, é claro.
— Creio ter entendido essa parte, e inclusive, tu tão bem me explicaste o que era o eterno presente.
— Exatamente, meu filho; o registro da natureza, onde aquele que conhece a Lei pode consultar essa espécie de arquivo onde tudo está registrado e onde não existe passado nem futuro. Simplesmente é. O tempo e a sensação de antes e depois desaparecem quando atingimos estados de consciência maiores. A dimensão da matéria é o volume, da energia é o tempo, e da mente é a consciência; depois a super-consciência, a consciência cósmica e assim por diante. É lógico, pois, que quando se sai da matéria, o tempo e o espaço também desapareçam dos nossos sentidos, como inúteis e sem razão de ser. Esse registro da natureza de que te falo, situa-se, pois, num estado de consciência superior ao nosso, despido portanto de tempo. É a ausência de tempo, conseqüentemente, sem antes e depois, sem passado e sem futuro. Entendeste, meu filho?
— Penso que sim, porém há um detalhe importante que não consigo atinar.
— Qual?
— Eu vi meu amigo Turano ser tragado pela rocha, certo?
— Sim.
— Depois eu o vi com dois estranhos, num lugar que me parece ser as encostas das grandes montanhas que limitam o vale; como pode ser isso?
— Tu o viste em duas fases distintas do passado.
— Como assim?
— Primeiro viste uma cena que ocorreu quando ele fugia com a princesa Irinia, depois outra cena de acontecimentos posteriores à primeira.
— Quer dizer então que Turano vive? — e Ararype arregalou muito os olhos, levantando-se e depois sentando-se outra vez no divã.

A Terra das Araras Vermelhas 169

— Sim, o teu amigo vive, ou melhor, vivia até o momento em que nós todos o vimos no espelho. Se ele se meteu depois disso noutras aventuras, não sei! Tudo faz crer que teu amigo vive em algum lugar da montanha.

— Mas é incrível! Como pôde ele escapar da rocha movediça? Como estou satisfeito pelo meu amigo Turano!

— Também fico satisfeita por ti, meu bom amigo; agora, como ele escapou da rocha, isso eu não sei!

— E aquele velho que vimos a princípio dormindo? Seria o pai adotivo de Turano? Seria Dezan? E o que tem o nosso rei a ver com tudo isso?

Nadja ficou calada por alguns instantes, depois, detalhadamente, contou ao rapaz todas as intrigas e todos os fatos relacionados com o tuxauá, sem esquecer a predição que vaticinava a destruição de todo o vale.

Quando Nadja terminou de falar, Ararype com os olhos brilhando e com a voz firme de determinação, disse:

— E o que podemos fazer para ajudar o nosso rei?

Nadja sorriu, e abraçando o rapaz, disse com emoção na voz:

— Não esperava outra coisa de ti, meu amigo. Com os conhecimentos que agora possuis, com os outros que adquirirás através de nossas palestras e experiências, e com o ouro e prestígio de que dispões, serás um auxiliar precioso para o tuxauá.

— Devo então procurá-lo e pôr as minhas armas e a minha fortuna à sua disposição?

— Deves! Faze isso, Ararype, e que o Deus Eterno e Absoluto te acompanhe e te guarde!

— Eu o farei! — disse Ararype, levantando-se e saudando a sacerdotisa, que o abraçou afetuosamente.

Da porta, Ararype se voltou e alegremente lembrou a Nadja:

— Não esqueças de falar com Azalym... sabes, o pedido... Hoje é o meu dia de completa felicidade — e virando-se, saiu da sala.

Logo após a saída de Ararype, Nadja também se retirou para seus aposentos particulares. A pesada cortina de peles, que ficava logo atrás do divã onde estiveram sentados Ararype e a sacerdotisa, moveu-se, e Narayade muito pálida, atravessou a sala a correr em grande agitação.

Naquela mesma noite, Nadja recolheu-se cedo e depois de um sono agitado e povoado de sonhos, acordou subitamente. Podia ser a décima-primeira hora. A quietude do palácio-templo chegava até ao seu quarto, demonstrando que o templo inteiro dormia, quando ouviu aquela voz tão sua conhecida:

"— Vem, minha filha, é preciso que vejas mais alguma coisa"

Nadja, deitada, sentiu um torpor invadir todo o seu corpo e depois um ligeiro formigamento na base do nariz, seguido de um leve estalido. Imediatamente, sentiu que flutuava no ar e pôde divisar o seu corpo deitado no leito Com rapidez espantosa, deslocou-se para a janela e num instante flutuava numa região de grandes árvores acinzentadas, até que avistou uma clareira de relva também cinzenta. Um homem de pé parecia esperá-la. Nadja aproximou-se mais, e pôde ver, bem nítidas, as suas feições. Era Dezan, o bruxo. Sua fisionomia mudara, estava mais moço, seu olhar menos embaçado e a sua postura mais ereta.

— Salve, Nadja — e sua voz era mais firme, e sem os acentos sarcásticos habituais.

— Salve, Juranan, e que a paz de Tupã esteja no teu coração — saudou a sacerdotisa.

— Vim ao teu encontro, conforme me pediste. Que queres de mim?

— Que tenhas paz.

— Isso será muito difícil, depois do que fiz.

— Nada é difícil, quando se quer realmente.

— Agora não importa muito, pois tenho pouco tempo na matéria.

— Só Tupã realmente sabe quanto tempo nos resta.

— É certo, mas eu também tenho a minha certeza.

— E como te sentes agora, Juranan?

— Profundamente triste, mas liberto.

— E Nagreb?

— Olha! — disse Dezan, e apontou para além das árvores.

Nadja avistou o mago negro Nagreb, acorrentado e sendo arrastado por quatro cavalos brancos. Terríveis imprecações chegavam até eles. Dezan tapou com as mãos os ouvidos e Nadja percebeu que os sons se tornavam mais fracos, até que cavalos e mago negro desapareceram no horizonte acinzentado, numa nuvem de poeira brilhante. No mesmo instante, por meio de uma intuição muito forte, Nadja compreendeu o simbolismo de sua visão. O mago negro manietado e arrastado à força, representava a vontade de Dezan, a poderosa energia-vontade que existe no homem. Força poderosíssima, que muito poucos sabem usar. Os cavalos brancos representavam a magia branca, a magia divina. O bem que sempre pode sobrepujar o mal. O número de cavalos, quatro, era o simbolismo da matéria, o quaternário inferior, que desaparecia com o mago negro, representando a vitória final do divino que existe em todos os homens, contra a besta-fera que também existe em todos nós.

Nadja olhou para Dezan, depois de refletir sobre a cena que vira. O bruxo estava pálido, mas o seu corpo todo brilhava com uma luz tênue azulada.

— Eu me felicito contigo pela tua vitória. Paz ao teu coração — disse a sacerdotisa sorrindo.

— Paz é o que mais desejo! Mas torno a te perguntar: o que queres de mim?

— Que contes ao nosso rei tudo o que sabes.

— Tudo?

— Sim, tudo!

— Mas o final tu sabes qual será.

— Infelizmente eu sei.

— Sabes, tão bem quanto eu, que não poderemos fazer nada.

— Sei.

— Mesmo assim, queres que eu fale tudo?

— Poupa... poupa apenas o final dos acontecimentos.

— Assim o farei.

— Outra coisa, esse jovem, Turano!

— Eu o criei com todo o carinho.

— Eu sei, porém sua mãe está entre teus crimes do passado.

— A mãe de Turano vive.

— E quem é ela?

— Vive nas matas de caça do príncipe Anhangüera, seu nome atual é Azy-Mhalá.

— E o que pretendes fazer agora?

— Procurar meu filho adotivo nas montanhas, reuni-lo à sua verdadeira mãe e depois morrer, se possível, em paz.

— E o seu verdadeiro pai?

— É um monstro de perversidade que não merece o nome de pai de forma alguma.

— Não achas que o julgamento de quem quer que seja não nos compete?

— Acho.

— E então?

— Já te disse que aquilo é um monstro asqueroso que vendeu a alma a Anhangá.

— Não te parece, Juranan, que ele sabendo que a mulher vive e mais seu filho, isso iria abrandar seu coração?

— Acho bastante improvável.

— Não te parece que para encontrares a paz que tanto

almejas, seria interessante agires no sentido de consertar as coisas que tu mesmo ocasionaste?

— E as conseqüências disso tudo?

— Penso que só poderia advir sofrimentos para ti mesmo. O rapaz já é bem crescido para ter discernimento e escolher seu próprio pai.

— Se for só sofrimento para mim, eu o receberei como uma bênção.

— E então, Juranan, o que esperas? Conta a verdade, toda a verdade, e que Tupã se apiede de tua alma.

O outro pareceu pensar um pouco, a cabeça baixa, mãos cruzadas à frente do corpo, e quando encarou Nadja, esta pôde ver que Dezan chorava. Uma grande piedade tomou conta da sacerdotisa, que avançando um pouco, abraçou o bruxo com seu corpo espiritual e bem dentro do seu ser, brotou o perdão por aquele homem, por aquele irmão, que tantas faltas havia cometido. Campainhas sonoras ouviram-se, o cenário imediatamente mudou, e o tom acinzentado das coisas desapareceu, dando lugar a um verde brilhante, que parecia impregnar toda a paisagem. Harmonias imensas invadiram Nadja e Dezan, e o Grande Mestre Payê-Suman, materializando-se à visão dos dois, sorria seu sorriso doce de beatitude.

Nessa hora, então, a sacerdotisa viu como num filme, passando à sua frente, cenas bem nítidas relacionadas com os terríveis acontecimentos de muitos anos atrás, quando Dezan havia sido derrubado do poder pela intriga dos seus inimigos. As cenas mostraram aquela história em seus mínimos detalhes, e quando terminou, Nadja sentiu um leve tremor percorrer o seu corpo espiritual e em seguida, com vertiginosa velocidade, voltou ao seu leito macio de penas, no palácio-templo.

Na manhã seguinte a essa noite atribulada, Nadja acordou tarde e deixou-se ficar preguiçosamente no leito, até que Adenara, perturbando o seu sossego matinal, veio avisar que Azalym já se encontrava nos jardins do templo com Narayma.

— Obrigada, Adenara, já desço num instante. Prepara meu desjejum no próprio jardim, e assim enquanto me alimento converso com o rapaz.

Azalym já esperava por Nadja, acompanhado por Narayma, e enquanto a sacerdotisa se preparava para fazer sua refeição matinal, puseram-se a conversar, depois de trocadas as saudações habituais.

— Tenho uma importante missão a te confiar, ou melhor, um grande favor a te pedir — disse Nadja, abordando logo o assunto.

— Vosso pedido para mim é uma ordem; o que desejais, senhora?

Narayma pediu licença para se retirar, mas a sacerdotisa com um gesto pediu-lhe que ficasse.

— Conheces por acaso — continuou Nadja — uma senhora que mora na floresta de caça do príncipe Anhangüera e atende pelo nome de Azy-Mhalá?

— Mas claro, senhora, quem não conhece por aquelas bandas a tiazinha velha! Antes de trazer a minha irmã para o Templo do Vento, fui procurá-la para que cuidasse de Nayade.

— Como é ela?

— Penso que não é muito velha, senhora. Talvez umas cinqüenta luas grandes. É uma velha muito bondosa, todos gostam muito dela na floresta de caça. Por que, senhora?

— Presta atenção, Azalym! Quero que assim que possas, vás à cabana de Azy-Mhalá e lhe digas que eu a quero ver com a máxima urgência. É de todo meu interesse que a tragas para mim. Temo... por sua segurança — disse afinal Nadja.

— Será feito, senhora. Hoje mesmo irei procurar a tiazinha e a trarei até aqui.

— Leva uma das minhas liteiras contigo e quatro carregadores. Uma senhora não pode caminhar a pé numa viagem de mais de meio dia. Darei ordens para que tenhas a liteira preparada imediatamente.

— Como ordenais, senhora.

— Outra coisa, Azalym — disse Nadja, sorrindo. — Tua irmã é amada por um dos meus amigos. Um amigo muito querido; chama-se Ararype e é da mais pura nobreza do reino. Poderá fazê-la muito feliz, meu filho. Tua irmã também o ama e eu gostaria de pedir tua permissão para que os dois pudessem marcar suas bodas.

Azalym, que parecia muito espantado com o pedido da sacerdotisa, ficou por alguns instantes mudo de assombro, e a custo conseguiu dizer:

— O que a senhora... julgar... julgar melhor para ela.

— Mas a permissão tem que ser tua, meu filho.

— Dou minha permissão, senhora. Ninguém melhor do que a grande Nadja para saber o que é melhor para a minha irmã — e Azalym, agora, parecia estar radiante de felicidade.

— Então, meu filho — disse a sacerdotisa abraçando o rapaz — vou marcar para daqui a quatro dias a cerimônia do pedido. Está bem assim?

— Por mim, está ótimo — disse Azalym, despedindo-se de Nadja.

Os dois jovens, mãos dadas, irradiando felicidade, saíram da presença da sacerdotisa. Nadja ficou sozinha no jardim, entregue a seus próprios pensamentos.

— Ah! O amor! — e a sacerdotisa suspirou fundo. — Quanto eu não daria agora para ter também junto de mim o meu amor!

Uma pequena lágrima rolou silenciosa e quase imperceptível pelo rosto da Suprema Sacerdotisa da Dança.

Os primeiros raios de Sol mal acabavam de penetrar tímidos por entre as ramagens espessas da floresta de caça do príncipe Anhangüera, quando Azalym acompanhado pelos quatro carregadores chegou à porta da cabana da tia Azy-Mhalá.

— Ó! Tiazinha! — gritou Azalym, batendo com mão fechada na porta da cabana. — Acorda, tiazinha! É Azalym! Acorda, tiazinha!

O silêncio foi a única resposta para os gritos do rapaz, que se dispunha a esmurrar outra vez a porta, quando notou que ela estava apenas encostada.

— A tiazinha está ficando descuidada — disse Azalym em voz alta — portas nessa floresta foram feitas para serem fechadas — e empurrou a porta, que gemeu nos gonzos.

A porta se escancarou, mostrando o interior de um só cômodo, não só vazio, como também totalmente desarrumado, com móveis quebrados, numa confusão de trastes jogados por todos os cantos.

— Por Tupã! O que terá acontecido à minha tiazinha! — exclamou o rapaz espantado, parando na entrada da cabana.

Depois vasculhou a cabana inteira, constatando os estragos verificados, e intrigado e bastante preocupado pela sorte da velha, deixou-se ficar parado, no meio daquela balbúrdia toda, tentando refletir no que poderia ter acontecido.

14
A esperteza de Aleutar

Siamor, sentado comodamente em suas almofadas de penas, olhou carrancudo para seu servo Aleutar, imóvel, de pé à sua frente. Depois de um silêncio que durou algum tempo, o Sacerdote do Som, com voz irritada, perguntou a seu servo:

— Então! É só isso que tens para me dizer?

— Só, Excelência.

— Vejo que estou cercado por uma chusma de imbecis. Primeiro, deixam aquele pássaro fugir, quando eu já o tinha em minhas mãos. Depois, não conseguem apanhar o fugitivo e ainda por cima, permitem que o meu lindo amor morra naquelas horríveis montanhas — e Siamor suspirou ao se referir à morte da princesa Irinia. — Bando de incompetentes, isso é que são! — disse o sacerdote, bastante irritado.

— Fizemos o que foi possível, Excelência!

— Fizeram! Fizeram! Estúpidos!

— Não fosse pelo maldito nobre Ararype eu os teria nas mãos.

— Ararype — disse Siamor com desdém. — Na primeira oportunidade, irei preparar a sua queda junto ao rei — ajuntou o sacerdote em tom ameaçador.

— Resta-vos o consolo de saber que aquele patife Turano está morto — disse Aleutar à guisa de desculpa.

— Consolo! Pobre vingança! Aquele maroto eu teria prazer de matar com minhas próprias mãos, em outra oportunidade. O consolo que poderia ter, sabendo de sua morte, não vai restituir a vida da minha querida Irinia.

— Realmente! Vossa Excelência como sempre tem razão!

— Bajulador! Não preciso de bajuladores, preciso de homens competentes que saibam cumprir as minhas ordens!

— Tenho vos servido com a máxima dedicação, e...
— Basta! Chega de lamúrias! Vamos saber dos outros assuntos. Ou também não existem novidades para me relatar?
— Muitas, excelência!
— Vamos então aos fatos!
— O boato da loucura do rei já se espalha por todo o vale.
— Adiante.
— Pode-se dizer que mais da metade de nobreza do reino se acha convicta da insanidade do tuxauá e comunga com vossa causa!
— Ótimo! E que mais?
— O príncipe Arary do leste já teve uma entrevista com Ubiracy do nordeste, Juruá do oeste, Aratimbó do norte e Javará do oeste além do vale, e todos estão unidos com ele, contra o rei.
— Temos assim cinco príncipes, contando com Arary — disse Siamor falando consigo mesmo. — E os príncipes Jatay e Jaranan?
— O príncipe Jatay mantém-se na mais completa neutralidade. Nega-se terminantemente a participar do que quer que seja. Quanto a Jaranan, Arary vem mantendo contatos com ele, a fim de trazê-lo para nossas fileiras.
— Nossos espias averiguaram qual é a opinião política desse príncipe?
— Já, Excelência; sua opinião tende mais para a causa do príncipe Arary.
— O tuxauá mantém também espias junto a esse príncipe, não é exato?
— Exato, porém estão neutralizados em suas ações e informações, por nossos homens e os homens de Azamor.
— E sobre essa maldita predição, soubeste alguma coisa?
— Infelizmente muito pouco, porém o pouco que soube, dá para tranqüilizar.
— E o que foi?
— Trata-se realmente de uma manobra do rei visando dar um golpe de estado, e assim, centralizar o poder, reinando soberano sem o Grande Conselho para atrapalhar.
— Louco, sim, mil vezes louco! Começo a acreditar que realmente o tuxauá enlouqueceu.
— Certo, Excelência, pois que sua força e autoridade vêm justamente do Grande Conselho dos príncipes.
— Tens absoluta certeza de que são essas as razões do rei ter inventado essa ridícula predição?
— Absoluta, Excelência!

— Por Anhangá! Por mais que reflita, não consigo entender onde o rei quer chegar. A menos que seja de fato loucura, o que dá o que pensar — e Siamor franziu a testa, dando ao seu rosto gordo e muito redondo um ríctus engraçado.

— De acordo com as várias fontes de informação, e todas concordam entre si, penso que o golpe de estado ainda é a mais lógica.

Siamor pareceu não ouvi-lo, absorto em seus próprios pensamentos.

— E sobre esse caminho para as terras altas, o que soubeste?

— Quanto a isso posso responder com toda segurança: não existe nenhum caminho para as terras altas.

— O que prova a fraude do tuxauá!

— Exatamente, Excelência.

— Que mais tens para me contar, Aleutar?

-- Deixei para o fim as piores notícias.

— Piores! Dizes piores?

— Sim, Excelência, nem sei por onde devo começar.

— Do princípio, Aleutar, do princípio!

— Bem... — disse o servo, contrafeito. — Vós conheceis Atenéia, uma das vossas cantoras sagradas...

— Sim... sim, mas a propósito de que, vens me falar de uma cantora?

— Paciência, Excelência, ela faz parte das minhas notícias.

— Como assim? — Siamor estava intrigado.

— Atenéia é irmã de Dagbar, o servo particular do Sumo Sacerdote.

— Eu sei, e daí?

— Vossa Excelência há de se lembrar de que há alguns anos atrás, o próprio Dagbar vos pediu a graça de se interessar por sua irmã, admitindo-a e instruindo-a no vosso magnífico coro.

— Sei, sei — disse o sacerdote irritado. — Lembro-me desse fato!

— Dagbar — prosseguiu o outro — ficou muito grato a Vossa Excelência. Lembro-me mesmo de que falava sempre em ter uma dívida de gratidão para com Vossa Graça.

— Não estou entendendo nada, Aleutar, seja claro!

— Aproveitando esse estado de boa vontade do nosso Dagbar, eu lhe incuti o hábito salutar de escutar à porta.

— Escutar à porta?

— Sim, Excelência, ouvir o que se fala com as orelhas bem coladas a uma porta.

Siamor riu-se divertido:

— Vejo que tenho te subestimado, Aleutar. Estás me saindo um intrigante de primeira! Continua!

— Obrigado, Excelência! Daí, o que se ouve da porta da câmara particular do Sumo Sacerdote pode ser bem interessante. Interessante para nós, é claro!

— E o que ouviste, ou melhor, o que soubeste através de tão prestimosos ouvidos?

— Azamor teve uma entrevista reservada com o capitão Arassagy, ou melhor, encarregou-o de uma missão.

Siamor inclinou-se para a frente interessado, enquanto Aleutar lhe contava, sem esquecer um detalhe, a conversa havida entre o Sumo Sacerdote e o seu capitão. Siamor ouviu apavorado essa narrativa e foi passando gradativamente do rubro para o pálido e quando o outro terminou, o gordo sacerdote suava frio e seus lábios tremiam de medo, misto de raiva recalcada.

— Então, foi... foi... assim — a custo balbuciou.

— Foi, Excelência, tal qual o relato de mestre Dagbar.

— Infame! Velhaco! Traidor sujo! — vociferou Siamor. Depois, pareceu acalmar-se um pouco, e olhando apreensivo ao redor, falou baixo, como se tivesse medo da própria voz: — Por Tupã! O que farei? Estou perdido!

Aleutar, impassível, permanecia de pé na mesma posição e sem mexer um músculo sequer do rosto, sem demonstrar a mínima emoção, dirigiu-se respeitosamente ao seu amo:

— Se me permitis, Excelência!

O sacerdote pareceu sair do seu interior e torcendo as mãos de desespero, fitou o seu servo. Sua voz saiu fraca, mole, sem nenhuma firmeza:

— O que dizias?

— Com vossa permissão, julgo ter um plano que talvez possa dar resultado.

O atônito sacerdote saiu-se com outra pergunta:

— E os nossos espias, Aleutar? E os nossos espias?

— Ao receber a notícia de Dagbar, fui verificar e constatei que todos os nossos homens estão neutralizados pelas forças de Azamor, ou melhor, se passaram para o lado do Sumo Sacerdote. Nossos passos são vigiados e todas as informações chegam primeiro ao sacerdote Azamor.

— E o que faremos? — na voz de Siamor notava-se a maior aflição.

— Qual é a maior defesa, Excelência?

— Não sei, não sei! Que sei eu, afinal! — disse Siamor quase gritando.

— É o ataque, Excelência, o ataque!

— Ataque! Como ataque?
— Vossa Excelência não conhece todos os passos de Azamor e de todos os conspiradores?
— Mas é claro! Sou um dos homens mais bem informados do reino, ou era — disse com alguma tristeza na voz.
— E então, Excelência! Atacai usando essas informações!
— Como? De que maneira?
— Já pensou, Excelência, de como essas informações seriam valiosas para o tuxauá?
— Para o rei?
— Sim, o rei de posse dessas informações pegaria o inimigo de surpresa, desferindo um golpe mortal em todos os conspiradores.
— E se o tuxauá não acreditar no que tenho para lhe contar? — perguntou Siamor, com a voz mais animada, onde se podia notar um sopro de esperança.
— Porque não acreditaria? É um jogo, Excelência, e vós tendes os trunfos todos nas mãos.
— Tu achas que daria resultado? — tornou a perguntar Siamor remexendo-se nas almofadas.
— Acho! Seria um ataque de surpresa que liquidaria com seus inimigos e os do rei.

Siamor levantou-se das almofadas e a despeito do seu corpo volumoso o fez com a maior agilidade, pondo-se a caminhar de um lado para o outro.

— Talvez tenhas razão — disse afinal, parando em frente de Aleutar. — Acho que não tenho outra saída.
— É a única solução, Excelência.
— Aleutar, durante esses anos todos não tenho apreciado o teu verdadeiro valor. És dedicado, fiel e inteligente. Sobretudo agora, me sais um estrategista de primeira.
— Muito obrigado, Senhor.
— Hei de me lembrar de ti, para executar tarefas mais importantes, creio que mereces ocupar um lugar de mais destaque, mais condizente com as tuas qualidades. Não me esquecerei de ti, meu bom Aleutar.
— Estarei sempre às vossas ordens e prometo que me desincumbirei melhor ainda, Excelência — e Aleutar curvando-se, beijou a mão do sacerdote que a estendeu com prazer.
— Vou ao palácio do tuxauá — e Siamor com um sorriso nos lábios grossos, deslocou rapidamente os seus cento e tantos quilos, deixando o seu servo sozinho na sala.

Aleutar esfregou as mãos de satisfação e murmurou entredentes:

— Minha fortuna desta vez está assegurada. Meu bom Aleutar. Ele me chamou assim — e riu alto de contentamento.

Depois, sentou-se nas almofadas, antes ocupadas por seu amo, e pôs-se a divagar:

"Se por um lado" — pensou — "estou com o meu futuro garantido com Mestre Siamor, não posso descurar da outra facção. Nunca se sabe o resultado de uma intriga, por mais bem feita que ela seja" — refletiu o malandro. "Azamor está muito forte, muito bem situado, e eu, tenho nas mãos o ambicioso Dagbar. Posso muito bem fazer um joguinho com ele e se sentir que o digno Sacerdote do Som está perdido, um arranjinho com Azamor, uma conversa particular, e pronto, entrego Siamor de pés e mãos atadas. Na certa ele irá me apoiar depois de um serviço desses. Não se esquecem os leais servidores" — e Aleutar riu-se, depois dessas divagações. "Toca a trabalhar, Aleutar" — pensou — " vamos primeiro começar por sondar Dagbar, depois aguardaremos a entrevista de Siamor com o rei, e depois... bem, depois, o plano já está todo traçado. Se houver insucesso com o tuxauá, arranjarei através de Dagbar uma entrevista com Azamor. E se houver sucesso, bem... se houver sucesso... Aleutar! Considere-se um homem rico!"

E o digno servo particular do Sumo Sacerdote do Som, alimentando esses pensamentos e acariciando sonhos para um futuro não muito distante, levantou-se displicentemente das almofadas e em passos vagarosos deixou a sala.

* * *

Era a hora quarta da tarde. Aleutar caminhava pela rua principal da cidade central, pavimentada de lajes de pedras retangulares, e como todas as avenidas do vale fossem arborizadas com mangueiras, a sombra, àquela hora, atenuava o calor cruciante. Viam-se poucas liteiras e quase nenhum transeunte cruzou com o nosso Aleutar, que absorto em seus pensamentos, caminhava em demanda do palácio-templo de Áries. As casas muito brancas, de feitio quadrado, que ao reflexo do Sol filtrado pelas folhas das mangueiras apresentavam um espetáculo de rara beleza, deixavam ver adiante o imponente templo do Sumo Sacerdote, com as suas monumentais colunas de mármore e o não menos maravilhoso zimbório de ouro maciço, que refletia os raios solares em várias direções.

Indiferente a esse espetáculo, Aleutar subiu as escadarias do templo e chegando ao átrio circular, de grandes dimensões, parou, procurando com os olhos a mesa de carvalho, quase junto a enorme tapeçaria, que conduzia à ante-sala do gabinete privado de Azamor, onde costumava sentar-se o digno servo Dagbar. O átrio estava repleto àquela hora. Guardas, suplicantes, sacerdotes e visitas transitavam de um lado para outro e um vozerio confuso elevava-se como um murmúrio surdo, indefinido. Por entre aquela quantidade de gente, Aleutar divisou Dagbar, sentado à sua mesa, examinando detidamente um papiro.

— Salve, mestre Dagbar! Que a paz dos deuses esteja contigo! — saudou Aleutar, aproximando-se.

O outro teve um leve estremecimento e levantando os olhos do papiro, encarou o seu inesperado visitante.

— Salve, Aleutar! Que os deuses te sejam propícios! — e Dagbar levantando-se e oferecendo uma banqueta forrada de penas para que Aleutar se sentasse: — Mas é realmente uma surpresa, a que devo a honra dessa visita?

— Passava por aqui e pensei: vou fazer uma visita ao meu digno amigo Dagbar — mentiu Aleutar.

— Fizeste muito bem, alegro-me pela tua presença. Aliás, todos aqueles que estão ligados ao ilustre Sumo Sacerdote do Som, só podem dar alegria à minha alma — disse Dagbar juntando as mãos espalmadas e saudando o amigo.

— Obrigado, és um amigo muito precioso!

— Mas... como vai indo minha irmã? Faz progressos na difícil arte do som sagrado?

— Claro! É uma promessa muito grata ao meu Mestre Siamor!

— Achas então que ela galgará uma alta posição no Templo do Som?

— Mas sem dúvida alguma! A sacerdotisa Atenéia em breve espaço de tempo, será uma das primeiras sacerdotisas!

— Isso me alegra muito! — disse Dagbar, sorrindo de satisfação.

— Também não era de se esperar outra coisa, com um irmão tão inteligente e ocupando um cargo de tão grande importância.

— Obrigado, Aleutar — e Dagbar ria mais fácil ainda, envaidecido.

— Às vezes fico pensando... Deve ser maravilhoso privar da intimidade de um homem tão eminente como o nosso Sumo Sacerdote Azamor. Que Tupã o guarde! E o meu amigo pode vê-lo e falar-lhe a qualquer hora, não é assim?

— Bem... eu diria que sim!

— Mas não é maravilhoso isso? Conta-me, Dagbar, não deve haver segredos para ti do que se passa nas altas esferas espirituais do reino, não é verdade?

O outro remexeu-se no seu tamborete, pigarreou e inchado de importância, respondeu:

— De fato, sou assim como um braço direito de Azamor. Uma espécie de confidente, sabes!

— Mas não é formidável! — continuou o adulador, pondo uma maior inflexão nessa frase. — Ah! Realmente deve ser apaixonante a tua função! Eu me sinto orgulhoso de ter um amigo tão importante como tu!

O outro chegou ao auge da satisfação e sorria embalado pelas palavras de Aleutar, muito cônscio da sua importância.

— Gostaria de pedir um pequeno favor ao amigo.

— Peça! Peça! — e Dagbar tomou uma postura condizente com o seu importante cargo.

— Sabes — começou o outro — que em escala menor que a tua, é claro, sou também muito ligado a Siamor.

— Sei, sei...

— Bem, não ignoras que o teu amo e o meu são como irmãos, não existe o menor segredo entre eles.

— Mas... e a conversa que ouvi? Conversa que te comuniquei, entre Azamor e o capitão Arassagy?

— É sobre isso, justamente, que quero te falar.

— Mas não entendo; depois do que ouvi, julgo que infelizmente Siamor se encontra em desgraça junto a meu amo.

— Muito pelo contrário, meu bom Dagbar, esse assunto envolve um problema de ordem superior.

— Como assim? Ainda não entendo!

— Estive há poucos instantes conversando com meu amo e o pus a par da conversa havida com o capitão Arassagy, tal qual o meu amigo me relatou. Aliás, meu amo Siamor está muito satisfeito com os teus préstimos. Ele não te esquecerá jamais.

— Ele te disse isso?

— Disse. Mas continuando: depois de Siamor ouvir o meu relato, sem se perturbar, dignou-se a me explicar a trama toda.

— Ah! Ele explicou! — e Dagbar parecia satisfeito com o rumo da conversa.

— Explicou! Trata-se de um plano em que só Azamor e ele tomarão parte, para fazerem crer, aos partidários do rei, que o Sumo Sacerdote do Som está fora do caminho. Eles temem a força do meu amo, e, se julgarem que desapareceu, irão dar o primeiro passo e então serão facilmente esmagados pelos homens do sábio Azamor.

— Ahn! — fez o outro. — E o capitão Arassagy está nesta conjura?

— Está, mas como é necessário um certo aparato na prisão de Siamor, é preciso que os homens da guarda do templo apareçam nessa manobra.

— Mas se ouvi nitidamente Azamor dizer ao capitão que não queria pistas! — Dagbar parecia relutar ante os argumentos de Aleutar.

— Exatamente! Não haverá pistas! Ninguém irá saber do paradeiro de Siamor, somente ouvirão dizer que foi preso pelo capitão Arassagy.

— E depois?

— Depois — disse Aleutar com um sorriso triunfal — meu amo ficará escondido no palácio do príncipe Arary e de lá, continuará puxando os fios de sua rede de espiões e trabalhando pela causa.

— Creio ter entendido agora um pouco melhor essa manobra toda. E olha! Fico muito satisfeito em relação a Mestre Siamor, a quem devo um grande favor. Mas por falar em favor, dizias que querias de mim um pequeno favor, o que era?

— Apenas isto: meu Mestre estando desaparecido, portanto, com seus movimentos tolhidos, eu queria que com tua influência eu tivesse livre acesso ao Sumo Sacerdote quando tivesse alguma mensagem do meu amo a transmitir.

— Mas claro! É só isso que queres?

— Sim, e podes ficar tranquilo, que eu vou começar a trabalhar para que Atenéia, tua digna irmã, seja em breve suprema sacerdotisa do som.

— Farás isso, Aleutar? — perguntou Dagbar no auge do contentamento.

— Farei! Os amigos são para essas coisas! Mas lembra-te: ninguém deve saber que és também depositário de um grande segredo. Segredo que envolve a segurança de nossa terra — e Aleutar deu ao seu tom de voz um timbre baixo e rouco, voz de um homem que sabe de segredos da mais alta importância.

— Por Tupã! Não falarei com ninguém! Minha boca será muda e silenciosa como as estátuas do templo.

Aleutar levantou-se satisfeito, e saudando Dagbar, retirou-se do templo de Áries, confiante de que estava situado numa posição perfeita, relativa aos seus planos.

༺ ♥ ༻

Narayade chegou num abrir e fechar de olhos em seus

aposentos, que dividia com Narayma e Narayama, e para satisfação sua o encontrou vazio.

Já há muito tempo que o quarto secreto de Nadja a intrigava bastante. Por várias vezes ficava a rondar aquela porta sempre trancada e, por uma ou duas vezes, quando a coragem foi suficiente, ela tentou abri-la, sem contudo conseguir o seu intento. "O que haveria por trás daquela porta tão estranha, situada numa ala pouco usada do Templo do Vento?" — pensava Narayade remoendo esses pensamentos e tentando desvendar esse mistério.

Naquele dia, Narayade havia ficado sozinha no salão de ensaios, para aprimorar um determinado passo, quando viu Nadja passar apressada, pela porta aberta do salão, seguida de perto por Nayade e Ararype. Ainda pôde ouvir um trecho da conversa, com a sacerdotisa dizendo: "... a experiência no quarto secreto...". Foi o bastante. A imagem daquela porta estranha aguçou novamente a curiosidade de Narayade, e ela, sem mesmo se dar conta, furtivamente, seguiu os três, escondendo-se nas quinas dos corredores e procurando não ser pressentida. Mas, ó decepção! Quando dobrou o último corredor da ala leste do templo, a porta estranha acabava de se fechar, para desespero da bailarina.

Narayade ficou ali, a andar de um lado para o outro, com sua curiosidade espicaçada ao máximo. "O que faria, vez por outra, Nadja naquele quarto? E agora, entrava outra vez com Nayade e aquele nobre do qual não lembrava o nome. "Tenho que descobrir o mistério daquele quarto" — pensou, disposta a esperar.

Já estava ficando cansada da longa espera, quando, depois de um tempo que julgou interminável, a porta secreta estalou e começou a se abrir. Narayade rápida, escondeu-se por trás de uma coluna e depois começou a segui-los, sempre guardando uma distância que permitisse não ser pressentida. Quando Ararype e Nadja entraram num aposento que ficava ao lado do grande salão de ensaios, Narayade penetrou numa porta ao lado, que também comunicava com esse aposento, bloqueada por uma pesada cortina de peles. Ali oculta, pôde ouvir toda a conversa que se travou, e quando chegou à parte referente ao rei, foi a custo, contendo a emoção, que se manteve quieta por trás da cortina.

Agora, Narayade, sozinha no aposento, deu vazão a todo o seu desespero. Primeiro, atirou-se no leito de penas e os soluços soltaram-se do seu peito, os quais ela procurou abafar, com o rosto de encontro às almofadas. O momento de desespero foi aos poucos sendo controlado, e depois, Narayade sentou-se chorosa no leito, a murmurar para si mesma, com voz entrecortada:

— Meu rei está em sério perigo. Preciso fazer alguma coisa por ele. Mas o que posso fazer? Ó! Tupã! Dai-me forças, inspirai-me para que eu possa ajudá-lo.

Depois dessas palavras, Narayade pareceu se acalmar, levantou-se decidida e em voz mais firme, disse com determinação:

— Preciso ir ao palácio do tuxauá! É, irei ao palácio do meu rei e o porei a par de todo esse assunto! Ó! Deuses da força, ajudai-me!

Narayade jogou uma comprida capa de peles por cima da roupa que usava, e depois, com toda a cautela para não ser vista, saiu do Templo do Vento.

Podia ser, no máximo, a hora quarta da tarde.

༄༅

Era a hora décima da noite, desse mesmo dia em que deixamos Narayade fugindo do Templo do Vento, e vamos nos transportar para o palácio real.

Àquela hora, reinava o maior silêncio pelos corredores, só interrompido pelos passos abafados da patrulha e pelo barulho das compridas lanças batendo no chão. No andar superior, na ala oeste, dois guardas postados em atitude displicente montavam guarda a uma porta fechada que ficava bem no fundo do comprido corredor.

Turyassu, o Grande Conselheiro, seguido por um guarda, aproximou-se da porta e com autoridade, determinou aos guardas, que se perfilaram à sua chegada:

— A porta! Abram, quero entrar!

Um dos guardas apressou-se a cumprir a ordem, e correndo o pesado ferrolho, a porta se escancarou. Turyassu, seguido pelo guarda que o acompanhava, entrou na escuridão.

Nesse exato momento, seis homens embuçados por um capuz negro e armados de compridas facas, saíram das sombras do corredor e rápidos atiraram-se aos dois guardas, que atônitos, mal tiveram tempo de erguer as lanças, e num átimo, os corpos dos dois agonizavam, estendidos no chão. A rápida cena demorou apenas alguns segundos, e tão silenciosamente como haviam aparecido, os seis embuçados desapareceram pelos corredores do palácio.

Do interior do quarto escuro, não se ouviu por um momento,

o menor ruído, a não ser depois, um som abafado de passos e a voz de Dezan que soou alto no silêncio da noite:
— Aonde me levas?
— Aos aposentos do rei — ouviu-se Turyassu dizer.
Depois, a porta cerrou-se, voltando o silêncio a reinar naquela ala do palácio do tuxauá.

15

O fio da meada

Precisamos recuar novamente no tempo, e nos reportarmos a acontecimentos anteriores ao aparecimento de Ay-Mhoré nas fraldas da montanha, à procura do pastor Tupyassu. Vamos retomar a cena da saída do bruxo Dezan da presença do rei, e a entrada de Siamor, o Sumo Sacerdote do Som, depois de anunciado pelo servo do tuxauá.

Ay-Mhoré, com alguma impaciência, aguardou que o Sacerdote do Som chegasse bem perto, e então, levantou-se do seu divã de penas, recebendo-o de pé, o que obrigou o diálogo inicial a ser travado nessa posição, o que queria claramente significar que o tuxauá desejava que essa entrevista fosse bem rápida. Siamor, num estado de grande agitação, parece que nem percebeu esse detalhe, pois foi atirando as saudações de praxe, atropeladamente:

— Salve o grande tuxauá! Eleito dos deuses em toda a Terra de Zac!

— Salve Siamor, o que desejas? — o rei procurou o assunto da entrevista sem mais delongas.

— Grande rei — começou o sacerdote — assuntos gravíssimos me trazem à vossa presença.

— E que assuntos são esses? Sê breve e claro, pois disponho de muito pouco tempo — havia rispidez no tom de voz de Ay-Mhoré.

O outro não se perturbou e prosseguiu com aparente calma:

— Vossa Majestade sabe que eu sou um vosso fiel servidor.

— Prossiga — disse o rei imperturbável.

— Eu gostaria... eu queria... queria trazer a Vossa Majestade alguns acontecimentos, que reputo da maior importância e que dizem respeito aos altos interesses do reino.

Ay-Mhoré, nada dando a perceber ao outro, falou com a voz mais impessoal possível:

— Aos fatos, Mestre Siamor, vamos aos fatos!

— Perfeitamente, Alteza; perdoai-me se me estender um pouco, pois o assunto é bastante intrincado e de lances algo confusos, portanto, terei que descer a alguns detalhes e por essa razão peço-vos a graça de aquiescer em ouvir-me — e Siamor olhou significativamente para o divã.

Ay-Mhoré acompanhou o seu olhar, e dando um suspiro de resignação, convidou afinal o outro a sentar-se. Siamor, suando em bicas, atirou-se pesadamente no divã e prosseguiu com voz trêmula, intercalada por verdadeira ou fingida emoção:

— Vossa Graça! Sabeis que sou extremamente dedicado à casa dos Ay-Mhorés...

— Já me falaste isso, Mestre Siamor! Aos fatos, vamos aos fatos!

— Sim — disse o outro — vou relatar tudo, começando do princípio.

— Esteja à vontade, Siamor, e conte tudo detalhadamente. Paciência, irei dilatar o pouco tempo de que disponho — e o rei, paciente, esperou que Siamor começasse a falar.

— Vós estais, ou melhor... — o sacerdote parecia reticente, sem saber como começar. — Sabeis... que tenho, ou melhor, que tinha laços muito íntimos com o Sumo Sacerdote Azamor.

— Sim, sabia.

— Bem, tive várias entrevistas com ele e no decorrer dessas conversas, fiquei sabendo de vários detalhes, de vários segredos, que agora julgo serem de grande utilidade para Vossa Majestade.

— Segredos! — fez Ay-Mhoré, simulando espanto. — Quer dizer então que meus sacerdotes conspiram? — disse o tuxauá, dando a essas palavras uma entonação terrível.

O outro pareceu espantar-se, pois recuou um pouco no divã e conseguiu gaguejar:

— Não... não... não se tratava de uma... uma conspi... conspiração.

— Explique-se!

— Foram apenas conversas, na época amigáveis, através das quais eu fiquei sabendo... sabendo coisas.

— Coisas? Que coisas?

— Fiquei sabendo de uma predição, um vaticínio, que redundaria numa inundação total do vale e...

A pergunta do rei desconcertou um pouco Siamor, que não esperava aquela calma e sim uma reação violenta.

— Embora essa predição fosse um segredo entre eu e Azamor, o que achas desse vaticínio?
— Não sei... não me compete analisar assuntos de tão alta relevância — disse o gordo sacerdote sem pestanejar.
— Ahn! — limitou-se a resmungar o tuxauá. — Mas dizias que tinhas relações amigáveis com o Sumo Sacerdote. Tinha é passado, Mestre Siamor!
— Realmente, Alteza, tinha, pois julgo ter muito mais obrigações com Vossa Graça e é de meu dever e fidelidade ser totalmente ligado ao meu rei.
— Noto que és um servidor fiel — e Ay-Mhoré teve uma ponta de ironia na voz.
Siamor não se perturbou com esse aparte, pois continuou:
— Quanto a essa predição, só posso garantir que Azamor não crê nela de forma alguma.
— Isso eu sei também.
O outro pareceu agora surpreso:
— Mas talvez Vossa Majestade ignore que Azamor acredita que a predição é uma invenção vossa, com a finalidade de dar um golpe de estado.
A fisionomia de Ay-Mhoré permaneceu indevassável, não dando ao outro a menor condição de saber o efeito produzido por suas palavras. E foi com calma imperturbável que falou:
— Prossiga, Siamor!
O outro, parecendo relutar um pouco, e depois medindo bem as palavras, continuou:
— Azamor espalha por todo o vale o boato de que Vossa Majestade enlouqueceu, querendo com isso ganhar a confiança e apoio dos nobres e príncipes.
Ay-Mhoré controlou-se e podia-se ver todos os seus músculos retesados. Siamor não pareceu perceber o estado de tensão em que se encontrava o rei, pois prosseguiu:
— Ele já conseguiu o apoio de cinco príncipes e pretende fazer, no Grande Conselho, de Arary do leste, o supremo tuxauá da Terra de Zac. De comum acordo com esse príncipe, mantém uma rede de espiões, que através de relatórios diários comunicam todos os passos dados por Vossa Majestade. Vários nobres do reino também estão nessa conjura e eu possuo o nome de todos eles. Posso fornecer ao meu tuxauá uma lista completa — finalizou Siamor o relato, de um fôlego só.
Ay-Mhoré levantou-se de um jato, como que impelido por uma mola. Siamor, ante a atitude intempestiva do rei, permaneceu sentado e uma palidez intensa marcou sua face, enquanto gotas de suor frio deslizavam por sua testa arredondada.

— Eu também tenho os meus espias; tu és um traidor infame que também está nessa conjura — gritou Ay-Mhoré, refreando a custo o gesto de esganar o sacerdote, apertando as mãos crispadas uma contra a outra.

Siamor recuou no divã e com voz sumida e trêmula conseguiu dizer:

— Mas... mas Majestade... se estou... se estou vos contando todas essas... essas coisas, como posso ser traidor? — perguntou quase choramingando.

Ay-Mhoré controlou-se e com voz mais calma perguntou:

— Deve haver um motivo qualquer para tua mudança. Sê claro, Siamor, muito claro ou então vais te arrepender para o resto dos teus dias!

— Não há motivo algum, Alteza, a não ser minha lealdade.

— Não mintas! Tenho provas concludentes de que conspiravas! Não mintas, Siamor!

— Posso ter sido induzido a cometer erros, mas depois a voz da razão me fez tomar a atitude que estou tomando agora. Acho que me deixei influenciar por promessas e falsos gestos de amizade, porém isso são coisas do passado, e hoje sou um homem totalmente modificado e com novos pontos de vista.

— Foi só esse motivo?

— Só, Alteza, e creio que essa atitude no passado foi bem válida, pois agora posso vos servir melhor, de posse de informações detalhadas que colhi com nossos inimigos quando... quando conspirava.

Ay-Mhoré ficou a olhar longo tempo o sacerdote, depois dando de ombros sentou-se e com a maior calma perguntou:

— Tens a lista dos traidores em teu poder?

— Tenho — e Siamor, enfiando a mão na dobra da túnica, entregou ao tuxauá um papiro enrolado e preso por uma fita vermelha.

Ay-Mhoré pegou avidamente o rolo que o outro lhe estendia e desatando o laço de fita, abriu e leu com curiosidade. Siamor aguardava respirando fundo. Por fim, o rei o encarou e laconicamente falou:

— Tomarei providências.

— Mas... mas Majestade...

— Mais alguma coisa a me contar, Mestre Siamor? — interrogou o rei.

— Não... não... Eu pergunto apenas se Vossa Majestade não irá tomar alguma providência em especial. Digo, com relação a Azamor?

— Tu sabes muito bem que qualquer medida violenta que

eu tomasse contra o Sumo Sacerdote, ou contra os príncipes conspiradores, poderia provocar uma revolução, implicaria em derramamento de sangue entre irmãos, e por outro lado, contraria meus planos.

— Mas... mas Majestade! — e Siamor ficou ali encarando o tuxauá sem saber o que dizer e preso de visível aflição.

— Diz, Siamor, o que te preocupa tanto? Já não cumpriste bem a tua missão?

— É que... Majestade... o Sumo Sacerdote deu ordens a seu capitão para que eu desaparecesse sem deixar vestígios — disse num arranco o Sacerdote do Som.

— Ah! Então aparece finalmente o verdadeiro motivo da tua mudança para o meu lado!

— Não, Alteza! — protestou Siamor. — Bem antes de ser sabedor desse fato eu já havia decidido contar-vos tudo que sabia. Não posso compactuar com traidores! — finalizou o sacerdote, procurando dar um tom de ênfase à sua voz.

— Digamos que eu acredite no que tu me dizes — disse Ay-Mhoré em tom zombeteiro. — O que queres que eu faça?

— Apelo para vossa proteção, Majestade. Entrego-me em vossas mãos, esperando todo apoio da casa real, para um fiel súdito.

Ay-Mhoré riu, e depois, dominando-se, falou:

— Seja! Tomarei providências para que não sejas molestado. Aconselho-te porém a te limitares ao espaço do teu templo, só saindo quando eu te mandar chamar para algum outro esclarecimento.

— Posso me retirar tranqüilo, Majestade?

— Sim, tens a palavra do rei.

Siamor caiu de joelhos aos pés do tuxauá e procurou beijar suas mãos, o que o outro procurou evitar recuando instintivamente. O sacerdote pareceu não perceber esse gesto, pois puxou a mão direita do rei, levando-a aos lábios. Ay-Mhoré não pôde deixar de estremecer de nojo, porém esse sentimento passou rapidamente, e vendo a seus pés, submisso, aquele homem de temperamento tão deformado quanto fraco, seu coração bondoso deixou-se tomar por um sentimento de pena, enquanto por sua alma reta e pura passava um pensamento generoso de que talvez aquele homem estivesse de fato modificado e sinceramente arrependido.

Esses pensamentos passaram muito rápidos pela mente do rei, e quando o outro se levantou, Ay-Mhoré, fitando-o bem dentro dos olhos, perguntou:

— Porventura sabes se Arary e seus príncipes traidores

pretendem agir antes da reunião do Grande Conselho?

— Não, Majestade, eles continuarão agindo surdamente até a reunião do Conselho. Continuarão arregimentando adeptos entre os nobres, continuarão intrigando e espalhando o boato falso da... loucura de Vossa Alteza, com a finalidade de enfraquecer vossa autoridade, e reunido o Conselho, poderão contar com a maioria favorável.

— Tens absoluta certeza de que não agirão de forma nenhuma, antes do Conselho?

— Tenho — disse Siamor com firmeza.

— Qual o plano deles para o Grande Conselho?

— Tendo a maioria dos príncipes a favor, votarão pelo vosso impedimento, acrescido pelo depoimento de Azamor e de vários nobres, de que vossa alteza enlouqueceu e não pode mais governar.

— Nesse caso, eles proporiam o nome de Arary?

— Isso mesmo, Alteza.

— E qual seria a posição de Azamor nisso tudo?

— Com Arary como tuxauá, Azamor seria o Grande Conselheiro do reino.

— E se por acaso eles não tivessem a maioria no Conselho?

— Nesse caso, Azamor e Arary, que mantêm contato permanente com Zanatar, o chefe das hordas etíopes, lhe mandariam um aviso, e haveria então uma invasão do vale pelo norte e pelo leste.

— Quer dizer que eles iriam impor sua vontade ao Conselho, pela força das armas?

— Exatamente, Majestade! Não poderíamos resistir a um ataque de surpresa. Seria um ataque vindo do exterior apoiado pelas forças dos traidores do próprio vale.

— E o que sabes desses etíopes?

— Nas terras do príncipe Aratimbó do norte, já se começa a concentrar uma enorme força de invasores. No principado do oeste de Juruá também acontece a mesma coisa.

— E a troco de que lutarão os etíopes?

— Por pedras brilhantes e ouro das minas do oeste. Além disso, Zanatar teria uma percentagem de vinte por cento a cada lua, sobre as riquezas do vale. A guarda pessoal do novo tuxauá seria também composta por etíopes. Em resumo, Arary pretende fazer aliança com a nação etíope.

— Que vergonha! A nação Nhengatu, misturada com uns bárbaros! — explodiu Ay-Mhoré indignado. Depois, acalmando-se, perguntou: — E quem mantém contato com Zanatar?

— O capitão Arassagy, chefe da guarda pessoal de Azamor,

e algumas vezes, como na presente lua, o próprio Arary.
— Na presente lua? Como assim?
— Zanatar no momento é hóspede do príncipe Arary.
— E onde se concentra o grosso das hordas etíopes?
— Na Ilha Gorda, que fica a um dia de barco do continente; lá, Zanatar fez um acampamento e tem permanente contato com a cidade leste.
— Quantos homens na ilha, Siamor?
— Consta que suas forças na ilha são de oito mil homens.
— E nos principados do norte e do oeste?
— Mil homens em cada um.
— E o capitão Arassagy, que papel irá representar depois disso tudo?
— Azamor e Arary prometeram-lhe o principado do leste.
— As terras do próprio Arary?
— Exatamente, Majestade. O capitão será elevado à condição de príncipe, por serviços prestados ao reino, e senhor da cidade leste.
— Bem — disse Ay-Mhoré depois de ficar calado por uns instantes — é só, Siamor; serviste-me bem!
— Posso me retirar, Alteza? — e Siamor parecia satisfeito com o resultado da entrevista.
— Podes sim, vai em paz e fica tranquilo, pois estás sob minha proteção. Mandarei reforçar a guarda do Templo do Som, e caso precise de ti para algum esclarecimento, mandarei te chamar ao palácio.
— Muito obrigado, Majestade, e que os deuses vos inspirem. Podeis ficar certo de que meus olhos e ouvidos estarão sempre abertos para vos servir ainda melhor. Minha boca ficará calada, tal qual as estátuas dos templos, e só se abrirá para vos fazer outros relatos de importância. Podeis crer, Alteza, minha vida vos pertence e por todas as luas que ainda me restarem, serei dedicado de corpo e alma à Vossa Graça.

Depois desse pequeno discurso, feito com olhos úmidos, o sacerdote curvou-se, e saudando o rei efusivamente, deixou a sala.

Ay-Mhoré permaneceu por muito tempo parado; uma pequena ruga sulcava-lhe a testa, entregue a seus próprios pensamentos. "As informações de Siamor haviam sido valiosíssimas, não restava a menor dúvida" — pensou o rei — "porém muito pouca coisa agora, poderia fazer contra os cabeças da rebelião, Arary e Azamor. Qualquer atitude violenta que eu tomasse implicaria numa guerra aberta, derramamento de sangue e redundaria numa situação catastrófica para meus planos, os planos que tenho para salvar meu povo da inundação. Tenho que agir com cautela, astúcia contra astúcia. Todo o cuidado é pouco" — pensou Ay-Mhoré. "Com essa lista de traidores, já posso fazer alguma coisa. Ataquemos por baixo, comecemos pelos nobres implicados e logo a seguir, é preciso vigiar atentamente todos os passos de Zanatar. Veremos, amanhã, o que de tão importante tem Juranan para me revelar e depois rumarei em direção às montanhas, a fim de conseguir o caminho que leva às terras altas, se é que existe realmente um caminho" — pensou o rei, tendo nesse momento seus pensamentos interrompidos pelo Grande Conselheiro, que abruptamente entrou na sala:

— Perdão se vos interrompo — disse Turyassu curvando-se — mas o assunto quer me parecer da máxima urgência.

— Fala — disse Ay-Mhoré fitando-o, curioso.

— As notícias chegaram até mim através de dois de nossos espias — e o Grande Conselheiro, fazendo uma pequena pausa, explodiu: — Balytar, o chefe de nossos espias volantes, estava pessoalmente a investigar os passos de um importante homem de Azamor, lá para os lados do Templo do Vento, quando observou que uma das bailarinas de Nadja saía furtivamente do palácio-templo. Pôs-se a segui-la à distância, e quando esta atingiu a primeira esquina e parecia indecisa, como que procurando alguém ou tentando se orientar, foi abordada por um dos espias do Sumo Sacerdote. Segundo Balytar, esse homem parecia esperá-la, pois logo em seguida meteram-se numa liteira e seguiram em direção ao Templo de Áries.

— E esse... Balytar, seguiu-os?

— Sim, Majestade, entraram os dois no palácio de Azamor.

Houve um breve silêncio entre os dois e quem o quebrou foi o rei, perguntando:

— E a outra notícia importante? Se não me engano falavas em notícias, não é certo?

— Certo, Majestade! Quando Siamor deixou este palácio, foi abordado nas escadarias por dois homens embuçados; parecia gente de Azamor; segundo os espias, parece que foi seqüestrado, pois foi empurrado à força para dentro de uma liteira que parecia esperá-los.

— O quê? — só pôde dizer Ay-Mhoré, atônito, olhando com a fisionomia fechada para o Grande Conselheiro.

— Creio, Majestade, não ser essa segunda notícia das piores, pois dessa maneira, Vossa Graça se livra de um conspirador, de um reles traidor. Por outro lado, é até bom que eles briguem entre si. Desentendimentos internos demonstram sempre fraqueza, e o enfraquecimento de vossos inimigos não deixa de ser um bom sinal.

— Tive uma grande entrevista com ele, e dei-lhe minha palavra de que o protegeria dos seus inimigos.

— Mas Majestade, trata-se de um espia, de um vil conspirador!

— Ele havia se bandeado para o nosso lado.

— Perdão, Alteza, sois crédulo demais. Não se pode confiar num homem daqueles!

— Não importa, Turyassu, dei minha palavra, e a palavra de um tuxauá é uma só — disse Ay-Mhoré.

— Sois de uma bondade incompreensível. Não podemos combater seus inimigos de peito aberto. Astúcia requer astúcia, velhacaria maior velhacaria ainda. Assim será difícil Vossa Majestade vencer esses inimigos — e o Grande Conselheiro abanou a cabeça.

— Paciência, Turyassu, um erro não justifica outro; preciso pensar numa maneira agora de livrar Siamor de seus inimigos.

— Com o devido perdão de Vossa Majestade, acho que se dermos qualquer passo precipitado, prejudicaremos em muito os nossos planos. Os acontecimentos se precipitariam e para que Vossa Graça possa executar o projeto que tem em mente, necessita de que tudo esteja na mais absoluta calma.

— É verdade, Turyassu, nesse ponto tens razão. Sou quase um prisioneiro em meu próprio reino. E como não me pertenço, mas sim ao meu povo, preciso primeiro pensar nele.

— Exatamente, Majestade.

— Qualquer passo que der contra eles poderá redundar numa revolta armada, e uma revolta seria o que de pior agora poderia acontecer.

— Também acho, Majestade.

— Por outro lado, tenho minha palavra empenhada.

— Um homem só, não vale seu reino inteiro, Alteza.

Ay-Mhoré não pareceu ouvi-lo. Pôs-se a caminhar em grandes passadas pelo aposento.

— Tenho que encontrar um meio, esse infame sacerdote Azamor está indo longe demais — murmurou consigo mesmo.

Depois de caminhar de um lado para o outro algum tempo, o que pareceu interminável para Turyassu, que vendo seu rei muito agitado achou por bem não interrompê-lo, permanecendo imóvel e ausente no mesmo lugar em que se encontrava, o tuxauá parou de repente defronte dele e atirou uma pergunta completamente fora do assunto:

— Julgas que essa bailarina que foi vista seguindo em direção ao Templo de Áries seja uma espiã colocada dentro do Templo do Vento?
— Acho, Majestade!
Ay-Mhoré ficou calado por alguns instantes, uma ruga sulcava sua testa ampla, seus olhos perdidos, distantes.
— Vou pensar no assunto — disse — aguarda minhas instruções, logo irei precisar de ti — e o rei saudando-o distraído, deu meia volta e saiu da sala.

Siamor saiu com a alma mais leve do palácio real, e alimentando pensamentos mais otimistas, chegou à conclusão de que poderia ficar mais tranqüilo ante a ameaça do Sumo Sacerdote, e voando o pensamento um pouco mais alto, teve a quase certeza de que sua posição agora se encontrava segura, estando debaixo da proteção do próprio tuxauá.

Desceu as grandes escadarias de mármore do palácio, tão absorto em suas divagações, que nem notou dois homens, vestidos com longas capas de penas, a despeito do calor reinante, que o ladeando também, começaram a descer as escadas do palácio. Siamor, na calçada de pedras polidas, de formato regular e de várias cores fortes, parou momentaneamente, parecendo procurar com o olhar distraído localizar sua liteira. Não a avistando ao longo da calçada, deu dois passos em direção à primeira esquina, quando foi imprensado pelos dois homens que o acompanhavam desde o alto da escadaria. Como num passe de mágica, duas compridas facas apareceram por debaixo das capas, e numa fração de segundos, já apoiavam suas agudas pontas no ventre rotundo do Sacerdote do Som. Não houve nem tempo para espanto, pois uma voz baixa e surda sussurrou logo aos ouvidos do atarantado Siamor:
— Quieto! Nem um gesto e continua a caminhar normalmente!
A voz era autoritária. Um suor frio correu pelo rosto do sacerdote e um frio no estômago se refletiu pelas pernas de Siamor que quase desabou no solo, no que foi impedido pelos dois homens, que dando os braços o apoiaram, enquanto a ponta dos punhais permanecia fazendo leve pressão no corpo do sacerdote do som.

Uma liteira, não se sabe saída de onde, encostou imediatamente ao lado dos três homens, enquanto novamente a voz impessoal de comando soava bem dentro do ouvido de Siamor:

— Não tentes nada, entra tranqüilo na liteira!

Foi nesse exato momento que um ruído insólito chegou bem forte até os seqüestradores. Uma discussão de rua, quase ao lado da liteira, eclodiu, e dois homens se agarraram blasfemando, enquanto um grupo de transeuntes corria para o local, procurando segurar os dois brigões. A guarda do palácio real, postada junto às escadarias, correu também em direção ao princípio de tumulto. Foi o bastante: os dois homens numa fração de segundos desviaram a atenção do prisioneiro, que impulsionando os seus cento e tantos quilos contra um dos seqüestradores o fez perder o equilíbrio, indo ao chão. Siamor, com uma rapidez incrível para um homem tão pesado, rodopiou e com toda a força jogou um dos ombros contra o outro, que estupefato, e ante o imprevisto da situação, recebeu sem esperar todo o peso do sacerdote, perdendo também o equilíbrio. Siamor tentou correr, mas o primeiro homem, ao ser derrubado, num bote segurou suas pernas, e então, aquele peso enorme veio ao chão, sendo imobilizado num instante. A cena, embora rápida, chamara a atenção de todos, e quando sem aparente esforço, o sacerdote foi introduzido na liteira que se deslocou célere, o grupo de homens e de guardas que punham término ao acidente de rua, puderam concluir, algo espantados, que Siamor, Mestre do Som, figura bastante conhecida no reino, havia sido vítima de um rapto.

Narayade chegou à rua com a maior facilidade. Ninguém a vira sair, e àquela hora o movimento, quer no exterior do templo, quer no portão de entrada, bem como na calçada da frente, era mínimo. Mesmo assim, a bailarina deslizou furtivamente e já na rua, olhou para um lado e para o outro, até se certificar de que estava realmente sozinha. Em passos rápidos, atingiu a esquina, e não acostumada a sair sozinha, procurou se orientar.

Uma liteira apontou no fim da rua, puxada a passos vagarosos por seus carregadores. Um homem alto, envolto por longa capa de penas, caminhava em passos despreocupados ao lado da liteira, que de cortinas descerradas mostrou a Narayade, quando se aproximou, que no seu interior não viajava ninguém. A moça ficou ainda mais indecisa sobre que rumo tomar, e algo perturbada, voltou sobre seus próprios passos. O homem alto entreparou, fazendo um sinal aos carregadores, que pararam, sentando-se no chão para descansar. O estranho ficou a observar, a uma certa distância, Narayade que, perturbando-se mais ainda, começou a andar de um lado para outro, muito nervosa e sem saber que atitude tomar. O homem alto finalmente decidiu-se e abordou a moça:

— Senhora! Posso vos ser útil? Vejo que estais nervosa e necessitais de auxílio!

A voz era grave e bem modulada e a fisionomia do homem era simpática; isso pôde notar num relance Narayade, que ficando vermelha baixou os olhos. O homem aproximou-se mais e, fitando-a, insistiu: — Senhora! Permiti que vos ajude!

— Obrigada, senhor, mas... mas... — e a bailarina estava pronta para romper em choro.

Tal fato não passou despercebido ao olhar perscrutador do outro, pois modulando mais a voz, tornou a falar em tom bem baixo, quase ciciante:

— Sois bailarina de Nadja? Alguma coisa aconteceu?

— Não, não! — respondeu Narayade rápido — esperava alguém que não veio e agora... agora...

— Um amor! — disse o homem, rindo — Como pode um homem deixar uma mulher tão bela a esperar sozinha na rua? — disse galanteando.

— Não — disse a bailarina corando levemente. — Não é nada disso, apenas essa pessoa vinha me buscar para... para me levar ao palácio do... do rei — respondeu gaguejando.

— Ah! Bem! Nesse caso minha liteira está às vossas ordens, me dirigia mesmo para aqueles lados — e o homem indicou a liteira com um gesto.

— É que... é que... — Narayade parecia indecisa.

— Não me custa nada, senhora, será um prazer oferecer os meus préstimos.

A bailarina raciocinou depressa. Não poderia ficar ali na porta do templo por muito tempo, seria facilmente descoberta. Não poderia tampouco ir a pé até o palácio do tuxauá, era muito longe. Finalmente decidiu-se. Decidiu-se e cometeu o primeiro erro. Querendo fazer crer ao outro que se tratava de pessoa de grande importância, talvez para manter uma certa distância, ou impedir algum galanteio por parte do estranho, falou:

— Muito obrigada, aceito o oferecimento. Tenho uma importante entrevista com o rei sobre assunto de alta relevância e já me encontro um pouco atrasada. Aceito o oferecimento.

— Ótimo, também sou um fiel servidor de nosso rei, que Tupã o guarde! — e pensando: "Aqui temos coisa, Potengy, vamos a saber o que tão bela jovem tem de tão importante a falar com o tuxauá" — e abrindo um grande sorriso, ajudou a jovem a entrar na liteira, sentando-se no banco à sua frente.

— Deixe que me apresente, senhora; meu nome é Potengy e sou um dos homens de confiança do Sumo Sacerdote Azamor, e servo fiel de Sua Majestade Ay-Mhoré VII — disse, fazendo uma reverência.

— Sinto-me feliz de estar entre amigos e fiéis servidores do rei. Chamo-me Nara... Narathuym — mentiu a moça. — E sou das terras do leste. Estava de visita a Nadja, minha grande amiga.

A indecisão do nome não passou despercebida a Potengy, que piscando os olhos, divertido, arriscou:

— Mas falastes em assunto importante junto ao rei! Talvez eu possa ser ainda de maior utilidade.

— Sim, assuntos de grande importância e extremamente urgentes.

— Às vossas ordens, senhora. Em primeiro lugar, devem estar os assuntos do reino.

Nessa hora, Narayade havia cometido o segundo erro. E prosseguiu nele, para satisfação do outro:

— Urgentíssimo, senhor, dizem respeito à própria segurança do tuxauá.

— Não me diga — disse Potengy, fingindo o maior espanto. — Nesse caso foi Tupã quem me enviou ao vosso encontro!

— Como assim, senhor?

— Um assunto de tal importância não pode esperar nem um segundo. A senhora iria perder muito tempo indo ao palácio real. O tuxauá se encontra no palácio de Áries, em conferência com o Sumo Sacerdote. Nosso encontro casual foi providencial; levar-vos-ei imediatamente ao grande templo e vos introduzirei junto ao nosso soberano.

— Ó, senhor! Como posso vos agradecer?

— Servindo sempre assim lealmente ao tuxauá! — e entreabrindo a cortina da liteira ordenou aos carregadores: — Ao Templo de Áries, depressa!

A viagem foi rápida. Em poucos momentos Narayade, acompanhada do Potengy, subia as imponentes escadarias de mármore branco, atravessava o grande pátio oval, àquela hora apinhado de gente, e seguia por um longo corredor que terminava numa pesada porta de carvalho. Potengy bateu três vezes com os nós dos dedos. A porta se abriu e um servo silencioso afastou-se, deixando-os passar. Atravessaram mais duas salas vazias, e afinal atingiram um grande salão circular, todo forrado de peles e tendo como único móvel uma mesa alta, onde sentado num tamborete um homem escrevia num grosso pergaminho. À aproximação dos dois, o homem levantou a cabeça e os encarou. Era Dagbar, o servo fiel de Azamor.

— Dagbar, anuncia minha presença, tenho importantes revelações a fazer.

O outro não disse uma palavra. Encarou a moça, e levantando-se afastou a cortina de peles que cobria toda a parede, ocultando uma porta, que com uma leve pressão dos seus dedos abriu-se, por ela entrando o silencioso servo.

Decorreram alguns minutos. Narayade, a despeito do calor que fazia naquela sala, pôs-se a suar frio, sentindo as mãos úmidas e o coração batendo descompassado. Tão silencioso como saíra, apareceu Dagbar.

— Meu Mestre vai recebê-los — e afastou a cortina, abrindo passagem para os dois.

Azamor estava só, no meio do seu gabinete particular, de costas para a porta. Virou-se devagar e ficou a encarar, algo espantado, Narayade, que caiu de joelhos, saudando-o.

— Narayade — disse Azamor com sua voz cortante. — Mas o que fazes aqui? — e olhou interrogativamente para seu espia Potengy.

— Vejo que já a conheceis, senhor! Essa jovem vagava junto ao Templo do Vento e relatou-me que tinha assuntos urgentes que envolviam a segurança do reino, e precisando falar com o rei, eu resolvi trazê-la até vossa presença.

— Fizeste bem, Potengy! Podes te retirar! — e o sacerdote encerrou o assunto, dirigindo-se para a bailarina que se levantara e olhava em todas as direções, como que a procurar algo, o rei que esperava encontrar ali, naturalmente.

— Fala, minha filha — e Azamor adoçou a voz, como sabia fazer nessas ocasiões. — O que de tão importante tu tinhas para falar com o nosso tuxauá?

— Excelência! Aquele senhor... seu amigo — disse Narayade timidamente — me afirmou que o rei se encontrava aqui com o senhor e... e eu...

— Não te preocupes, minha filha, seja o que for eu transmitirei ao rei. Agora descansa, senta-te aqui — disse Azamor, indicando uma almofada de penas. — E conta para o teu Sumo Sacerdote tudo que tinhas para revelar ao nosso rei.

— Perdoe, senhor — e a bailarina parecia embaraçada. — Mas eu pensei, eu gostaria de revelar o que sei, pessoalmente ao próprio tuxauá.

— Certo, minha filha, e ele por certo agradeceria o teu zelo e ficaria imensamente feliz por saber que existem súditos tão dedicados assim; porém Sua Majestade magnificente está para fora, nas montanhas do príncipe Anhangüera. Acabou de partir, depois de ter uma longa conversa comigo; por isso, penso que vai ser impossível falar com ele agora.

— Ó! Tupã! — e a moça torceu as mãos, presa de grande aflição.

Azamor, que a observava com o olhar de águia, abrandou bastante a voz:

— Não te desesperes, minha filha, conta a teu sacerdote tudo o que sabes e eu te prometo que farei com que essas notícias cheguem ao nosso rei o mais rápido possível.

— E Vossa Excelência dirá que foi Narayade, a bailarina do Templo do Vento, que veio até aqui, escondida de sua Mestra, para revelar essas coisas?

— Assim farei, minha filha, e tem mais: ficarás aqui comigo, como hóspede, até eu falar com Nadja sobre o grande serviço que prestaste, para que não sejas castigada por teres saído às escondidas do teu templo.

— Ah! Senhor! Que Tupã vos proteja e guie vossos passos, a fim de que cada vez melhor possais dirigir os destinos espirituais da nossa terra.

Narayade então, sem esquecer um detalhe, contou a Azamor toda a conversa relativa ao rei, que ouvira escondida no templo de Nadja. Quando terminou, o Sumo Sacerdote, que a ouvira em silêncio, permaneceu assim por alguns instantes. Parecia absorto, e por sua testa enrugada, a bailarina percebeu que Azamor estava em profunda meditação. Depois, o sacerdote pareceu sair do seu interior, pois olhou com atenção Narayade, que esperava mais alguma pergunta, e limitou-se a dizer:

— Estou muito satisfeito contigo, o rei ficará muito grato — elevou a voz e chamou: — Dagbar! Ó Dagbar!

O outro parecia escutar junto à porta, pois mal o seu nome foi pronunciado pela segunda vez, penetrou silencioso na sala e postou-se a alguns passos de seu amo.

— Dagbar, leve essa jovem para o andar superior, manda que lhe dêem algo para comer e aposentos particulares. Que seja tratada com a máxima deferência. — E dirigindo-se para a bailarina: — Vai, minha filha, segue Dagbar, eu mandarei avisar imediatamente ao tuxauá e enviarei mensageiros ao Templo do Vento, para que Nadja fique a par de onde tu te encontras. Não temas, filha, deixa tudo por conta de teu sacerdote.

Narayade, agradecida, ajoelhou-se, e depois de saudar o Sumo Sacerdote, com o coração leve de alegria, saiu seguindo o servo Dagbar.

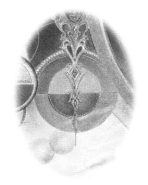

16
Na boca do lobo

Dezan acordou sobressaltado, soerguendo-se na tarimba coberta de penas que lhe haviam dado por leito, no quarto-prisão do palácio do tuxauá. Tivera uma noite agitada, entrecortada de sonhos que o despertavam com freqüência. Desses sonhos tão reais que se pode recordar os mínimos detalhes. Dezan estava cansado e quando passava por uma madorna que parecia querer se tornar duradoura, eis que um ruído mais forte na porta do aposento, e depois mais forte ainda bem dentro do quarto, o acordou completamente. Dezan abriu os olhos e olhou em torno. À sua frente estava o Grande Conselheiro do reino, acompanhado por um desconhecido, que na obscuridade do quarto, e por se encontrar um pouco mais atrás, Dezan não pôde reconhecer.

— Que queres de mim? — perguntou o bruxo com voz sumida.

— Vim te buscar — e Turyassu falou quase num sussurro.

— Aonde me levas? — Dezan procurou dar à sua voz um tom firme.

— Aos aposentos do rei.

Dezan levantou-se da tarimba sem dizer uma palavra, enquanto o Grande Conselheiro, sempre precedido pelo seu mudo companheiro, dirigiu-se à parede oposta da porta de entrada. Apesar da obscuridade reinante, tateou com mão firme, e encontrando o que procurava, fez uma leve pressão com um dos dedos, e a parede, dando um estalido fraco, começou a se mover em sua parte central, mostrando aos três a escura boca de um corredor.

— Vamos — disse Turyassu, apontando o corredor em frente.

Dezan deu de ombros e sem pressa, meteu-se pelo buraco

a dentro, logo seguido por Turyassu e o estranho que o acompanhava.

Agora, uma escuridão completa reinava no corredor, pois a parede se fechara após a passagem dos três homens. A escuridão durou pouco; logo uma fraca luz, projetando sombras fantásticas nas paredes, apareceu em uma das mãos do silencioso estranho e Dezan pôde perceber que se achava num comprido corredor cavado na pedra e que descia suavemente, talvez para as entranhas do palácio.

Não soube nunca quanto caminhou na frente dos dois homens, iluminado por fraca lanterna. O corredor parecia não ter fim, descendo sempre. O ar era abafado, úmido, e quando a luz refletia melhor podia-se divisar a rocha irregular que compunha suas paredes e o teto arredondando, aqui e ali gotejando água viscosa e esverdeada. O corredor alargou-se afinal, e uma claridade difusa deixou Dezan ver argolas de ferro dispostas a distâncias regulares, onde apareciam esqueletos ainda acorrentados nas posições mais diversas. Avançavam agora por uma sala de grandes proporções, calçada de lajes irregulares e umedecidas, atulhada por estranhos aparelhos, que cobertos por teias de aranha, levavam a concluir que não eram usados por longos anos. Os três homens se encontravam no subsolo do palácio, na antiquíssima sala de torturas, já por completo ignorada pela geração atual do reino. A grande sala terminava numa porta gradeada de ferro que parecia impedir que prosseguisse o passeio involuntário de Dezan. Turyassu avançou resoluto para ela e novamente seus dedos correram em sentido vertical por um dos lados da porta de ferro. Dessa vez, ouviu-se um estalido forte e a porta, vagarosamente, começou a se mover, rangendo.

— Em frente — disse o Grande Conselheiro, e sua voz soou oca e forte no silêncio daqueles subterrâneos.

A caminhada recomeçou, e mal tinham dado uns vinte passos, uma pequena escada de pedras escuras surgiu, e o indeciso Dezan, que seguia à frente dos dois, entreparou; novamente a voz impessoal de Turyassu se ouviu, ordenando que ele subisse.

A escada era pequena, no máximo dez degraus que terminavam noutra porta, muito velha, de madeira, já carcomida pelo tempo. Dezan afastou-se para o lado e dessa vez o estranho a forçou com os ombros, escancarando-a para fora, e a claridade da noite penetrou, em sombras mais claras, para o interior escuro da escada de pedra. Turyassu foi o primeiro a sair, seguido por Dezan e o estranho silencioso.

— Podes ir, não preciso mais de ti — disse o Grande Conselheiro, e o outro curvando-se respeitosamente desapareceu nas sombras da noite.

Dezan olhou em torno, não reconhecendo a rua onde se encontravam. Deviam ter saído pelo túnel subterrâneo a alguma distância do palácio do rei, pois por mais que procurasse com o olhar, não avistou aquela construção colossal, que se destacava das demais.

"Aonde Turyassu o levaria?" — pensou. — "Por certo não estava se dirigindo aos aposentos do rei, conforme lhe fora comunicado em seu quarto na prisão. Será que queriam matá-lo?" Logo afastou essa suposição da mente, pois lugar melhor para sua eliminação seria o antigo calabouço por onde haviam passado há poucos instantes. "O que queriam fazer com ele, afinal?"

A cadeia de seus pensamentos foi logo interrompida por um pequeno ruído, e Dezan pôde ver a poucos passos uma liteira que chegava o mais silenciosamente possível, puxada por quatro carregadores.

Num instante, Dezan se encontrava sentado à frente de Turyassu, com as cortinas cerradas, e pelo balanço acentuado da liteira, o bruxo percebeu que caminhavam com a maior velocidade possível. A viagem foi curta. Não houve nenhum diálogo. Cada um daqueles dois homens parecia entregue a seus próprios pensamentos. O balanço parou de repente, Turyassu abriu a cortina e Dezan reconheceu de imediato as escadarias de mármore do Templo de Áries, àquela hora vazias e só ocupadas em cada extremidade por dois guardas do templo, imóveis e apoiados nas compridas lanças. Parece que os guardas já haviam recebido ordens, pois o Grande Conselheiro desceu por uns instantes fazendo um gesto, que foi de imediato obedecido pelos guardas, que desceram as escadarias em direção à liteira, perfilando-se.

— Eis o homem! — disse Turyassu, apontando Dezan, que ainda permanecia em seu lugar dentro da liteira — Desce, Dezan! — depois dirigindo-se aos guardas: — Levem-no sem demora!

Dezan moveu-se do seu lugar, resignadamente, seguindo os guardas que o ladeavam, enquanto o Grande Conselheiro, sem uma palavra de despedida, entrou na liteira, que se moveu rápida pela rua deserta.

Azamor, em seus aposentos particulares, para onde Dezan foi conduzido, impaciente, deambulava pela sala atapetada e ricamente ornamentada. Quando os guardas, depois de deixarem o prisioneiro esperado saíram, o Sumo Sacerdote também

A Terra das Araras Vermelhas

saiu de súbito de sua agitação, e parou em frente ao calado Dezan, ficando a olhá-lo por alguns instantes. Foi Azamor quem primeiro falou:

— Salve, Juranan, creio que te prestei um pequeno favor tirando-te das garras do rei.

— Salve, Azamor — limitou-se a dizer o bruxo, e a sua voz, aos ouvidos do outro, soou fraca e inexpressiva.

— E então? Creio que já podemos ter a conversa que nos interessa tanto — e o Sumo Sacerdote, sem nenhum preâmbulo, entrou no assunto diretamente.

Dezan parecia muito cansado, pois deixou cair os braços molemente ao longo do corpo, dando um suspiro. Azamor examinou detidamente suas feições. Achou-o bem mais velho do que da última vez que o vira, e aquele sorriso escarninho, tão comum outrora em seus lábios, havia desaparecido, bem como seus olhos, que eram vivos e penetrantes, haviam perdido o brilho e toda a vivacidade. Isso de pronto Azamor percebeu, porém atribuiu ao cativeiro e às provações por que o outro havia passado. Esses pensamentos foram muito rápidos, e logo o Sumo Sacerdote indicou com um gesto o divã ao seu lado para que o outro sentasse, e prosseguiu meio apressado:

— Senta-te, Juranan, senta-te e conversemos.

Dezan, sem uma palavra, sentou-se pesadamente no divã e ficou a encarar o outro, sem nenhuma expressão no rosto.

— E então, Juranan? Podemos falar agora? Olha! — e juntando a palavra à ação, tirou das dobras do manto um pergaminho enrolado em fita de seda, que entregou ao bruxo.

Dezan nem pareceu vê-lo, segurou-o mecanicamente e continuou com o mesmo olhar vazio a encarar Azamor. O Sumo Sacerdote, atropelando as palavras, continuou a falar com o bruxo:

— É a tua nomeação para o cargo de Sumo Sacerdote, devidamente selada e assinada pelo futuro tuxauá.

Afinal Dezan saiu do seu mutismo e rodando o papiro nas mãos, sem abri-lo, falou com voz sumida:

— Ah! A assinatura!

— Mas afinal que tens? Por acaso foste torturado no palácio real? Não era isso o que querias para me contares onde se encontram minha mulher e meu filho?

— Era, mas agora não tem a menor importância.

— Como assim? Como não tem importância?

— É o que eu disse, Azamor.

— Estás querendo faltar com tua palavra? — a voz do Sumo Sacerdote era ameaçadora.

— É o que eu disse — tornou a repetir Dezan no mesmo tom de voz, parecendo não estar nem um pouco impressionado com a atitude feroz do outro.

— Creio ter feito a minha parte; aí está tua nomeação, como pretendias, e ainda por cima livrei-te dos teus algozes — e Azamor abrandou a voz, controlando-se.

Dezan parecia muito cansado, e foi com a voz trêmula que balbuciou:

— Tua mulher vive ainda e...

— O lugar, onde se encontra?

— Vive numa cabana, nas matas de caça do príncipe Anhangüera. Foi ali segregada por mim com a ameaça de jamais procurar-te ou a quem quer que fosse, sob pena de nunca mais ver o seu filho, caso desobedecesse a essa ordem.

Dezan parecia ter feito um grande esforço, pois mal acabou de falar, ficou arfando, e de repente levou a mão ao peito, tremendo todo. Azamor, sentado na ponta do divã, estava tenso. Com visível impaciência, esperou que o outro se recompusesse.

Continuando a apertar com uma das mãos o peito e falando aos arrancos, aparentando fazer um grande esforço, Dezan continuou:

— Seu nome atual é... é Azy-Mhalá.

— Sim, entendi. Azy-Mhalá, numa cabana nas terras de caça do príncipe Anhangüera. E meu filho? — o Sumo Sacerdote estava realmente aflito.

— Vive... teu filho... teu filho... — conseguiu articular.

Dezan ficou muito pálido, levou as duas mãos à garganta e depois, dando um fraco gemido, desabou pesadamente para a frente, caindo no chão, contorcendo-se, até que parou subitamente, imóvel, aos pés de Azamor, atônito.

— Juranan! Juranan! — gritou o Sumo Sacerdote, abaixando-se ao seu lado. — Meu filho! Onde está meu filho? — gritou junto ao ouvido do bruxo inanimado.

Com as duas mãos sacudiu-o com força, pelos ombros. Gotas de suor desciam pela sua fronte, e um frio de desespero desceu pela sua coluna, indo se refletir em suas pernas, que quase vergaram.

Dezan, aos seus pés, estava morto.

Num instante, apesar do adiantado da hora, o palácio de Áries virou um pandemônio. Com gritos histéricos, Azamor movimentou seu servo particular, e com diversas ordens, pôs-se o grave servo a andar à procura do capitão da guarda e mais três ou quatro homens de sua confiança. Num abrir e fechar de olhos, ou fosse por suas ordens gritadas, ou porque o Sumo Sacerdote era de fato um homem temido, o capitão Arassagy, estremunhado de sono, seguido pelos três guardas e mais Dagbar, que andava silencioso na ponta dos pés, passados poucos instantes estavam nos aposentos de Azamor aguardando ordens.

Ninguém parecia prestar atenção ao homem morto, bem no centro da sala. As atenções todas estavam voltadas para o Sumo Sacerdote, que com a fisionomia descomposta, de braços cruzados, olhar faiscante, parecia esperá-los.

— Arassagy — disse, sem nenhum preâmbulo — esse corpo precisa ser removido sem demora.

— Sim, Excelência.

— Os homens que te acompanham são de confiança?

— Toda confiança, me responsabilizo por eles.

— O corpo desse homem — disse apontando com o pé o morto — deve ser retirado deste palácio com o máximo cuidado para não ser visto.

— Sim, Excelência.

— Deves então procurar o Grande Conselheiro em seu palácio, e lhe dirás para prestar o último favor. Deves frisar bem que será o último serviço que lhe peço.

— Assim farei, Excelência.

— Muito bem! Pedirás então a Turyassu para recolocar o corpo desse homem no mesmo lugar de onde foi tirado. Entendeu bem?

— Sim, Excelência — e Arassagy, rápido, deu ordens a seus homens, que num instante saíram conduzindo o corpo do bruxo envolvido numa longa capa.

— Arassagy! Tem mais outra coisa! Logo após executares essa tarefa, quero que vás o mais depressa que puderes, às terras de caça do príncipe Anhangüera. No meio da floresta encontrarás uma cabana; não podes errar, é a única que existe. Lá vive uma... uma senhora. Seu nome é Jacyara, embora atualmente seja mais conhecida como Azy-Mhalá.

— Jacyara... Azy-Mhalá... entendi perfeitamente, senhor — e o capitão nem pestanejou, acostumado que estava a obedecer, embora esse nome, Jacyara, lhe dissesse bem o que significava.

— Sim, é esse o nome. Quero que me tragas essa... essa mulher à minha presença.

— Sim, Excelência.

— Não quero que nada de mal lhe aconteça. Porém, quero-a aqui. Entendeu, Arassagy?

O capitão entendera. Azamor a queria no seu palácio, por qualquer meio, logo ele a traria sem dúvida alguma, e perfilando-se saudou o seu amo. Já se dispunha a sair da sala, quando Azamor perguntou
— Entregaste a... a mercadoria?
— Sim, Excelência.
— E Zanatar?
— Fará exatamente o que Vossa Excelência ordenou.
— Ótimo; podes ir, Arassagy.
O capitão retirou-se, em demanda de seus comandados, que carregavam o corpo de Dezan.

⁂

Ainda não era a hora sétima da manhã, e Jaguarassu, servo particular de Ay-Mhoré, vinha comunicar-lhe que o Grande Conselheiro se encontrava na antecâmara, querendo falar-lhe com urgência.

O rei, que já havia se levantado e esperava o seu desjejum junto com a rainha, franziu o sobrolho, ante tão matinal visitante, e como os assuntos urgentes naqueles tempos não deviam ser deixados para depois, apressou-se a ir ao encontro de Turyassu.

O Grande Conselheiro, depois das saudações de praxe, fez um relato completo com relação à fuga misteriosa de Dezan, sem esquecer os dois guardas mortos, e por fim, de como havia encontrado uma passagem secreta que dava para o subsolo do palácio e terminava numa antiga sala de torturas, não mais utilizada, segundo ele, já há alguns anos. O rei escutou em silêncio, e quando o outro terminou, perguntou:
— E Dezan? Encontrou-o, por acaso?
— Sim, Majestade, foi encontrado morto e acorrentado na antiga sala de torturas a que vos referi.
— O quê? Morto, dizes?
— Sim, Majestade, infelizmente.
— Tens alguma pista?
— Nenhuma, Majestade, e não posso compreender os guardas mortos no corredor, se a pretensa fuga do bruxo foi pela parede móvel de dentro do quarto.
— Evidentemente os algozes de Dezan vieram pelo corredor, mataram os guardas, entraram no quarto e levaram o bruxo — disse Ay-Mhoré pensativo.
— Impossível, Excelência, quem poderia entrar no palácio e transitar pelos corredores sem ser visto?

A Terra das Araras Vermelhas

— Algum traidor daqui de dentro do palácio, com livre acesso a todos os corredores.
— Já pensei nisso, Majestade. Mas quem?
— Esse é o problema, Turyassu. Nos dias que correm, dentro do próprio palácio estamos cercados de traidores. Não sabemos mais em quem confiar.
— É verdade, Alteza, e com a morte de Dezan ficamos sem mais uma fonte de informações preciosas.
— Vamos até o quarto do prisioneiro — disse o rei, esquecendo o seu desjejum.

Ao mesmo tempo em que deixamos o rei e o Grande Conselheiro às voltas com a morte de Dezan, vamos encontrar dois homens, em lugar totalmente oposto e com missões diferentes: Ararype preparando-se para sair de seu palácio em busca do seu amigo Turano nas montanhas, e o capitão Arassagy, também em preparativos, com quatro de seus homens de confiança, para trazer das matas de caça de Anhangüera aquela que o Sumo Sacerdote havia designado com o nome de Azy-Mhalá.

Deixemos que Ararype, agora totalmente modificado e disposto a entregar sua espada e sua vida ao rei, se encaminhe com dois servos e uma liteira puxada por quatro carregadores, em direção às grandes montanhas do vale, e fiquemos com o capitão, que também levando uma liteira com quatro carregadores, segue a toda pressa em direção às terras do sul.

O dia começava a clarear, quando Arassagy e seus homens chegaram à cabana na floresta de caça de Anhangüera, que àquela hora destacava-se da bruma com sua silhueta escura. Arassagy saltou da liteira e dirigindo-se à porta, bateu com o punho fechado:

— Ó de casa! — gritou. — Abra, Azy-Mhalá!

Ouviu-se um pequeno ruído do lado de dentro e depois, passos arrastados. Por fim, novo ruído seguido do estalido seco da tramela, e a porta rangendo abriu-se um pouco. O capitão, colocando o pé no batente da porta, impediu que ela se fechasse, caso a velha quisesse impedir sua entrada. Já se divisava o rosto de Azy-Mhalá pela estreita abertura da porta, quando Arassagy saudou alegremente:

— Bom dia, senhora! Muito bom dia, Jacyara, permiti que eu entre — e juntou à palavra a ação, forçando mais a abertura com seus poderosos ombros.

Ao ouvir aquele nome, que já não ouvia por longos anos,

Azy-Mhalá, dando um gemido de espanto, recuou instintivamente, refugiando-se por trás da mesa, enquanto a porta se escancarou, entrando por ela o capitão, seguido de perto por seus quatro homens.

— Senhora Jacyara — e o capitão curvou-se — o Sumo Sacerdote dos Templos, Azamor, que Tupã o guarde, solicita vossa presença em seu palácio e vos pede que me sigais com a máxima urgência.

Azy-Mhalá ouviu esse pequeno discurso com o pavor a invadir sua alma, e foi recuando cada vez mais para o fundo da pequena sala, até que a parede a impediu de qualquer progressão, ficando ali, olhos esbugalhados, a tremer toda, enquanto o pânico enorme tomava conta de todo o seu ser.

O capitão percebeu o medo que suas palavras e sua presença inspiravam, pois deu mais uns passos à frente, e dando um sorriso escarninho, a pequena distância da velha toda encolhida tornou a falar:

— Então, senhora? Quereis seguir-me?

— Por... por piedade... piedade, senhor — balbuciou a velha em voz trêmula e insegura.

— Mas senhora! Não há por que temer, vim apenas escoltá-la até ao palácio do Sumo Sacerdote.

Azy-Mhalá cobriu o rosto com as mãos, enquanto o seu frágil corpo envelhecido era estremecido por soluços.

Arassagy, que não era homem dos mais pacientes, comandou:

— Homens! Agarrem-na e levem-na para a liteira!

Os quatro guardas, que impassíveis aguardavam ordens, movimentaram-se como que impulsionados por uma mola.

Uma voz forte e bem timbrada ouviu-se então na entrada da cabana:

— Com seiscentos demônios! Afinal, o que significa isso?

Os cinco homens viraram-se, e em pé, na porta da cabana, viram a figura impressionante de Anhangüera, que com a fisionomia carregada os fitava inquisidoramente.

Arassagy, reconhecendo-o, curvou-se reverente:

— Salve, príncipe Anhangüera, que Tupã o guarde!

— Que significa isso? — tornou a perguntar Anhangüera, com sua voz de trovão.

— Excelência, por ordem de meu senhor, o Grande Sacerdote Azamor, vim buscar esta senhora para levá-la ao Templo de Áries.

— Pelo que eu pude ver e ouvir, ela não tem a menor vontade de te acompanhar — e Anhangüera, dando dois passos

A Terra das Araras Vermelhas 211

à frente, dirigiu-se à velha, que com um brilho de alegria nos olhos, fitava com esperança o grande príncipe. — Ó tiazinha! Venha! Ninguém lhe fará mal algum! — disse, estendendo os braços para a velha, que rápida correu, a despeito da idade, para trás do príncipe.

Quando Azy-Mhalá correu, os quatro guardas esboçaram uma reação, no que foram impedidos por um gesto do seu capitão.

— Excelência — disse Arassagy — tenho uma missão a cumprir, gostaria...

— Gostaria nada — atalhou Anhangüera. — Desde quando homens armados penetram sem minha licença em minhas terras, para levar à força um dos meus súditos?

— Mas Excelência, eu represento o poder espiritual do reino, trata-se de assunto que transcende o poder material, logo...

— Logo, vais sair imediatamente das minhas terras e isso o mais rápido possível.

— Mas Excelência... — o capitão estava pálido.

— Só devo obediência ao rei! Fora, já disse! — e as grandes veias do pescoço do príncipe intumesceram-se, enquanto seu rosto ficava rubro de cólera.

— Haveis de compreender, Excelência, que além de ter uma missão a cumprir, no momento detenho a força. Vós sois apenas um, nós somos cinco. Eu não queria chegar a esse extremo.

— Força! Bah! Ninharias! — disse o príncipe, sem desviar o olhar do capitão, e dirigindo-se à velha: — Tia Azy-Mhalá, corre o mais depressa que puderes para a floresta e te esconde até eu chamar.

Depois, sem um aviso, com seus possantes braços, agarrou os dois guardas mais próximos, batendo com a cabeça de um no outro; depois, segurando-os para não caírem, jogou-os com toda a força dos braços contra o capitão e os outros dois guardas, que mal haviam tido tempo para uma reação, quando caíram embolados por cima dos móveis que se espatifaram com grande barulho. Com dois homens fora de combate, desmaiados, rápido Anhangüera, que estava desarmado, tomou da lança que um dos guardas deixara cair, e com ela em riste, avançou contra os três homens válidos ainda no chão. Um deles nem teve tempo de levantar, recebeu uma tremenda estocada no ombro que o projetou para o outro lado da cabana, onde caiu a gemer coberto de sangue; Arassagy e o outro guarda já estavam de pé, ainda tontos, e o príncipe, lança em riste, a qual parecia mais um brinquedo em suas mãos, os enfrentou cara a cara. Por um momento ficaram a se encarar, e então o capitão, curvando a cabeça, em voz sumida ordenou a seus comandados:

— Vamos, nada se pode fazer.

— Fora! — gritou o príncipe, na sua voz de trovão, movimentando a lança. — E leva contigo esse lixo que está a impregnar minhas terras — disse, apontando com a ponta da lança os três homens fora de combate, no chão.

Num minuto, Arassagy deu suas ordens, e rapidamente os carregadores levaram os feridos, saindo os outros dois de cabeça baixa da cabana.

Na porta, o capitão Arassagy parou, olhou para o príncipe, imóvel no meio da sala, e pretendeu dizer alguma coisa. As palavras, porém, não saíram; Arassagy, dando meia volta, saiu com pressa, entrando na liteira. Até aos seus ouvidos chegou bem alto uma gargalhada formidável que saiu do interior da cabana da velha Azy-Mhalá.

— À cidade central! — ordenou o capitão tremendo de ódio. — A toda pressa! Vamos!

❦

— E então, eu resolvi vos procurar, a fim de pedir vosso auxílio nesse caso — disse Azalym, terminando de relatar ao príncipe Anhangüera o que viera fazer na cabana de Azy-Mhalá, a mando da sacerdotisa Nadja.

O príncipe ouviu o rapaz, sem interrompê-lo, e quando terminou, sorriu, o seu sorriso doce, tão amável e querido dos seus amigos, e então, pondo as duas mãos nos ombros do seu guarda-caça, por quem tinha grande afeto, contou todos os incidentes dos quais havia participado pela manhã, na cabana da tia Azy-Mhalá.

— Ó! Senhor! — disse Azalym. — Que ótimo os deuses vos terem mandado para aqueles lados nesta manhã!

— É verdade, Azalym, e agora, vou te dar seis guardas armados, a fim de evitar surpresas, e tu vais cumprir tua missão para com a sacerdotisa Nadja, levando a tia velha até o Templo do Vento.

Azalym agradeceu ao seu príncipe a ajuda recebida, e mais tarde, com tia Azy-Mhalá numa liteira fechada e escoltada por seis guardas, seguiu em direção ao palácio-templo de Nadja.

Já se avistava, de uma pequena elevação, a cidade onde reinava Ay-Mhoré, quando, numa estrada lateral, apareceu uma liteira escoltada por seis guardas armados. Uma voz que não soou estranha aos ouvidos de Azalym, gritou:

— Ei! Parem! Esperem!
— Às armas! — gritou o guarda-caça, e levando a mão ao cabo do punhal, preso à manga de sua túnica, esperou, disposto ao que desse e viesse, a outra liteira que avançava a toda pressa.

17

Zanatar - o etíope

A Ilha Gorda, de forma arredondada, destacava-se no oceano como um enorme chapéu coco ali colocado; com suas imensas rochas quase a prumo, que à primeira vista davam a idéia, a quem dela se aproximasse, de que era impossível o desembarque. De fato, a ilha não possuía praias, terminava num paredão quase liso, de cerca de três metros de altura, onde o mar batia e às vezes, em fúria, jogava água a grande altura. Porém, do lado oposto ao continente, a ilha apresentava fenda de enorme proporção na sua estrutura, formando ilha a dentro uma bacia natural de águas mansas, que era o único caminho para se aportar na Ilha Gorda. Por essa razão, e por estar a um dia de barco a vela do continente, foi que Zanatar, o poderoso príncipe etíope, a escolheu como base de operações, que visavam à invasão do continente, e ali fixara as tendas dos seus comandados, num acampamento monstro. Zanatar, e Siamor não se enganara quando o denunciara ao rei, tinha ali acampados oito mil homens.

Quando o bote de fibra de vela quadrada, puxado por oito remos, entrou na baía natural da ilha, e encostou numa praia de aparência artificial, de areias escuras, Siamor, descendo do bote, quase empurrado pelo negro enorme, chegou à conclusão de que estava perdido.

— Adiante — disse o negro, e o Sacerdote do Som, tropeçando nos seixos soltos e ferindo os pés, calçados por finas sandálias, pôs-se a caminhar lentamente, conforme lhe fora ordenado.

O caminho de seixos subia suavemente por entre o terreno calcinado de origem vulcânica e coloração escura. Logo adiante, avistava-se uma coleção de barracas quadradas, coloridas, e uma azáfama intensa de homens, se movimentando de um lado para o outro. Indiferentes ao prisioneiro que chegava, pois pareciam não notar sua presença; Siamor no seu passo curto caminhou por entre as barracas do acampamento, acompanhando o negro silencioso que o guiava. Perto de uma barraca maior, de aparência mais luxuosa, pararam, e um etíope vestido de linho alvo, ombros enormes, estatura gigantesca, rosto maciço, onde olhos cruéis e perscrutadores apareciam, dando ao todo de sua fisionomia, de cabeça raspada, uma aparência odiosa, os esperava, pois foi logo dirigindo-se ao negro que escoltava Siamor:

— É este o homem? — e com um esgar mostrou os dentes brancos e fortes, que pioraram um pouco mais sua carantonha.

— Sim, nobre Nazmor. Tenho a vos comunicar que recebi ordens do próprio príncipe Zanatar para que o prisioneiro seja bem cuidado e bem vigiado, até que seja interrogado por ele próprio.

Nazmor, impassível, examinou Siamor dos pés à cabeça. Não disse uma palavra, despediu o outro com um aceno e depois de um tempo que pareceu longo demais ao amedrontado Sacerdote do Som, aquele que haviam designado com o nome de Nazmor falou apenas:

— Venha!

O tom de voz era autoritário, de comando, e Siamor entrou sem pestanejar na tenda menor que o outro abria com uma das mãos e que ficava anexa à luxuosa tenda de onde havia saído o nobre Nazmor. O cômodo era abafado, baixo, pois quase se podia tocar com a cabeça na lona de cobertura, despido de qualquer móvel ou adorno, tendo somente um grosso tapete de pele que cobria todo o chão arenoso.

Nazmor, curvado, devido à sua alta estatura, lhe indicou o chão com um gesto e sem mais uma palavra, saiu da tenda. Siamor deixou desabar o seu corpo enorme, suando muito e com a mente povoada dos pensamentos mais negros.

— Perdido — gemeu o sacerdote. — Estou perdido. Ó! Tupã! Ajude-me, por favor, me ajude!

Soluços altos sacudiam o gordo corpo de Siamor, que cobrindo o rosto com as mãos entregou-se ao desespero. O tempo arrastava-se e a inquietação e o medo do sacerdote aumentavam. A tarde caiu. As sombras da noite invadiram a barraca. Do lado de fora, ouviram-se passos abafados e sombras fantásticas projetaram-se de encontro à lona mais fina que servia de porta. Duas novas sombras vieram ocupar o lugar das primeiras. "Mudaram a guarda" — pensou Siamor, com o pensamento distante, no conforto do seu palácio-templo.

Quanto tempo ficou ali, entre sobressaltos e medos, que o invadiam a cada instante? Nunca soube. Que tempo podia ser? Hora oitava? Nona? A unidade de tempo havia desaparecido para o pobre sacerdote, quando o seu pavor chegou ao auge. A lona de entrada foi violentamente sacudida para o lado e um etíope gigantesco, parecendo medir quase três metros de altura, apesar de entrar curvado, assomou à entrada, tapando a fraca luz que a invadia. Dois homens o seguiam, munidos de lanternas, que iluminaram de súbito toda a tenda de uma claridade amarelada que quase cegou Siamor, há tanto tempo na obscuridade. O sacerdote encolheu-se apavorado no seu canto, e fitou, olhos esgazeados, o etíope, que foi logo reconhecido por ele. Era Zanatar, o poder supremo em toda a Etiópia e mais ainda ali na Ilha Gorda.

Imaginem um gigante de ébano, músculos admiráveis, aparecendo modelados pela jaqueta justa de linho cru. Pernas nuas, musculosas, saindo dos calções de couro, cobertas até a altura da canela por botas macias de couro trabalhado. A cabeça inteiramente raspada, o rosto maciço, de feitio quadrado e de maxilares salientes, com prognatismo do inferior considerável. Os olhos muito afastados um do outro e vermelhos, davam ao conjunto um aspecto feroz e ao mesmo tempo imponente, de um bruto formidável. A voz era forte, bem modulada, de acentos graves, e podia-se mesmo dizer que tal voz estava deslocada naquela figura. Era uma bela voz, a que possuía o príncipe Zanatar.

— Salve Siamor, Sumo Sacerdote do Som — e havia ironia na saudação do príncipe.

Siamor, fazendo um grande esforço, conseguiu se pôr de pé:

— Salve, grande príncipe Zanatar, supremo rei em toda a terra de Zantar!

— Vejo que estão te tratando mal; por acaso te serviram algum alimento? — a ponta de ironia continuava na voz do príncipe.

— Não... mas... mas... mas não tem a menor importância — disse a Siamor, procurando dar maior segurança à sua voz, e ainda temeroso ousou perguntar: — Vossa Alteza se dignaria responder-me, o que pretendem fazer de mim?

— Pretendemos! Mas não pretendemos nada — e Zanatar riu alto, parecendo muito divertido. — És um hóspede em minha ilha provisória

— Hóspede, senhor? Quer dizer que... — Siamor não encontrava as palavras.

— Quer dizer — atalhou o outro — que vais ficar aqui na

ilha comigo, digamos... — fez uma pausa proposital — digamos, por algum tempo. Teremos uma conversa, que eu diria bem amigável — e frisou esse "amigável". — Então, talvez possamos chegar a um acordo.

— Conversa?

— Sim, uma longa conversa.

— Sobre assuntos relativos ao Templo do Som?

— Temos muito tempo, Mestre Siamor, muito tempo. Se quiseres falar sobre o teu templo, eu te ouvirei com prazer. Sou muito bom ouvinte, sim senhor, muito bom ouvinte.

Siamor pareceu perturbar-se, e ficou a olhar amedrontado de um lado para o outro. Quando falou, foi com a voz mais insegura ainda:

— Se não é sobre o meu templo, não sei que utilidade possa ter para Vossa Graça.

— Teus assuntos até que me interessam muito.

Siamor então arriscou:

— Se eu tiver realmente, ou melhor souber de assuntos... de coisas que vos interessem realmente?

— Nesse caso veremos! Veremos, Mestre Siamor!

Não havia nem promessa nem ajuda nas palavras de Zanatar. O seu "veremos" era dúbio, sua intenção indevassável.

— Suponhamos — e Siamor pareceu animar-se. — Suponhamos que vos diga coisas da maior utilidade, da maior importância, capaz de vos servir a tal ponto, que Vossa Alteza nem possa imaginar.

— Nesse caso, nós nos daremos muito bem, e sua permanência na ilha será das melhores.

— Quer dizer que de qualquer forma sou vosso prisioneiro?

— Prisioneiro não, hóspede.

— Mas, Vossa Graça, disse que após uma conversa amigável poderíamos chegar a um acordo?

— Sim, falei.

— Quer dizer, então, que depois de vos servir estou livre?

— Continuará sendo meu hóspede.

— Não vos entendo, senhor.

— É tudo muito claro.

— Claro, senhor?

— Teu amigo Azamor te entregou a mim com o pedido terminante para... para que desapareças...

Siamor tremeu, e um frio desceu por sua espinha. Mesmo assim, fazendo um grande esforço para parecer calmo, ponderou:

— Azamor pediu para que eu desaparecesse? Logo Aza-

mor, que é um dos meus amigos!
— Suponhamos que eu creia que de fato Azamor é um dos teus amigos, porém o certo é que estás aqui comigo, como meu... meu hóspede, e sabes de coisas que eu preciso saber, entendes?
— Entendi perfeitamente, senhor. Mas essa questão de... de hóspede?
— Ah! Minha hospedagem! É muito simples! Vais me contar o que sabes, e depois, muito bem tratado, ficarás comigo, como meu hóspede na Ilha Gorda. Creio que já te falei isso, não?
— Já, Excelência, porém não haveria um jeito de se eu falar, vos servir de maneira admirável e depois... depois seguir livre para o continente?
— Impossível!
Siamor reuniu o resto das forças que lhe restavam e munindo-se de toda sua coragem, que não era muita, perguntou:
— E se por acaso eu não tiver nada para dizer?
Zanatar não se perturbou e mostrando os dentes, num sorriso zombeteiro, falou o mais suavemente possível:
— Nesse caso, serei obrigado a te fazer falar. E sabes muito bem que tenho meios para isso — disse o etíope rindo, no que foi imitado pelos outros dois homens que acompanhavam o príncipe, até então impassíveis.
Um silêncio gelado caiu entre aqueles homens, e Zanatar fixando o olhar duro em Siamor, parecia esperar. O sacerdote balbuciou algumas palavras ininteligíveis e logo depois baixou os olhos, desviando o olhar do príncipe. Foi ainda Zanatar quem quebrou o silêncio:
— Vou mandar servir-te o que comer. Passada uma hora voltarei. Veremos o que tens para me contar — e Zanatar, seguido dos dois homens, deixou o sacerdote outra vez mergulhado na escuridão.
O tempo tornou a se arrastar para Siamor, que encolhido num dos cantos da barraca, tentou ordenar as idéias, chegando a concluir quão incômoda e perigosa era sua posição. Se insistisse em não falar, sua vida estaria por um fio. A morte e as torturas por que passaria seriam inevitáveis. Disso agora tinha certeza. Se falasse, se contasse tudo o que sabia, talvez tivesse uma pequena chance de sobreviver, embora prisioneiro e à mercê da vontade de Zanatar. Era, porém, o único caminho, e Siamor, com a cabeça a ferver, entulhada com esses terríveis pensamentos, transido de medo e ansiedade, entregou-se ao mais completo desespero.
Quanto tempo passou assim, entre momentos de lucidez

a considerar os prós e contras, e outros de intenso descontrole nervoso? Nunca pôde saber, pois quando já imaginava que o seu sofrimento não teria mais fim, naquela espera angustiosa, a lona da entrada da tenda foi subitamente aberta e dois servos, conduzindo duas grandes bandejas, acompanhados por outro que com uma fraca lanterna iluminava o interior, entraram silenciosos e as depuseram aos seus pés e saíram, deixando outra vez o sacerdote sozinho.

Siamor tinha fome, e suspirando resignado, atirou-se aos alimentos que lhe pareceram saborosos. O sacerdote ainda não tinha dado umas três dentadas, quando de novo a tenda se abriu e Zanatar ocupou inteiro a entrada da barraca com sua imponente figura.

— Vejo que os alimentos te agradam — disse sarcástico o etíope.

Siamor pronunciou uma espécie de agradecimento com a boca cheia.

— Não querendo interromper tua refeição, apenas gostaria de saber: resolveste falar?

O outro havia engolido um grande bocado de alimento, mas mesmo assim conseguiu falar:

— Sim, falarei, tudo o que quiseres saber.

— Ótimo — disse Zanatar. — Quando acabares de comer, irei te transferir para uma tenda maior, com mais conforto que essa. Dormirás uma noite tranqüila e amanhã cedo falaremos. Bons sonhos, Mestre Siamor! Bons sonhos! — disse Zanatar rindo.

Nem bem Siamor acabara sua refeição, quando dois homens entraram na tenda e um deles, que parecia ser de categoria superior, lhe ordenou que o seguisse. Seguindo os dois homens que iluminavam o caminho com suas lanternas, chegaram a uma tenda enorme, forrada de panos de várias cores, e que ficava nos limites do grande acampamento.

— Entra — disse o homem que dava as ordens.

A barraca era de grandes proporções e de uma riqueza deslumbrante. Era toda dividida em compartimentos de tamanhos regulares, por tapeçarias coloridas, e o chão forrado por tapetes de peles. Na lona que servia de cobertura, pendiam lanternas que iluminavam profusamente o seu interior. O homem que seguia à frente foi abrindo cortinas e Siamor e os outros dois, que seguiam logo atrás, foram atravessando vários cômodos vazios, até que chegaram ao que pareceu o fim da grande barraca; era uma grande sala retangular, onde se viam vários coxins, e a um canto algumas almofadas dispostas ao lado uma da outra, formando uma cama. Do teto também pendia uma lanterna que deixava ver, com sua luz clara, as paredes de lona decoradas por vários desenhos de formas irregulares. Os três homens se retiraram, depois de apagarem a lanterna, deixando Siamor sozinho na semi-obscuridade.

Um ruído de vozes femininas, algo confusas, não dando para compreender o que falavam, chegava até o sacerdote, que em pé, no meio de seu novo aposento, procurava identificar de onde provinham e o que diziam. Sem fazer ruído, aproximou-se da cortina que servia de porta, porém recuou, pois pela sombra projetada pela lanterna externa, pôde divisar na cortina a imagem de um homem imóvel. "Devia haver um guarda postado na entrada do aposento" — pensou. O alarido das mulheres continuava, e então Siamor entendeu que se achava prisioneiro na tenda das concubinas de Zanatar.

Siamor, o corpo dolorido, cansado e procurando afastar do seu espírito o que o esperava no dia seguinte, jogou-se nas almofadas de penas, e ou fosse pelo cansaço, por seus nervos estarem à flor da pele, ou simplesmente por não agüentar mais a expectativa de uma noite inteira de espera até o dia seguinte, quando teria que se haver com Zanatar, o fato é que adormeceu logo, num sono profundo, a despeito da algazarra que as mulheres do príncipe faziam no seu serralho.

Siamor poderia ter dormido uma ou duas horas, quando despertou com um ruído que parecia vir do lado de fora, perto da sua cabeça, rente à lona que separava seu aposento do das mulheres. Estremecendo, Siamor soergueu-se no leito e aguçou os ouvidos. A barraca estava silenciosa e mergulhada na escuridão. "As mulheres do príncipe deveriam estar dormindo", pensou o sacerdote, e procurou devassar a escuridão com o olhar, atento ao menor ruído. Uma espécie de arranhar ouviu-se, e depois, no silêncio reinante, um estalido mais forte e finalmente uma luz fraca foi aumentando na parede de lona até que iluminou fracamente o interior do aposento de Siamor.

Agora ele podia ver melhor. Um vulto, tendo uma lanterna a seus pés, com uma comprida faca afiada havia cortado a lona do fundo da barraca, e agora, com a ajuda das mãos, abria para os lados a abertura efetuada. O vulto tornou-se mais claro, embora na semi-obscuridade não se pudesse distinguir as feições. O sacerdote, que a tudo observava, entre medroso e espantado, pôde notar que o vulto era de uma mulher.

— Siamor, Siamor — sussurrou o vulto feminino.

O sacerdote estremeceu e um suor frio marejou sua testa, ao ouvir seu nome pronunciado àquela hora. Siamor forçou a

vista para ver melhor, pois aquela voz não lhe era estranha.
— Siamor! — tornou a chamar a mulher em voz baixa. — Podes me ouvir?
— Sim, sim — balbuciou Siamor, falando o mais baixo possível.
— Vem — disse a mulher. — Não há tempo a perder!
— Quem és? O que queres de mim? — E Siamor já estava de pé.
— Quem sou não importa; digamos que seja tua amiga. Vim te salvar, mas vamos pois não há tempo a perder.

O sacerdote decidiu-se, e rápido saiu pela abertura da lona. A noite era escura e o acampamento inteiro parecia dormir silencioso, sem o menor movimento. O fundo da barraca, por onde saíra Siamor, era justamente o final do acampamento, pois para diante não existiam mais barracas, somente a escuridão da noite sem lua, e o chão fracamente iluminado pela lanterna que a mulher desconhecida levava rente ao piso pedregoso, o que impedia o sacerdote de identificar sua salvadora. Siamor seguiu em silêncio, sempre atrás de sua libertadora, até que o barulho do mar batendo nas rochas já se podia ouvir, o que indicava já estarem à borda dos penhascos que limitavam a ilha. A mulher pouco mais caminhou e parou, sendo imitada por Siamor.

— Logo ali — e a mulher apontou com a lanterna — encontrarás uma corda. Desce por ela e logo abaixo irás encontrar um barco com remos.

— Quem és? Porque me ajudas? A quem devo minha libertação?

A mulher levantou a lanterna e o seu rosto apareceu bem nítido a Siamor. O sacerdote olhou fixamente para aquela fisionomia que não lhe era estranha. "De onde a conhecia? Era um rosto bem familiar. Mas onde o vira antes?" Siamor forçou a memória. "Quem era aquela mulher?"

— Não me conheces mais? Não te lembras da tua vítima? Aquela que tu mandaste num navio para a Etiópia? Não te lembras mais de Niza, a serva da princesa Irinia?

À medida que Niza ia falando, Siamor foi pouco a pouco empalidecendo, e boquiaberto ficou a encarar por uns momentos sua antiga serva, até que conseguiu dizer:

— Niza! Niza! Mas não é possível!

A lanterna continuava firme na mão da moça, iluminando em cheio o seu rosto, onde transparecia um estranho sorriso.

Nadja, jogando sua trança para trás das costas, naquele gesto muito seu, encarou apreensiva Nayade, sentada à sua frente, nos jardins internos do Templo do Vento.

— Azalym já devia estar aqui — falou. — Temo que tenha lhe acontecido alguma coisa.

— A viagem é um pouco longa — disse Nayade, a fim de tranqüilizar a outra, embora o seu rosto sério também demonstrasse apreensão.

— Indo e voltando bem devagar, já por umas três ou quatro horas ele deveria estar aqui.

— Vós achais, senhora? Ó, Tupã! Será que algum mal aconteceu ao meu irmão?

Nadja tomou as mãos da moça entre as suas e notando a preocupação da outra, procurou atenuar a situação.

— Acho que nós duas estamos muito nervosas. Não deve ter realmente havido nada com Azalym. Azy-Mhalá já é idosa, e uma viagem longa dessas não pode ser feita com tanta pressa. Não achas, minha filha?

— De fato — disse a outra, sem convicção.

— Estamos raciocinando em termos de um rapaz jovem, saudável e forte como Azalym ir e voltar às terras de Anhangüera. Não pensamos nunca numa viagem com uma senhora idosa. É, é isso — e os olhos azul-acinzentados da sacerdotisa brilharam.

— Realmente, senhora, Azalym é muito cuidadoso; logo estará aqui são e salvo — disse Nayade sorrindo, convencida com esse argumento.

A conversa das duas foi interrompida momentaneamente por Narayama, que chegou apressada até perto de Nadja.

— Senhora, perdoe! Mas estava muito aflita e precisava vos falar.

— Mas o que tens, minha filha? — e a sacerdotisa reparou que sua bailarina estava extremamente pálida.

— É Narayade, senhora!

— Narayade! O que tem Narayade?

— Sumiu do templo, senhora!

— Sumiu? Sumiu como?

— Desde ontem que está desaparecida, senhora. Não dormiu em seus aposentos e até agora ainda não apareceu.

— O que? — fez Nadja, levantando-se de um salto. — Porque não me avisaste antes, Narayama?

— É que... é que... — e Narayama, cabeça baixa, não sabia

A Terra das Araras Vermelhas

o que responder.

Nesse momento, para alívio de Narayama, a serva Adenara apareceu, bastante nervosa, e anunciou a Nadja que Azamor estava no templo e desejava falar com a sacerdotisa. Nadja empalideceu.

— E mais essa agora! — exclamou.

— E tem mais ainda, senhora — disse Adenara — Narayade veio com ele; estão ambos no grande salão, à vossa espera.

⁂

O barco de fibra, com remadas vigorosas de doze remadores, tocou a praia arenosa, onde numa pequena elevação se via uma fraca luz, que oscilou de um lado para o outro, como num sinal. Agilmente, Zanatar pulou para a praia, seguido por Nazmor, que segurava em uma das mãos uma pequena lanterna. Caminhou o príncipe etíope em direção à luz, e os seus passos largos o levaram até o homem que os esperava no alto da elevação.

— Grande príncipe, meu senhor armou uma tenda a poucos passos daqui e vos espera. Quereis seguir-me, senhor?

— Vamos! — disse Zanatar.

E, guiados pelo homem da lanterna, internaram-se no pequeno bosque que ficava à frente.

Depois de uns quinhentos metros de caminhada, divisaram numa pequena clareira uma grande tenda de lona colorida, tendo à entrada dois homens armados. Zanatar e Nazmor penetraram na tenda, profusamente iluminada por várias lanternas, e onde, em pé, já os esperava o capitão Arassagy.

— Salve, Alteza — disse o capitão curvando-se. — Salve, nobre Nazmor! — e indicou aos dois as almofadas de penas.

— Salve, capitão — disse Zanatar, sentando-se, no que foi imitado por Nazmor e depois pelo próprio Arassagy.

Houve um pequeno silêncio, logo interrompido pelo etíope:

— Então, Arassagy, quais as novidades?

— Meu senhor, o nobre Azamor deseja em primeiro lugar saber se o sacerdote Siamor se encontra em lugar seguro.

— Sim, na Ilha Gorda e muito bem guardado. Podes tranqüilizá-lo, seguirei bem as instruções.

— Ótimo, senhor! Em segundo lugar, deseja saber se vós já tendes vossas forças todas concentradas.

— Diz a ele que tenho o grosso de minhas tropas na ilha.

Mantenho mil homens sob o comando de Zogar nas terras do príncipe Arary, e concentro mais mil ao norte, nas terras do príncipe Aratimbó. Nazmor irá ainda hoje para lá, a fim de comandar aqueles homens.

— Muito bem, o Grande Conselho se reúne daqui a duas luas cheias; temos, pois, bastante tempo para articular a operação.

— Tempo de sobra.

— O príncipe Arary e Azamor, durante o Conselho, manterão um homem a cada cem metros um do outro, até a grande montanha azul, que é visível em qualquer lugar do vale. Caso tenhamos que optar por uma ocupação pelas armas, daremos um sinal que irá num instante até o último homem postado na montanha, que já preparado ateará fogo na floresta. O fogaréu será visível por vossos comandantes e por Vossa Alteza, e isso será o sinal para atacar.

— Certo; o fogo na montanha azul será o sinal.

— Sim, Alteza; meu senhor pergunta apenas qual será o tempo necessário para que cheguem à entrada da cidade central.

— Os homens do norte e do leste, mais ou menos duas horas.

— Teríamos assim dois mil homens em duas horas, às portas da cidade central?

— Isso mesmo.

— E vós, senhor? Quanto tempo levaríeis para chegardes com vossos homens?

— Seguramente de quatro a cinco horas.

— Muito bem, levarei vossa mensagem a meus senhores.

— Outra coisa: e os homens dos príncipes fiéis à nossa causa?

— Serão dispostos em posições estratégicas, próximos à cidade central.

— De quantos homens disporão?

— Mais ou menos mil e quinhentos homens.

— Esses mil e quinhentos homens, dado o sinal, entrarão logo em ação?

— Passada meia hora do sinal dado, se movimentarão. Será o tempo necessário para esperar o reforço dos dois mil homens de Vossa Excelência.

— Certo — disse Zanatar. — Com três mil e quinhentos homens em ação, poderão esperar por uma hora ou duas, os oito mil homens que tenho sob o meu comando.

— Assim será, grande príncipe, e que os deuses nos favoreçam e nos guiem na vitória — disse Arassagy levantando-se, no que foi imitado pelos outros.

O capitão curvou-se, saudando Zanatar, e depois aquele que chamavam de nobre Nazmor. O príncipe, com suas passadas largas, dirigiu-se à porta da tenda, e virando-se, perguntou a Arassagy, que permanecera de pé no meio da tenda:

— Capitão Arassagy, já ia me esquecendo. E se o sinal não for dado?

— Nesse caso — disse o capitão sorrindo — dirija-se apenas com sua guarda de honra ao palácio do rei, para apresentar suas saudações ao nosso tuxauá.

Mais tarde, quando as lâmpadas se apagaram na tenda de Arassagy, um vulto, a curta distância dali, moveu-se furtivamente e devagar, caminhando com grande cuidado para não ser pressentido, afastou-se daquele local. Ao atingir a estrada, o vulto, claudicando um pouco, tomou por ela, e então, com a maior pressa, seguiu em direção à cidade central.

18

O solitário da Montanha Azul

Tupyassu, levantando-se, veio receber à porta o estranho, que entrou acompanhado de Zyliar em sua cabana. Nayma e Turano, que se ocupavam em decorar com penas de araras uma cesta colocada em cima da mesa, também se viraram para encarar o estranho, que sorridente parara bem no meio da sala.

— Pai, este senhor o procurava — disse Zyliar à guisa de apresentação.

— És Tupyassu, o pastor?

— Sim, senhor, minha humilde casa é vossa — disse, juntando as duas mãos espalmadas e curvando a cabeça. — Mas deixe que vos apresente meus filhos — e Tupyassu indicou primeiro a moça: — Nayma, minha única filha, e seu noivo Nayliar.

Os dois indicados levantaram-se e uniram as mãos espalmadas, curvando-se em saudação, no que foram acompanhados pelo estranho; como já vimos anteriormente, tratava-se do tuxauá Ay-Mhoré.

— O outro — continuou Tupyasu — vós já conheceis, é meu outro filho, Zyliar.

Ay-Mhoré sorriu para o rapaz, enquanto aceitava a almofada que Tupyassu lhe oferecia.

— Pai — disse Zyliar atropeladamente — esse senhor acaba de matar com as mãos limpas um grande veado macho, pouco abaixo do riacho.

— Coisa de somenos importância — disse Ay-Mhoré, sem abandonar seu sorriso.

O feito pareceu ter impressionado Tupyassu, pois olhou admirado para o seu visitante, no que foi acompanhado por Turano e Nayma. Depois de uma pequena pausa, em que o dono da casa se deteve admirando os músculos admiráveis do estranho, que eram soberbos, modelados pela túnica de linho justa, Tupyassu quebrou o breve silêncio dirigindo-se ao filho:

— O que esperas, Zyliar? Vai com Nayliar buscar o animal morto, enquanto fico a conversar com o nosso hóspede. Teremos carne fresca para a refeição. Vão, meus filhos!

Os dois saíram da cabana e Tupyassu retomou a conversa com o seu hóspede:

— Mas parece que vós me procuráveis. O que desejais?

— Sou um amigo muito chegado à Sua Alteza o tuxauá, meu rei, Ay-Mhoré VII.

— Que Tupã guarde nosso soberano!

— Que assim seja! Mas eu, por causa de umas informações que tive, vim fazer uma investigação para o nosso rei.

— Sou um fiel e dedicado servidor de nosso tuxauá e aqui estou para servi-lo no que for necessário.

— Obrigado, senhor; é que o assunto é delicado e deve ser cercado do máximo sigilo. Essa é a vontade do nosso rei.

— Tudo que for preciso para servir ao nosso rei — disse Tupyassu. — Embora perdido nestas montanhas longínquas, eu e todos da minha casa somos dedicados de corpo e alma à Sua Majestade Sereníssima Ay-Mhoré. Nossa boca será um túmulo, podeis crer, eminente amigo do tuxauá.

Ay-Mhoré fitou por uns momentos aquele rosto másculo, de olhos escuros que também o fitavam bem no rosto, como para declarar sua fidelidade e justeza de caráter, e então decidiu-se:

— Meu bom amigo, o rei, por meu intermédio, deseja saber se conheces por estas montanhas um sábio que vive isolado de todos, sempre em meditação?

Ante essa pergunta, Nayma largou sua cesta e parando o que fazia, ficou a olhar para o estranho.

— Conheço, senhor! Eu mesmo já fui lá ter, umas duas ou três vezes, porém minha filha Nayma e Zyliar vão lá quase todos os dias — disse Tupyassu olhando para a filha, que corou vendo-se descoberta num pequeno segredo que pensava seu pai não conhecer.

— Conhece-o então, tão bem assim? — e Ay-Mhoré encarou a moça que também o encarava em silêncio.

— Sim, senhor — disse afinal Nayma. — Porém ele não fala, não diz uma palavra.

— Mesmo assim, eu gostaria de vê-lo — disse o rei.

— Para que o nosso rei quer que o senhor o veja? Ele não tem nada para dizer!

— Nayma! — ralhou Tupyassu. — Os desígnios do nosso rei, seus desejos e vontades, não são para serem discutidos por seus súditos. O rei quer que o seu mensageiro o veja e isso basta!

A moça curvou a cabeça, muito vermelha, enquanto Tupyassu dirigia-se ao seu hóspede: — Perdoai, senhor, ela...

— Nada, nada — disse Ay-Mhoré. — Nayma tem toda a razão em perguntar, em querer saber.

— Não senhor, eu... eu... — disse a moça embaraçada.

— Gostaria que soubesses — continuou Ay-Mhoré dirigindo-se à moça — que o rei, mesmo sabendo que o sábio não fala, acha que eu indo até junto dele, poderei obter a resposta de que Sua Majestade necessita.

— Desculpe, senhor, não quis ser impertinente ou mal educada, é que... é que...

— Não precisas dizer, minha filha. É que todos aqui amam muito a esse sábio e não gostariam que nada de mal lhe acontecesse, não é isso, minha filha?

— Sim, sim senhor — disse Nayma, parecendo mais tímida ainda.

— Olha! — disse Tupyassu, apontando para Zyliar e Turano, que acabavam de entrar na cabana. — Meu filho poderá guiá-lo até a grande montanha azul. Se saírem agora, além da caminhada ser sempre mais agradável pela manhã, ainda poderão estar de volta para a refeição, que hoje promete ser excelente.

— E eu aceito — disse jovialmente o rei. — Caminhadas na montanha abrem o apetite.

— Que foi, pai? — perguntou Zyliar, que pegara o assunto pelo meio.

— Quero que leves esse senhor, que é um amigo do nosso tuxauá, à grande montanha azul. Ele precisa ver o sábio solitário.

— Quereis ir agora mesmo, senhor?

— Gostaria, meu filho — disse o rei, levantando-se.

— Vou levar Nayliar comigo, pai, ele nunca foi até lá, por falta de oportunidade. Queres ir conosco, Nayliar? — perguntou Zyliar, batendo afetuosamente nas costas do amigo.

— Vamos — disse Nayliar.

— Vão, meus filhos, levem esse senhor ao sábio da montanha, eu ficarei com Nayma para ajudar Janyara a preparar a refeição da manhã — disse Tupyassu levantando-se também.

Saíram os três homens da cabana, e tendo Zyliar à frente, tomaram a trilha que começava logo acima do riacho que descia do alto, circundando a casa construída contra a rocha a pique.

Caminharam sempre subindo pela trilha larga, evitando os acidentes do terreno. A trilha se prolongava sempre, e assim, pelo espaço de quase uma hora andaram sem parar. Zyliar e Turano, já acostumados a grandes caminhadas pelos montes, não pareciam sentir o esforço despendido, e quando pararam para um pequeno descanso, notaram com espanto que o estranho estava lépido e nem parecia ter caminhado, subindo, por mais de uma hora.

A parada foi breve. Logo em seguida, Zyliar tomou a trilha da esquerda e o caminho tornou-se mais difícil, pois além de mais estreita, a trilha subia em elevações irregulares, bem íngremes em alguns pontos. Mais adiante, um maciço enorme de pedra parecia impedir a caminhada dos três homens. Em passos rápidos, se aproximaram do paredão de pedra e dali puderam divisar adiante uma estreita vereda, entre a rocha e o abismo que parecia não ter fim. A vereda dava apenas passagem para um homem de cada vez.

Depois de recomendar o máximo cuidado, Zyliar avançou resolutamente por ela. Seguiam lentamente, um atrás do outro, pois a vereda era perigosa, e um passo em falso poderia despencá-los no abismo; ao fim de meia hora de lento avanço, sempre subindo, chegaram a uma curva pronunciada da rocha, de onde puderam avistar um vale, que se estendia magnífico e exuberante de vegetação, a se perder até os limites circunscritos por imensa montanha que parecia impedir sua continuação. A montanha ao fim do vale parecia ter uns dois ou três mil metros de altura.

Os três homens pararam para descansar e contemplar aquela maravilha que se descortinava ante seus olhos. Deviam estar a mais de mil metros de altura, pois a despeito de o Sol já estar bem alto, o ar ali era frio. A parada naquele local também foi curta, pois logo Zyliar pôs-se a descer da pequena elevação em que se encontravam, em direção ao riacho que corria límpido entre seixos brancos, bem no centro do vale.

Ay-Mhoré respirou o ar puro e sentiu-se leve, todo seu corpo parecia revigorado, enquanto uma sensação de paz invadia todo o seu ser. Caminhando e descendo o pequeno declive, pôde observar melhor o vale e toda sua beleza quase indescritível.

A natureza ali fora de uma prodigalidade sem par. Árvores magníficas aqui e ali, entrelaçadas por grinaldas de flores coloridas. Relvados macios e ondulantes perdendo-se de vista, bosques assimétricos de grande beleza, e como que a emoldurar o fundo do cenário, onde se divisava imponente a montanha azulada, uma impressionante cachoeira, que descia vestindo de espuma branca as pedras de mil cores ao reflexo do Sol, e desaguando com estrondo por entre pedras enormes, para depois se acalmar e correr suave por um leito sinuoso que se estreitando, costeava o vale inteiro, num riacho cheio de curvas.

Ay-Mhoré, sempre seguindo Zyliar e acompanhado de perto por Turano, atravessou o estreito riacho, e tomando por um relvado macio, coberto de pequenas flores vermelhas, aproximara-se rapidamente da cachoeira. O relvado terminou abruptamente. Zyliar tomou pela esquerda, e afastando-se da cachoeira seguiu um caminho de pedras polidas, arredondadas, algo estreito, que subia suavemente em direção ao paredão de rocha, ladeado por lírios amarelos de grande tamanho.

Ay-Mhoré pôde sentir que o ar se tornava mais leve. Uma sensação de tranqüilidade e paz emanava e um suave perfume de violeta pairava no ar. O caminho de pedra terminava numa tapeçaria alta, de trepadeira toda florida. Zyliar avançou para ela e numa abertura, formada naturalmente pela passagem ali por muitas vezes, penetrou por entre o emaranhado dos galhos. Ay-Mhoré e Turano o imitaram e chegaram a uma clareira de terra, quase circular, que terminava ao fundo pela pedra lisa da grande montanha. Ao fim da clareira, a rocha fazia uma grande depressão, e quase formando uma caverna se via uma abertura, onde, daquela distância, os três podiam avistar um vulto sentado, imóvel.

— Ali — disse Zyliar em voz baixa, e que mesmo assim, soou alta aos ouvidos do rei.

Uma força estranha e doce penetrou no seu coração, e com os olhos fixos no vulto imóvel, Ay-Mhoré caminhou, ou melhor, foi impulsionado em direção à abertura da montanha. Chegou a poucos passos de sua entrada e com os olhos presos no vulto imóvel, sentou-se no chão, mais ou menos a um metro à sua frente. Zyliar um pouco atrás, imitou-o, enquanto Turano, sentindo uma tremenda sensação em seu cérebro, apertava a cabeça com ambas as mãos e pouco atrás de Zyliar, ficou ali de pé, imóvel, preso, como que fascinado, a olhar o vulto imóvel, que parecia não perceber a presença dos três intrusos.

Ay-Mhoré pôde observar bem a figura do sábio solitário. Ele estava sentado, imóvel, na posição de lótus: pernas cruzadas sob o tronco, braços estendidos sobre as coxas magras. Seu corpo magérrimo, onde se divisava o contorno das costelas, tremia ligeiramente quando respirava e somente isso dava certeza de que aquele corpo possuía vida. Vestia uma tanga branca apenas, e o seu torso bronzeado destacava-se da parte coberta pelo tecido, onde se podia ver seus músculos secos, aqui e ali sinuosos, como cordas mal esticadas. As veias de seus braços imóveis pareciam secas, e elevavam-se na pele como cordões que se erguiam pelos ombros e pelo pescoço. Sua idade era indefinida. Seu rosto oval era encovado e sulcado inteiramente, como um pergaminho amassado. Seus cabelos brancos e compridos caíam em cachos emaranhados, pela nuca, e a barba crespa e também branca, inexplicavelmente curta, dava àquele rosto um ar de sobriedade, no entanto sem ser severo. Completando o conjunto, uns olhos azuis, límpidos, de uma beleza invulgar, dando a impressão, a quem os fitava, de que ali se refletia toda a bondade do mundo.

Foi essa a impressão que Ay-Mhoré teve daqueles olhos, pois ficou ali, estático, como que fascinado, sentindo cada vez mais, dentro de si, uma paz e uma harmonia indescritíveis. Quanto tempo Ay-Mhoré permaneceu sentado em frente ao solitário, ele jamais soube. Primeiro, sentiu o seu corpo parecendo muito ieve, uma sensação de atordoamento o invadiu e depois lhe pareceu que o cenário inteiro desaparecia de sua visão e somente aqueles dois olhos azuis, que irradiavam uma bondade infinita, pareciam existir. Depois, sentiu que sua mente se aguçava, seus pensamentos tornavam-se mais claros e uma sensação de amplitude o invadiu todo, tornando-o capaz de sentir e entender todas as coisas. Num segundo, sofreu todas as dores do mundo, toda a alegria dos justos, toda a infelicidade dos aflitos e todas as maldades dos ímpios. Os olhos azuis continuavam presentes em sua mente. Agora, uma voz interior parecia lhe dizer:

"Amor! Amor! Ama integralmente todas as coisas, pois a única lei absoluta que existe no universo inteiro, é a lei do amor!"

O som parecia sair dos lábios cerrados do sábio imóvel. Ay-Mhoré cerrou os olhos, mas embora com eles fechados, a figura do solitário continuava ali, bem na sua frente. Mentalmente, Ay-Mhoré sentiu-se ligado por laços muito fortes, que não conseguia compreender, com o sábio da montanha. Sempre com os olhos fechados, o rei conseguiu fazer sua primeira pergunta mental:

— Grande e poderoso Mestre! Curvo-me ante o teu amor e a tua sabedoria!

— Bem-vindo sejas, meu filho, que a paz e o amor estejam em teu coração — foi a resposta mental que Ay-Mhoré recebeu do sábio solitário.

— Meu povo, Mestre: tenho obrigações sérias para com

ele. Ensina-me, poderoso Mestre, como salvá-lo.

— Todos os povos do Universo são o meu e o teu povo. Todos necessitam ser salvos. O único caminho para salvar o homem é o amor. Não serás tu nem ninguém que salvará a humanidade. O homem, o próprio homem é que se salvará de si mesmo. O homem salvando o próprio homem.

— Não entendo, Mestre.

— Ninguém pode ajudar ninguém, cada um tem que se ajudar a si mesmo. Quando o homem compreender essa verdade, quando se encontrar a si mesmo, quando se libertar, então aí, terá conhecido a verdade que o conduzirá ao seu destino certo. A humanidade inteira será profundamente infeliz enquanto houver um homem infeliz e não liberto dos seus instintos animais.

— Compreendo, Mestre, mas eu sou responsável pelo meu povo, ele agora mais do que nunca depende de mim.

— O homem só depende de si mesmo. O homem é dono de seu destino e comandante de sua alma.

— Compreendo, Mestre, porém mesmo assim, eu gostaria de ser responsável por todos os meus súditos: eles ainda não possuem o adiantamento espiritual necessário para poderem se salvar a si próprios. Rogo pois, humildemente, grande Mestre, que possas me ajudar a salvar a todos.

— Um homem debatia-se, suspenso num abismo enorme, seguro num galho por uma das mãos. Já quase se esgotavam suas forças quando um caminhante que passava, ouvindo seus gritos, correu pressuroso para ajudá-lo. Debruçou-se na beira do abismo e esticando os braços procurou içar o homem em perigo. Desesperado, o homem segurou com força os braços do seu salvador, que não suportando aquele peso enorme, desequilibrou-se e os dois caíram no abismo. Compreendes, meu filho, o perigo a que te expões querendo salvar? Existe sempre um duplo perigo. O daquele que salva, e o do outro que é salvo. Porque antes de salvar o homem precisa ser salvo.

— Entendo, Mestre! Mas mesmo assim, eu persisto na minha idéia. Preciso salvar meu povo!

— E estás preparado para salvar, filho meu?

— Sim, Mestre!

— Mesmo sabendo que salvando não te salvarás?

— Sim, Mestre, ensina-me o caminho para as terras altas, ensina-me o caminho para poder salvar o meu povo da catástrofe que virá em breve.

— Procura, filho meu, a caverna dos antigos, que fica situada quase ao sopé do vale, no lugar que é conhecido como o

Passo das Gaivotas. Ela possui duas entradas, uma pela parte inferior, e a outra pela parte superior. Por qualquer entrada que se penetre, contando quarenta passos, ou seja, bem no centro da caverna, na parede de rocha à esquerda de quem entra pela parte inferior, ou direita de quem entra pela parte superior, encontrarás uma argola de ferro. Puxa-a com força e a pedra se abrirá. Aparecerá um túnel bem largo e de altura considerável, que subindo sempre conduzirá ao meio da grande montanha azul. Logo à saída, já na montanha, bem em frente, encontrarás outra argola de ferro na rocha; puxa-a também e a pedra se abrirá, mostrando outro túnel que irá conduzir às terras altas. Esse caminho não é longo, e em apenas uma hora, seguindo-o a passos regulares, estará o teu povo nas terras altas.

Ay-Mhoré pareceu despertar de um sono prolongado. O transe em que parecia estar mergulhado desapareceu, e o cenário todo voltou nítido, novamente ao seu olhar. O sábio solitário continuava na mesma posição, somente agora o Sol se encontrava alto, o que significava que ele permanecera em êxtase, em meditação, ou fora de si, por algumas longas horas.

Ainda tomado pelo doce enlevo que aquele ambiente sagrado provocava, o rei, cabeça baixa em sinal de humildade e com o coração agradecido pelas palavras mudas que ouvira do homem santo, e com a certeza de que encontrara o verdadeiro caminho para salvar seu povo, caminhou em direção a Zyliar, que a alguns passos atrás, parecia esperar por ele.

— Obrigado, meu filho — disse Ay-Mhoré em voz baixa, temendo que o som de sua voz pudesse profanar aquele lugar.
— E o outro rapaz, o teu amigo? — perguntou, olhando em torno.

Só então Zyliar percebeu que Turano não se encontrava mais ali, mas dando de ombros, exclamou:

— Não vos preocupeis, senhor! Nayliar é mesmo assim, não pode parar quieto por muito tempo, no mesmo lugar! É bem estranho, esse meu futuro cunhado. Vai ver que já desceu por aí, por esses montes afora! Quando chegarmos em casa, ele na certa já estará nos esperando — e assim falando, os dois homens desceram pela trilha do despenhadeiro, deixando o vale do alto da montanha para trás.

O resto do percurso, Zyliar e Ay-Mhoré fizeram em silêncio, cada um entregue aos seus próprios pensamentos. Já se avistava o grande contraforte rochoso onde, logo abaixo, se situava a cabana de Tupyassu, quando o rei quebrou o silêncio:

— Zyliar, acaso sabes onde fica o lugar chamado de Passo das Gaivotas?

— Sim, senhor! O passo superior fica a pouca distância de nossa cabana.

— Passo superior? Acaso existem dois Passos das Gaivotas?

Zyliar riu, parando numa curva da trilha:

— Existem duas trilhas que terminam na rocha. Uma na parte inferior, pouco acima do vale, e a outra aqui em cima mesmo, perto da cabana do meu pai. As duas trilhas se chamam de Passo das Gaivotas.

— Ah! E conheces nesse passo uma caverna? Uma caverna que deve dar passagem para as duas trilhas?

O rapaz parou de caminhar e fitou o rei com espanto.

— Como o senhor sabe da existência dessa caverna?

— Não importa como eu sei, mas o que importa é o que ela representa para o nosso rei.

Fez-se um breve silêncio entre os dois homens e quem falou, após alguns instantes, foi Zyliar:

— Eu levo o senhor até lá. Conheço a entrada pela trilha superior; pela parte inferior da caverna, eu nunca entrei.

— Obrigado, meu amigo, o rei jamais esquecerá o grande trabalho que lhe prestaste, isso eu te asseguro, meu jovem!

— Nada, senhor! Eu não fiz nada! Mas vamos até a cabana do pai. O Sol já vai alto e a refeição deve estar pronta; depois de comermos, vos levarei até a grande caverna — e o rapaz retomou a caminhada, seguido por Ay-Mhoré.

O cheiro apetitoso do veado assado chegava agora bem forte até aos dois, que sem querer apressaram os passos, antevendo, pelo odor que aspiravam, que a refeição seria mais do que adequada para seus esfomeados estômagos.

Nayma assomou à porta da cabana e sorridente gritou o nome do noivo, mas parou a meio e ficou a olhar espantada para o rosto do irmão e do estranho, que pararam quase a um passo da moça.

— Nayliar ainda não chegou? — perguntou Zyliar. — Pensei que tivesse vindo na frente!

— Não, não veio. Começo a ficar nervosa — disse a moça — ele nunca andou sozinho, antes, por essas montanhas. Depois, tu sabes, o seu estado... O que teria acontecido? — e Nayma se dirigiu aos dois homens.

— Ora! Deve andar cismando por aí! Quando a fome apertar, ele aparece, tu vais ver! — disse Zyliar, fazendo um afago no queixo da irmã, para acalmá-la.

— Não sei não, Zyliar, estou muito preocupada.

Ay-Mhoré interrompeu o diálogo dos dois irmãos e perguntou:

A Terra das Araras Vermelhas 235

— Queres que nós o procuremos?
— Ó! Sim! Eu gostaria muito! Eu fico bastante preocupada, senhor, pois Nayliar esteve muito doente.
— Doente?
— Sim, meu senhor, doente da cabeça. Ele sofreu um acidente na grande caverna do Passo da Gaivotas e perdeu a... a memória. Por isso eu tenho medo de que lhe aconteça alguma coisa.
— Realmente, senhor — disse Zyliar — nós temos evitado de o deixar sozinho, desde muito tempo.
— Interessante — disse Ay-Mhoré para si mesmo — e depois perguntou aos dois: — E esse jovem, Nayliar, sempre viveu aqui nas montanhas?
— Não senhor — apressou-se em responder Nayma. — Eu e meu irmão o encontramos desacordado dentro da grande caverna.
— Não sabia quem era, nem de onde tinha vindo — disse Zyliar. — Nós tratamos de seus ferimentos e ele ficou vivendo conosco.

Imediatamente, a história da princesa Irinia veio à mente de Ay-Mhoré. "Seria esse rapaz o vagabundo Turano, que fugira com a princesa do Templo do Som?" As idéias passaram muito rápidas pela mente do rei. O relato da morte de Irinia, e o desaparecimento de Turano, tragado por uma rocha, agora tornavam-se mais claros no pensamento do tuxauá. "Turano deve ter tocado inadvertidamente no mecanismo que abria uma passagem na pedra e caído dentro da caverna. Os seus perseguidores, de longe, julgaram que por uma forma inexplicável, o rapaz tivesse desparecido. Mas seria esse rapaz, noivo da moça aflita que lhe pedia ajuda, realmente o desaparecido Turano? A caverna era a mesma, não restava a menor dúvida, que o sábio solitário lhe havia indicado, como início da passagem para as terras altas; restava ser o rapaz quem ele pensava que fosse, para o quebra-cabeças encaixar perfeitamente". Todos esses pensamentos passaram pela cabeça do rei num segundo apenas; depois, olhando a moça que esperava, Ay-Mhoré falou:

— Eu acho que o assado pode esperar um pouco, por certo ele não irá fugir; nesse ínterim, nós iremos procurar o rapaz — e o tuxauá se dirigia mais ao rapaz do que à moça.
— Por mim está tudo bem, até que não estou com tanta fome assim — mentiu, abraçando a irmã, que lhe esboçou um sorriso de gratidão.
— Por onde achas que ele deve ter ido? — perguntou o rei.
Foi Nayma quem respondeu:
— Tenho um pressentimento de que ele foi até a grande caverna.

— Porque a caverna? Depois que o encontramos ele nunca mais esteve lá — disse Zyliar.

— Não sei, é um estranho pressentimento que eu tenho — a moça tremia toda. — Um mau pressentimento.

— Bobagem — disse Zyliar; e, dirigindo-se ao rei, completou: — Vamos, senhor, mais cedo do que esperáveis ireis conhecer a grande caverna sobre a qual perguntastes há pouco.

Sem dificuldade avançaram pela trilha, até onde mais abaixo ela se bifurcava para a direita e para a a esquerda, descendo suavemente. Ali Zyliar parou e já ia tomando a trilha de cima, a da direita, quando Nayma indecisa falou:

— Vamos pela trilha que desce, Zyliar?

— Eu não conheço a entrada da caverna da trilha inferior, Nayma. Nem sei se tem uma entrada.

— Deve ter, Zyliar; se ele foi encontrado dentro da caverna como me contaram — disse o rei, não querendo falar nas indicações dadas pelo sábio da montanha — é possível que nós possamos encontrar uma entrada.

— Isso mesmo — disse a moça. — Lembras-te, meu irmão, quando Nayliar foi achado, ele não poderia ter entrado lá pela trilha de cima, senão um de nós o teria visto passar. E naquele dia, ninguém passou pela trilha que leva à entrada superior da grande caverna.

— Lá isso é verdade — disse Zyliar convencido. — O que esperamos? Toca a andar — e o moço, rápido, começou a descer a encosta pela trilha da esquerda.

O caminho fez várias voltas, sempre descendo, até que chegou a nova bifurcação, onde uma trilha descia e a outra dobrava para a direita. Zyliar tomou por essa trilha, já nossa conhecida, coberta de cascalhos, e que pouco a pouco, estreitando-se, terminava numa garganta no meio da rocha. Ali a passagem era bem estreita e da distância em que se encontravam, puderam avistar dois vultos, um atrás do outro, que se metiam pela garganta a dentro.

— Temos visita — disse Zyliar, parando no início da trilha estreita, a uns duzentos metros da distância da garganta.

Suas palavras foram quase interrompidas por um grito estridente que soou alto, para depois ir morrendo como se fosse se distanciando. Outro grito, mais abafado, chegou até eles, enquanto Nayma, muito branca, deixou-se cair molemente nos braços de Zyliar.

Por aquele grito estridente, que fora depois sumindo, a moça identificara Nayliar.

Siamor, encarando fixamente Niza, iluminada pela luz da lanterna, ficou ali parado, sem ação, não entendendo nada do que estava acontecendo.

Sua antiga escrava continuava a fitá-lo com um estranho sorriso nos lábios, e então, com voz pausada, onde em cada frase se notava um acento irritado, falou:

— Por acaso lembras-te do que me fizeste sofrer? Por acaso lembras-te que me fizeste seguir embarcada como um animal, num grande barco para a Etiópia? Por acaso lembraste das minhas súplicas, das minhas lágrimas? Lembras-te disso tudo, Siamor?

— O que... o que... queres? — balbuciou o sacerdote.

— O que quero? Quero apenas que os deuses me façam justiça!

— Eu te farei rica, eu te farei poderosa! Ajuda-me, Niza, e eu te darei tudo que quiseres!

— Tuas promessas — disse Niza com desprezo — valem tanto como nada! Eu conheço bem essas promessas!

— Eu te juro, por todos os deuses, que falo com sinceridade.

— Juras? De que valem as juras e promessas, na boca e na palavra de um perjuro?

— Mas Niza, eu te digo que...

— Cala-te! Não digas mais nada! Achas então que te trouxe até aqui para ajudar-te a fugir?

— Mas Niza, e o barco, e a corda para minha fuga? Há pouco disseste que estavam ali, na beira do penhasco! Niza, Niza, eu te suplico — e o orgulhoso Siamor, caindo de sua vaidade, desabou de joelhos em frente da escrava etíope.

A moça deu uma risada de desprezo; depois, pousando a lanterna no chão, tirou das dobras de sua túnica uma comprida faca de lâmina recurvada. Na penumbra, o sacerdote viu o brilho do grande punhal e tentou levantar-se, mas era tarde demais. Niza, dando um grito selvagem, com a faca em riste, jogou-se com toda a força de seu corpo contra o ventre enorme de Siamor, enterrando a faca até o cabo. O sacerdote arregalou muito os olhos, dando um gemido, levou as duas mãos ao cabo do punhal cravado em seu ventre, e depois, botando golfadas de sangue pela boca, caiu para trás, rolando e batendo as pernas violentamente no chão. Niza, meio ajoelhada ao lado, contemplava com um sorriso sinistro a cena, e depois, aproximando-se do corpo ainda agitado de Siamor, com os pés o empurrou com força para a beira da rocha escarpada. O sacerdote, ainda vivo, procurou agarrar-se no chão pedregoso, enterrando as unhas no solo calcinado, desesperado. Tudo inútil: o seu corpo, enfraquecido pela perda de sangue, rolou do alto do penhasco, despedaçando-se nas pedras pontiagudas logo abaixo.

Niza deu uma risada e dispunha-se a sair dali, quando a pouca distância a luz forte de duas lanternas fê-la parar.

— Cadela! Que os deuses de Anhangá queimem tua alma eternamente!

E o príncipe Zanatar, que vinha à frente de seus homens, brandiu com força sua espada curva, e de um só golpe decepou a cabeça de Niza, que caiu para um lado, enquanto seu corpo, dando uma reviravolta grotesca, caiu para trás, chafurdando numa enorme poça de sangue.

19

O tempo e os fatos

Azalym segurou forte no cabo do punhal, olhos fitos na estrada, pernas ligeiramente abertas e firmes no chão, respiração suspensa, preparado para lutar ou morrer, e aguardou impaciente a chegada da outra liteira que vinha rápida ao seu encontro.

A nuvem de poeira se desvaneceu por um instante e já se ouvia a respiração ofegante dos carregadores, quando a voz soou clara e bem audível:

— Ei! Azalym, sou eu! Não me reconheces mais? Ararype!

— Ah! Sois vós! — e Azalym relaxou a tensão e com as costas das mãos limpou o suor da testa.

Ararype sorrindo caminhou em sua direção e pousou afetuoso os dois braços no ombro do amigo:

— Que pressa! Tive que correr bastante para te alcançar!

— De fato. À distância não vos reconheci — e Azalym se abriu num largo sorriso.

— Pela disposição de teus homens, noto que tinhas intenções guerreiras — disse Ararype, indicando com uma das mãos os homens armados, ainda em atitude hostil.

— É que estou em missão, levando um importante personagem para a sacerdotisa Nadja — disse Azalym, com um gesto tranqüilizando os guardas.

— Se é missão importante não traias o teu segredo, e que os deuses te beneficiem para que cumpras teu dever em paz.

— Assim o farei, senhor.

— Já te disse que para ti não sou senhor. Peço-te, meu irmão, pois muito breve o seremos, chama-me de Ararype.

— Sim — balbuciou Azalym, algo tímido.

— Mas queres me fazer um pequeno favor, meu irmão?

O outro teve um leve estremecimento ao ouvir essa palavra

e a custo articulou:
— Sim... ir... irmão.
Ararype sorriu:
— Vais direto ao Templo do Vento?
— Vou.
— Então queria que meu irmão dissesse a Nadja que fui até as fraldas da grande montanha em busca do meu amigo Turano.
— Não esquecerei. Foste em busca de teu amigo Turano nas montanhas — repetiu Azalym.
— Isso mesmo, e tão logo o tiver encontrado, irei direto para o Templo do Vento.

Os dois amigos se abraçaram, e depois cada um seguiu, já mais devagar, a sua direção.

Parece que o tempo tem uma importância fundamental na ordem dos acontecimentos; talvez fosse o acaso, talvez uma simples coincidência, o certo, porém, é que a estrada que dava acesso às fraldas da montanha, e a outra que seguia em direção ao templo de Nadja, cruzavam-se, e justamente naquele ponto, a liteira de Ararype e Azalym passavam na mesma hora. O breve encontro dos dois foi o suficiente para alterar completamente a história, provocando um desencontro no Templo do Vento. Desencontro esse providencial para Nadja, e que poderia desencadear acontecimentos imprevisíveis para o curso da história da Terra das Araras Vermelhas.

෴

Nadja, não escondendo sua grande aflição, seguiu Adenara até o grande salão onde encontrou o Sumo Sacerdote à sua espera, tendo ao lado Narayade, de cabeça baixa. A sacerdotisa procurou controlar-se, esperando que a inoportuna visita fosse a mais breve possível.
— Salve Azamor, Sumo Sacerdote dos templos! — saudou Nadja, juntando as palmas das mãos e curvando ligeiramente a cabeça.
— Salve Nadja, Grande Sacerdotisa da Dança — e um sorriso repuxou os seus lábios finos.
— Bem-vindo sejas ao Templo do Vento. Mas vejo que encontraste uma das minhas discípulas...
— Sim, Narayade me procurou ontem e me fez algumas revelações.
— Procurou?
— No Templo de Áries, tivemos uma longa conversa. Con-

versa e revelações.

— Revelações?

— Revelações de ordem pessoal, não é, Narayade? — e o Sumo Sacerdote lançou à moça, que continuava de cabeça baixa, um olhar significativo.

Nadja não pareceu se perturbar, e entre falando para Azamor e Narayade, arriscou:

— É muito estranho, muito estranho mesmo, que eu, a mestra, desconheça essas... revelações de uma discípula.

Narayade se fez muito vermelha e levantou pela primeira vez a cabeça do chão, com os olhos marejados de lágrimas. Foi com voz sumida que conseguiu falar:

— Senhora, será que eu... que eu poderia... poderia ir para os meus aposentos?

— Posso dispensá-la, senhor? — na pergunta de Nadja notava-se um acento estranho.

— Mas claro, Nadja — depois, dirigindo-se a Narayade: — Vá e repouse bem, qualquer coisa torne a me procurar, pois o teu sacerdote está sempre disposto a orientar uma de suas filhas necessitadas — disse Azamor, batendo delicadamente na cabeça da bailarina.

Narayade, rápida, saudou os dois e saiu, mais depressa ainda, daquela sala.

— Vejo, senhor, que estou me tornando inútil como mestra para minhas discípulas, que já precisam ir vos aborrecer com seus problemas pessoais.

— De forma alguma, Nadja. É sempre um prazer ajudar as sacerdotisas, principalmente as do Templo do Vento, templo presidido por uma sacerdotisa que me é tão fiel — e Azamor riu-se, mostrando os dentes tortos.

"O que Narayade pode ter lhe falado?" — pensou Nadja. — "Até quanto ele sabe? Eu preciso saber, e isso tem que ser bem rápido, pois Azalym não deve tardar, e é de capital importância que ele não seja visto com a minha encomenda". — Tudo isso passou por um segundo na mente de Nadja, e então ela arriscou novamente:

— Diga-me, senhor, os assuntos dos quais Narayade tratou, diziam respeito ao Templo do Vento?

— Como já disse, eram assuntos pessoais.

— Perdão, senhor, mas não ignorais que assuntos pessoais de minhas discípulas me dizem respeito.

— Sou o Sumo Sacerdote do Reino, e assuntos de ordem espiritual de qualquer natureza são revelações que devo guardar no mais absoluto segredo.

— Ah! Então eram confissões! Coisas de moça, naturalmente!

— Coisas de moça, como dizes.

— Isso me alivia muito; casos de ordem espiritual devem ser resolvidos por quem é reponsável pela ordem espiritual do reino.

Nadja esboçou um sorriso e prosseguiu, querendo tornar essa entrevista a mais breve possível:

— E a que deve o Templo do Vento a honra de vossa presença?

— Como me encaminhava para esses lados, me dispus a escoltar até aqui a sua discípula — Azamor sorriu. — E também, aproveitando o ensejo, fazer uma visita ao seu templo.

— O Sumo Sacerdote é sempre bem-vindo — mentiu Nadja, e pensou: "E essa agora, o pior na certa irá acontecer, pois Azalym não pode estar longe".

— Obrigado, Nadja, mas infelizmente terei que deixar a visita para outra ocasião, tenho alguma pressa. Fica essa vez como sendo uma visita pessoal para a sacerdotisa da dança, a visita oficial ao templo eu a farei em outra oportunidade.

Nadja sorriu aliviada e juntou as palmas das mãos em saudação, querendo abreviar ao máximo aquele encontro. Azamor, com um sorriso nos lábios finos, imitou o seu gesto e dando meia volta, dispunha-se a sair quando se virou abruptamente:

— A propósito, Nadja, gostaria de que quando soubesses de assuntos ligados à segurança do reino... à segurança espiritual, é claro — sem mais demora entrasses em contato imediato comigo. Farias isso, não? — o estranho sorriso ainda permanecia nos lábios do Sumo Sacerdote.

— Mas sem dúvida alguma, senhor! Qualquer coisa que eu saiba e o senhor imediatamente tomará conhecimento.

"Ele sabe alguma coisa — pensou — alguma coisa que Narayade falou e eu preciso saber".

— Assim é melhor! Isso evitará que eu tenha que tratar de assuntos relevantes com as tuas discípulas. Salve Nadja! Que os deuses e deusas do ar protejam o teu templo! — e sem mais uma palavra Azamor saiu do salão, deixando Nadja perplexa, ali parada.

Quando o Sumo Sacerdote entrou em sua liteira, parada junto às escadarias do Templo do Vento, Azalym, com sua pequena escolta, entrava pela porta lateral que dava acesso aos jardins da sacerdotisa Nadja.

Turano respirou o ar puro e sentindo-se invadido por uma imensa paz, sentou-se logo atrás de Zyliar, e atraído por um impulso inexplicável, ficou a olhar à distância o sábio solitário da montanha. Fechou os olhos e uma grande calma, como há muito não sentia, tomou conta de todo o seu ser. Uma sensação de leveza por seu corpo, produziu um relaxamento intenso, e Turano pôde sentir o latejar das veias da fronte e pela primeira vez, em muito tempo, sentiu suas idéias perfeitamente claras.

Uma estranha magia pairava no ar, e como que impelido por uma ordem, um desejo imperioso, o rapaz abriu os olhos, ficando a olhar o sábio. O solitário parecia também fitá-lo, com seus olhos muito claros. Esses olhos pareciam falar, diziam coisas, a princípio incompreensíveis para Turano. Eram frases desconexas, sem sentido.

Uma sensação de vertigem, como se tudo rodasse à sua volta e ele fizesse parte desse torvelinho, foi aumentando gradativamente, até que se sentiu como que pairando no ar, flutuando nesse cenário de paz, com aqueles dois olhos claros, fixos, penetrantes, em sua mente. As frases soltas, mudas, proferidas pelo sábio, foram tomando forma, foram tornando-se compreensíveis, e então Turano pôde ouvir bem dentro de sua alma um nome: Irinia. Esse nome soou estranho. Foi pouco a pouco aumentando de intensidade, até que uma sensação de queda sacudiu o seu corpo, sua cabeça começou a doer como se fosse explodir, e depois as cenas foram se sucedendo com vertiginosa velocidade pela sua mente. Eram cenas de sua fuga pela montanha, com a princesa Irinia.

Quando em sua memória chegaram bem vivas as peripécias do Passo das Gaivotas, Turano sentiu como se sua cabeça fosse se abrir ao meio, e então, dando um gemido baixo, que para ele soou altíssimo, o rapaz, como um autômato, levantou-se de um jato, mente clara e completamente curado da amnésia que o alienara por todo esse tempo em que estivera habitando as montanhas.

Caminhando como um sonâmbulo, passos trôpegos, mente lúcida na recordação integral dos acontecimentos passados, Turano começou a se afastar da clareira. Uma voz forte e pausada soava dentro dele: "Volta, volta, meu filho". O rapaz tapou os ouvidos com as mãos e em desabalada carreira começou a descer as encostas da montanha.

Uma dor profunda oprimia seu peito. Lágrimas grossas desciam soltas pelo seu rosto e um desespero crescente aumentava, enquanto seus passos o levavam para a trilha na encosta, que era conhecida como o Passo das Gaivotas. Um misto de remorso e de ansiedade, ele próprio não sabia explicar, um desejo de rever novamente o trágico local de seu infortúnio, uma força interior que parecia querer rasgar o seu peito de tanta dor, e Turano, passos cada vez mais rápidos, sem sequer sentir o chão que pisava, penetrou na curva da garganta estreita e chegou ao paredão de rocha onde terminava a trilha.

Em baixo, o precipício a seus pés, atrás a rocha íngreme. Turano caiu de joelhos soluçando: "Tupã, tenha piedade! Ó! Irinia! Meu amor, me perdoa, me perdoa!" Os soluços sacudiam seu peito largo. Cambaleando, Turano levantou, apoiando-se na rocha: "Irinia, Irinia!" gritou alto, e depois repetiu aquele nome uma porção de vezes. Cobriu os olhos com as mãos e ficou ali encostado na pedra, a soluçar baixinho, repetindo aquele nome tão querido para ele.

Quanto tempo ali ficou Turano, ele nunca pôde saber. Depois, com aparente calma, deu dois ou três passos em direção à beira do abismo e ficou um tempo enorme olhando para baixo, olhar fixo, vazio, como se procurasse alguma coisa naquela profundidade enorme. Levou a mão à testa, marejada de suor, e afastou a mecha de cabelos empapados que lhe encobriam um pouco a visão. Seu corpo foi tomado de um tremor intenso, apertou a cabeça entre as mãos, e então, dando um grande grito, balançou o corpo para diante, atirando-se de cabeça no abismo.

O tempo novamente vem nos mostrar que os fatos dependem exclusivamente dele. O encontro de Ararype e Azalym nos reafirma essa verdade. Foi justamente o breve encontro dos dois amigos, foi esse curto lapso de tempo, com o atraso de nosso Ararype, que o impediu de evitar a morte do seu amigo Turano.

Quando Ararype atravessou a curva da trilha estreita, ainda pôde ver o corpo de Turano desequilibrado no ar, lançando-se da beira do abismo. Ararype, seguido de perto por um dos seus servos, ainda tentou correr para diante, na tentativa de segurar o seu desventurado amigo. Tarde demais. Com horror, e não contendo um grito aflito que lhe escapou da garganta, o rapaz, mãos crispadas no ar, cambaleou para trás, sendo seguro por seu servo. Foram esse dois gritos que Ay-Mhoré e seus dois companheiros haviam escutado, já a pouca distância da garganta, na curva da trilha.

Zyliar, carregando sua irmã, meio desfalecida, caminhou apressado, seguido de perto pelo rei. Atravessou a curva estreita da trilha e parou, dando com o desconhecido, que o encarou com os olhos cheios de lágrimas, ainda amparado pelo seu servo. Ay-Mhoré parou também, entre surpreso e intrigado pela presença do nobre Ararype. Nayma despertou do seu breve desfalecimento e desesperada olhou chorosa para o irmão, e correndo o olhar esgazeado pelos presentes, entre perguntando e afirmando, conseguiu falar com voz rouca:

— Foi Nayliar, não foi? — deu um grande grito e se jogou para a frente, no que foi obstada pelos braços fortes do tuxauá — Nayliar! — gritou desesperada, e caiu hirta para trás, desmaiada.

Zyliar pousou suavemente a irmã no chão arenoso, e afagava seus cabelos, enquanto o rei encarava o triste e estupefato Ararype.

A cena que se seguiu foi rápida, e a princípio quase fantástica para Zyliar.

— Perdoe, Majestade — e Ararype caiu de joelhos à frente do tuxauá. — Mas a morte do meu infeliz amigo me fez por um momento esquecer a etiqueta. Perdoe, senhor!

— Levanta, nobre Ararype; não está aqui o rei, mas o amigo desses infelizes jovens — e indicou com um gesto triste o atônito Zyliar e a jovem Nayma ainda desmaiada.

— Senhor... senhor... — balbuciou atrapalhado Zyliar, curvando a cabeça até o chão, no que foi imitado pelo servo de Ararype.

— Levanta, meu bom amigo, agora precisamos tratar de tua irmã. Vamos deixar as reverências e explicações para depois — disse Ay-Mhoré, segurando o rapaz pelos ombros e pondo-o de pé. — Vamos, meu jovem — disse, segurando Nayma e levando-a com a maior facilidade no colo.

Sem mais uma palavra para o embaraçado Zyliar, o rei, sempre carregando Nayma desmaiada em seus braços possantes, deu uns dois ou três passos, e virando a cabeça disse para Ararype:

— Manda que teu servo nos espere no sopé da montanha, e tu segue-me!

O triste cortejo seguiu lentamente em direção à cabana do pastor Tupyassu, enquanto um silêncio pesado, como que a refletir as tragédias ali ocorridas, caiu sobre o Passo das Gaivotas.

༺ ♥ ༻

Nadja jogou sua grossa trança para trás da cabeça e atravessou apressada o largo corredor que dava para os aposentos de suas bailarinas.

Havia tido uma conversa bem demorada com Narayade, depois de ter alojado a velha Azy-Mhalá e agradecido o grande serviço prestado pelo jovem guarda-caça Azalym. Inteirada da conversa havida entre sua bailarina e o Sumo Sacerdote, algo preocupada, Nadja, agora, seguia para seus aposentos a fim de descansar um pouco e pôr as idéias em ordem.

"Preciso urgentemente ter uma entrevista com o rei" — pensava Nadja, enquanto caminhava pelos corredores, àquela hora desertos. "Os acontecimentos se precipitam, o tempo corre depressa e é necessário que o meu tuxauá comece a agir imediatamente". E com esses pensamentos a martelar seu cérebro, a sacerdotisa já abria a porta do seu quarto, quando foi abordada por sua serva Adenara, que com o rosto afogueado, evidência de que viera correndo, lhe avisou que o rei e o nobre Ararype se encontravam no grande salão do templo. Nadja suspirou fundo, ou de alívio ou de agradecimento, dirigindo-se ao encontro dos seus nobres visitantes.

— Salve, cara amiga, que os deuses te sejam benfazejos — e Ay-Mhoré sorrindo juntou as palmas das mãos espalmadas.

— Salve, Nadja — e Ararype, algo pálido, procurou sorrir para a sacerdotisa.

— Meu rei e meu senhor, é o próprio Tupã quem vos envia; tinha grande necessidade de vos falar — disse Nadja, indicando aos dois as almofadas de penas.

— Novamente não é o rei que te procura, querida amiga.

— Vossa amizade é ternura para o meu coração — e os olhos de Nadja brilharam.

— Essa amizade e ternura eu espero conservá-las para sempre.

— Mas, o que tem Ararype? Está tão triste e abatido. O que tens, caro amigo?

— Acaba de perder um amigo — disse o rei.

— Turano?

— Sim — disse o tuxauá. — Matou-se, se jogando de um penhasco — e então contou a Nadja toda a tragédia ocorrida na montanha.

Quando o rei terminou de falar, a sacerdotisa, comovida, abraçou Ararype, procurando consolá-lo.

— A mãe de Turano está comigo aqui no templo.

— A mãe de Turano? — Ay-Mhoré parecia espantado.

— Sim, a antiga esposa do Sumo Sacerdote Azamor.

Foi a vez de Nadja expor ao rei toda a história da infeliz Jacyara, conhecida agora como Azy-Mhalá, entrando em seus mínimos detalhes.

— Então, Dezan não mentiu?
— O bruxo te disse toda a verdade?
— Não, não chegou a me dizer nada, exceto que era inocente na trama toda contra meu pai. Dezan foi assassinado dentro do meu palácio.
— O que! — foi a vez de Nadja e Ararype se espantarem, soltando essa exclamação quase que a um só tempo.
— É como eu digo, assassinado!
— Naturalmente os sequazes de Azamor — disse Ararype.
— Creio que sim.
— E o que faremos agora com Azy-Mhalá, ou melhor, Jacyara? — perguntou Nadja.
— Creio ser melhor não lhe contar nada a respeito da morte do seu filho — disse Ararype.
— Veremos o que fazer com ela mais tarde — disse Ay-Mhoré.
— Por enquanto, acho melhor que fique aqui no templo.
— Ararype já vos falou acerca dos seus planos, de suas novas idéias, e da sua vontade de colaborar com seu tuxauá?
— Já tivemos, Ararype e eu, uma longa conversa. Estamos de acordo.
— Ótimo.
— Ainda tem mais, minha boa Nadja. Siamor teve uma demorada entrevista comigo. Contou-me quase todos os planos de Azamor, fez um relato completo.
— Não deveis confiar nele.
— Sei bem até onde vai a sua dissimulação, a sua traição.
— É um homem perigoso — disse Ararype com convicção.
— Eu sei; estava, porém, apavorado quando me procurou. Parece que caiu em desgraça junto ao seu senhor Azamor. Isso, aliás, veio a se confirmar logo depois da entrevista que teve comigo.
— Como assim? — perguntou Nadja, mudando de posição em suas almofadas.
— Logo ao sair do meu palácio, foi raptado e desapareceu completamente.
— Como raptado?
— Pelos homens de Azamor, é claro — disse Ararype.
— Pelos homens de Azamor — repetiu o rei — A essa hora, deve estar encarcerado ou morto em algum lugar.
— Ele não ousaria tanto — disse Nadja.
— Ele ousaria tudo — e o rei repetiu aos dois toda a entrevista que tivera com o Sacerdote do Som.
— Mas isso é o cúmulo da audácia, meu rei. — disse Nadja.
— Julgo ser hora de começardes a agir sem mais delongas.

— A prudência é um privilégio que devemos cultivar, sobretudo quando está em jogo o destino de um povo inteiro. Tenho que evitar a qualquer custo uma revolução interna. Seria o fim de todo o meu povo.

— Tendes razão, meu senhor, mas o que faremos? É preciso se fazer alguma coisa — e Nadja parecia bastante preocupada, pois uma fina ruga sulcou sua testa e seus olhos azul-acinzentados se apertaram um pouco.

— Estive com o sábio da montanha azul — disse o rei, desviando um pouco o assunto.

— E obtiveste com ele o caminho para as terras altas? — perguntou Nadja, abandonando o tratamento cerimonioso vós, empregado para com os superiores e que às vezes a sacerdotisa usava para com o rei.

— Sim, já sei o caminho.

— Afinal, uma notícia boa! Isso é de importância fundamental — disse Nadja, mais animada.

— Temos também nas mãos a mulher de Azamor, que poderá ser de grande utilidade futura.

— Certíssimo — disse Ararype — ainda mais que nem ela nem Azamor precisam saber que o seu filho está morto.

— Se ainda lhe resta algum sentimento paternal, poderemos tirar disso o maior partido — disse Nadja, confiante.

— Tenho também em meu poder os nomes dos príncipes e nobres traidores, bem como as atividades dos etíopes, aliados dos nossos inimigos. Quanto a isso, já posso ir tomando algumas medidas.

— Acho que de agora em diante, precisamos estar sempre em permanente contato — disse Nadja, fazendo outra pergunta: — E o nosso bom amigo Anhangüera?

— Tentarei me comunicar com ele, para fazer contato com os príncipes fiéis.

— Quanto a isso não precisas te preocupar, tenho à mão um ótimo rapaz; seu nome é Azalym.

— Azalym! — o rei parecia pensar naquele nome que não lhe era estranho. — Mas claro! Como poderia me esquecer! Já o conheço, Nadja, foi nas terras de caça do meu amigo Anhangüera. Foi ele próprio quem me indicou o meu atual curador.

— Se já o conheces, melhor ainda. Poderemos utilizá-lo, é de toda confiança. Depois, muito em breve será irmão de Ararype.

— Sim, Majestade, pretendo casar-me com sua irmã, que atualmente é discípula de Nadja.

— Como vês, Ay-Mhoré, já temos um problema de

menos.

— Temo que Azalym não seja o homem indicado — disse Ararype que parecia refletir.

— Como assim? Não entendo — disse o rei. — Ele não é de inteira confiança?

— Também não entendo, Ararype! — disse Nadja.

— Não foi ele o encarregado de trazer até aqui a mãe de Turano?

— Sim, foi. Mas que tem isso?

— E quem poderá afirmar que ele não foi seguido ou mesmo observado por nossos inimigos? Não quero dizer que saibam qual foi sua missão, mas essas idas e vindas, das terras do príncipe Anhangüera para o templo, poderão tê-lo tornado suspeito como emissário.

— É verdade — disse Nadja. — Não havia pensado nisso.

— Ararype tem razão, Nadja, pensarei noutro emissário. Devemos ter a máxima cautela.

— Qual será então a medida que vais tomar de imediato? — perguntou Nadja, quebrando o silêncio que se fizera por uns instantes.

— Vou procurar manter contato com os príncipes fiéis. Vou procurar, da maneira mais surda possível, neutralizar a ação dos etíopes. Isso deverá ser feito evitando ao máximo a guerra aberta. Vou ter também outra conversa com Azamor. Usarei todas as armas da intriga possíveis. Quanto aos dois, meus queridos amigos, mantenham os olhos abertos e aguardem instruções minhas. O que achas disso, minha boa Nadja?

— Acho as medidas certas, só te peço muito cuidado com a conversa que terás com Azamor.

— E os príncipes traidores, senhor? Eu poderia tomar conta de todos eles — disse Ararype.

— Não, meu filho! Acertaremos depois um plano melhor para eles. Vamos neutralizá-los, para que fiquem fora de ação sem que ninguém perceba. Astúcia, meu jovem amigo, astúcia! — e Ay-Mhoré sorriu, um sorriso triste que atingiu direto o coração de Nadja.

— A propósito — disse a sacerdotisa — Azamor esteve hoje à tarde neste templo.

— Azamor? E o que queria ele? — perguntou o rei.

Nadja então lhe contou o que sabia, através da conversa que tivera momentos atrás com sua discípula Narayade. O rei e Ararype ouviram atentamente a narrativa da sacerdotisa e quando terminou o tuxauá perguntou preocupado:

— Ele te fez ameaças?

— Não, apenas deu-me a entender que sabia de alguma coisa.

— Da conversa que tivemos? — perguntou Ararype.

— Exatamente!

— Terei que tomar cuidado com esse patife! — disse Ararype, sério.

— Muito cuidado, pois os meus amigos me são preciosos — disse Ay-Mhoré, com aquele seu jeito terno, que tanto cativava a todos aqueles que com ele privavam.

— Todos devemos ter muito cuidado de agora em diante — disse Nadja, e com um gesto vigoroso jogou sua trança para trás.

— Estava impaciente para ver novamente a minha irmãzinha e para contar do meu encontro com o sábio solitário — disse Ay-Mhoré depois de alguns instantes de silêncio.

— Folgo em saber que tua viagem às montanhas foi bem proveitosa.

— Proveitosa e triste — disse o rei, encarando Ararype, que ainda conservava a fisionomia tristonha.

— Turano viveu como queria, bem poucos tiraram da vida o que ele tirou — e Ararype esboçou um sorriso: — Que os deuses velem por meu querido amigo. Agora devemos concentrar nossa atenção nos vivos, os altos interesses do reino estão em primeiro lugar.

— E assim será, meu bom amigo — disse o tuxauá, abraçando-o.

— Agiremos com cautela, serenidade, e sobretudo astúcia — disse Nadja, fitando carinhosamente o rei.

— Mais uma vez o amigo te agradece, querida irmã.

— Meu destino é teu destino, minha vida a tua vida — disse a sacerdotisa, emocionada.

Ay-Mhoré levantou-se e tocando com a mão direita o seu coração, tocou depois de leve o coração de Nadja. A sacerdotisa estremeceu e foi com mão trêmula que repetiu o mesmo gesto.

Já na porta do templo, Ararype, visivelmente intrigado, perguntou para si mesmo: "Seriam lágrimas, o que eu vi brilhar nos olhos de Nadja, na hora em que o rei despediu-se dela?" Ararype devia estar pensando um pouco alto, pois o rei perguntou:

— O que disseste?

— Nada, senhor, nada! Divagações apenas!

No grande salão do templo, ouviu-se um soluço forte, seguido de outros abafados, e finalmente, ruído de passos apressados. Depois, silêncio completo caiu pelo grande salão do Templo do Vento.

Arassagy, fitando a ponta de sua bota luzidia, com um leve repuxar do lábio inferior e um tique nervoso demonstrado pelo bater mais apressado de suas pálpebras, não teve coragem suficiente para encarar Azamor, que à sua frente, acabava de falar em voz irritada.

Foi quase num gemido que o capitão da guarda dos templos conseguiu balbuciar:

— Mas... mas senhor... o príncipe Anhangüera...

— Um homem apenas contra cinco — atalhou Azamor. — É vergonhoso!

O outro abaixou mais uma vez a cabeça e enrolou o resto da frase que Azamor interrompera com raiva. Novo silêncio se fez e foi ainda o Sumo Sacerdote quem falou:

— E Zanatar? — sua voz aparentava mais calma.

— Tudo acertado — e o capitão, aliviado pela mudança de assunto, fez um relato detalhado de sua entrevista com o príncipe etíope.

— Hum! — resmungou o outro, quando Arassagy terminou, não demonstrando nem aprovação nem desaprovação, o que deixou o capitão um pouco sem jeito.

Azamor, cenho carregado, parecia refletir no que o outro lhe dizia a respeito, e depois de um tempo, interminável para Arassagy, o Sumo Sacerdote fez outra pergunta:

— E Siamor?

— Na Ilha Gorda, muito bem guardado.

— E sabes por acaso para onde levaram Jacy... Azy-Mhalá?

— O próprio Anhangüera a levou para o seu palácio.

— Tens certeza?

— Absoluta, senhor, tenho um espia pelas proximidades.

— É de confiança?

— Potengy é de minha inteira confiança. É aquele, senhor, que vos trouxe a bailarina do Templo do Vento e...

— Sei quem é — atalhou Azamor. — Que mais disse ele?

— Que a única liteira que saiu do palácio do príncipe foi a do guarda-caça de Anhangüera.

— Quem ia na liteira, o guarda-caça?

— Não senhor, ele ia a pé com mais cinco homens armados. Dentro da liteira, fechada por cortinas, Potengy não soube informar quem viajava.

— E que direção tomou a liteira?

— Foi direto para o Templo do Vento.

— E o que mais?

— Durante o trajeto, o guarda-caça encontrou-se com o nobre Ararype. Tiveram um diálogo, que Potengy classifica como muito cordial. Depois, separaram-se e cada um tomou uma direção diferente.

— Interessante — disse Azamor coçando o queixo.

— Poderia muito bem Azy-Mhalá viajar nessa liteira fechada. Mas por que no Templo do Vento? Preciso verificar isso com atenção — disse falando para si mesmo.

— Foi isso realmente o que também pensei.

— Pensou! Tu não pensas nada! Aliás, ninguém pensa em nada realmente! Por Tupã! Devo eu ter que pensar em tudo! — Azamor parecia agitado, pois gesticulava muito. Um pouco mais calmo, perguntou: — E esse guarda-caça, sabes seu nome?

— Azalym, senhor.

— Manda vigiá-lo; quero que sigam todos os seus passos.

— Sim, meu senhor.

— Qual o nome do segundo sacerdote do Templo do Som?

Com essa pergunta, para alívio do capitão, Azamor mudou de assunto.

— Kalykaz, senhor.

— Pede a Dagbar que prepare um pergaminho com meu selo, nomeando-o como Supremo Sacerdote do Som; depois falarei com o rei para sacramentar minha nomeação.

— Mais alguma coisa, senhor?

— Siamor não tinha um servo de confiança, um homem bastante entrosado nos seus negócios?

— Tinha, senhor.

— Qual era seu nome?

— Aleutar, senhor.

— Depois que providenciares junto a Dagbar a nomeação de Kalykaz, reúne alguns homens e sem espalhafato, procura esse Aleutar e prende-o. Eu o quero vivo, entendeste? Assim que o prenderes trazei-o à minha presença.

— Sim, meu senhor — e o capitão nem pestanejou.

Nesse exato momento, Dagbar silenciosamente entrou na sala, curvando-se diante de Azamor.

— Sim, Dagbar! O que temos?

— Potengy encontra-se na ante-sala, pede para vos falar, diz que é muito urgente — e Dagbar, olhando para o capitão: — Aliás, ele perguntou se o capitão Arassagy se encontrava aqui.

— Pois mande-o entrar — disse o Sumo Sacerdote.

20

O porteiro do Templo do Som

Thumus, o velho porteiro do Templo do Som, era um homem de hábitos regulares. Talvez, devido a essa regularidade, tenha atingido uma idade bastante avançada, em plena posse de seu vigor e disposição. Realmente, Thumus era o que poderíamos chamar de um velho forte e ainda bastante ágil. Não fosse a sua vista, já um pouco fraca, e algumas rugas que lhe sulcavam o rosto, o porteiro do templo podia bem passar por um homem dos seus sessenta anos. Thumus tinha um pouco mais, porém isso não o impedia de dizer sempre, com aquela voz mansa e arrastada, que muitos moços não possuíam a sua saúde e vitalidade. E o segredo do velho Thumus era muito simples. Era um homem metódico e que gostava de caminhar. Longas caminhadas nos seus dias de folga, alimentação frugal, nada de bebidas fortes e mulheres. Estava aí o grande segredo da longevidade do velho porteiro do Templo do Som.

Naquele dia, Thumus acordou cedo como de costume. Levantou-se lépido, fez o seu desjejum e depois arrumou numa pequena cesta alguns alimentos que foram meticulosamente acondicionados. Com um gesto grave, abriu a janela do seu quarto e examinou criterioso o tempo. Depois de se certificar de que faria um bom dia, Thumus, sobraçando a sua cesta, saiu a passos miúdos por uma porta lateral do templo. Era o seu dia de folga. E todo dia de folga, isso já há mais de dez anos, Thumus o aproveitava inteiro para dar longas caminhadas, que às vezes o levavam aos pontos mais distantes do vale.

Uma parada aqui, outra paradinha ali, e lá vai, passos miúdos, Thumus já atravessando os limites da cidade central. Depois, seus passos o levaram vagarosamente pela estrada que margeava a costa, e já entardecia quando o velho porteiro sentou-se à sombra de uma árvore frondosa para descansar um pouco e comer o resto de sua refeição, que tirou sem pressa de dentro da cesta. Depois de bem alimentado, operação que realizou com método, procurou uma posição mais cômoda de encontro ao tronco da árvore, cerrou os olhos e num instante dormia profundamente.

Quase sempre esse cochilos de mestre Thumus eram breves e marcavam o fim de suas peregrinações pelo vale. Aí, o porteiro, após alguns minutos de descanso, levantava-se e a toda pressa regressava ao seu templo. Nesse dia, porém, ou fosse porque estivesse mais cansado, ou porque tivesse ido mais longe que de costume, Thumus passou do seu cochilo habitual ao sono mais profundo e quando despertou assustado, a noite já ia alta. Um ruído confuso de vozes chegou aos seus ouvidos. Ele ainda se deixou ficar no mesmo lugar por uns instantes até que se sentiu mais acordado e dispôs-se a levantar.

Uma claridade saltava na escuridão da noite à sua esquerda. Thumus firmou a vista e a poucos passos avistou uma sombra escura, de onde parecia vir a luz. O murmúrio de vozes chegou agora mais claro aos seus ouvidos, e então o velho porteiro, procurando não fazer barulho, aproximou-se bem devagar da sombra escura. Já à distância de um braço, deitou-se rente ao chão, protegido por um tufo de ervas altas. Já se distinguia bem as vozes, quando uma claridade, a princípio oscilante e depois mais viva, foi-se aproximando da sombra escura, que ele agora podia distinguir como uma grande barraca, e o vulto de dois negros enormes, um deles segurando uma lanterna, chegou muito perto do amedrontado Thumus, já arrependido de sua curiosidade, e afinal desapareceram da sua visão, entrando na barraca.

O diálogo que se seguiu, de que os leitores devem estar lembrados, entre Zanatar, pois não era outro o negro enorme que Thumus vira, e o capitão Arassagy, foi inteiro ouvido, a princípio com um pouco de receio e por fim com o máximo interesse, pelo velho porteiro.

Quando as luzes da grande barraca se apagaram, Thumus ainda permaneceu quieto, no mesmo lugar, por algum tempo. Depois, sorrateiramente, esgueirou-se com cuidado para não ser pressentido e ganhou a estrada, com uma agilidade surpreendente para a sua idade, seguindo para a cidade central.

ৎ৯৵ৎ৵

Já era a hora décima da noite e Aleutar, visivelmente preocupado, desceu de seus aposentos, mais uma vez, indo até a sala de Mestre Siamor. Aquela ausência demorada do Mestre do Som era bem estranha, pensava o servo; "mesmo que a entrevista com o rei fosse bastante longa, já havia tempo de sobra para que Siamor tivesse voltado". E Aleutar, depois de arriscar um olhar para dentro do gabinete particular do seu amo, tornou a embarafustar pelos corredores, voltando para sua pequena sala, que o seu Mestre, num dia de generosidade, lhe dera à guisa de recompensa pelos muitos serviços prestados.

— E essa agora! — disse, falando para si mesmo e medindo seus próprios passos a deambular pela sala.

Mil pensamentos povoavam sua mente, e eram, podemos afirmar, idéias as mais pessimistas. Já imaginava o seu amo preso ou caído na maior desgraça, banido do templo e destituído das suas funções e ele, o seu auxiliar mais direto, em situação pior ainda. Sem saber mais o que fazer ou no que pensar, Aleutar dispunha-se a descer mais uma vez para verificar se Siamor havia chegado, quando sentiu que alguém batia de leve em sua porta. Aleutar estremeceu:

— Quem é? — perguntou.
— Sou eu, senhor! Thumus!

Aleutar respirou fundo e visivelmente contrariado, exclamou com maus modos:

— Entre, entre!

Aleutar recompôs sua pose e encarou o velho, que humilde postara-se a poucos passos.

— Que queres, Thumus, e a essa hora?

A voz de Aleutar era arrogante, maneira habitual que tinha ao tratar com inferiores.

— O acaso, senhor, me fez portador de notícias muito sérias.

— O acaso? — e Aleutar teve um mau pressentimento.

— Sim, meu senhor, o acaso!

— Explique-se, Thumus! Sou um homem ocupado e tenho problemas graves a resolver. Não tenho o tempo inteiro do mundo para ficar ouvindo enigmas — disse Aleutar, dando ao seu tom de voz um acento solene.

— Como o senhor não ignora, hoje foi o meu dia de folga, e todo meu dia de folga eu o aproveito para passear pelo vale e...

— Foi para me falar em tua folga e teus passeios que vieste até aqui? — interrompeu Aleutar, ríspido.

— Paciência, senhor! Eu preciso historiar os fatos para poder chegar ao assunto principal — disse Thumus, tranqüilo ante o exasperado Aleutar.

— Está bem, prossiga! — e Aleutar procurou reunir toda sua paciência.

— Como dizia, saí a passear e depois de atravessar toda a cidade central atingi a costa, lá para os lados sul, descendo para a parte baixa do vale. Confesso que estava um pouco cansado, sabe como é, nessas ocasiões...

— Sei, sei! — "Paciência", pensou Aleutar , "e vejamos onde esse velho quer chegar".

— Estando muito cansado — e o velho continuou na mesma cadência, não se perturbando nem um pouco com as interrupções do outro — encostei-me em uma árvore e depois de comer minha merenda, caí num sono profundo.

— Caíste num sono profundo! — Aleutar mastigou as palavras, no limite da sua paciência.

— Caí, senhor — Thumus não se alterava. — Mais tarde, quando acordei, ouvi um diálogo terrível. Até agora meu corpo inteiro treme só de pensar no que, por acaso, eu escutei.

O velho porteiro, então, repetiu palavra por palavra do que escutara, escondido junto à barraca do capitão Arassagy.

Aleutar, à medida que ouvia a narrativa de Thumus, foi passando do estado de indiferença ao de máxima excitação e atenção, e quando o outro terminou, a custo fechou a boca, que fora se abrindo gradativamente até o final da exposição, feita pelo porteiro do templo.

— Fizeste muito bem ao vir me procurar — conseguiu articular Aleutar. — Prestaste um grande serviço ao nosso Mestre Siamor, um serviço de alta relevância. Irei te recomendar ao nosso Mestre.

— Obrigado, senhor.

— Por acaso reconheceste os homens do diálogo?

— Não, meu senhor! Um estava dentro da barraca, eu não o vi, os outros dois que chegaram eu também não conheço. Eram negros enormes.

— Etíopes — pronunciou Aleutar para si mesmo. — Outra coisa, Thumus, não deves falar neste assunto com ninguém. Ninguém, entendeste?

— Sim, meu senhor!

O velho porteiro, pela sua expressão fisionômica, havia entendido muito bem.

— Agora vai, vai descansar e lembra-te: a ninguém! Vai e podes deixar, pois eu não me esquecerei de que és um servidor leal — disse Aleutar, e saudando o outro com um gesto de mão, deu por encerrada a entrevista.

Quando o velho porteiro do templo se retirou, Aleutar ficou em estado de grande agitação. Freneticamente pôs-se a caminhar de um lado para o outro no pequeno compartimento, enquanto punha em ordem seus pensamentos. Mas estava escrito que nesta noite os acontecimentos se precipitariam, pois quando Aleutar começava a se acalmar, e pensar no melhor proveito a tirar dessa preciosa informação, inopinadamente irrompeu pela sua saleta Atenéia, muito nervosa.

— Meu tio Dagbar te mandou uma mensagem urgente — disse a moça como saudação.

— Dagbar! — e Aleutar olhou para Atenéia, preocupado.

— Sim, ele manda te avisar que Siamor foi destituído do cargo de Sumo Sacerdote do Som.

Aleutar cambaleou com essa notícia e ficou muito pálido. A custo pôde perguntar:

— Ele tem certeza disso?

— Absoluta. Ele mesmo preparou, para ser assinada por Azamor, a nomeação de Kalykaz.

— Por Tupã! — foi a única coisa que Aleutar conseguiu dizer.

— Ele ainda manda te avisar para que fujas o mais rápido possível. Amanhã cedo, o capitão Arassagy virá a este templo para te prender.

— Prender a mim! — Aleutar estava lívido.

— Sim, foi esse o recado que acabo de receber do meu tio; dei pressa em te avisar.

— Mas me prender por quê?

— Isso eu não sei — disse Atenéia.

A moça parecia sincera e Aleutar começou a dar tratos à idéia do que poderia fazer.

— Agradece a teu tio por mim e crê-me, Atenéia, serei sempre grato pelo teu pronto aviso — disse afinal Aleutar.

A moça parecia indecisa na frente do servo de Siamor, depois de algum tempo em silêncio, meio sem jeito falou:

— E o que vais fazer?

— Não sei; de algum modo, a primeira providência que tomarei será desaparecer daqui o mais rápido possível.

Todo o seu mundo, um mundo que ele construíra com intrigas, falsidades, mentiras, sacrifícios e servilismo, num segundo apenas acabava de ruir completamente.

Quando a corista Atenéia saiu daquela pequena sala, deixou sozinho um homem totalmente arrasado e entregue aos mais desencontrados pensamentos.

Quando Nadja entrou nos aposentos que Narayade dividia

com Narayama e Narayma, encontrou-a ainda com os olhos vermelhos de tanto chorar, deitada na sua cama de penas, sendo consolada pelas duas bailarinas. Nadja já tivera uma longa conversa a sós com Narayade, que depois das explicações da sacerdotisa, vendo a grande tolice que cometera indo falar com Azamor, entregara-se a um grande desespero, sentido-se culpada de delação.

— Sente-se melhor, minha filha? — perguntou Nadja com toda a ternura, sentando-se na cama de penas de Narayade.

A outra prorrompeu em prantos, abraçando-se com a sacerdotisa. Narayama e Narayma, sem saberem o que fazer, retiraram-se para um dos cantos do aposento muito caladas. Nadja, afagando os cabelos de sua discípula, procurou acalmá-la:

— Não fiques assim, minha filha. Afinal todos nós cometemos erros, às vezes pensando que fazemos o melhor possível. Vamos, não chores mais!

— Mas eu traí o rei e a senhora — disse entre soluços. — Ó! Tupã! Sou uma traidora!

— Nada, nada! Não foi assim tão importante o que revelaste ao Sumo Sacerdote.

— A senhora acha mesmo? — a bailarina parecia menos nervosa depois dessas palavras de Nadja.

— Acho sim; agora sossega, enxuga esses olhinhos e vem comigo que eu te mostrarei algo que será muito útil para a tua tranqüilidade.

Narayade parou de chorar e agora olhava a sacerdotisa com curiosidade. Nadja ajudou a outra a se levantar e enfiando seu braço no de sua discípula, sem mais uma palavra, saiu com ela daquele aposento. Sempre em silêncio, a sacerdotisa caminhou com Narayade pelos corredores do templo até que atingiram a porta do misterioso quarto azul, que tanto havia intrigado a bailarina. Narayade parou surpresa e olhou interrogativamente para a sua Mestra.

— Tu não tinhas o maior desejo de conhecê-lo? — perguntou Nadja sorrindo. — Pois chegou o momento, entremos.

As cenas que se seguiram dentro do quarto misterioso foram observadas por Narayade a princípio com um misto de curiosidade e temor, depois com espanto e finalmente com o maior interesse e bastante perplexidade.

A sacerdotisa acendeu os sete círios coloridos, já nossos conhecidos, e indicando uma almofada à bailarina, com um gesto grave pediu o maior silêncio. Nadja pegou em cima de uma almofada o espelho mágico de basalto e segurou-o com uma das mãos acima da cabeça. Nadja parecia estar em transe, e estática permaneceu por alguns segundos ante a expectativa nervosa de Narayade que não mexia um músculo sequer. O ambiente foi-se tornando enevoado e como que possuído de eletricidade, e então a voz de Nadja soou alto e forte naquela sala. Era uma voz grossa, de timbre diferente daquele da sacerdotisa, mas não podia haver engano para Narayade, da boca de Nadja é que saía aquela voz.

— Olha, minha filha, no espelho, vê!

Quando foram ditas essas palavras, o espelho ficou enevoado e depois essa névoa entrou em movimentação, como um torvelinho, e uma figura começou aos poucos a aparecer. Era uma moça, cabelos em desalinho, acuada junto a um grotão de pedra, olhos apavorados, quase acocorada e com as duas mãos levantadas como que a esperar um perigo iminente. O cenário que se delineou ao longo do espelho era de uma floresta de árvores baixas e retorcidas, e um pouco além da pequena clareira, onde se encontrava a moça, uma espécie de onça enorme, toda rajada e com formidáveis presas aparecendo, preparava-se para dar o bote.

Narayade, com os olhos esbugalhados, olhava fixo para o espelho mágico, sem poder dele tirar os olhos. Sem compreender direito o que via, sentiu uma estranha sensação passar pelo seu cérebro e depois uma vaga inquietação começou a tomar conta de todo o seu ser, um frio percorreu sua espinha e um intenso rubor subiu às suas faces. Naquele exato momento, Narayade reconheceu a moça do espelho. Era ela própria, embora completamente diferente da sua forma atual.

A grande onça de dentes de sabre, urrando, saltou sobre a moça agachada, mas interpondo-se entre os dois, surgiu um homem de estatura gigantesca, vestindo uma tanga de couro e armado de uma pequena lança. Com um salto, o homem jogou o seu possante corpo contra o animal em pleno pulo, com um movimento de braço feriu fundo o dorso do animal com a lança e caíram embolados a poucos passos da moça apavorada. A lança curta entrava e saía do corpo da onça, que se debatia furiosa, tentando morder e arranhar o seu cavaleiro improvisado. O gigante, com um dos braços passado pelo pescoço da fera, continuava a ferir fundo com sua arma, evitando as presas formidáveis e as garras da onça, que se retorcia toda, querendo desalojar o homem que se segurava às suas costas. O combate foi rápido. O animal, perdendo sangue, já se movia com alguma dificuldade e com menos ímpeto, até que afinal, num derradeiro esforço, tombou para o lado a estrebuchar em agonia. O gigante levantou-se, olhou para a fera caída a seus pés e virou-se bem de frente, ocupando quase que o espelho todo.

Narayade, muito espantada, reconheceu imediatamente o gigante da luta: era o seu adorado rei Ay-Mhoré, embora também sua compleição e fisionomia fossem diferentes.

Jogando a lança manchada de sangue para um lado, o gigante, sorrindo, encaminhou-se para a moça que ainda se conservava na mesma posição. Ela recuou um pouco, instintivamente, quando o gigante estendeu uma das mãos para tocá-la, produzindo grunhidos estranhos e procurando morder aquela mão que se estendia em sua direção. O outro, sempre sorrindo, repetiu aquela operação várias vezes e a cada vez a moça recuava, grunhia e procurava morder. O gigante fez um movimento mais rápido com a mão e segurou firme a moça pela nuca, e ela começou a se debater, mas a mão possante imobilizou-a completamente. Ainda sorrindo, o gigante, com a mão livre, tirou da cintura uma espécie de embira e amarrou com bastante calma, primeiro os pulsos e depois os tornozelos da moça. Com a maior facilidade, jogou-a num dos ombros e a despeito dos gritos, grunhidos e movimentos de tronco da moça, saiu calmamente da pequena clareira com sua presa.

O espelho mágico voltou a se enevoar até que ficou negro outra vez. Narayade, espantadíssima e muda de assombro, escutou então uma voz que parecia sair dos lábios fechados da sacerdotisa:

— Viste bem, minha filha! Isso aconteceu há milhares de anos atrás, quando vivias na terra-mãe. Eras uma selvagem, quase um animal. Este homem que agora é o tuxauá da Terra das Araras Vermelhas, te capturou e com paciência e amor te ensinou a ser civilizada. Por longos anos tu viveste com ele como um animal de estimação, e aos poucos, foste aprendendo a servi-lo e amá-lo. Foi o primeiro ser que te deu carinho nas tuas primeiras encarnações humanas, daí tua forte ligação com ele, daí essa atração irresistível que sentes. Foi o início do carma que liga suas vidas. Mais tarde, quando já eras mais civilizada e o acompanhavas a todo lugar como uma sombra, numa invasão que houve, na aldeia onde ele era o chefe, tu morreste por ele. Uma lança inimiga endereçada ao teu senhor teve o teu corpo como escudo, pois te puseste na frente dela. Aí está, filha minha, a explicação: porque sentes tanto amor e tanta atração por ele.

A voz calou-se, e imediatamente o espelho seguro pela mão de Nadja, que continuava sempre na mesmo posição estática, começou a se enevoar, fazendo aparecer duas figuras abraçadas em sua superfície. Era um abraço terno, profundo, parecendo que as duas figuras se fundiam numa só. Saía uma claridade intensa e azulada dos seus corpos e via-se com bastante nitidez que os seus corações estavam unidos por um grosso cordão dourado. As duas figuras, sempre abraçadas, viraram-se de frente no espelho e imediatamente Narayade reconheceu os dois. Eram Nadja e Ay-Mhoré, que sorriam, um sorriso de plena felicidade.

Narayade, cada vez mais espantada, arregalou muito os olhos e cobrindo o rosto com as mãos, deixou escapar um gemido alto. O espelho voltou a ficar com a superfície escura, os círios acesos oscilaram, e a mesma voz já ouvida anteriormente soou na sala:

— O que viste agora, minha filha Narayade, foi a reunião de duas almas gêmeas. As almas completas, que vivem a se buscar e que só podem se realizar quando reunidas. É dois em um só, porque não é mais eu e tu. Todos os seres encarnados não são completos sem a sua outra contraparte. Vivem incompletos pelo mundo, tentando se completar, tentando achar o seu outro eu perdido. Quando o acham, sentem a realização completa e atingem o êxtase da mais perfeita felicidade. Há muitos milhares de anos atrás, a humanidade foi bissexual, trazia em si os dois sexos e era chamada de divinos hermafroditas. Dizem os grandes Mestres da pátria-mãe Mu, que esses seres alcançaram um grande desenvolvimento técnico e podiam fazer grandes obras. Mas pecaram por orgulho, endeusaram-se a si próprios e desejaram ser maiores que os deuses. Então, o grande deus Poseidon resolveu dar um castigo àqueles seres tão orgulhosos. Contam os Mestres que o grande deus, por intermédio dos seus auxiliares, munidos de espadas mágicas, com um só golpe separaram os hermafroditas orgulhosos pelo meio, fazendo então com que cada metade conservasse um sexo, masculino ou feminino. É por isso que, até os dias de hoje, uma metade procura avidamente a outra, para se completar novamente. Os dois pólos que se procuram, as duas metades para fazer uma completa. As almas gêmeas.

Quando a voz se calou, os círios se apagaram e Nadja saiu de sua posição estática, olhando a sorrir para Narayade. A sacerdotisa abraçou com ternura sua discípula, e puxando uma almofada sentou-se ao seu lado. Por mais de duas horas, Nadja conversou com Narayade. Falou-lhe da predição, da grande missão do rei para com seu povo, e deu-lhe várias explicações para as cenas que a outra havia visto. Falou-lhe do seu Mestre e das coisas maravilhosas do espírito, e a cada pergunta que lhe fazia a bailarina, Nadja ia explicando o maravilhoso encadeamento das encarnações e os deveres que temos para com os nossos semelhantes. Foi uma aula bastante proveitosa, pois quando as duas saíram daquele quarto, Narayade era uma pessoa completamente diferente e com outra concepção da vida.

Quando Nadja fechou a porta do quarto azul, Narayade perguntou:

— Senhora, poderia todo dia falar-me dessas coisas? Eu gostaria tanto de aprender!

— Mas claro, minha filha, terei grande prazer nisso!

— Como a senhora tem sofrido — e Narayade pendurou-se no pescoço da sacerdotisa, que com os olhos marejados de lágrimas afagou os cabelos de sua discípula.

— Mas isso é um segredo entre nós duas — disse Nadja, com seus olhos azul-acinzentados brilhando e ligeiramente apertados.

— E eu, senhora, por acaso sabeis quem é minha alma gêmea?

— Não está encarnado — respondeu Nadja sem pestanejar.

— Anh! Mas eu irei encontrá-lo um dia?

— Mas certamente!

— Quanto ao rei, acho que não poderei deixar de amá-lo, porém de uma forma diferente — disse Narayade sorrindo.

— Todos nós devemos amá-lo, seja de uma forma ou de outra.

A bailaria notou que havia uma grande tristeza na voz da sacerdotisa.

⁓

Podia ser no máximo a hora décima-primeira daquela noite um pouco fria, quando o guarda que dava a sua ronda em frente ao palácio do tuxauá, olhando mais uma vez para a rua deserta e verificando que tudo estava em calma, entrou na sua pequena guarita para descansar um pouco e abrigar-se do frio. Deixou-se ficar algum tempo apoiado na comprida lança e entregue a seus próprios pensamentos, quando um ruído chamou a sua atenção, e olhando pela pequena abertura que servia de janela, deu com um homem parado a poucos passos a encará-lo.

— Andando! Aqui não se pára! — disse o guarda, sem se dar ao trabalho de sair da guarita.

— Tenho urgência em falar com o capitão da guarda — disse o outro, aproximando-se da porta da guarita.

O guarda, resmungando por terem vindo perturbar o seu sossego àquela hora, com passos arrastados encaminhou-se para fora do abrigo, em direção ao estranho.

— Impossível, senhor, o capitão dorme e a essas horas não serei eu que irá perturbar o seu sono. Agora, toca a andar, pois aqui não se pode parar!

— Digo-te que é absolutamente necessário que eu fale com o teu capitão — disse o outro, imperturbável.

— Meu caro senhor — e o guarda olhou o estranho de alto a baixo, examinando sua fisionomia e os seus trajes — a hora já é muito avançada; compreenda, afinal eu cumpro ordens. Amanhã cedo o senhor poderá falar o quanto quiser com o capitão — disse o guarda com polidez, verificando pelos trajes que o outro vestia tratar-se de pessoa de importância.

— Amanhã cedo poderá ser muito tarde. Os altos negócios do reino não podem esperar. Se acontecer alguma coisa, irei te responsabilizar por tua teimosia — disse o homem com um tom ameaçador na voz.

O guarda, já meio abalado pela pose e vestuário do estranho e mais ainda por essas últimas palavras, ficou ainda mais indeciso, sem saber o que fazer.

— E então! Chamas o teu capitão ou queres ser cúmplice dos inimigos do nosso rei?

— Por Anhangá! Não, não!

O guarda decidiu-se rápido e bateu com o cabo da lança três vezes no chão de laje, o que naquele silêncio ecoou bem alto.

Num segundo, dois guardas que se achavam postados na outra extremidade do largo portão de entrada do palácio vieram correndo em direção ao guarda que os chamara.

— Preciso de um guarda com esse senhor — disse, indicando com a lança o estranho — enquanto vou falar com o nosso capitão.

A demora não foi muito longa, pois passado algum tempo chegou o capitão da guarda, acompanhado pelo primeiro guarda. Vinha com a fisionomia carregada, olhos vermelhos e os cabelos em desalinho.

— É esse o homem, meu capitão!

— Espero, senhor, que tenhas boas razões para vires a estas horas ao palácio do rei.

A voz do capitão era dura e parecia bastante irritado com aquela interrupção do seu sono.

— Muito boas razões, capitão!

— Reviste-o! — o capitão continuava irritado.

O homem levantou os braços, facilitando a revista que foi feita com meticulosidade pelo primeiro guarda.

— Está desarmado, meu capitão!

— Siga-me, senhor! — limitou-se a dizer o capitão.

Os dois atravessaram o pátio em silêncio e atingiram uma das portas laterais do palácio, que dava para uma sala espaçosa que servia de gabinete e salão de audiências do capitão da guarda do rei.

— Pode falar, senhor, eu o escuto — disse o capitão, procurando iniciar o diálogo.

— O acaso me fez portador de importantes notícias referentes aos inimigos do nosso tuxauá.

— E que notícias são essas? — a voz do capitão abrandou-se um pouco e ele parecia interessado.

— São notícias tão importantes que delas depende a segurança de todo o reino.

— Se como dizes, é assim tão importante o que tens para relatar, vamos sem mais delongas ao assunto.

— Mas capitão... por ser um assunto de tanta importância, penso que deve ser sigiloso.

— Não entendo! Sou o capitão da guarda do rei, podes confiar na minha discrição!

— Concordo, senhor, mas esse é um assunto para ser ventilado com o próprio rei.

— O que! Julgas que podes, a essa hora, perturbar o sono do nosso tuxauá!

O capitão disse essas palavras muito vermelho e com um tom de insolência na voz.

— É como eu digo, senhor capitão! Os altos interesses do reino estão acima de horários e etiquetas!

— Mas digo eu que é um absurdo, senhor! Pensas por acaso que qualquer um, a pretexto de possuir informações importantes, pode vir ao palácio na hora que quiser e depois falar com o rei? De forma alguma, meu senhor!

— Mas eu não sou qualquer um, e depois não trago apenas notícias importantes, trago fatos, fatos de que o rei precisa tomar conhecimento, pois dizem respeito à sua própria vida e segurança — disse o homem com arrebatamento.

O capitão pareceu vacilar, pois não deu resposta e ficou a examinar o seu interlocutor com a máxima atenção. Quando falou, o fez sem aquele tom arrogante e parecendo medir bem suas palavras:

— Compreenda, meu caro senhor, há de convir que a hora é bem irregular, isso sem falar nas circunstâncias.

— Concordo plenamente e te dou razão, meu caro capitão, mas o senhor, como um oficial superior, está a par da guerra surda entre o nosso rei e os traidores que procuram por todos os meios solapar o poder real. O senhor não ignora que o Sumo Sacerdote dos Templos conspira com os inimigos do tuxauá. Tenho provas irrefutáveis de que esses inimigos da coroa têm ligações com os etíopes, e possuem planos para uma possível invasão de nossa terra. Como vês, tenho urgência em falar com o rei.

O capitão, que além de ser um homem inteligente, estava entrosado nas maquinações da corte, e além disso, era um dos homens de confiança da rede de espiões reais, à medida que o outro falava, intimamente ia tomando sua decisão.

— Os etíopes, dizes? — perguntou entre surpreso e quase convencido.

— Sim, capitão, os etíopes! E sei ainda muito mais! Por amor de Tupã, decida-se!

— Não sei não — disse o capitão, que era cauteloso e extremamente desconfiado. — Acordar o rei, a uma hora dessas, me parece impróprio, embora exista a gravidade das notícias que trazes.

— Impróprio, seria o extermínio do reino e de toda a casa real — disse o outro, elevando a voz.

— Não poderia deixar para amanhã cedo, essas importantes comunicações? Olha! O dia não tarda muito! — disse o capitão, ainda indeciso.

— Impossível, senhor! Não vê que o que trago tem a máxima urgência?

— Mas reconheça, senhor, a minha posição!

— Não a reconhecerei se continuares a insistir em não me deixar ver Sua Majestade — disse o outro, em tom alterado.

— O dia não tarda e eu tenho as minhas ordens — e o capitão não arredou um pé de sua posição obstinada.

— Insistes nesse firme propósito?

— Insisto. Considero tuas razões e comunicações bastante graves e importantes, mas acho que algumas horas não farão tanta diferença assim.

— Como não farão? — e o estranho quase gritava.

— Não farão não! — e o capitão elevou também a voz. — O senhor voltará amanhã bem cedo, e eu mesmo o encaminharei ao Grande Conselheiro do reino, que por sua vez o encaminhará ao nosso rei. É o máximo que eu posso fazer no momento pelo senhor!

— Amanhã poderá ser tarde demais!

— O senhor acha que nesse curto espaço de tempo os etíopes nos atacarão? — e o capitão sorriu, entre divertido e zombeteiro.

— A minha vida é que corre perigo lá fora — disse o outro, ignorando o ar de mofa do capitão.

— Nesse caso, providenciarei para que o senhor pernoite na casa de armas — disse tranqüilo o capitão, que parecia ter resposta para tudo.

— Seja como quiseres — disse o outro, aparentemente conformado e coçando a cabeça descoberta. — Espero sinceramente que amanhã não seja tarde demais — disse em voz pausada, mas onde se notava uma ponta de ameaça.

O certo é que ainda existia dúvida pairando pela mente do capitão, pois não respondeu de pronto e ficou a olhar demoradamente o estranho. Nesse exato momento, a porta da sala se abriu e Jaguarassu, servo particular de Ay-Mhoré, assomou à entrada do aposento.

— Boa noite, capitão Pery, atrapalho? — perguntou em sua voz pausada e mansa.

O capitão, que se encontrava quase de costas para a porta, virou-se e encarou o servo do rei.

— Como o meu capitão não ignora — continuou Jaguarassu — quase não durmo à noite e tenho o péssimo costume de vagar sem rumo pelo palácio. Ouvi ruído de vozes, e como falar comigo mesmo não é a mesma coisa que uma boa palestra, ousei vir perturbar um pouco o meu capitão. Atrapalho em alguma coisa? — tornou a perguntar o servo do rei.

— Em absoluto, Jaguarassu — respondeu o capitão, sorrindo. Já conhecia de há muito tempo os dotes de grande conversador e as qualidades noctívagas do outro — Chegaste bem a propósito; estou enfrentando um grave problema com este senhor — e apontou para o estranho, que permanecera imóvel e calado ante a presença de Jaguarassu. — Talvez possas me ajudar com este assunto — e o capitão pôs, em breves palavras, o servo do rei a par do que acontecia naquela sala.

Jaguarassu escutou o capitão em silêncio, e quando o outro terminou, fitou demoradamente o visitante, que sustentou o seu olhar.

— Talvez eu possa levá-lo agora à presença de Sua Majestade.

— Eu lhe ficaria imensamente grato, senhor.

— Mas não esquecerás de dizer ao tuxauá que eu não queria de modo algum acordá-lo, a essas horas tão tardias — disse o capitão, tirando o corpo fora e jogando toda a responsabilidade nos ombros do servo do rei.

— Mas certamente, capitão Pery. Direi de tua fidelidade e atenção para com o conforto de Sua Majestade, não o querendo perturbar.

O capitão, que conhecia a intimidade do servo Jaguarassu com seu soberano, respirou aliviado de se livrar daquele problema, que já começava a perturbá-lo bastante.

Jaguarassu sorriu, aquele seu sorriso bondoso, e virando-se para o visitante noturno, perguntou:

— O seu nome, senhor? Como devo anunciá-lo?

— Aleutar, servo de Siamor, Sumo Sacerdote do Sagrado Som — respondeu o outro sem pestanejar.

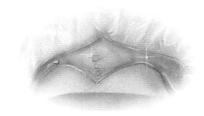

21

O caçador e a caça

Potengy entrou pisando forte na sala do Sumo Sacerdote e parou em atitude respeitosa, a poucos passos de Azamor.
    Arassagy, que se calara à sua entrada, olhou-o de alto a baixo com certa arrogância, como se quisesse apregoar com essa atitude a sua ascendência hierárquica. O espia curvou a cabeça, em saudação ao seu capitão e chefe, e logo depois, dirigiu-se diretamente a Azamor, que esperava por suas notícias.

— Salve, grande Azamor, Sumo Sacerdote dos Templos e eleito dos deuses!

— Salve! — Azamor parecia apressado. — Fala, o que tens de tão importante a relatar?

— Trago novas urgentes do príncipe Zanatar.

— Pois fala!

— Sua Alteza etíope manda vos avisar que houve um acidente na Ilha Gorda.

— Acidente! — Azamor chegou um pouco para frente em suas almofadas, interessado. — Dizes acidente? — repetiu.

— Sim, Excelência, ele manda vos avisar que Siamor foi assassinado por uma escrava.

— Assassinado! — o grito saiu uníssono da garganta do capitão e do Sumo Sacerdote.

— É como digo, Excelência, assassinado! — e Potengy não pareceu perturbar-se.

— Mas como foi isso? Quero mais detalhes... — perguntou Azamor com voz impessoal. — Detalhes!

— O príncipe teve que se ausentar da ilha para encontrar-se com o capitão Arassagy — e Potengy indicou com um movimento de cabeça a figura do capitão, que escutava interessado a narrativa. — Manteve o prisioneiro numa barraca muito bem guardada, conforme vossas instruções. Parece que Siamor evadiu-se, pois o príncipe Zanatar ainda o viu cair ensangüentado dos rochedos. Teve, porém, tempo de degolar com a sua espada a escrava assassina.

— Ficamos assim livres daquele intrigante — disse o capitão, que escutara a narrativa em silêncio.

— Realmente — disse Azamor, dando de ombros. — Mas por outro lado, ficamos sem saber o que aquele gordo maroto conversou com o tuxauá.

— O que pode ser um tanto incômodo para os nossos planos — disse o capitão, preocupado.

— Também acho! — disse Azamor, carrancudo. — Zanatar antes de sacrificar a escrava, devia tê-la interrogado. Poderíamos pelo menos saber alguma coisa — e dirigindo-se a Potengy: — Sabes por acaso quem era essa mulher?

— Só sei que se chamava Niza!

— Niza! Conheces esse nome, Arassagy?

— Não, meu senhor!

Azamor permaneceu calado por alguns instantes, como se refletisse, depois encarou Potengy, imóvel à sua frente, e com o pensamento longe, maquinalmente, perguntou:

— Mais alguma coisa?

— O príncipe Zanatar manda vos saudar e diz que já está de posse de todas as instruções.

— Certo! — exclamou o Sumo Sacerdote, parecendo sair de dentro dos seus pensamentos. — Podes ir, Potengy, e aguarda na ante-sala novas instruções.

— Um momento, Potengy! — disse o capitão abruptamente, dirigindo-se ao espia, que se preparava para deixar a sala, e dando as costas ao outro, falou para Azamor: — Perdão, meu senhor, mas acho que poderemos resolver o problema do que se passa no Templo do Vento.

— Como assim? — e Azamor surpreso, olhava ora para o capitão, ora para o espia, sem atinar com aquela brusca ordem de Arassagy ao seu subordinado.

— Muito simples, meu senhor! Potengy tem uma sobrinha de sua mulher que é bailarina de Nadja.

— Uma sobrinha, hein! — e os olhos de águia do Sumo Sacerdote brilharam, enquanto encarava o espia que se aproximou novamente de seu senhor.

— É verdade, senhor, é como diz o capitão.

— Tu achas que ela poderia colaborar discretamente conosco?

— Poderei falar com minha mulher, acho que com algumas promessas poderemos contar com ela.

Potengy sorriu, já antevendo um futuro melhor para ele mesmo e sua família.

— Promessas! Bem, isso veremos, Potengy. Todos aqueles que me servem com fidelidade não têm razões para queixas. Não é isso mesmo, capitão? — e Azamor deu ao seu tom de voz aquela nuance doce, que tão bem sabia usar em certas ocasiões.

— Mas certamente, senhor — apressou-se a dizer Arassagy.

— Sou inteiramente devotado a Vossa Excelência e à causa dos altos interesses do reino — disse o espia, curvando-se reverente.

Azamor sorriu, um sorriso sinistro que não enganava ninguém, e o capitão, seu homem de confiança, seu braço direito, ao fitar aqueles olhos fugidios e aquele esgar conhecido, mau grado seu, sentiu um ligeiro calafrio percorrer-lhe a espinha.

— Em primeiro lugar — disse Azamor — vais procurar tua mulher e ter uma longa conversa com ela. Não preciso te dizer que irás lhe revelar uma parte dos acontecimentos que ameaçam a segurança de todo o reino. Conta muito por alto, ouviste bem? Muito por alto! Em segundo lugar, dirás que a salvação de nossa terra se encontra em poder do Sumo Sacerdote, e que a conspiração se efetua dentro do templo de Nadja. Entendeste bem?

— Perfeitamente, meu senhor! Eu lhe direi que conspiram contra o trono e que Vossa Excelência é a única salvação possível para evitar tal catástrofe. Dessa forma, direi que, o que nossa sobrinha souber ou ouvir deverá ser relatado a ela, que me transmitirá em seguida, e assim, saberemos de tudo o que se passa no Templo do Vento.

— Ótimo, Potengy, ótimo!

— Eu respondo por ele, Excelência — disse o capitão.

— Potengy, além de fiel, é muito inteligente.

— Obrigado, senhores; sei que me desincumbirei bem dessa missão.

— A propósito, Potengy, qual o nome da sobrinha de tua mulher? — perguntou Azamor.

— Azim-Aly, meu senhor.

— Podes ir, e dedica-te inteiramente a essa nova missão — disse o Sumo Sacerdote, despedindo o espia com um gesto de mão.

Quando Potengy se retirou, Azamor, esfregando as mãos de satisfação, dirigiu-se alegre ao capitão:

— Tudo vai caminhando da melhor forma possível, Arassagy. Na melhor forma possível! Agora presta atenção, que eu tenho uma pequena missão que quero que executes.

— Assim será, meu senhor!

— Esse jovem, Azalym. Não é esse mesmo o nome?

— Sim, meu senhor!

— Quero que tu o tragas à minha presença. Usa qualquer meio, mas quero que me tragas! Porém, Arassagy, tem que ser o mais discreto possível e que não chame a atenção de ninguém. Entendido?

— Perfeitamente, meu senhor!

— Outra coisa, Arassagy! Alguma notícia de minha... de Azy-Mhalá, a velha da floresta de caça do príncipe Anhangüera?

— Nenhuma, senhor!

— Ela tem que ser encontrada com urgência.

— Temos alguns homens trabalhando nesse caso.

— Homens que não chegaram a nenhum resultado.

— Espero poder vos dar alguma notícia muito em breve! — disse o capitão, à guisa de desculpa.

Azamor pareceu refletir por alguns instantes, e quando encarou fixo o seu capitão foi para fazer outra pergunta:

— Achas realmente que Siamor fez alguma revelação importante ao rei? — e sem esperar resposta, disse mais para si mesmo: — Não importa, ele não sabia o suficiente.

Sem mesmo se despedir do capitão Arassagy, deixou inopinadamente a sala, entrando em seus aposentos particulares.

෴

Quem sai da cidade central, em direção ao sul do vale, depois de caminhar uns bons dois quilômetros, por uma estrada larga e totalmente ladeada por palmeiras gigantes, chega a um pequeno bosque, que delimita as terras do príncipe Anhangüera. O caminho, então, estreita-se, e pouco mais adiante, vai-se encontrar uma pequena hospedaria, ponto obrigatório de parada dos passantes, que ali vão descansar no grande salão, ou então aplacar a sede com alguma bebida revigorante.

Tio Jassanan, o gordo e bonachão proprietário do "Veado Real", taberna de beira de estrada, que ele dirige pressuroso e algumas vezes com mão de ferro, ante os importunos, nesta manhã do mês de virgo, estava sorridente e alegre, pois seu estabelecimento estava repleto, e também ocupado por gente muito ilustre, no dizer de tio Jassanan, que ocupava-se todo com seis cavaleiros, sentados ao fundo da taberna, falando alto e bebendo muito, em grandes jarras, um vinho especial feito de uvas fermentadas.

— Mais um pouco de vinho, Excelência? — e Jassanan todo aberto num sorriso, colocou mais uma jarra na mesa tosca.

O capitão Arassagy, pois que não era outro um dos seis cavaleiros já citados, encarou fixo o estalajadeiro.

— Sim, Jassanan, bem vês que temos muita sede — disse, e todos na mesa riram, levantando as grandes canecas de folha.

Nesse exato momento, a porta abriu-se e Azalym, passos despreocupados, entrou na taberna dirigindo-se ao balcão, próximo da mesa de Arassagy.

— Nosso homem, senhor! — exclamou em voz baixa um dos "cavaleiros".

— Quieto! Não espantemos o nosso pássaro! — e um sorriso estranho passou pelo rosto do capitão.

Azalym, completamente alheio aos homens do Sumo Sacerdote, apoiou-se no balcão e elevou a voz, chamando o dono da estalagem:

— Tio Jassanan! Ó, tio Jassanan! Traz para mim um refresco de frutas!

Arassagy então elevou a voz para que todos ali na sala o ouvissem:

— É como eu digo, senhores, o rei está louco e dessa forma, pouco mais irá durar a dinastia dos Ay-Mhorés!

Embora algum barulho reinasse pela sala, a maioria das palavras ditas pelo capitão em tom bem alto foi ouvida por todos naquela taberna. Um súbito silêncio se fez, enquanto fisionomias receosas fitavam Arassagy, que rindo, prosseguiu:

— O homem que devia governar esta terra só pode ser um. Viva o Sumo Sacerdote dos templos! Viva o grande Azamor! — e juntando o gesto às palavras, levantou-se erguendo a grande caneca, no que foi imitado pelos seus cinco comandados.

Azalym virou-se lentamente do balcão e frente a frente com o capitão, fitou-o firme com seus olhos claros.

— Não gostou da minha opinião? — e o capitão sustentou o seu olhar, fincando uma das mãos no cinturão largo, em atitude provocadora.

Azalym sorriu e dando de ombros, levantou a sua caneca de refresco e com voz bem timbrada, porém audível para todos, exclamou:

— Viva o rei Ay-Mhoré VII! Que Tupã guarde Sua Majestade! — e virou-se de costas para o capitão, com toda a calma.

Arassagy, vermelho de raiva, pousou sua caneca na mesa, e dando um passo à frente, segurou o rapaz pelos ombros e usando de toda a sua força, o obrigou a se virar. Ficaram então frente a frente.

— Ofendeu-me, senhor! — o capitão arquejava, ou de raiva ou pelo esforço despendido.

Um silêncio sepulcral invadiu a sala, enquanto os homens de Arassagy começavam a se movimentar nervosamente.

— Não, meu senhor! — Azalym aparentava muita calma. — Ofendo apenas àqueles que não respeitam o meu rei!

— Como te atreves? Sabes porventura quem sou eu?

— O capitão Arassagy, comandante da guarda de sua excelência o Sumo Sacerdote dos templos! — disse Azalym pausadamente.

— Então deves saber que o que digo é lei! A lei emanada do grande Sumo Sacerdote.

— Para mim só existe a lei do rei e de Tupã!

Azalym procurou novamente dar as costas ao capitão, no que foi impedido, pois Arassagy completamente fora de si, levantou a mão direita e com ela aberta, atingiu em cheio o rosto de Azalym.

Como num bloco único, os homens do capitão atiraram-se contra Azalym, que com a bofetada caíra de lado, por sobre o balcão, e num minuto, o salão do albergue virou um pandemônio. Cadeiras foram arrastadas, mesas viradas, na pressa dos que procuravam sair o mais rápido possível, a fim de evitar complicações futuras, ante acontecimentos tão graves. Jassanan a correr às tontas de um lado para o outro, aos gritos de "calma, calma", procurando evitar a todo custo a ruína de seu negócio. Os homens de Arassagy dominavam a situação e Azalym, num piscar de olhos, estava manietado e imóvel no chão. O capitão, batendo com a ponta dos dedos no seu casaco, como que espanando-o, sentou-se com toda a calma na mesa que ocupara e levou sua caneca aos lábios. Depois de beber um grande gole e sem mesmo olhar para Azalym, caído quase a seus pés, ordenou aos seus homens:

— Levem-no para fora! — depois, virando-se para o estalajadeiro desesperado, disse: — Lamento muito, tio Jassanan, mas isso deve bastar para pagar os estragos — e deixou cair na mesa algumas moedas de ouro, que o outro fez desaparecer imediatamente por baixo do avental sujo.

— Obrigado, meu senhor! Muito obrigado! — disse Jassanan, fazendo uma reverência e apressando-se a sair logo dali.

— Mas lembra-te, Jassanan! Nem uma palavra do acontecido — disse o capitão com um tom de ameaça na voz. — Nem uma palavra, ouviu? Nem uma palavra!

O capitão olhou em torno, querendo dizer claramente aos

poucos fregueses que ainda restavam na sala que aquela advertência também era dirigida a eles. Depois, saiu da sala, ante o silêncio de todos, no seu passo cadenciado.

※

Devemos recuar um pouco no tempo, antes dos acontecimentos ocorridos na taberna "Veado Real". Vamos encontrar o tuxauá no seu gabinete particular, depois da importante entrevista que tivera com o servo Aleutar. Ay-Mhoré havia ordenado que colocassem o antigo servo de Siamor em lugar seguro, dentro do seu palácio, e logo a seguir, mandara um emissário de confiança buscar Ararype e trazê-lo sem mais delongas à sua presença.

O dia amanhecia e podia ser a hora quinta. O rei e o Grande Conselheiro, em silêncio, esperavam. As horas se arrastavam lentas e parecia que nem um nem outro queria quebrar o silêncio pesado, que pairava naquele gabinete. Quando a porta se abriu e o nobre Ararype entrou, Ay-Mhoré deixou escapar um profundo suspiro do peito.

— Até que enfim, meu bom amigo! Mas, senta-te — e indicou uma das almofadas. — Temos muito o que conversar.

Ararype parecia meio espantado, pois saudou maquinalmente o conselheiro, que curvou ligeiramente a cabeça, e depois de saudar o rei, sentou-se na almofada indicada.

— Os fatos se precipitaram — continuou o tuxauá. — Temos que tomar uma posição e bem rápido. Aliás, Turyassu é da mesma opinião — disse Ay-Mhoré, indicando com a cabeça o Grande Conselheiro.

Então o rei pôs Ararype a par dos últimos acontecimentos, contando toda a entrevista que tivera com Aleutar. Os dois ouviram em absoluto silêncio o relato do rei, e quando esse terminou, Ararype perguntou:

— E o que faremos, Alteza, quais são vossas ordens? — havia determinação na pergunta do nobre.

— Eis o meu plano: quero que vás primeiro ao Templo do Vento. Nadja precisa saber dos nossos movimentos. Pede a ela que tenha a maior cautela com Azamor. Depois, tu irás à procura do guarda-caça Azalym. Quero que esse jovem fique junto ao príncipe Anhangüera e lá organizem um ataque fulminante contra a Ilha Gorda, a fim de neutralizarem a ação dos etíopes.

— Será feito, meu senhor — disse Ararype sem pestanejar.

— Essa ação contra a Ilha Gorda — continuou o rei

— deverá ser feita totalmente na sombra.
— Como assim, Majestade?
— Como? — perguntou Turyassu, que até então nada falara.
— É bem simples, senhores! Não quero que os etíopes vejam ninguém. Anhangüera deverá levar os seus homens na escuridão da noite perto da ilha, e destroçar todas as embarcações que ali estiverem fundeadas. Sem barcos, o grosso das tropas não poderá entrar em ação.
— Ah! — fez Ararype, alisando com as mãos os cabelos lisos e dando um sorriso. — Entendi, meu senhor!
— Depois da festa da sagração do meu primogênito, quando faltarem três dias para o Grande Conselho, esse trabalho deverá ser realizado.
— E assim será, meu senhor!
— Depois que acertares esses planos com Anhangüera, voltarás imediatamente à cidade central e junto com os nobres que me são fiéis, acertaremos novos planos de ação. Turyassu já tem suas ordens para o capitão Pery, e assim organizados, poderemos agir sem sermos pressentidos.
— Quais são os detalhes do plano contra os etíopes da ilha? — perguntou.
— A idéia central é danificar as embarcações para que não possam ser usadas por vários dias — disse Ay-Mhoré. — Os detalhes do plano ficam por conta de Anhangüera. Tenho absoluta confiança nele. Por sua vez, ele mandará avisar Tupyara. Quanto a Urubatan e Arary-Bhoya, mandarei outro emissário de confiança.
— Cuidado, Alteza — disse Turyassu. — O vale inteiro está infestado de espiões.
— Eu sei, Turyassu; mandarei o meu curador a esses príncipes. Ninguém irá desconfiar de um homem completamente afastado das intrigas, que irá até esses chefes incumbido de uma missão referente à saúde do meu povo.
— E ele é de inteira confiança? — perguntou Ararype, algo apreensivo.
— Toda, é muito amigo do guarda-caça Azalym.
— Perfeito, meu senhor — e Ararype se levantou de sua almofada, no que foi imitado pelo Grande Conselheiro.
— Vai, meu amigo — disse Ay-Mhoré, levantando-se também. — O tempo corre e agora nos encontramos nos momentos finais. Todo cuidado é pouco. Vai, e que Tupã te guie!
Algumas horas depois dessa entrevista do rei com Ararype, podia ser no máximo a décima-primeira hora, no grande salão de audiências reais, e Jaguarassu, servo de Ay-Mhoré,

veio avisá-lo de que Azamor solicitava uma audiência particular. O rei, que se encontrava sozinho, a pensar nos graves problemas do reino, levantou a cabeça dos papiros à sua frente e encarou o seu servo com algum espanto.

— E essa agora — murmurou entredentes. — O que será que deseja esse traidor? — e dirigindo-se em voz alta a Jaguarassu: — Pois manda-o entrar sem demora!

22

Marchas e contramarchas

Nadja sorriu satisfeita, quando acabou o ensaio para a grande festa de sagração do filho do tuxauá. Usaria doze bailarinas, com solos especiais das quatro prediletas e suas mais adiantadas discípulas.

Quando as bailarinas se retiraram do grande salão de ensaios, Nadja chamou pelo nome cada uma das solistas:

— Narayade, Narayma, Narayama e Narayela! Venham até aqui, minhas filhas!

As quatro moças dirigiram-se à Mestra que, sorridente, as fez sentar nas almofadas postas ao seu lado:

— Estou bastante satisfeita com o rendimento de todas. Nossa festa será um grande sucesso, e grande parte desse sucesso eu e o Templo do Vento ficaremos a dever a todas. Estou muito feliz e orgulhosa de minhas discípulas — disse Nadja, jogando sua grossa trança para trás.

— Ó! Senhora! — disse Narayama. — Vossa felicidade é a nossa, e acho que falo por todas nós — e olhou interrogativamente para suas companheiras.

— Sim, isso mesmo — disseram as outras bailarinas, rindo de satisfação e orgulho.

— Pena não termos mais entre nós Naradhana e Narajana — disse Narayade com uma ponta de tristeza na voz. — Assim, em vez de quatro solos, teríamos sete, incluindo a senhora, como bailamos por muitas vezes, quando essas queridas amigas ainda eram vivas.

— Minha querida Narajana — disse Narayama, com os olhos molhados de lágrimas. — Sinto tanto a sua falta!

— É verdade, minhas filhas, mas onde quer que estejam essas queridas discípulas, eu tenho certeza de que estarão conosco em espírito por ocasião da grande festa do rei — disse

Nadja, dando um suspiro, olhos perdidos num ponto fixo qualquer, grande tristeza na voz.
— Acreditas mesmo, senhora? — perguntou Narayela.
— Mas claro, meu amor — disse Nadja, afagando os cabelos da moça e parecendo sair de sua abstração.
Foi nesse momento que Adenara, transpirando grande inquietação, veio avisar a Nadja que Azamor, seguido por dois guardas, se encontrava na ante-sala do templo e queria vê-la. Nadja despediu as discípulas e com uma pequena ruga a sulcar-lhe o semblante, preparou-se para a desagradável incumbência.
Nem bem suas alunas haviam saído do salão, quando Azamor irrompeu com passos apressados, ladeado por dois guardas, em direção à sacerdotisa que acabara de se levantar de suas almofadas.
— Salve Azamor, Sumo Sacerdote dos Templos! — saudou Nadja, curvando-se ligeiramente.
— Salve, salve! — fez o outro apressado, e parando a poucos passos da sacerdotisa.
— A que devo a honra, meu senhor? — Nadja pareceu ignorar a pressa e incivilidade do Sumo Sacerdote.
— Vamos aos fatos, senhora — Azamor parecia ter muita pressa em ir direto ao assunto. — Soube através de um feliz acaso, que a senhora oculta uma pessoa neste templo.
— Oculto uma pessoa? — Nadja apertou um pouco os olhos azul-acinzentados, mas permaneceu impassível.
— Sim, senhora! Uma pessoa muito importante para mim!
— O senhor, então, deve estar muito mal informado, ou então, esse seu feliz acaso deve ter sido bem infeliz, pois não sei a que pessoa o senhor se refere.
— Sei muito bem o que digo!
— Perdão, senhor! Mas neste templo, além dos meus servos, só abrigo minhas discípulas — disse Nadja com determinação, elevando um pouco a voz.
— Isso veremos, senhora. Isso veremos!
— Mas como? Ousas duvidar da minha palavra?
— Tua palavra para mim não é o bastante! Sei o quanto se conspira neste templo!
— Que dizes, senhor? — e a sacerdotisa ficou vermelha ante o insulto.
— É isso mesmo, o que digo, e irei verificar com os meus próprios olhos — disse Azamor, com uma ponta de ironia na voz.
— Nunca! — disse Nadja. — Minha palavra é soberana dentro de meu templo! E mais uma vez vos digo que aqui não se abriga ninguém! — e Nadja jogou sua trança com violência

para trás da nuca, pronta para enfrentar, olhos fuzilantes, o Sumo Sacerdote.

— Por favor, deixe-me passar, senhora! — e dirigindo-se aos guardas: — Vasculhem o templo!

Foi quando uma voz forte soou alto na entrada do salão, fazendo com que todos se virassem em sua direção:

— Para que a pressa, senhor? Se a Grande Sacerdotisa diz que não há aqui ninguém, é porque naturalmente não existe nada para ser visto! — e Ararype, encostado no umbral da porta, tendo nos lábios um sorriso, levou a mão direita ao cabo do punhal, que trazia suspenso no antebraço esquerdo.

Quatro homens acompanhavam o jovem nobre, e fixavam firmemente o olhar ameaçador no Sumo Sacerdote.

— Ararype! — gritou Nadja alegre, e correu em sua direção.

— Esse homem a importuna, senhora? — e Ararype deu um ou dois passos em direção aos três homens, imóveis, pelo inesperado da situação.

— Como se atreve! — disse afinal Azamor. — Eu sou o Sumo Sacerdote do reino!

— A Grande Sacerdotisa Nadja já vos disse que não há nada aqui para ser visto — disse Ararype com toda calma.

— Com que direito o senhor vem interferir nos meus negócios e nos meus direitos? — e Azamor fervia de raiva.

— Com o direito da força! — disse Ararype, alisando o cabo do punhal e fazendo um movimento de cabeça para os seus homens, que também se adiantaram dois ou três passos.

— Irei me queixar ao tuxauá! — disse Azamor, vermelho de cólera.

— Ao tuxauá ou Anhangá, para mim é indiferente!

Ararype riu alto, o que mais aumentou a fúria de Azamor.

— Vamos! — disse o Sumo Sacerdote para seus homens. — Eu me retiro ante a violência. Mas prometo, senhor, esse assunto não está encerrado — e pisando forte, deu meia-volta e retirou-se de cabeça baixa, com seus dois guardas.

Na porta de saída do templo, muito vermelho e com voz gaguejante pelo ódio reprimido, Azamor fez sua última ameaça:

— Cuidado, senhora! É um simples aviso. Irei dentro em pouco mostrar quem tem autoridade nos templos desta terra! Quanto ao senhor, não perde por esperar... O senhor... — depois, engoliu o resto da frase e num arranco, desapareceu pela porta.

— Como posso te agradecer, meu querido amigo? — e Nadja

carinhosamente recostou a cabeça no peito largo de Ararype.
— Mas, muito cuidado agora, esse homem é vingativo. Temo pela tua segurança — e a sacerdotisa parecia bastante apreensiva.

O rapaz sorriu, e beijando a mão de Nadja com todo o respeito, procurou tranquilizá-la:

— Sei cuidar de mim, não há motivo para grandes preocupações.

— Sei disso muito bem, meu amigo, mas no momento és uma pessoa de grande importância para o nosso rei, e para mim também — disse Nadja, com um sorriso triste nos lábios.

— Talvez tenha sido um pouco intempestivo — concordou Ararype. — Mas seria a pior coisa para nós, se aquele homem revistasse este templo — e como a sacerdotisa olhasse interrogativamente para os quatro homens que o acompanhavam, Ararype mais uma vez a tranqüilizou: — São de toda confiança, minha boa Nadja, são meus amigos dedicados e também à causa do nosso rei — e Ararype apresentou os quatro nobres à sacerdotisa.

— E quanto à nossa hóspede? — perguntou Nadja, depois de cumpridas as formalidades e quando viu os seus novos amigos bem instalados em almofadas e servidos em suas necessidades pela serva Adenara.

— Precisamos encontrar um lugar seguro. O Templo do Vento não é agora o lugar ideal para aquela digna senhora.

— Realmente, Azamor poderá voltar a qualquer momento.

— Exato. E eu tenho que me ausentar em importante missão do rei.

— Mandarei um emissário ao tuxauá. Ele encontrará a melhor solução — disse Nadja.

— Quem seria?

— Adenara.

— Acho perfeito; penso ser essa a melhor medida a tomar.

Nadja também achava, pois sorriu, e seus olhos azul-acinzentados brilharam. Então, Ararype pôs a sacerdotisa a par dos últimos acontecimentos e da entrevista que tivera pela manhã com seu soberano. Quando terminou o relato, combinaram a melhor maneira de agir, e Ararype, deixando, depois de muita insistência, dois dos seus amigos com Nadja, despediu-se de sua boa amiga e retirou-se do Templo do Vento.

Estava escrito que nessa manhã do mês de virgo os acontecimentos iriam se precipitar em todo o vale.

Podia ser no máximo a hora nona da manhã, quando Ararype e seus dois amigos chegaram às imediações da taberna Veado Real. Nessa mesma hora, Adenara já conversava com o rei, em seus aposentos particulares, levando a mensagem de sua senhora.

— Ó! Tio Jassanan! Três copos e bem depressa, que estamos com muita sede! — foi gritando Ararype, a empurrar a porta da estalagem.

O Veado Real, àquela hora, estava quase vazio, o que era de se estranhar, e esse fato não passou despercebido a Ararype, que ignorando os acontecimentos ali ocorridos, aboletou-se na mesa mais próxima seguido de seus dois amigos. Jassanan correu para servi-los. Já conhecia de longa data o nobre Ararype, e foi com um sorriso amplo que o saudou com uma grande reverência.

— Pouca gente hoje, mestre Jassanan?

— É verdade, meu senhor, tivemos há poucos instantes uma pequena rixa aqui na casa.

— Rixa?

— Coisa de pouca importância.

— Mas que deu para afugentar um pouco os fregueses — disse Jacyguá, um dos nobres que acompanhavam Ararype.

— Ah! Os tempos estão difíceis — suspirou Jassanan, já arrependido de ter dado com a língua nos dentes.

— Conta o que houve! — Ararype parecia interessado.

— Nada que valha a pena, meu senhor.

— És muito modesto, amigo Jassanan. Na certa quebraste como sempre uma ou duas cabeças — disse Ararype, rindo.

— Nada, nada! Foram os homens de Sua Excelência o Sumo Sacerdote. Uma escaramuça de nada!

Jassanan estava reticente e parecia querer encerrar ali o assunto. Ararype, ao ouvir o nome do Sumo Sacerdote, ficou visivelmente interessado.

— Foi como disse, meu senhor — continuou o estalajadeiro. — Uma briguinha à toa. Querem mais alguma coisa? — Jassanan procurou assim encerrar a conversa.

— Algum morto? — Ararype forçou novamente o assunto.

— Prenderam um homem, nada mais — respondeu Jassanan bastante nervoso.

— Algum conhecido? — Ararype continuava com calma a perguntar.

— Bem... — o taberneiro torcia as mãos de desespero e rolava os grandes olhos de um lado para outro. Suor abun-

dante marejava sua testa, embora fizesse muito frio naquela manhã. — Meu senhor! Por favor! — suplicou Jassanan, abaixando a voz, com medo.
— Não entendo, Jassanan, o motivo para tanto medo. Fiz apenas uma simples pergunta — e Ararype deu um tom de ameaça à sua voz quando perguntou novamente: — Ou será que também se conspira na taberna Veado Real?
— Por Tupã! Não, não! De modo algum! — respondeu Jassanan, quase gritando.
— Então fala, meu amigo. Quem foi preso hoje? — e Ararype chegou mais para a frente da mesa.
— O guarda-caça do príncipe Anhangüera — disse Jassanan com voz sumida.
Ararype deu um pulo da cadeira e agarrou o pobre taberneiro pela gola do casaco. Os dois nobres levantaram-se de um jato. Jassanan, muito pálido, recuou um pouco e soltou um gemido, que tanto podia ser de medo como de súplica.
— A verdade! — gritou Ararype crispando o punho livre. — Quero saber tudo do que ocorreu hoje aqui!
— Mas já vos disse, meu senhor — lamuriou-se Jassanan. — Não sei de mais nada. Quando o guarda-caça aqui entrou, sofreu uma provocação dos homens de Sua Excelência. Depois, houve uma breve luta e esse jovem foi carregado prisioneiro.
— Quem comandava os homens de Azamor? Diga, celerado! Fale ou então corto essa maldita língua para sempre! — e juntando o gesto à palavra, largou por um instante a gola do casaco do taberneiro e levou rápido a mão ao cabo do punhal.
— Não sei de mais nada, meu senhor — choramingou Jassanan.
— Fala! — e Ararype retirou o punhal da bainha.
— O capitão Arassagy, meu senhor — disse finalmente Jassanan.
Uma voz ouviu-se então, vinda do fundo da taberna. Voz providencial para tio Jassanan, pois Ararype virou-se e o nosso digno taberneiro, num segundo, escapuliu para os fundos do seu estabelecimento, desaparecendo como que por encanto da vista de todos.
— Calma, nobre Ararype, eu presenciei tudo. Vamos lá para fora que eu contarei os detalhes dessa história toda — e Potyguar, espia do rei, aproximou-se da cena, saudando Ararype e os seus amigos.
— Salve, Potyguar!
Ararype parecia ter recobrado a calma, e todos juntos saí-

ram da taberna Veado Real, a conversar animadamente.

Algumas horas mais tarde, Jacyguá irrompia palácio a dentro, para levar a mensagem de Ararype à Sua Majestade o rei.

⁂

Tupyassu levantou a cabeça, intrigado, de sua armadilha de coelhos e fixou a vista na elevação do terreno que se erguia à sua frente. Procurou observar se havia algum movimento na vegetação ali existente, e como não observasse o menor ruído ou o menor movimento, deu de ombros e sacudiu a grande cabeça, ainda intrigado com o mistério.

Durante uma semana, Tupyassu observara que suas armadilhas, embora estivessem desarmadas, e mesmo notasse algumas manchas de sangue, sinal evidente de que coelhos haviam sido capturados, se encontravam vazias. Algum ladrão andava pelas montanhas, concluiu Tupyassu, e agora, examinando essa armadilha vazia, sua conclusão fortificou-se, e o velho montanhês não teve mais nenhuma dúvida.

"Mas afinal, quem seria que lhe andava a roubar os coelhos?" E quando Tupyassu divagava sobre essas considerações, foi interrompido pela súbita presença de Zyliar ao seu lado.

— Pai — disse o jovem, enterrando mais o gorro de peles na cabeça, pois o frio daquela manhã era cortante. — Acho que descobri os nossos ladrões de coelhos.

— Nossos? Há mais de um? — Tupyassu levantou os olhos espantados para o seu filho adotivo.

— Sim, pai. Também andava intrigado e fiz umas pequenas investigações.

— E o que descobriste? — perguntou o outro, armando novamente a armadilha.

— Alguns homens se espalham pelos pontos mais altos da montanha. Não sei o que pretendem. Em cada grupo de quatro homens, fica sempre um de vigia a observar o vale lá embaixo — e o jovem indicou com a mão os contrafortes da montanha.

— Quantos são? — limitou-se a perguntar o velho.

— Uns dezesseis homens, ao todo. Parecem ter alguma posição, pois estão vestidos com bons trajes e todos muito bem armados.

— Homens de posição não roubam coelhos — resmungou Tupyassu.

— Que faremos, pai?

— Vamos para casa, filho. Não gosto nem um pouco de

deixar tua irmã sozinha.

— E esses homens, pai?

— Depois, veremos! — e pôs-se a caminhar em direção à cabana.

Não tinham dado, talvez, vinte passos pela trilha acima, quando se destacou bem à frente deles um vulto, que parecia observá-los. Zyliar e Tupyassu pararam e o estranho dirigiu-se sorridente em direção aos dois.

— Tupyassu, o pastor? — perguntou.

— Sim, ele mesmo.

— Graças a Tupã, finalmente o encontrei.

— O fato de conhecer o nome do meu pai, não lhe dá o direito de roubar nossos coelhos! — exclamou Zyliar de forma desabrida.

— Que coelhos? — o estranho parecia espantado.

— Quieto, Zyliar, quieto! — apaziguou o velho. — Nem sabemos se foi esse senhor o responsável pela perda dos nossos coelhos. Isso são modos de se tratar um visitante? — admoestou Tupyassu, fitando nos olhos o inesperado estranho.

— Tu deves ser Zyliar, não é exato? — disse o visitante, dirigindo-se ao rapaz.

— Sim, esse é Zyliar, o meu filho — respondeu Tupyassu.

— Meu nome é Potyguar; sou emissário de Sua Majestade o tuxauá, e trago importantes mensagens para Tupyassu e Zyliar. Onde poderemos falar sem sermos interrompidos ou molestados?

— Tupã guarde o nosso soberano — disse Zyliar com entusiasmo.

— Vem, meu amigo. Minha casa é a tua casa! Nossa causa é a causa do rei! — disse o velho pastor com um brilho de orgulho nos olhos.

Tupyassu, dando o braço a Potyguar, o conduziu através da trilha que levava à sua cabana.

❦

— E desde esse dia, eu nunca mais vi ou soube notícias da Jamyl, meu filho — disse Azy-Mhalá, com tristeza na voz, acabando a sua história para Nadja, sentada à sua frente.

— Quanto a isso, resolveremos mais tarde — disse a sacerdotisa com bondade. — E quanto a Azamor, teu marido?

— Não quero saber nunca mais dele, é um monstro de perversidade, o único culpado, por suas maldades, do desaparecimento de meu filho.

— Mas eu soube que foi Dezan, ou melhor, Juranan, o grande culpado de tudo — disse Nadja, querendo sondá-la.

— Eu sei de tudo, senhora. Foi meu marido Azamor quem maquinou a trama que derrubou Juranan do poder. Juranan pode ter sido o braço, a ação que roubou meu filho, mas Azamor foi a cabeça, a causa, que arquitetou tudo. Sei da história inteira... — e a velha teve um calafrio, que não passou despercebido a Nadja.

— É então tua última resolução, não querer mais ver Azamor?

— Se me fosse permitido, sim.

— Quanto a isso podes ficar descansada, providenciarei para que tenhas uma audiência particular com o rei e sei que nosso soberano te tomará sob sua proteção.

— Tupã vos guarde, senhora! — disse Azy-Mhalá, tomando as mãos da sacerdotisa entre as suas. — Tenho ainda uma ou duas coisas para dizer à Sua Majestade, que poderão ser de grande proveito para ele.

— Tens? — Nadja parecia muito interessada.

— Tenho, senhora. Dizem respeito às maquinações que derrubaram do poder o sacerdote Juranan.

— Mas isso é muito interessante, senhora.

— Tenho provas escritas — disse Azy-Mhalá sorrindo. — Estão na minha cabana da floresta. Documentos esses que, nas mãos do tuxauá, poderiam levar aquele infame à morte ou prisão.

— Precisamos providenciar isso, com a máxima urgência — disse Nadja, excitada. — Que papéis são esses, tia Azy-Mhalá?

— Cartas trocadas entre Azamor e o Grande Conselheiro Ady-Nharan.

— E como se encontram em teu poder?

— Na véspera da minha falsa morte, eu as havia encontrado nos aposentos particulares de Azamor. Talvez deixadas ali por acaso. Como eu já sabia alguma coisa das maquinações do meu marido, e temendo naquela ocasião por sua segurança, guardei-as comigo, sob minhas vestes, para posteriormente, inquiri-lo sobre o assunto. Dessa forma, foram comigo para o meu túmulo — disse a velha, dando uma casquinada, como se se divertisse muito com a sua falsa morte.

— E como vieste a saber das perversidades do teu marido?

— Juranan esteve em minha cabana, umas duas ou três vezes.

— E acreditaste nele?

— Levou-me provas, documentadas.
— Provas essas, que não o puderam salvar da desgraça — disse Nadja, indecisa.
— Mas que eram boas o suficiente para mim.
— Como assim?
— Fiquei sabendo do seu desinteresse pela minha pessoa. Azamor não moveu uma palha para encontrar o meu corpo. Quanto ao nosso filho, creio que o procurou, não sei ao certo. Só Tupã sabe o que eu sofri, quando vivia com aquele monstro.
— Mas ele agora Te procura avidamente.
— Quer localizar nosso filho. Pensa que eu sei alguma coisa a esse respeito. Que eu possa dar-lhe uma pista, alguma indicação. Ou então, tem algum outro interesse excuso.
Havia tristeza na voz da velha Azy-Mhalá.
— Talvez ele saiba que a senhora conhece a história demais?
— Deve ser isso.
— E quanto a esses documentos? Onde se encontram na tua cabana? Precisamos tê-los o mais rápido possível.
— Guardados, e muito bem guardados no meu baú — disse a velha, com um risinho triunfante.
— Pensarei numa maneira para tê-los logo em nossas mãos — disse Nadja, levantando-se e dando por terminada a entrevista.
Quando Nadja saiu dos aposentos que destinara a Azy-Mhalá, a velha, recostada em suas almofadas, teve um estranho sorriso.

⁓

Conforme dissemos, esse dia havia de ser movimentado, pois vamos encontrar Azamor nas masmorras do templo, fitando atentamente Azalym, que amarrado em cima de uma mesa de tábuas, pendia a cabeça para um dos lados do corpo.
— Desmaiou novamente, senhor! — disse um homem de má catadura, torso nu, tendo nas mãos um chicote de couro cru, postado a poucos passos do prisioneiro. — Somente daqui a algumas horas arrancaremos alguma coisa dele, senhor — tornou a falar, alisando a ponta do chicote.
— Maldição! — rosnou o Sumo Sacerdote. — Mas ele falará, Nigle, ele falará, isso eu afirmo. Nem que o tenhas que deixar sem um palmo de costas — disse, e apontou com uma das mãos as costas do rapaz, transformadas em chagas de sangue.
— Tenho certeza que sim — e Nigle, o gigante escravo de

A Terra das Araras Vermelhas

Azamor, sacudiu, rindo, a cabeçorra disforme.
 Proferindo uma praga, Azamor deixou a sala de tortura. Subiu três andares, enveredou por alguns corredores secretos, e afinal ganhou a rua por uma porta lateral do templo, onde uma liteira o esperava. O Sumo Sacerdote acomodou-se em suas macias almofadas de penas e ordenou aos carregadores:
 — Ao palácio do tuxauá!

23

Uma audiência real

Nessa mesma manhã, de tantos acontecimentos, por volta da décima-primeira hora, o velho mercado, próximo do Templo do Vento, regurgitava de gente, que se espremia ante os imensos tabuleiros das mais variadas mercadorias. Um murmúrio surdo de vozes se ouvia, e aqui e ali elevava-se o grito dos pregões ou de alguma conversa mais animada.

O velho mercado, construído no início da civilização da Terra de Zac, ainda permanece quase intacto. Algumas pedras corroídas pelo tempo, as lajes da pavimentação enegrecidas e em alguns pontos um princípio de erosão que não chega a preocupar. É uma construção maciça, de formato quadrado, paredes grossíssimas, duas entradas construídas em arco, altas, servindo de acesso ao seu interior e um pátio enorme, onde se aglomeram os vastos tabuleiros assimétricos e dispostos ao bel-prazer dos negociantes.

No pórtico que dá para a larga avenida onde se situam os vários templos do reino, o movimento é muito pequeno. Algumas senhoras, acompanhadas de suas servas, esperam suas liteiras, e o som confuso das vozes chega até ali como que num murmúrio baixo. Junto a esse pórtico enorme, Azym-Aly, bailarina de Nadja, tendo nos braços um buquê de flores, olha em todas as direções, como que a procurar alguém, ou quem sabe, sua liteira.

Potengy, naquele momento, sai do mercado e pára a poucos passos, por trás da moça distraída.

— Como vai, minha sobrinha? Que os deuses te protejam!

Azym-Aly teve um pequeno sobressalto, pois estremeceu ante o som daquela voz e virou-se de súbito, dando com a fisionomia sorridente do espia de Azamor.

— Ah! Que susto, tio! — e a moça também sorriu.

— Esperavas-me há muito tempo?
— Não, cheguei agora mesmo.
— Dificuldade em sair?
— Nenhuma! Nadja saiu, e a pretexto de comprar algumas flores para enfeitar o altar dos deuses da dança, para que nos sejam propícios no espetáculo de sagração do filho do rei, pude escapulir até aqui.
— Ótimo! — o outro parecia satisfeito, e imediatamente perguntou: — Alguma novidade? — Potengy falava em tom baixo.
— Sim, existe realmente uma pessoa estranha hospedada no templo.
— Tu a viste?
— Apenas de relance, no dia em que chegou, trazida pelo guarda-caça Azalym.
— É ela mesmo! — exclamou para si próprio o espia. — E que mais? — disse, dirigindo-se à moça.
— A Grande Sacerdotisa teve várias entrevistas com ela, porém não sei do que falaram.
— E Nadja, sabes onde foi? É tão raro a Grande Sacerdotisa sair do seu templo — disse Potengy intrigado.
— Ao palácio do rei — respondeu prontamente Azym-Aly.
— Quem mais tem visitado o Templo do Vento?
— Por diversas vezes, o nobre Ararype.
— O nobre Ararype, hein? — disse Potengy entredentes. — Quem mais?
— Hoje mesmo, ele apareceu por lá, quando o Sumo Sacerdote visitava Nadja. Foi acompanhado por quatro outros nobres que eu não conheço. Penso que houve uma pequena altercação entre o grande Azamor e Ararype e seus homens, pois o Sumo Sacerdote retirou-se bastante zangado.
— Alguma conversa de Nadja em especial?
— Nada, que eu saiba.
— Ótimo, querida sobrinha. Fica de olhos e ouvidos bem abertos. Tudo que vejas ou ouças é de suma importância. Entrarei em contato contigo, na próxima oportunidade. Toma muito cuidado — e Potengy deu um tapinha amigável no ombro da moça.
— Falaste a meu respeito?
— Sim. Se tudo correr como esperamos, o Templo do Vento terá uma nova grande sacerdotisa.
Azym-Aly ficou calada por um curto espaço de tempo, olhos perdidos, e quando falou, foi em tom de voz mais alto do que até então:

— Minha liteira, tio — disse indicando com a cabeça.
— Lembranças minhas à tua mulher, minha tia. Adeus, tio!

Dando uma corridinha, Azym-Aly entrou na liteira, que parara a poucos passos de distância.

⁂

— Salve o grande tuxauá, real soberano em toda a Terra das Araras Vermelhas e eleito dos deuses! — e Azamor, fazendo uma mesura, curvou a cabeça, repuxando os lábios finos num esgar feito sorriso.

Ay-Mhoré levantou-se de suas almofadas e saudando-o com as mãos, convidou-o a sentar-se ao seu lado.

— A que devo a visita? — o rosto do rei estava sério.

— Várias razões, meu senhor! — a voz de Azamor era glacial.

— Conversemos. Peço que seja o mais breve possível, pois tenho importantes afazeres, a que o dever me obriga — e Ay-Mhoré frisou o final da frase, encarando o Sumo Sacerdote nos olhos.

O outro baixou um pouco a cabeça e fazendo uns segundos de silêncio, prosseguiu:

— O dever também me obriga a vir à presença do meu rei, para relatar fatos um tanto desagradáveis.

— Desagradáveis?

— Sim, Majestade. Bastante desagradáveis e tristes.

— Aos fatos, senhor!

— Como dizia a Vossa Majestade, foram acontecimentos que solaparam a minha autoridade.

— Tua autoridade? Então devem ser de fato bem graves! — o rei parecia divertir-se, pois passou pelos seus lábios um sorriso, que não deixou de ser notado pelo olhar de águia do Sumo Sacerdote.

— Bem... — Azamor ficou um pouco reticente. — Bem... — na qualidade de Sumo Sacerdote dos Templos, represento o poder espiritual do reino...

— Mas evidentemente — atalhou o rei. — Até ordem de contrário, tu és a autoridade máxima em todos os templos.

— Ordem em contrário? — perguntou o outro, nervoso.

— Maneira de falar — o rei abrandou a voz.

— Como dizia — e Azamor suspirou alto. — Tenho uma grave acusação a fazer contra a Grande Sacerdotisa da Dança — disse, atirando essas palavras bem rápido.

— Contra Nadja?

— Sim, meu senhor, contra Nadja.
— De que a acusas? — perguntou o rei, com toda a calma.
— De ter se rebelado ante a minha autoridade.
— Não compreendo. Sê mais claro!
— Desobedeceu frontalmente a uma determinação minha.
— Mas Nadja é muito disciplinada!
— E o que é pior, meu senhor, sofri graves injúrias e mesmo ameaças físicas, de um nobre que a ajudou no momento em que me encontrava nesse templo.
— O seu nome? — limitou-se a perguntar o rei.
— O nobre Ararype, acompanhado por Jayguá, Jupyara, Guaracy e Ypojucan.
— Que fizeram eles, realmente?
— Ameaçaram-me pela força.
— Pela força?
— Sim, Majestade, obrigaram-me a sair do templo.
— Mas isso é realmente muito grave.
— Grave e pode abrir precedentes perigosos para a hierarquia do reino — animou-se a dizer Azamor, ante a resposta do rei.
— Mas dizes que Nadja desobedeceu uma determinação tua. Que determinação foi essa?
— Bem, senhor, dizia respeito a assuntos religiosos... assuntos ligados... ligados ao templo. — O sacerdote queria evitar a todo custo responder à pergunta de modo direto.
— Assuntos religiosos?
— Sim, Majestade, assuntos religiosos!
— Mas quero crer que a religião em todo o vale é uma só. Acho muito estranho que assuntos religiosos possam servir de tema para uma rebelião, inclusive para ameaças a um sacerdote pela força ou violência — o rei fingia grande espanto:
— Explica-te melhor!
— O assunto religioso nada representa em si mesmo, meu senhor, as atitudes tomadas é que são o ponto principal da questão.
— Sabes muito bem que Nadja é uma fiel servidora da realeza. Sabes da estima que tenho por ela. Como queres que eu a puna, se nem mesmo sei a causa que motivou essa rebeldia?
— Mas senhor, fui desacatado em minha autoridade. A hierarquia nos templos foi estremecida.
— O real motivo, Azamor. Quero o verdadeiro motivo que fez com que Nadja contrariasse uma ordem tua — a pergunta

era mais que direta, e levou o sacerdote contra a parede. Pela forma com que tinha sido enunciada, só havia uma solução, ou dizer o motivo, ou então, passar pelo desprazer de ver o rei não tomar nenhuma atitude.

— Meu senhor, é como digo... — Azamor procurava esgrimir na defensiva. — Venho vos pedir justiça e... providências...

— Os motivos, Azamor, os motivos! — Ay-Mhoré elevou a voz, inflexível.

— Que Vossa Majestade perdoe a minha insolência, mas se fui entronizado pelo vosso divino pai, com a autoridade de Supremo Sacerdote do reino, quer me parecer que em assuntos espirituais a minha autoridade deve ser soberana. Com o beneplácito de Vossa Alteza, é claro.

Um relâmpago passou pelos olhos do rei, e este chegou a erguer-se nas almofadas. Azamor também notou, pois recuou um pouco, fixando o seu olhar estrábico, com espanto, no tuxauá

— Assuntos espirituais, tu dizes, porém não me consta que uma hóspede de Nadja seja assunto espiritual!

Foi a vez do sacerdote estremecer. Ficou lívido e com voz algo vacilante, respondeu:

— Essa hós... hóspede... está... está estritamente ligada a questões... questões que dizem respeito à ordem religiosa.

Azamor procurava ganhar tempo com essa resposta, enquanto raciocinava, rapidamente, quanto ou até onde o rei sabia.

— E se eu dissesse que esta hóspede de Nadja é Jacy-ara, tua esposa? — o rei falou duro, sempre a fitar o Sumo Sacerdote.

Azamor primeiro ficou branco, depois muito vermelho. Recuou um pouco em suas almofadas, gotas de suor começaram a marejar sua testa, encimada pelo chapéu quadrado. Depois engrolou algumas palavras inaudíveis e foi com voz insegura, que a custo conseguiu dizer:

— O senhor já sabia?

— Sim — foi a lacônica resposta do rei.

— Perdão, senhor, mas Vossa Graça deve saber a importância que ela tem para mim — a voz de Azamor era súplice e havia perdido toda a arrogância.

— Não descreio disso.

— Era então justificado o motivo que tinha para revê-la. Com que direito Nadja a ocultava de mim?

— Razões de ordem superior.

A Terra das Araras Vermelhas

— Superior, senhor? — e o sacerdote suava em abundância.
— Pois de certo! Não acabaste de dizer que os problemas espirituais deviam estar afetos ao Grande Sacerdote?
— Creio não compreender bem.
— Pois então — disse o rei, sorridente. — Os temporais e os que dizem respeito à segurança do reino, só podem e só devem ser resolvidos pela casa real — e Ay-Mhoré continuava sorrindo, muito calmo.
— Se bem entendi, Jacyara se encontra naquele templo por ordem de Vossa Majestade? — a voz de Azamor tornou-se estridente e com um certo acento de raiva reprimida.
— Tu mesmo o disseste.
— Mas... Majestade, quero crer que um homem ainda tenha direitos sobre sua mulher, neste vale.
— Não quando o problema transcende o círculo familiar e atinge problemas ligados ao alto interesse do reino.
— Altos interesses do reino? Jacyara? Vítima de uma conspiração que redundou na sua falsa morte e desaparecimento?
— Estou de posse de novas provas para o caso Juranan ou Dezan. Como queiras. Ela é peça importante para a elucidação de muitos mistérios.
— Dezan! Um traidor sujo! O que minha mulher pode ter com ele? Protesto veementemente contra esse estado de coisas — disse Azamor ofegante e em tom ameaçador.
— Já te disse que assuntos do reino eu os resolvo sem precisar prestar contas a ninguém — o rei também elevou a possante voz, o que fez o outro se encolher.
— Mas... mas, Majestade, apelo para a vossa consideração — o tom de voz era humilde, contrastando com a fisionomia que apresentava um ríctus de raiva.
— Assunto encerrado; depois que a interrogar, e caso seja de sua vontade, Jacyara estará ao teu inteiro dispor.
Azamor então procurou jogar a sua última cartada. Cartada perigosa, que poderia pôr tudo a perder e provocar a cólera do monarca, com resultados imprevisíveis. Mesmo assim, o sacerdote arriscou:
— Cuidado, Alteza! Eu também conheço fatos...
Ay-Mhoré não o deixou terminar a frase. Levantou-se de um jato, mãos crispadas, rosto colérico, e com voz surda, falou junto ao rosto de Azamor, que também se levantara:
— Falemos claro. Eu conheço já toda a história de tua ascensão ao posto de Sumo Sacerdote. — Os músculos do rosto do rei tremiam pela força com que ele apertava os maxilares.
As cartas estavam na mesa. Recuar era impossível. A diplo-

macia cedera lugar ao jogo franco. Dessa maneira, Ay-Mhoré situava a sua posição, acabara a ação na sombra.

Como numa pequena trégua, o sacerdote sentou-se, no que foi imitado pelo rei. Houve um breve instante de silêncio, que foi interrompido por Azamor:

— Porque não tomaste ainda providências junto ao Conselho?

— Tomarei no momento oportuno.

— Mais uma coisa, já que falamos claro: eu também sei me defender e conto com algum poder — Azamor falava agora de forma petulante.

— O futuro o dirá!

Ay-Mhoré estava novamente calmo e com seu sorriso tranqüilo. O outro pareceu se desarmar um pouco com essa evasiva, mas mesmo assim, tentou prosseguir no seu jogo:

— Falam em conspiração e os príncipes não estão unidos.

— O problema dos príncipes só a mim diz respeito — o rei nem se abalou e continuou tranqüilo: — E como desejo que esta audiência termine o mais rápido possível, e como disse há pouco, falamos às claras, tenho uma pequena proposta a te fazer.

— Proposta? — o sacerdote parecia admirado com o rumo que a conversa tinha tomado, quando esperava uma explosão do tuxauá.

— Sim, uma proposta. Ou melhor, uma troca.

— Não entendo, senhor.

— O senhor tem em seu poder uma pessoa que eu quero.

— Uma pessoa? — Azamor procurava dissimular.

— Ora! Vamos! Azalym, o guarda-caça do príncipe Anhangüera!

— Suponhamos que de fato eu tenha essa pessoa. Eu disse, suponhamos! — Agora Azamor estava visivelmente intrigado: "Até quanto ele sabe?" — pensou.

— Nesse caso, eu proporia trocá-lo pelo paradeiro do teu filho.

O alvo foi atingido em cheio. Azamor levou as duas mãos ao rosto e estremeceu. Depois, curvou-se todo em suas almofadas e ficou arfando, não podendo reter um gemido alto. Ay-Mhoré o fitava impassível. Levou algum tempo para que o sacerdote voltasse ao seu estado normal, e quando pôde encarar o rei, estava branco e podia-se notar que seu lábio inferior tremia.

— Aceito — disse com voz sumida, tornando a cobrir o rosto com as mãos.

— Dentro de duas horas, não mais, mandarás que os teus servos me entreguem esse jovem aqui no palácio. Depois disso, te mandarei um relatório pormenorizado, dando todas as indicações a respeito do teu filho Jamyl.
— Aceito — tornou a repetir Azamor.
— A propósito, soube da morte de Siamor. Sabes alguma coisa a respeito?
— Quem? — Azamor parecia meio tonto.
— Siamor, o Mestre do Som.
— Sim, soube por um viajante do leste — o sacerdote continuava a responder maquinalmente. Parecia outro homem, fisionomia descomposta.
— Parece que sofreu um acidente, não foi isso? — o rei continuava imperturbável.
— Uma coisa assim... uma coisa assim — parecia que Azamor falava como em sonho, distante.
— Já providenciaste outra nomeação?
— Nomeação?
— Sim, para o lugar de Siamor.
— Uma nomeação... Ah! Sim! — e o sacerdote tirou das dobras do balandrau um pergaminho, que entregou a Ay-Mhoré, com gestos lentos e inteiramente ausente,
— Kalykaz — falou o rei, depois de examinar o documento. — Era o segundo Mestre do Som, não era?
— Sim, Majestade — a voz era quase inaudível.
— Podes nomeá-lo, tens minha aprovação.
— Com vossa permissão, gostaria de me retirar — disse o Sumo Sacerdote, enfiando o pergaminho nas dobras do hábito, sem encarar o rei.
— Mas claro, Azamor, tens toda a permissão que quiseres — havia uma ponta de ironia nas palavras de Ay-Mhoré.
O outro curvou-se. Suas mãos tremiam. Procurou dizer mais alguma coisa, mas acabou engolindo as palavras, e dando meia-volta, saiu a passos vacilantes da sala de audiências do rei.

≈≈≈

Quando Jaguarassu entrou na sala de audiências, para ver o que o seu soberano precisava, encontrou Ay-Mhoré sentado em suas almofadas, tendo no rosto um amplo sorriso.
— Alguma coisa, meu senhor?
— Sim, Jaguarassu, traga até aqui o meu curador, Urassay.
— Sim, meu senhor, agora mesmo. A propósito, grande rei, a sacerdotisa Nadja encontra-se no palácio e deseja vos ver.

— Faça-a entrar sem demora e deixe o curador esperando na ante-sala, pois tão logo Nadja se retire, eu quero falar com ele.
— Sim, meu senhor.
O velho servo já ia se retirar, quando Ay-Mhoré perguntou:
— Onde está a Grande Sacerdotisa da Dança?
— Na ante-sala, conversando com o capitão Pery.
O tuxauá levantou-se, e deixando o servo para trás foi ele próprio ao encontro de sua querida amiga.

24

As maquinações de Azamor

Quando o Sumo Sacerdote dos templos entrou no seu palácio, era a imagem viva do homem derrotado. Havia nele um misto de emoções desencontradas. Medo, revolta, frustração, ansiedade, orgulho ferido, e porque não dizer, uma ponta de remorso que pouco a pouco se transformava em desespero, quer fosse pelo seu próprio filho desaparecido, ou pela incerteza do futuro ante as palavras enérgicas do rei.

"Como podia o tuxauá estar tão bem informado?" — pensava Azamor. — "O que ele realmente sabia, e o que lhe dava essa calma e confiança que tão facilmente o haviam derrotado? Que provas teria o tuxauá de sua conspiração, e o que era mais importante, o que sabia o rei sobre sua ascensão ao posto de Supremo Sacerdote? Que armas teria o tuxauá para jogar tão claro assim? Teria ele a adesão da maioria dos príncipes?" — e com todos esses pensamentos a povoar sua mente, Azamor chegou quase sem sentir ao seu gabinete particular, atirando-se pesadamente nas almofadas.

Quanto tempo permaneceu ali, calado, ele próprio talvez nunca tenha sabido. O certo é que, depois de algum tempo, trancado em suas memórias e divagações, o Sumo Sacerdote, fisionomia recomposta, tocou com o nó dos dedos no gongo de prata, chamando seu servo particular.

— Dagbar — chamou com voz segura, quando o servo entrou na sua sala. — Manda-me aqui, com urgência, o capitão Arassagy.

Quando, momentos depois, Arassagy entrava no seu gabinete, já encontrou o mesmo Azamor de sempre. Astuto, seguro de si, olhos de águia, perscrutadores.

— Temos algumas novidades — foi dizendo o capitão, à guisa de saudação.

— Fala — disse o sacerdote.
— Estive há pouco com Potengy, que me trouxe novas do Templo do Vento.
— Já sei — disse Azamor aborrecido. — A mulher que se hospeda no templo de Nadja é Jacyara.
— Mas como? Vós o sabíeis? — o capitão estava espantado.
— Sim, já sabia. Que mais?
— Nadja teve uma longa entrevista com ela esta manhã e logo após saiu em direção ao palácio real.
— Encontrei-me com Nadja na ante-sala do rei — e Azamor trincou os dentes e pelos seus olhos passou um brilho de ódio.
— Vossa Excelência hoje está muito bem informado — Arassagy procurava agradar, notando o péssimo humor do seu senhor.
— Estou sempre muito bem informado — disse o sacerdote com azedume na voz. — O que conversou Nadja com minha... com Jacyara?
— Isso Azym-Aly não pôde informar.
— Bem pouca coisa, então, tu me trazes como novidade.
— Infelizmente é só isso que tenho para relatar a Vossa Excelência — o capitão parecia desolado.
— Os acontecimentos se precipitaram — disse Azamor — O rei sabe de alguma coisa, isso pude deduzir da entrevista que tivemos hoje.
— Mas como?
— Se não fosse a imbecilidade dos meus servidores, eu saberia como! — disse o sacerdote, bastante irritado.
— Não compreendo o que saiu errado — gaguejou Arassagy desculpando-se.
— Imbecis! Chusma de imprestáveis!
— Ele está a par de todos os vossos planos? — arriscou o outro timidamente.
— Não acredito que de todos — Azamor parecia mais calmo. — Mas já sabe o suficiente para poder jogar franco. Botando os trunfos na mesa. Se ao menos eu soubesse o que ele pretende com aquela maldita predição! — exclamou o Sumo Sacerdote, falando mais consigo mesmo. Depois, sacudiu a cabeça com determinação e dirigiu-se ao capitão, mudo à sua frente:
— Precisamos tomar algumas providências.
— Às suas ordens, meu senhor.
— Mandarás Potengy numa missão especial. Posso confiar inteiramente nele?
— Respondo por ele, meu senhor.

— Quero que Potengy vá a todos os templos e convoque os sacerdotes chefes para uma reunião comigo, amanhã à hora décima.

— Os sacerdotes do Templo do Som e do Vento também?

— Não, imbecil. Apenas dos onze templos afetos diretamente à minha autoridade.

— Entendo, senhor.

— Depois, quero que Potengy vá às terras do príncipe Arary, levando uma mensagem minha.

— Só isso, senhor? — Arassagy parecia querer sair o mais depressa possível da presença de seu irascível senhor.

— Não, ainda tem mais. Quero que tu disponhas os teus homens estrategicamente, bloqueando as estradas que saem da cidade central. Tudo deve ser feito com muito cuidado. Evita a qualquer custo uma escaramuça que possa chamar a atenção. Agora, isso é de suma importância! Preciso saber quem sai e quem entra, e se possível se leva ou se traz alguma mensagem. Entendido?

O capitão havia entendido muito bem, pois bateu os calcanhares e curvou a cabeça. Azamor continuou:

— Presta muita atenção, pois isso é importantíssimo: não devem chamar a atenção, sob hipótese alguma.

— E se na nossa missão encontrarmos tropas do rei?

— Evitem a qualquer custo um combate aberto.

— Perfeitamente, meu senhor.

— Notícias da montanha? — perguntou Azamor mudando de assunto, para satisfação de Arassagy, pois sobre esse assunto ele poderia dar detalhes a contento para seu senhor.

— Tudo vai correndo normalmente. Os homens já têm tudo preparado para agirem no momento exato.

— Quem está no comando nas montanhas?

— O tenente Paraty.

— É de toda confiança?

— Respondo por ele; é muito ambicioso e em nossos homens, ambição é qualidade.

— Ótimo, também gosto de homens ambiciosos.

— Mais alguma coisa, senhor?

— Sim, quero que tu pessoalmente comandes as operações nas estradas.

— Assim será, meu senhor.

— Temos alguns homens infiltrados entre os príncipes leais à Sua Majestade?

— Temos, meu senhor.

— Alguma novidade?

— Nenhuma, por enquanto.
— E Zanatar?
— A última mensagem dizia que vai tudo correndo bem.
— E Nazmor, lugar-tenente do príncipe etíope?
— Já se encontra nas terras do norte com o príncipe Aratimbó. Tudo vai correndo de acordo com vossos planos.
— E sobre essa... essa maldita predição?
— Por mais que nossos espias tenham procurado, subornado ou ameaçado, nada se sabe a esse respeito.
— Por Anhangá! Que predição poderá ser essa? Por mais que pense, não chego a uma conclusão.
— Conversando com o tenente Paraty, soube por seu intermédio, que ele tem uma tia que é capaz de ler o futuro nos astros.
— E o que disse ele? — Azamor parecia interessado.
— Ele me disse que a sua tia havia confirmado que haverá uma grande inundação em todo o vale — disse o capitão, sério.
— Tolices! Crendices de mulher velha! O verdadeiro motivo dessa ridícula predição só pode ser político. Agora, com que fim é que eu ignoro e continuo a pagar uma chusma de idiotas para descobrir.

O sacerdote estava irritado de novo, mexendo-se inquieto em suas almofadas.

— Que ordens Vossa Excelência determina para o Templo do Vento? — disse o capitão, após alguns minutos de silêncio.
— Ordens?
— Sim, meu senhor. Para tirar de lá vossa... a nobre Jacyara.
— Nenhuma, Arassagy — disse com raiva. — O templo a essa altura deve estar muito bem protegido pelos guardas do rei.
— Não há nada que se possa fazer?
— Nada — disse Azamor com voz surda. — Temos que esperar e aguardar a melhor oportunidade de agir.
— E com relação ao Templo do Som? — perguntou o capitão.
— Já tenho em meu poder a nomeação de Kalykaz — disse, e entregou ao capitão, para providências, o pergaminho aprovado pelo tuxauá.
— Possa afirmar a Vossa Excelência que esta escolha foi uma grande vitória para a vossa causa. Kalykaz é homem de toda a confiança.
— Pelo menos há de me sair melhor do que aquele imbecil do Siamor.

— Quais são vossas ordens em relação a ele?
— Que fique de olhos e ouvidos bem abertos, posteriormente lhe mandarei instruções detalhadas.
— Perfeitamente, meu senhor.
— Outra coisa, Arassagy, quero que mandes imediatamente dois homens levando o guarda-caça ao palácio do rei.
— O prisioneiro? — disse o capitão, com espanto.
— Sim, o prisioneiro, e quero que o levem vivo, entendeste?
— Sim, meu senhor, mas...
— Imediatamente — quase gritou o sacerdote, pondo fim a mais perguntas.
— Mas acabei de estar com Nigle, e ele me disse que o prisioneiro está em péssimas condições. Não pode andar.
— Que o carreguem então numa padiola, ou numa liteira. Quero-o fora daqui o mais rápido possível.
— Será feito, meu senhor — disse Arassagy, nessas alturas não entendendo mais nada.
— Outra coisa, capitão, mantenha emissários constantes, duas vezes por dia, para eu estar a par dos movimentos do inimigo, e ciente das novas da montanha, das estradas e dos príncipes que me são fiéis. Entendido?
— Será feito, meu senhor — e Arassagy, saudando o Sumo Sacerdote, saiu da sala para cumprir suas ordens.
Ainda não era o fim da tarde, quando um mensageiro do rei entregou a Dagbar um rolo de pergaminho, que ele depressa fez chegar às mãos do Sumo Sacerdote. Azamor, com pressa, quebrou o selo e ávido pôs-se a ler o documento. Enquanto lia, passou do rubro ao pálido, e daí à lividez completa.
O pergaminho continha uma descrição pormenorizada de Turano ou Jamyl, desde o seu rapto por Dezan ou Juranan até sua morte nas montanhas.

※

— Com seiscentos demônios! — exclamou Anhangüera, afagando os cabelos de Azalym, que deu um gemido surdo, enquanto Urassay, com mãos hábeis, limpava o ferimento de suas costas.
— Um momentinho, que já termino — e Urassay colocou a última venda nas extensas feridas do seu amigo. — Em uma lua pequena, estarás novamente bem, e pronto para outra — disse o curador, sorrindo e dando um tapinha amigável na cabeça do guarda-caça.

Depois que Azalym chegou ao palácio do rei, trazido pelos homens de Azamor, Ay-Mhoré, depois dos primeiros cuidados com a ferida, o fez ser transportado para as terras de Anhangüera, indo o seu curador com pequena escolta e instruções especiais, referentes aos recentes acontecimentos e aos planos futuros de campanha. Urassay ficara a cuidar do seu amigo, que já apresentava sensíveis melhoras e impacientava-se por querer entrar logo em ação, dando seguimento ao plano do qual já estava a par.

O príncipe Anhangüera, porém, não era da mesma opinião. Achava que o jovem precisava repousar, enquanto ele próprio e seus homens tomavam as primeiras providências. Externou a sua opinião, descarregando depois sua ira contra Azamor, através de pragas e imprecações, que ditas em sua voz de trovão, só faltaram sacudir o palácio todo.

Depois de deixarem Azalym entregue a um sono reparador, Urassay e Anhangüera dirigiram-se ao gabinete particular do príncipe, para combinarem os respectivos planos de ação.

— Acho que deves, em primeiro lugar, procurar na cabana da velha Azy-Mhalá este importante documento para o nosso rei — disse o príncipe, pousando seus olhos claros no curador.

O outro parecia indeciso:

— E minha missão, ante os príncipes Tupyara e Tupanguera?

— Eu mesmo me encarrego disso. Deves ir à floresta sem demora, achar o documento e levá-lo ao rei. Essa prova é de suma importância para ele. Depois disso, irás ao norte, além do vale, ter com Urubatan e a noroeste com Arary-Bhoya. Feito isso, de acordo com as ordens do tuxauá, te encontrarás neste palácio comigo.

— E o que direi ao nosso soberano?

— Exatamente isso que eu te disse.

— Mas... mas não será contrariar as suas ordens?

— Calma, meu rapaz — e Anhangüera pôs as mãos em seus ombros, num gesto afetuoso. — Ninguém poderá dizer que tu contrariaste as ordens do tuxauá. O rei confia em mim, como num irmão. Dirás a ele que eu julguei ser melhor assim. Dirás que assim nós ganhamos tempo. E tempo para nós agora é algo de muito precioso.

O outro pareceu se convencer:

— Vou partir imediatamente. Se dentro de uma lua não estiver de volta, é sinal de que estarei morto, pois devo ter falhado em minha missão — disse Urassay, com um brilho de orgulho nos olhos.

— Que a paz de Tupã te acompanhe — disse o príncipe, abraçando afetuosamente o curador do rei.

🙠 ❦ 🙢

A velha cabana da tia Azy-Mhalá ainda se encontrava na maior desordem. Reinava um profundo silêncio, e o jovem curador, empurrando a porta, que estava apenas encostada, penetrou no interior.

Caminhou na semi-obscuridade, por entre os destroços dos toscos móveis, que se espalhavam pelo único cômodo, e divisou num canto um baú, que conforme as indicações do rei, devia conter os papéis que viera procurar. Com a ponta de sua faca, forçou a fechadura e meticulosamente começou a esvaziar o conteúdo. Por entre a confusão de trapos, fitas e algumas vestes já bastante velhas, afinal surgiu um rolo de pergaminhos amarrados por uma fita, que Urassay desenrolou e pôs-se a ler com toda a calma. Tendo se certificado de que era aquilo mesmo que viera buscar, enfiou o rolo dentro de sua sacola de ervas, sua companheira inseparável, e apressou-se a deixar a cabana.

Podia ser no máximo a hora quarta da tarde, quando Urassay, com passos apressados, chegava à taberna Veado Real. O curador, que caminhava distraído, só a poucos passos notou que bloqueando seu caminho, seis homens se interpunham entre a estrada e a porta da taberna. Muito tarde para retroceder ou pegar novamente a estrada sem despertar suspeitas. Urassay deu de cara com o capitão do Sumo Sacerdote Azamor.

— Salve! Grande curador do rei! — saudou Arassagy com um sorriso divertido.

O rapaz parou, e fitando primeiro o capitão e depois correndo os olhos pelos cinco homens postados atrás de Arassagy, saudou com voz calma:

— Salve, capitão Arassagy!

— Onde vais com tanta pressa? — o capitão iniciou a conversa com uma pergunta.

— Pensava em beber alguma coisa na taberna. O capitão é servido?

— Obrigado, senhor, não tenho sede.

— Nesse caso... — e Urassay, dando um passo para a direita, a fim de desviar-se do capitão, procurou seguir em direção à porta da taberna, no que foi obstado pelo outro.

Um movimento nervoso perpassou pelos homens do capitão, o que foi logo notado pelo curador.

— Um momento, senhor! — Arassagy levantou a mão direita.

Urassay, com toda a calma, parou novamente e cruzou os braços.

— Se o senhor não tem sede, deixe-me passar, pois eu tenho muita — disse o curador pausadamente.

— Antes, meu senhor, responde-me a algumas perguntas. De onde vens? É necessário que eu saiba.

O tom de voz era polido, mas notava-se certo nervosismo no capitão.

— Acho, meu senhor, que só devo explicações de meus atos ao rei. Que interesse pode ter um capitão do Sumo Sacerdote em meu itinerário?

— Muito interesse, senhor, muito! De onde vem o curador do rei? — tornou a perguntar o capitão.

— Já disse e repito: não interessa a ninguém de onde venho!

— Possuo alguns métodos de persuasão que são capazes de fazer um mudo falar — disse Arassagy com voz cortante.

— Isso é uma ameaça, senhor?

— Não, uma advertência!

— Considero tudo isso um abuso de autoridade.

— Fiz apenas uma simples pergunta.

— Pergunta que não quero, e que acho, não devo responder.

— Nesse caso, com o abuso de autoridade que dizes...

— Com que autoridade?

— Com a autoridade da força — e o capitão fez um gesto para seus homens, que atentos, acompanhavam o diálogo. — Agarrem-no!

Urassay, que desde o início da conversa mantinha-se em guarda, deu um salto para trás, e com a agilidade do relâmpago levou a mão ao cabo do punhal, que levava no antebraço esquerdo, e com a mesma rapidez, o jogou mirando o peito do capitão. Errou por uma polegada apenas, pois Arassagy deslocando-se depois da ordem dada para agarrá-lo, havia inclinado um pouco o corpo para diante. Isso o salvou, mas não o homem que vinha logo atrás, que recebeu a ponta da faca no pescoço, caindo para trás com um grito lancinante. Os outros quatro homens, que como num bloco único, acudiram ao grito de comando do seu capitão, receberam em cheio o peso do companheiro, também caindo. Por um segundo, embolaram-se, e ante a inesperada ação de Urassay, o próprio capitão teve um segundo de indecisão. Foi o bastante. O curador, dobrando o corpo para a esquerda, correu com quantas forças tinha na direção da floresta, logo adiante.

— A ele! Não o deixem fugir! Está desarmado! — gritou o capitão espumando de raiva, para seus homens, que se recompunham, indiferentes ao moribundo caído a seus pés.

Parece que o grito havia sido escutado na taberna, pois a porta entreabriu-se e alguns curiosos assomaram à entrada. Isso contrariava bastante o capitão, que tinha ordens expressas de não chamar a atenção.

— Um louco! Um louco! — berrou o capitão para os curiosos. — Feriu à faca um dos meus homens! — e seguido de perto pelos seus comandados saiu em desabalada carreira, atrás do curador, que desaparecia na floresta.

A perseguição prosseguia e pouco a pouco, os homens de Arassagy ganhavam distância sobre o fugitivo, que ora aparecia correndo à frente deles, ora desaparecia, encoberto pelo tronco das árvores. O capitão chegou ofegante, à frente de seus homens, numa pequena clareira. Nem sombra do fugitivo. Um dos homens deitou-se, colando um dos ouvidos no chão.

— Vai naquela direção, senhor, posso ouvir os seus passos correndo.

O capitão parecia pensar. "Estavam se internando muito nas terras do príncipe Anhangüera. Isso podia ser muito perigoso. De outra forma, o fugitivo devia saber ou trazer algo de muito importante. Disso não restava a menor dúvida", pensou Arassagy num segundo apenas.

— Vamos nos separar, cada um por um lado. E lembrem-se! Muito cuidado! Essas são as terras de caça do príncipe Anhangüera. Aquele que o achar, dará um sinal gritando para os outros.

O capitão, suando por todos os poros, caminhava já por quase meia hora, buscando inutilmente o curador, que parecia haver desaparecido como por encanto. Juntando uma praga ao esforço que fez para pular um tronco caído, ouviu nesse momento um ruído à sua esquerda, que o fez parar, atento, punhal já desembainhado, pronto para lutar. O mato espesso ao seu lado abriu-se e a figura descomposta de um dos seus homens surgiu à sua frente. Arassagy encarou seu espantado subordinado que parara a poucos passos.

— Nada, meu senhor — disse o homem desanimado.

Um estalido seco se ouviu e como que impulsionados por uma mola, os dois voltaram-se naquela direção. A poucos passos, um vulto agachado moveu-se e se pôs a correr. Era Urassay, que oculto a pouca distância daquele local, a que o acaso conduzira os dois, procurava virar-se da posição incômoda em que se encontrava, e que produzira o ruído seco que haviam escutado.

— A ele! A ele! Não o deixem fugir! — e gritando, o capitão, seguido de perto por seu comandado, continuou a perseguição interrompida.

Mas, aquele havia de ser um dia de pouca sorte para Urassay, pois ainda não dera uns cinqüenta passos de desabalada carreira, quando pesada lança vibrada pelo cabo com alguma violência lhe bateu em cheio na testa, o que o fez cair por terra desacordado. Um dos homens de Arassagy, que voltava em direção contrária, atraído pelos gritos do capitão, avistou o fugitivo e furtivamente dele se aproximou, oculto pelas árvores, e à distância de um braço, levantou-se rápido, atingindo Urassay com o cabo da lança. Arassagy, acompanhado de perto por seu homem, presenciou a cena toda e vibrando de satisfação, parou perto do curador imóvel.

— Bravos! Foi um belo golpe — disse, arfando pelo esforço da corrida. E dirigindo-se aos dois homens: — Revistem-no, rápido!

Num instante, Urassay era virado de borco e revistado por mãos brutais. Afinal, um deles descobriu a sacola de ervas, semi-oculta por um dos braços do rapaz.

— Algumas ervas, senhor — e continuando a procurar. — Tem também um rolo de pergaminhos — disse, retirando o rolo de dentro da sacola e entregando-o ao capitão.

Arassagy arrebentou a fita e começou a ler os documentos, forçando a vista, pois a luz ali era escassa. Deve ter ficado satisfeito com o pouco que leu, pois sua fisionomia iluminou-se e guardando os pergaminhos na abertura de seu colete militar, murmurou entredentes:

— Uma bela caçada. Isso vai interessar demais ao meu senhor. Foi muito bom termos parado esse pássaro — e virando-se para os dois homens: — Vamos sair daqui o mais rápido possível e toca a achar os outros dois, perdidos por aí.

Arassagy, agora com bastante pressa, sem dar a mínima atenção ao curador desacordado, com passadas largas pôs-se a caminhar em direção à saída da floresta.

ඝා෴ඝා

Azamor leu os papiros que o seu capitão, imóvel e impassível à sua frente, lhe entregara, com a testa franzida e um ríctus, que tanto podia ser de maldade ou admiração, em seus lábios finos. Quando acabou de ler, ficou algum tempo, pensamento distante, com os papiros na mão, sem dar uma palavra. Quem quebrou o silencio foi Arassagy, e o outro estremeceu como se saísse de um pesadelo.

— São importantes, meu senhor?

— Muito importantes — disse, e depois atirando o seu olhar de águia no rosto do capitão, perguntou em tom cortante: — Leste por acaso esses documentos?

— Não, mentiu o capitão, pressentindo o perigo no ar.

— Ainda bem, encerram um terrível segredo pessoal — e adoçando a voz, como o sabia fazer, sempre que necessário. — Coisas do passado e que só a mim dizem respeito. Compreendes, não é, meu bom capitão?

O capitão compreendia, pois sorriu aquiescendo e perguntou:

— Creio ter-vos servido bem, não foi, meu senhor?

— Otimamente, capitão. Estou orgulhoso de ter homens da tua inteligência e dedicação, ao meu serviço.

— Para mim é um privilégio servir-vos.

O Sumo Sacerdote, sopesando os papiros, sorriu lisonjeado.

— Descobriste de onde vinha o curador?

— Quero crer que do palácio do príncipe Anhangüera.

— O curador foi interrogado?

— Não, Excelência, não houve tempo, pois foi atingido por uma lança na cabeça, caindo morto ou desmaiado. Não sei ao certo.

— Então não pôde fornecer nenhuma informação?

— É verdade, meu senhor. Quando o revistamos estava inconsciente, com uma brecha enorme na testa.

— Alguma testemunha?

— Exceto meus homens, mais ninguém.

— E quanto aos teus homens?

— Não falarão, senhor.

— Disseste que o primeiro encontro com o curador foi na porta da taberna?

— Sim, meu senhor.

— E nesse primeiro encontro, não o pudeste interrogar?

— O curador não me deu tempo. Logo às primeiras palavras, me atacou. Um dos meus homens morreu com uma facada.

— E ele então, depois de matar, fugiu para a floresta?

— Exatamente, senhor.

— Testemunhas?

— Nenhuma. Aos primeiros curiosos que apareceram na porta da taberna, eu disso que um louco havia nos atacado e fugira para a floresta.

— Ótimo, capitão — o Sumo Sacerdote parecia satisfeito — é preciso agora achar um jeito de tirar a... a hóspede do Templo do Vento.
— Posso reunir alguns homens de minha confiança.
— Não, Arassagy, temos que usar de astúcia, não podemos agir abertamente.
— Não vejo como, meu senhor; o Templo do Vento está muito bem vigiado, segundo relato de nossos espias.
— Dentro de dois dias será a cerimônia de sagração do príncipe herdeiro Tupyaba, correto?
— Sim, meu senhor.
— Haverá grande movimento nas ruas, grandes festejos e misturando-se com a multidão, homens disfarçados poderão penetrar com alguma facilidade no Templo do Vento. A segurança do templo será menor, de vez que todos estarão muito interessados nos festejos, nas procissões, nas danças, nos fogos de vista e nos diversos jogos de rua. Quero — prosseguiu Azamor — que mantenhas contato com a bailarina Azym-Aly. Com sua cumplicidade, poderemos botar três homens vigorosos e de nossa confiança no interior do templo. Ela providenciará para que eles possam sair sem serem notados e levando a nossa... nossa hóspede. Entendeu, capitão?
O capitão havia entendido, pois nem pestanejou, acostumado que estava a obedecer. O sacerdote prosseguiu:
— O plano deverá ser cuidadosamente traçado, de vez que, durante os festejos, Azym-Aly não estará no templo.
— Não estará?
— Claro, ela não é uma das bailarinas de Nadja?
— Mas ela poderá sofrer um acidente que a impedirá de dançar. E não podendo dançar...
— Às vezes eu subestimo tua inteligência, meu capitão — disse Azamor com um sorriso sinistro. — É isso mesmo, a idéia é muito boa.
— Obrigado, meu senhor. Ela não dançando, poderá dirigir pessoalmente todo o plano.
— Exatamente, e com muito maior possibilidade de êxito. Trata logo desse assunto, Arassagy.
— Imediatamente, meu senhor.
— Trata isso pessoalmente com Potengy, para que não haja erros. Azym-Aly deverá nos dar todos os detalhes da trama. Que seja exposto a ela o plano geral. Os detalhes deverão ficar por sua conta, de vez que ela conhece o palco onde vão se desenrolar os acontecimentos — disse Azamor, sorridente.
— Mais alguma coisa, meu senhor?

— Mais nada. Hoje foi um dia bem proveitoso — e o Sumo Sacerdote reclinou-se em suas almofadas, despedindo seu capitão.

Era a hora oitava da noite, quando o mateiro do príncipe Anhangüera ouviu um gemido fraco que parecia sair de dentro de uma moita, a poucos passos de onde se encontrava. Cautelosamente caminhou naquela direção, levando alto o seu archote para iluminar bem, e deu com um rapaz caído de costas, tendo na testa um grande ferimento onde se via sangue coagulado.

As faces do jovem estavam muito brancas, sinal evidente de perda de muito sangue. O mateiro abaixou-se e pôs o ouvido no coração do jovem desfalecido. O coração batia. Então, com todo o cuidado, ele o levantou, e colocando-o sobre um dos ombros, o levou para a sua tosca cabana, que ficava a pouca distância dali.

25
Nas sombras da noite

Era a manhã do dia da sagração do herdeiro do trono da Terra das Araras Vermelhas, o príncipe Tupyaba, primogênito de Ay-Mhoré VII, o último nome dessa casa em todo o vale.

Bem cedo, pelas ruas da cidade central, o movimento do povo era intenso. Liteiras de vários tipos, ornamentadas com as cores do tuxauá, verde, vermelho e branco, transitavam para a visitação dos templos; nobres, ricamente trajados, nas escadarias dos palácios, cercados pelos seus servos, em animadas palestras; damas da nobreza, a exibir sua beleza; gente do povo, a encher as ruas, risadas alegres, a se acotovelarem para apreciar os vários espetáculos públicos, num enxamear constante e num ir e vir incessante.

Os palácios e os templos todos ornamentados com bandeiras multicoloridas, davam, junto com as demais construções, quer fossem ricas ou pobres, também paramentadas para a festa, a impressão de um festival colorido de tons, realçados com a quantidade de flores em grinaldas. Era uma festa magnífica para os olhos. E era apenas o começo, pois para o início da tarde é que começaria a sagração propriamente dita. No Templo de Áries haveria as danças sagradas, o coro com seus sons mágicos, os fogos de vista e finalmente a entronização do príncipe herdeiro, nas imponentes escadarias de mármore do templo, para a visão de todo o povo. Porém, durante o dia inteiro, vários espetáculos menores iriam se realizar, num divertimento contínuo para toda a cidade.

Nesse ambiente de festa em seu começo, vamos encontrar Nadja, no Templo do Vento, seriamente preocupada com sua discípula Azym-Aly. Na véspera, durante o último ensaio, a moça, numa pirueta, torcera o pé e agora, recolhida em seus aposentos, não podia caminhar.

Nadja jogou com força sua trança para trás, e parando de caminhar de um lado para o outro, levantou os olhos para Adenara que acabava de entrar em seus aposentos particulares.

— E então? — perguntou apreensiva. — O curador já a examinou?

— Sim, minha senhora. Embora ele afirme não ver nada de grave em seu tornozelo, Azym-Aly continua a dizer que sente grandes dores e que não consegue pôr o pé no chão.

— E essa agora! — exclamou a sacerdotisa, ajeitando sua trança. — O curador já saiu?

— Sim, minha senhora, prescreveu repouso absoluto e receitou umas ervas para aplicação, bem quente, no local dolorido.

— Irei vê-la e verificar o que posso fazer — disse a preocupada sacerdotisa.

Azym-Aly, deitada na sua almofada de penas, gemia baixinho quando Nadja entrou:

— Ah! Senhora! Logo agora, me foi acontecer isso — e apontou para o tornozelo, chorosa.

Nadja sentou-se ao seu lado e acariciou sua cabeça. Azym-Aly estremeceu.

— Quieta, minha filha — disse Nadja com doçura. — Fica em repouso, conforme o curador ordenou, e dentro de uma lua estarás novamente boa.

— Mas a festa! Eu queria tanto dançar! — disse a moça com voz insegura.

— Não tem importância. Primeiro a saúde, depois a dança.

— Mas... e a coreografia, senhora?

— Nisso também se pode dar um jeito — disse a sacerdotisa, procurando tranquilizá-la.

— Oh! Tupã! Como sou infeliz! — e Azym-Aly tapou o rosto com as mãos, soluçando alto.

Nadja ainda permaneceu ao seu lado por alguns instantes, procurando consolá-la, e depois, quando a outra pareceu se acalmar, ela a fez deitar-se com a perna bem esticada e como a bailarina parecia dormir, Nadja e Adenara saíram do quarto, a fim de providenciar as ervas pedidas pelo curador.

— Notaste alguma coisa, senhora? — perguntou Adenara baixo, quando as duas já caminhavam pelo corredor.

— O que, Adenara? — a sacerdotisa tinha um estranho sorriso nos lábios.

— O seu choro e a sua dor me pareciam fingidos.

— Ah! Tu também notaste — foi o único comentário da sacerdotisa.

※

Azalym mergulhou na água fria do mar e fez uma careta de dor, pois a água salgada nas suas costas nuas provocou uma dor intensa nos ferimentos ainda recentes. Vestia apenas uma sunga, e entre os dentes, um punhal afiado. A roupa, deixara no bote que oscilava a pequena distância e contra o fundo da noite escura era apenas uma mancha imprecisa na paisagem. O homem do bote se mexeu e pareceu, por um momento, que o borrão se alongava para cima.

Azalym mexeu os braços, se mantendo à tona d'água sem fazer ruído, e a dor lentamente foi diminuindo, até se tornar numa sensação de ardor pelas suas costas. Alongou o olhar, procurando enxergar na escuridão reinante, e pareceu ver a pouca distância, mais outros botes. Um leve murmúrio na água e depois outras sombras movendo-se lentamente, lhe deram então a certeza de que todos os doze homens já se encontravam dentro d'água. À sua frente, a uma distância calculada em mais ou menos trezentos metros, desenhava-se a massa escura da Ilha Gorda, e as sombras menores, mudando constantemente de posição, Azalym deduziu serem as embarcações etíopes ali fundeadas.

O plano do príncipe Anhangüera era bem simples. Doze homens de sua inteira confiança, comandados por Azalym, aproveitando a escuridão da noite, iriam até certo ponto, em barcos pequenos, com um remador. A uma distância calculada de trezentos metros, cada um dos homens, portando um punhal bem afiado, iria a nado até as embarcações, e com seu punhal faria várias perfurações nos cascos de madeira dos grandes barcos, voltando em seguida para a costa nos pequenos barcos, que com seus remadores, esperariam enquanto durasse a operação. Os vários furos pequenos, dizia Anhangüera, teriam a vantagem de levar o resto da noite para que essas embarcações fossem a pique. O afundamento seria lento, e com isso, retardaria o alarme dos etíopes, que dessa forma ficariam ilhados e fora de ação por alguns dias. Esse espaço de tempo, dizia o príncipe, será o necessário para que o nosso rei domine a situação no Grande Conselho e, com o grosso das tropas etíopes fora de ação, fácil será dominarmos todos os nossos inimigos.

Tudo isso o príncipe dissera naquela noite, para o seu querido guarda-caça, na sua voz de trovão, aqui e ali enxertado por uma praga. Depois o pegara com força pelos ombros e o

A Terra das Araras Vermelhas

abraçara com toda a ternura, dizendo com voz que procurou adoçar o melhor possível:

— Vai, meu filho, que Tupã te guie e te conserve para aqueles que te amam!

Naquela hora, Azalym, tocado pelo amor e pela vontade férrea daquele homem, sentiu-se ungido como um eleito, e no fundo do seu ser, sentiu que não falharia em sua missão e nem aos olhos do seu senhor, daquele homem admirável que ele amava como um pai.

Tudo isso passou pela mente de Azalym enquanto nadava para diante. "Não, não falharei na minha missão", pensou, e aumentando as braçadas, deslizou rápido até junto das quatro grandes embarcações etíopes.

Os homens agora estavam bem juntos uns dos outros. Azalym, com gestos, distribuiu três homens para cada embarcação, e ele próprio juntou-se aos dois que já mergulhavam para executar suas tarefas. Reinava o mais profundo silêncio, só interrompido pelo leve marulho das águas, de encontro ao casco dos barcos fundeados.

Com a ponta da afiada adaga em riste, Azalym cravou-a no fundo chato do barco e com as duas mãos forçou para cima, sentindo-a penetrar até o cabo. O ar já lhe faltava e o jovem veio à tona, para respirar. Notou que alguns homens faziam o mesmo. Novo mergulho, e tateando no escuro, achou o cabo do punhal fincado na embarcação. Usando toda sua força, começou a girar e empurrar de um lado para o outro, e sentindo-o um pouco frouxo na abertura, com as duas mãos puxou-o para fora, para logo em seguida o enterrar no mesmo lugar. Nova subida para respirar e novo mergulho. A operação de enfiar, rodar, retirar e novamente enterrar o punhal prosseguia com paciência, intercalada por subidas à tona d'água e novos mergulhos.

Essa operação paciente e metódica durou algumas horas até que Azalym, exausto, notou que seu punhal penetrava e rodava com facilidade na abertura. Retirou novamente o punhal do fundo chato do barco pela última vez, subiu à tona, os pulmões quase estourando, dando como terminado o trabalho.

Pouco a pouco, outros homens começaram a aparecer sobre a água, e quando o último a eles se reuniu, Azalym com um gesto indicou a direção e todos, bem devagar, começaram a nadar em busca de seus botes. Nenhum ruído marcara aquela operação, e nas sombras da ilha, a pequena distância, continuava a reinar a calma e a tranqüilidade de uma comunidade entregue ao sono mais profundo.

O grosso das tropas etíopes encontrava-se ilhado, sem possibilidade de se locomover da Ilha Gorda para o continente. Dentro de poucas horas, as embarcações que serviriam para o transporte dos homens ali acampados estariam no fundo do mar. E faltava apenas um dia para o Grande Conselho.

⁂

Zyliar prendeu a respiração, oculto por trás dos arbustos ao longo da trilha que margeia a montanha, e esperou que o último homem desaparecesse na curva estreita do caminho. Após breves instantes, deu um assobio curto e uma sombra apareceu a poucos passos de onde se encontrava. Era Tupyassu, que se avizinhou do outro.

— Vamos — disse o velho pastor. — Temos ainda muita coisa a fazer.

Zyliar seguiu-o de perto. Pouco adiante, a trilha descia suavemente e alargava-se, formando uma plataforma natural a oitocentos pés acima do vale.

O plano que Potyguar, espia do tuxauá, havia trazido para Tupyassu, plano esse que haviam discutido por longo tempo, era para destruir de qualquer modo as pilhas de madeira dispostas umas sobre as outras, empilhadas em vários pontos da montanha, que serviriam para grandes fogueiras. Essas fogueiras que seriam acesas, como o leitor deve se lembrar, eram o aviso para que os homens de Zanatar começassem o ataque à cidade central. Achava Tupyassu que a destruição ou o desaparecimento da lenha, dois dias antes do Grande Conselho, não iria servir de nada, de vez que os homens postados na montanha as poderiam refazer novamente. Por outro lado, Potyguar argumentou que na véspera poderia não haver oportunidade de fazê-lo, porque, achava ele, os homens de Azamor, ao se aproximar o dia do conselho, deveriam tomar todas as precauções junto das madeiras e mesmo colocarem homens em permanente vigilância. Por outro lado, no dia do Grande Conselho, não haveria oportunidade, pois à luz do Sol, com a claridade do dia, seria empresa perigosa, senão impossível. Estavam nesse impasse da discussão, quando Zyliar, muito sério, falou pela primeira vez:

— Pai, creio só haver uma maneira.
— Qual, meu filho? — o velho pastor estava preocupado.
— Eliminando os homens — disse o jovem calmamente.
— Creio ser a única saída — disse Potyguar em tom surdo.

— Mandarei alguns homens para ajudá-los.

Tupyassu que permanecera calado, com uma ruga na testa, como um homem a se debater com seus pensamentos, então falou, e havia bastante segurança na sua voz:

— Isso é trabalho para mim e meu filho. Seus homens só iriam atrapalhar, pois não conhecem direito os meandros desta montanha — e botando uma mão no ombro de Zyliar: — Que te parece, meu filho?

— Acho melhor — disse o rapaz, com decisão.

Potyguar deu de ombros:

— Se tu achas que podes fazê-lo, tanto melhor. Quanto menos gente houver nesse plano melhor — e o espia do rei deu o assunto como encerrado.

As ordens do seu tuxauá tinham sido precisas. Deixe os detalhes do plano por conta de Tupyassu o pastor, o homem em quem eu confio plenamente. Potyguar assim o fez, e despedindo-se dos dois, deixou a execução do projeto nas mãos do montanhês.

Nessa noite escura, então, vemos os dois chegando na plataforma da montanha, e encontrando a pilha de madeira, disposta para a fogueira. As outras três, situadas em pontos diferentes, já haviam sido desbaratadas sem a menor complicação, e furtivamente dirigiam-se à última delas, quando quase foram surpreendidos pelos homens do Sumo Sacerdote.

Cuidadosamente, foram retirando, evitando o menor ruído, as toras enormes, e depois fazendo-as deslizar pela beira do abismo, que ali formava um paredão liso de pedra, quase a prumo. Em meia hora, quando não restava mais nenhuma tora, e suando por todos os poros, pelo esforço despendido, operação nada fácil, embora os dois tivessem músculos admiráveis, Tupyassu, sentando-se no chão, a respirar fundo, ainda encontrou alento para dizer a Zyliar:

— Metade do trabalho está feito. Temos a nosso favor o resto da noite para castigarmos como merecem esses ladrões de coelhos.

Zyliar riu-se. O pai não se referia aos inimigos do rei, mas sim aos ladrões de coelhos, e a palavra "castigar" soou estranha para o rapaz. Sabia que teriam que matar, e isso o apavorava um pouco.

— Sim, pai. Vamos ao "castigo".

Tupyassu levantou-se. Parecia cansado. Olhou o filho por algum tempo, bem nos olhos. Depois abraçou-o e disse comovido:

— Zyliar, sempre te tratei como meu próprio filho, porque

meu filho realmente te considero. Nunca te ensinei uma coisa errada. Sempre procurei te mostrar o caminho da justiça e da honra. Sempre te ensinei a respeitar tudo que é coisa viva na natureza. Sempre te disse para seres bom, honesto e puro. Sempre combati a mentira e a vileza e te ensinei a crescer reto. Tenho certeza de que fiz de ti um homem. Hoje, peço-te para fazeres uma coisa de que dentro do meu coração eu ainda sinto dúvida. Uma coisa que jamais pensei em fazer um dia, matar um homem. Uma coisa que jamais pensei que nós pudéssemos fazer juntos. Se está certo ou errado, meu filho, o futuro o dirá. O que eu posso te dizer apenas, é que tem que ser feito, para que milhares de homens, mulheres e crianças possam viver. Zyliar, meu filho, achas que tudo isso é justo? — e o velho pastor tinha os olhos cheios de lágrimas.

Zyliar ficou mudo por uns instantes e depois atirou-se nos braços de seu pai, que o apertou de encontro ao largo peito com ternura.

— Tu és o melhor dos pais e o melhor dos homens — disse o rapaz com a voz embargada.

— Perdão, meu filho, perdão por te levar para uma coisa dessas.

Zyliar beijou a face do pastor e tomando as duas mãos calosas, falou:

— Vamos pedir perdão nós dois aos deuses, pai. Sou eu que te peço perdão agora, por não ter sido um filho melhor e mais dedicado. Tuas razões são as mais nobres; farei esse "castigo", como o chamas, contigo, com o maior orgulho. Mil vezes o faria, por amor a ti e pelo amor que tens para com todas as criaturas.

Tupyassu estava emocionado.

— Então vamos, meu filho. Vamos sem ódio no coração. Façamos o que temos que fazer como um sacrifício que impomos a nós dois, um grande sacrifício, por amor da nossa gente, por amor da nossa terra.

Pai e filho saíram abraçados da plataforma de pedra.

Os homens de Azamor, em número de nove, comandados pelo tenente Paraty, acampavam em três pontos eqüidistantes um do outro mais ou menos cem passos.

Subindo furtivamente fora das trilhas, em poucos instantes Zyliar e Tupyassu chegaram ao primeiro acampamento, onde três homens, embrulhados em suas mantas, dormiam tranqüilos, semi-iluminados por pequena fogueira, cujas chamas punham estranhas sombras no chão. Zyliar fez sinal para o pai, indicando um dos homens com a mão. O pastor balançou a cabeça e a um sinal mudo, saltaram sobre os dois homens mais próximos e com o punhal em riste feriram certeiros o coração de cada um. Dois gemidos quase inaudíveis, e o terceiro já caía morto pelo punhal de Zyliar.

No segundo acampamento, a cena se repetiu quase em idênticas condições, e mais três homens jaziam inanimados, no silêncio da grande montanha.

Quando os dois chegaram ao terceiro e último acampamento, só dois homens dormiam embrulhados em suas mantas. Zyliar deixou seu pai de guarda e inspecionou cuidadosamente os arredores. Nem sombra do terceiro homem.

— Não achei, pai — sussurrou o jovem ao ouvido de Tupyassu.

— Seriam só oito homens?

— Eu contei hoje de dia, eram nove, tenho certeza.

— De qualquer maneira, temos que depois, procurar, para nos certificarmos se existe realmente o que está faltando — disse baixinho Tupyassu, preparando-se para entrar em ação.

O que então aconteceu foi muito rápido. Os dois, usando a mesma tática, atiraram-se aos homens dormindo, que caíram inertes sob suas facas. Um grito alto se ouviu, e quando Zyliar voltou-se ainda teve tempo de ver seu pai ser atirado para trás com a garganta cortada por profundo golpe. Em pé à sua frente, um homem segurava uma espada tinta de sangue. Era Paraty, o tenente do Sumo Sacerdote, que tendo sono muito leve, havia se levantado para investigar uns ruídos estranhos. Não encontrando nada, voltara ao acampamento, no momento exato em que pai e filho matavam seus homens. Quando a faca do pastor e do rapaz entravam no coração dos homens que dormiam, Paraty de um só golpe atingia quase no mesmo instante o pescoço de Tupyassu, que ante a dor e a surpresa, gritara, antes de cair para trás sem vida.

Zyliar sentiu um frio intenso correr pelo seu estômago e depois a vista turvar-se ante a dor e o desespero de ver seu pai caído, coberto de sangue. Imediatamente, um ódio profundo passou pelo seu corpo inteiro, em ondulações por todos os músculos, e cerrando os dentes, como uma mola jogou-se para trás, caindo em pé a poucos passos de Paraty, que brandindo a espada avançava para ele. Com toda a sua raiva a extravasar, Zyliar, usando todo a força de seu braço jogou o punhal, que certeiro atravessou a garganta do tenente. A espada escapou de sua mão, abriu a boca, que vomitou de imediato um líquido viscoso e escuro, e dando um pequeno rodopio, caiu de frente, sem um gemido.

Soluçando de dor e desespero, Zyliar correu para o seu pai no chão, e segurando a querida cabeça em seu colo, deu vazão a toda a sua mágoa.

— Leva-me também, Tupã! — soluçava o rapaz. — Porque não fui eu? Por quê? Por que não fui eu?

Amanhecia na grande montanha. Um uirapuru pousou num galho baixo de uma árvore e soltou seu canto soluçante, de rara beleza. Um homem simples, honesto e valente morrera pela nobre causa do rei. Era a singela homenagem de um dos seres livres da natureza, pela qual ele sempre vivera, e onde, naquela noite, morrera.

⁂

O ruído das festividades da sagração do príncipe herdeiro chegava fracamente, àquela hora, no Templo do Vento. Podia ser a hora oitava da noite, e os festejos na cidade central haviam atingido o auge.

Nayade remexeu-se no seu leito de penas. Abundante suor cobria o seu rosto e embora ainda fosse cedo, naquele dia a moça já estava dormindo há bastante tempo. Dando um gemido, Nayade sentou-se de repente, esfregando os olhos, pois acordara de súbito de um sonho estranho.

Sonhara que uma bailarina do templo, não conseguira divisar o seu rosto, dirigia-se de modo furtivo para um dos lados do palácio-templo e abria a pequena porta lateral para que três homens mal-encarados pudessem entrar. Depois, os guiava até o quarto da hóspede de sua mestra Nadja, e a retiravam à força do palácio. Nesse ponto, Nayade acordou, visivelmente impressionada com a nitidez do sonho.

Já se dispunha a deitar de novo, quando um leve ruído no corredor chamou sua atenção. Ou porque estivesse impressionada com seu sonho, ou porque o ruído despertou sua curiosidade, o fato é que Nayade num instante vestia uma grossa manta por cima de suas vestes de dormir, e mais depressa ainda, saiu para o corredor, em tempo de ver uma sombra furtiva que deslizava na sua frente. Era a cena idêntica ao começo do sonho. Sem mais um minuto de indecisão, a moça pôs-se a seguir o vulto, com todo o cuidado para não ser pressentida. O vulto, que não era outro senão Azym-Aly, percorreu com cuidado o corredor e saiu pela porta lateral que dava para os jardins. Sempre com passos leves, de tempos em tempos voltando-se para trás, para verificar se não era seguida, chegou, sem nenhuma dificuldade, ao pequeno portão que dava para uma rua lateral ao palácio-templo. O portão foi aberto, e imediatamente três vultos embuçados entraram no jardim. Nayade, oculta pelas árvores, presenciou toda a cena, que era uma repetição do seu sonho. Azym-Aly, seguida pelos três homens, entrou no palácio, e procurando fazer o menor ruído possível, atravessaram os corredores, chegando à porta da hóspede de Nadja. Nayade, rápida, voltou-se e correu em direção à entrada principal do templo, dando o alarme.

Num momento apenas, os homens da guarda do rei, que agora ocupavam uma parte do templo, por ordem do tuxauá, correram guiados por Nayade em direção ao corredor que dava acesso aos aposentos das bailarinas e da hóspede da sacerdotisa da dança.

— Por aqui, senhores! É ali, naquela porta! — comandou Nayade, apontando a última porta do corredor.

A porta abriu-se de repente e três homens embuçados atiraram-se contra os guardas do rei. Inutilmente. Os guardas eram a maioria e num instante os embuçados foram dominados.

— Lá dentro, senhor. Deve estar lá dentro quem guiou esses homens — disse Nayade, dirigindo-se ao chefe dos guardas.

Pela porta aberta, Nayade e os guardas entraram. Num canto viram a velha Azy-Nhalá apavorada e toda encolhida, e no meio do quarto, como que a desafiá-los, Azym-Aly, em atitude provocadora.

— Azym-Aly! — exclamou Nayade com o maior espanto.

— Não adianta — disse a outra com desdém. — Venceram essa batalha, mas a final será vencida pelo grande sacerdote Azamor.

— Considere-se presa, minha senhora — disse calmamente o chefe da guarda, depois dessa explosão de cólera da bailarina.

෴

O mateiro do príncipe Anhangüera tornou a olhar com piedade para o ferido que recolhera à noite na floresta. Durante todo o dia Urassay, pois como os leitores hão de se lembrar, era o curador do rei que o mateiro havia encontrado inconsciente, na mata, delirara com febre muito alta. O mateiro, dentro de seus parcos conhecimentos, havia lavado sua ferida e lhe dado água, deixando-o entregue a sua própria natureza. A bem da verdade, o pobre homem não tinha mesmo nada para fazer, pois o ferimento era muito profundo e parecia que o osso havia sido esmagado, porém ficara ali o dia inteiro ao lado do ferido, limpando seu suor, refrescando-o com água limpa e fresca, e como ainda fosse muito piedoso, rezando aos deuses para que o rapaz se curasse. Porém, haviam já decorrido bem umas doze horas e o rapaz não havia melhorado nada. Podia-se mesmo dizer que estava pior, pois gemia muito e a febre não cedia.

Já era noite alta, quando o mateiro, que dormia abraçado numa mesa tosca, pois o único catre existente ele o cedera de bom grado ao enfermo, foi despertado por um grito agudo. Levantou-se assustado e tonto de sono, deparando com o ferido sentado no catre, olhos esgazeados, a indicar com mão trêmula um ponto vago à sua frente.

— É preciso avisar ao rei! É preciso avisar ao rei! Os papéis, os papéis... Avisem ao príncipe Anhangüera! — gritava, a se debater de desespero.

O mateiro correu em sua direção, mas o enfermo, dando um grito desesperado, caiu morto no catre.

Naquela noite de fim do mês de virgo, morria o segundo bravo pela causa do grande tuxauá Ay-Mhoré VII.

Amanhecia o dia dessa noite tão marcada por trágicos acontecimentos, quando um pequeno bote de fibras, ocupado por três homens, tocou as areias da praia do sul. O gigante de ébano que comandava os dois homens de quase idênticas estaturas saltou do bote, que parecia mínimo ante sua formidável altura, e cauteloso, pôs-se a olhar em todas as direções, como se esperasse alguém. Um estalido nas moitas que delimitavam a praia chamou sua atenção, e o homem virou-se, procurando avistar quem se aproximava, no lusco-fusco da manhã mal começada. O homem do bote era Zanatar, o etíope.

Quinze homens, lanças em riste, num instante chegavam à praia, formando um semi-círculo em torno do príncipe Zanatar, que, mãos cruzadas sobre o peito saliente, os olhava de modo desafiador.

— Considere-se preso, senhor — disse o chefe dos guardas, adiantando-se um passo na direção do gigante.

— Em nome de quem? — perguntou Zanatar com escárnio.

— Em nome de sua Alteza o príncipe Anhangüera.

— Vejo aqui poucos homens para prenderem o príncipe

Zanatar, senhor em toda a terra de Zantar — foi a resposta do etíope, que desembainhou a espada, sendo imitado pelos seus dois comandados.

Porém aquela manhã seria de grandes surpresas, pois as armas ainda não haviam se cruzado, quando uma voz possante soou alto na praia:

— Existe um homem na terra de Zac que é bastante para o príncipe Zanatar! — e Anhangüera, saindo do lugar em que se encontrava, caminhou calmamente em direção aos contendores.

Seus homens abriram passagem e os dois gigantes ficaram a se olhar um em frente do outro.

— A quem devo a honra? — perguntou Zanatar, abaixando a espada curva, com um sorriso sinistro nos lábios.

— Anhangüera é o meu nome — disse o príncipe sorrindo. — E como há homens demais para prenderem apenas três, ou melhor, poucos homens, como há pouco disse, para prendê-lo, aqui estou — e Anhangüera curvou ligeiramente a cabeça.

— É muito fácil desafiar um homem, tendo uma força armada — disse o etíope, indicando com a cabeça os guardas do príncipe, que ainda conservavam as lanças em riste.

— Bah! Ninharias! — disse Anhangüera, olhando para seus homens. — Proponho nós dois apenas nos batermos. Se fores o vencedor, daqui sairás com teus dois homens tão livres como viestes. Prometo que não haverá interferência de ninguém.

— E como posso confiar em tua palavra?

— Até nas terras de Zantar se sabe que Anhangüera não mente e nunca faltou com sua palavra! — exclamou o príncipe, com um brilho de orgulho no olhar.

O outro considerou a proposta por alguns instantes. Não há nada a perder, quando tudo está perdido. Por outro lado, era realmente verdade que a palavra do príncipe Anhangüera era uma só. Sua fama de nobre e valente já havia chegado em Zantar e também, pensou o etíope, ele poderia vencer o combate e então talvez, nem tudo estivesse pedido. Com esses pensamentos a povoar sua mente, respondeu sem mais vacilar:

— Aceito!

— Para trás, todos! Que ninguém interfira nesta luta! É uma ordem! — disse Anhangüera, enquanto todos os homens faziam um largo círculo ao redor dos dois gigantes.

— Sua espada, senhor! — disse Zanatar brandindo a sua.

— Bobagem! — limitou-se a dizer o outro.

Anhangüera estava desarmado, e foi desarmado que avançou em direção de Zanatar, vagarosamente. O etíope não desprezou essa vantagem. Vibrando a espada curva com incrível violência desferiu um golpe capaz de separar um homem pelo meio. Anhangüera desviou o corpo para o lado e a espada do etíope, produzindo um silvo agudo, cortou o ar indo cravar-se no chão de areia, a alguma profundidade. Rápido como um relâmpago, Anhangüera, com toda a força de seu braço, desferiu potente murro que apanhou o queixo, mais de lado, do etíope, que ainda não tivera tempo de desenterrar sua espada. Um estalido, qual madeira que se parte e Zanatar atirado a dois pés de distância, completamente tonto e com a mandíbula partida, procurava mesmo assim levantar-se. Então, Anhangüera segurando o pescoço de Zanatar com a mão esquerda, meio a cavalo sobre o etíope, ainda no chão, com a mão direita e com o punho fechado, vibrou o segundo golpe, que caiu como um martelo ou marreta possante, sobre o rosto de Zanatar. Um gemido, um baque surdo e o gigantesco príncipe de Zantar caiu para trás morto, com o pescoço quebrado.

— Salve o príncipe Anhangüera! Salve o mão de ferro! — gritaram seus homens entusiasmados com a façanha, brandindo as pesadas lanças.

Anhangüera sacudiu a soberba cabeça e virando-se para os dois homens etíopes, que mudos de espanto e admiração, olhavam estáticos para o seu chefe inanimado, disse:

— Levem daqui esse lixo e desapareçam rápidos, antes que eu me arrependa — e virando-se, sem mesmo olhar para os dois homens atônitos, deixou a praia calmamente.

⁂

O dia já havia amanhecido completamente, quando Anhangüera chegou às portas do seu palácio e teve uma palestra animada com dois emissários, um do norte e outro do leste, que lhe informaram que as tropas comandadas por Nazmor, lugar-tenente de Zanatar, já se encontravam sob controle dos príncipes Urubatan e Tupanguera. Depois, ele próprio foi atender ao seu mateiro, que já se encontrava há algum tempo no palácio, à sua espera.

E quando aquele homem formidável, que há poucos momentos com a maior fúria destruíra com as mãos limpas o inimigo, tomou nos seus possantes braços o corpo do curador morto que o seu servo lhe levava, chorou como uma criança, abraçado com Urassay, que dera a vida pela causa do seu rei.

26
O Grande Conselho

Era o primeiro dia do mês de libra, o dia do Grande Conselho dos Doze, convocado pelo rei.
 O dia amanhecera nublado, talvez solidário com os graves problemas que iriam ser debatidos no importante Conselho. O movimento nas ruas da cidade central, porém, já era intenso naquela hora e a todo instante chegavam, acompanhados pelo seu séquito, importantes personagens dos pontos mais variados do vale. Os príncipes, cercados por seus nobres e por sua guarda pessoal, homens da nobreza com suas cortes e seus servos, abastados negociantes de várias partes do reino, gente do povo, enfim uma multidão, que enchia as ruas em todas as direções, na expectativa do início do Conselho tão esperado e tão comentado; as notícias eram as mais desencontradas e todos aguardavam os acontecimentos, na certeza de que graves e importantes revelações seriam do conhecimento geral naquela data.
 Pela manhã, no templo de Áries, o rei e a rainha haviam sido consagrados aos deuses, como era o costume e a tradição milenar que precedia os grandes Conselhos. A cerimônia foi fria e o Sumo Sacerdote, muito pálido e com gestos nervosos, presidiu a cerimônia. Quando Ay-Mhoré, acompanhado por Bartyra, sua esposa, deixou o templo, uma pequena multidão junto às escadarias prorrompeu em aplausos e outros, aos gritos de "louco! louco!" O tumulto, porém, foi breve. Havia guardas do rei em profusão, colocados estrategicamente em toda a cidade. Alguns golpes de lança, algumas prisões e a calma voltou a reinar, sendo o rei e a rainha muito aplaudidos, com vivas berrados com muito entusiasmo, durante o percurso que os dois fizeram, a pé, até o palácio real.
 Era a hora segunda da tarde, e a cidade central estava quase

deserta. O palácio de Leo, consagrado ao Sol, fervilhava de gente, que se comprimia nas escadarias, pois apesar de o grande salão do Conselho ser enorme, não era o suficiente para conter a grande multidão, que agora sem lugar, se acotovelava nas imediações, com esperança de ainda entrar, ou então saber das novidades que ocorriam durante o transcurso do Conselho.

O grande salão principal era de proporção gigantesca e construído em formato circular. Em frente das pesadas portas de entrada, ao fundo, quatro tronos, forrados de penas de araras vermelhas, destacavam-se dos demais. O do rei e o da rainha, mais elevados que os outros dois, um de cada lado, onde se sentavam, à direita o Grande Conselheiro, e à esquerda o Sumo Sacerdote dos templos, o poder espiritual. Do lado direito, formando um semi-círculo, doze tronos ocupados pelos doze príncipes ou chefes das cidades satélites do reino, e do lado esquerdo, também em semi-círculo, os quatorze tronos, ocupados pelo Sacerdote do Som, a Sacerdotisa da Dança, sendo os demais ocupados pelos outros sacerdotes, dos diferentes templos do reino. Adiante dos tronos, deixando o centro do salão livre, uma separação feita por uma grade de madeira, deixava ver à direita o lugar reservado à nobreza e à esquerda ao povo, que naquela tarde era numerosíssimo. Ao longo de toda a parede que compunha a forma circular do grande salão, guardas armados, impassíveis em sua posição militar. Por trás dos tronos reais, uma enorme bandeira com o brasão colorido da dinastia dos Ay-Mhorés. Um coração, na cor azul, cruzado por uma lança verde e uma bandeira vermelha, tendo no seu centro uma cruz branca, símbolo da imortalidade. Na parte inferior do coração, outra cruz, azul, com três degraus em branco. Cada degrau simbolizando uma virtude real: paz, amor e esperança. Acima do brasão, uma enorme arara de asas abertas, de cor vermelha, símbolo do vale.

O rei apresentava-se no Conselho inteiramente paramentado. Vestia uma túnica branca, bordada a ouro, sandálias douradas e um cocar de penas de arara branca, que lhe descia até os pés, formando uma capa de rara beleza. Trazia na mão direita o cetro de ouro, um bastão encimado por um globo, símbolo da realeza. A rainha Bartyra, também de branco e com uma capa longa de penas de arara, azul e vermelha, dava ao conjunto, com sua beleza, um toque de dignidade e grandiosa Majestade.

O Grande Conselheiro se levantou, e como por encanto, reinou no salão o mais absoluto silêncio. Trajava Turyassu uma longa túnica azul, tendo na cabeça um chapéu de três bicos, encimado por penas de arara vermelha, símbolo de sua posição. Sua voz era firme e bem modulada:

— De acordo com a lei, Sua Majestade o rei, Ay-Mhoré VII, convocou este Conselho dos Doze, aqui reunidos. Pela vontade dos deuses e pela graça de Tupã, em toda a Terra das Araras Vermelhas, fundada por Zac o Grande, filho da Terra-mãe Mu, reina o supremo tuxauá, precedido em sua casa, pelos doze príncipes.

Estava aberto o Grande Conselho, conforme a tradição. Azamor, o supremo sacerdote, levantou-se. Vestia sua túnica branca, toda bordada a fios de prata. Chapéu quadrado, encimado por uma arara de asas abertas, símbolo de sua ordem, tendo nas mãos um bastão, onde se viam desenhados sete nós. Azamor estava pálido e sua voz era insegura:

— Que os deuses nos sejam propícios — recitou. — Que a paz de Tupã reine neste Conselho e que a sabedoria seja o guia para que os negócios do reino encontrem o seu verdadeiro caminho. Salve o Grande Conselho da paz! Salve o Grande Rei! Salve os príncipes regentes!

Azamor, após ter recitado as palavras da tradição, sentou-se, mas notava-se que estava pouco à vontade.

— Que o rei relate os motivos por que foi reunido este Conselho dos Doze! — disse Turyassu, ainda seguindo a tradição.

Ay-Mhoré levantou-se; por um momento, correu os olhos pelos príncipes à sua direita e os sacerdotes à sua esquerda. Seus olhos se encontraram com os de Nadja, que sorriam. O rei então desanuviou a fisionomia, e o seu sorriso doce correspondeu aos olhos azul-acinzentados da sacerdotisa, e o tuxauá em voz pausada começou a relatar os graves acontecimentos que estavam para se desencadear em todo o vale. Fez um relato completo, não esquecendo o mínimo detalhe, e depois, ante o silêncio que se seguiu à sua narração, sentou-se, parecendo esperar a tempestade que haveria de se desencadear.

Não houve tempestade alguma. Um murmúrio baixo invadiu a sala inteira, seguido aqui e ali por uma exclamação de surpresa ou de incredulidade.

Após alguns instantes de indecisão, Arary levantou-se:

— Que provas nos dais para essa predição?

— A prova da minha palavra, da minha honra — disse o rei.

— Não basta! Não basta! — gritaram quase a uma voz dois príncipes que estavam na conjura contra o rei.

— Eu digo que basta — disse Ay-Mhoré. — E é preciso que o Conselho decida, pois temos apenas uma lua grande para

fazer a migração.
— Com seiscentos demônios! — exclamou Anhangüera em sua voz de trovão. — Eu acredito no rei. Façamos a votação. Eu estou com o tuxauá — disse o príncipe, iniciando ele próprio a votação.
— Que seja feita a votação — disse o Grande Conselheiro.
— Já temos um voto a favor do rei.
Aratimbó levantou-se:
— Contra!
Foi a vez do príncipe Juruá
— Eu também sou contra!
Levantou-se o príncipe Tupangüera:
— Mas claro que estou com o rei. Acho que temos realmente muito pouco tempo para preparar o êxodo.
Foi a vez de Arary-Bhoya, que proferindo uma blasfêmia, disse na sua possante voz:
— Estou com o rei, para a vida e para a morte!
Mal acabara de falar o príncipe, Urubatan já estava de pé declarando sua fidelidade ao rei.
Ubiracy levantou-se e com voz muito calma, falou:
— Sou contra, não creio em absoluto nessa predição.
Arary já estava de pé, e com sua voz algo arrastada, falou:
— Sou absolutamente contra. Não creio também nessa predição. Para mim ela envolve propósitos escusos.
Foi a vez de Javaré dar a sua opinião. O príncipe levantou-se e disse apenas uma palavra:
— Contra!
Tupyara já estava de pé, e com sua voz doce e bem modulada, falou:
— O rei sabe muito bem o que faz. É o nosso chefe e o nosso guia. Sou a favor do rei, incondicionalmente.
Jaranan levantou-se e foi muito breve:
— Nem a favor nem contra. Sou neutro.
Estava nas mãos do príncipe Jatay a decisão. Ay-Mhoré estremeceu e chegou um pouco para frente, no seu trono. Deu com os olhos calmos de Nadja que o encaravam e então, sentiu uma enorme paz interior. O príncipe já estava de pé.
— Senhores, eu também sou neutro. Mas gostaria de fazer uma pergunta ao nosso rei.
Estava definitivamente empatada a votação. Azamor, no seu assento, teve um estremecimento e ficou muito pálido. Depois, procurou com os olhos o seu capitão e avistando-o perto da porta de entrada, acalmou-se um pouco.

— Às suas ordens, príncipe — disse o tuxauá encarando-o.
— Se realmente vai haver uma catástrofe, como afirmas, que irá inundar o vale todo, para onde migraremos? Não se conhece nenhuma passagem ou caminho que leve às terras altas!
— Sim! Sim! — gritaram várias vozes. — Não existe caminho para as terras altas!
Ay-Mhoré levantou uma das mãos pedindo silêncio:
— Eu conheço o caminho!
Um murmúrio invadiu a multidão, e por um momento todos falaram ao mesmo tempo. O tuxauá tornou a pedir silêncio.
— E diga-nos, como a conhece? — perguntou Arary em tom de escárnio. — Que passagem maravilhosa é essa, que ninguém do vale conhece?
O rei ignorou a zombaria e dirigindo-se a Jatay, que permanecera de pé, disse:
— Encontrei na grande montanha azul um homem sábio que me deu todas as indicações...
Foi interrompido por duas ou três vezes.
— Todo mundo sabe que na montanha azul só existe Anhangá o demônio — conseguiu dizer Ubiracy, ante o tumulto de vozes.
Pacientemente, o rei esperou que todos se calassem, e então prosseguiu:
— Eu falei com o sábio, e depois eu próprio vi a passagem.
— Obrigado, senhor — disse Jatay sentando-se, enquanto a discussão prosseguia em altas vozes.
Foi a vez do Grande Conselheiro levantar-se e pedir silêncio.
Javaré, depois de algum tempo, conseguiu fazer-se ouvir:
— Acho que em caso de predição, deveríamos consultar o poder espiritual.
— O poder espiritual — repetiu Juruá.
— Consultemos o grande sacerdote Azamor — disse Aratimbó, imitado pela aprovação dos príncipes rebeldes.
— Que acha o Grande Sacerdote dessa predição? — perguntou Arary, dirigindo-se a Azamor.
— Acho falsa — disse o sacerdote com voz vacilante. Depois, recompondo-se: — Creio que oculta um propósito político.
O vozerio aumentou, mal acabara Azamor de falar. Os dois partidos agora discutiam acaloradamente.
— Silêncio! Silêncio, meus senhores! — pedia o Grande

Conselheiro. — Que fale um de cada vez, por favor! Silêncio! A muito custo, os ânimos pouco a pouco serenaram e o rei, que se levantara, pôde falar:

— Senhores príncipes — disse — será que não compreendem que uma grande ameaça paira sobre nossa terra? A vida de milhares de pessoas está em jogo. Existem mulheres e crianças que necessitam de nosso auxílio. Que razões políticas teria eu, para inventar tal predição? Que lucro traria, o que tiraria com isso tudo...

— O lucro do poder ilimitado — interveio Arary, colérico. — Não creio de maneira alguma nessa ridícula predição — disse obstinadamente.

— Mas que poder? Maior do que eu já tenho? E não estou aqui, honestamente trazendo minhas razões ao Conselho e pedindo que sejam tomadas as providências que a gravidade do caso requer? Eu por acaso ordenei alguma coisa? Pelo contrário, vim expor fatos. Fatos que eu entrego à decisão do Supremo Conselho.

Havia muita lógica nas palavras do rei, e isso foi demonstrado por um murmúrio de aprovação que percorreu a assistência. Mas os príncipes rebeldes, que tinham outras razões para combater o rei, levantaram-se comandados por Arary, que retomou a palavra.

— Apelo para o nobre Conselho para que a atitude do rei seja observada. Afirmo que o tuxauá está louco.

Nem bem o príncipe acabara de pronunciar essas palavras, quando um início de tumulto começou, encabeçado por Anhangüera. Gritos, pragas e gestos ameaçadores, com todo mundo a gritar ao mesmo tempo. Ay-Mhoré levantou-se e erguendo a mão, conseguiu quase que por um milagre conter os príncipes, que já de forma ameaçadora preparavam-se para a luta.

— Paz, meus senhores. Paz! Discutamos o assunto com serenidade. Estou à disposição para qualquer pergunta, mas que fale um de cada vez. É preciso que se tente tudo, para salvar o vale da desgraça — disse o rei com a maior serenidade.

O tumulto cessou e pouco a pouco todos os príncipes se sentaram. Foi Arary novamente quem retomou a palavra:

— Rogo a Azamor, Sumo Sacerdote dos templos, que com seu poder espiritual, nos ponha a par da insanidade do rei.

Novo início de tumulto, impedido novamente pelo tuxauá. Azamor levantou-se e começou a falar:

— Realmente, há algumas luas atrás, Sua Majestade procurou-me, para falar a respeito de vozes que lhe davam algumas ordens.

— E o senhor o que fez? — perguntou Arary.

Todos agora estavam em silêncio, olhando para o rei que permanecia em pé, com um tranqüilo sorriso nos lábios. Tupangüera, que se encontrava ao lado de Tupyara, fez menção de se levantar, mas foi contido pelo companheiro.

— Espera — disse baixo. — O rei sabe o que faz, deixemos que prossiga essa farsa.

— Eu apenas o aconselhei a deixar esses problemas de ordem espiritual para a minha competência — disse Azamor. — Fiz-lhe ver que se houvesse realmente vozes a falar, seria eu, o primeiro, como ministro de Tupã, a tomar conhecimento.

— E alguma vez lhe falou a respeito dessa predição? — perguntou ainda Arary.

— Nenhuma — foi a resposta do Sumo Sacerdote.

Arary sentou-se com um sorriso de vitória nos lábios. Foi Aratimbó quem se levantou, lançando a pergunta dirigida a todos:

— Se por um lado ficou bem patenteada a ilusão, já não digo loucura do rei, atestada pelo homem que maiores conhecimentos tem das coisas espirituais, por outro lado, temos que supor que se trata de uma fraude ou de um motivo oculto qualquer, para que migremos deste vale. Não me convencem as razões expostas pelo rei e eu proponho que os dois neutros dêem os seus votos.

— A verdade ainda não foi esclarecida — disse Jaranan convicto. — Eu continuo neutro.

A decisão continuava com Jatay. O príncipe levantou-se e com toda calma, falou:

— Estou indeciso e nesse estado de espírito não me compete julgar. Ainda voto pela neutralidade.

O vozerio cresceu novamente e a própria assistência tomava partido, numa confusão que crescia assustadoramente. O Grande Conselheiro pediu novamente silêncio, o que a muito custo foi restabelecido. Quando o último homem se calou, Turyassu falou:

— Manda a nossa lei que no caso de empate entre os doze príncipes, a sessão do Conselho seja encerrada, e marcada para daqui a uma lua grande, para novos debates.

As palavras frias da lei, que Turyassu havia recitado, eram um golpe de morte contra o rei e a sentença final que desabava sobre toda a população do vale. Era o fim da Terra de Zac. Os príncipes fiéis levantaram-se, os conspiradores sorriam vitoriosos; Arary indeciso, mordia os lábios com raiva, pois seus propósitos não haviam sido alcançados, e Azamor, ora branco, ora muito vermelho de impaciência e ódio, esperava um sinal do príncipe Arary para pôr em desenvolvimento o seu plano de ataque pela força. Inexplicavelmente, Arary não se decidia. Covarde que era, hesitava; ou quem sabe, esperava ainda alguma coisa acontecer.

Nesses breves momentos que se seguiram às palavras do Grande Conselheiro, Ay-Mhoré, reunindo todas as suas forças, levantou-se de seu trono e pediu silêncio:

— Meus senhores, antes de encerrarmos o Conselho, eu pediria a todos alguns minutos de atenção. Expus com a maior clareza, indicando os meios que temos, para nos livrarmos dessa ameaça que pesa sobre todos nós. Fui chamado de louco, querendo inventar motivos para dar um golpe de estado. Pacientemente, escutei a todos e creio que a todos respondi sem subterfúgios. Infelizmente para todos nós, a maioria dos príncipes não votou com a casa real. Fato esse que eu lamento muito, não por mim em particular, mas sim por todo o povo da Terra das Araras Vermelhas, que quero crer, todos nós amamos. Para provar que eu falo a verdade e não vai em mim nenhum motivo menos confessável, eu apelo humildemente para todos os príncipes novamente, para que reconsiderem sua votação, ante o que tenho que declarar agora, em frente a meus príncipes, e meu povo e a meu Deus.

Um silêncio enorme pairava pelo grande salão, quando o tuxauá continuou:

— Para vos provar que meu único motivo é salvar o povo da minha terra da inundação iminente, eu, Ay-Mhoré VII, entronizado como tuxauá supremo da Terra de Zac pela graça de Tupã, abdico do trono agora, em favor do meu filho Tupyaba, e que seja eleito aqui um regente, enquanto durar sua infância.

O rei se calou, muito pálido, e quando seus olhos tristes fixaram o rosto de Nadja, que não tirava os olhos dele, o tuxauá notou que sua querida amiga chorava. O silêncio perdurou pelo Conselho, quando aquela voz possante se ouviu:

— Não, Ay-Mhoré! Por esse sacrifício, mil vezes não! — e Anhangüera estava de pé com os olhos úmidos.

— Assim é preciso, meu amigo — disse o rei com voz cansada.

— Que os dois neutros votem primeiro, segundo o apelo do tuxauá — disse o Grande Conselheiro.

Jaranan já estava de pé:

— Voto a favor do rei.

Jatay estava novamente com a decisão nas mãos. Podia-se ouvir a respiração de todos, quando o príncipe, levantando-se, falou:

— Não tenho mais dúvida alguma. Sou a favor de Sua Majestade.

Um ruído enorme de aplausos e vivas ecoou pelo salão, em contraste com as pragas e imprecações dos príncipes rebeldes e alguns partidários. Azamor olhou aflito para Arary, que de semblante sombrio fez um gesto com a cabeça. Era o sinal esperado. Azamor levantou-se e acenou para o seu capitão, junto às enormes portas abertas, de par em par. Arassagy, que esperava apenas o sinal de seu senhor, saiu rápido do grande salão.

— Votemos agora a abdicação do rei — disse o Grande Conselheiro, pedindo silêncio.

— Não — disse o rei. — Minha palavra é soberana e não quero que pairem dúvidas sobre a minha decisão. Votemos pelo regente do reino, e para ser coerente com as minhas opiniões, eu indico aquele que teve nas mãos o destino de nossa terra. Indico o príncipe Jatay como regente, até a maioridade do meu filho.

A votação não demorou muito, e Jatay ganhou, apoiado pelos príncipes leais, mais o voto de Jaranan.

A calma parecia voltar a reinar no Conselho, quando Arary levantou-se e lançou a primeira provocação, apoiado pelos príncipes rebeldes que esperavam, pela força, se tornarem senhores da situação.

— Eu digo que houve grandes irregularidades neste Conselho. Eu e os príncipes que me apóiam, não aceitamos essa decisão.

— Com que direito? — perguntou Ay-Mhoré, que ainda se conservava no trono.

— Com o direito da força.

— Sim, da força — disseram os outros quatro príncipes.

Azamor levantou-se. Perdera aquele ar de timidez que conservara até então, e foi com certa arrogância e muito senhor de si, que falou:

— Escutem todos! Meus emissários já estão a caminho nesse momento. Dentro de uma hora a cidade central será invadida por tropas etíopes, nossos aliados. Mantenho homens armados em todas as posições chaves da cidade. É inútil lutar. Mas também não há razão para alarme. Ninguém sairá ferido se cumprirem minhas ordens. Elejam agora mesmo o príncipe Arary como supremo tuxauá e tudo voltará à sua calma em toda a cidade. Não haverá mortos e feridos a lamentar.

Enquanto o sacerdote falava, um estupor enorme ia pouco a pouco tomando conta da assistência, e depois, os mais desencontrados sentimentos explodiram, pois mal ele acabara de falar já estouravam os gritos de "traidor! traidor!", por todos os lados. Os príncipes fiéis levaram a mão a seus punhais e os guardas movimentaram as suas pesadas lanças. Os ânimos exaltados teriam levado todos às últimas conseqüências, se não fosse o rei se levantar com toda a calma, e com as mãos, pedir a todos que se calassem e conservassem os seus lugares. A muito custo conseguiu seu intento.

— Com as palavras desse traidor — disse, dirigindo-se a Azamor — fica patenteado que existia uma conjura da pior espécie, de vez que comungam com nossos inimigos seculares, os etíopes, para dar um golpe de estado. Que todos permaneçam calmos, pois eu já neutralizei a ação das forças etíopes que se encontravam na Ilha Gorda. Os outros, há muito estão fora de combate, bem como os dois mil homens que se concentravam fora da cidade central. Eram forças etíopes também, que esses traidores usariam para se impor pela força, contra a vontade soberana do Conselho.

À medida que o rei falava, pelo salão corria um murmúrio de aprovação, enquanto Azamor sucumbia em seu trono, covarde que era, tremendo e suando abundantemente.

— Ele está blefando! — gritou Arary em atitude ameaçadora.

— Abram passagem para o capitão Pery — limitou-se a dizer o rei.

O capitão Pery, no seu cadenciado passo militar, caminhou até o centro do grande salão, arrastando por um braço o capitão Arassagy e acompanhado por quatro de seus homens.

— Esse é o capitão Arassagy, da guarda de Azamor e um reles traidor — disse o rei, apontando para o capitão, que cabeça baixa não encarava ninguém. — Fala, cão! — ordenou o tuxauá.

Arassagy, voz sumida, conseguiu dizer:

— Tudo perdido. Fomos derrotados.

— Alto, bem alto para que todos ouçam — disse o rei em voz ameaçadora.

— Não resta mais nada a fazer, meu senhor — disse Arassagy dirigindo seu olhar ao Sumo Sacedote. — Zanatar está morto, suas tropas ilhadas na Ilha Gorda e Nazmor foi derrotado e morto pelas tropas do rei.

Era o golpe final sobre Azamor e seus seguidores na intriga. O silêncio pesado continuava no grande salão e mil olhos ameaçadores fixavam-se agora no Sumo Sacerdote, que trêmulo, se encolhia no trono.

— Guardas! Prendam esses homens! — exclamou o príncipe Jatay, encaminhando-se para os tronos centrais, dando assim a sua primeira ordem como regente.

Os guardas se moveram, e com uma rapidez incrível, os príncipes rebeldes estavam impossibilitados de fazer qualquer coisa. No instante, porém, em que Jatay dava sua ordem, Azamor levantou-se do seu trono. Fez menção de que queria falar, o que chamou a atenção de Ay-Mhoré, Jatay e Turyassu, que estavam ali perto, havendo um momento de hesitação por parte dos guardas que tinham se movimentado para cumprir suas ordens. Foi o suficiente para Azamor, num movimento rápido, tirar um pequeno frasco das dobras do seu hábito e levá-lo com rapidez maior ainda, aos lábios. Dando um grito agudo, o sacerdote apertou a garganta com as mãos e com os olhos esbugalhados, caiu no chão, bem em frente do príncipe Jatay, ainda não refeito da surpresa e do imprevisto do ato. O Sumo Sacerdote dos templos estava morto. Em plena reunião do Conselho havia expiado os seus crimes.

Ordens foram gritadas em várias direções e quando o início do tumulto foi dominado, Ay-Mhoré, que descera do seu trono e agora ladeava o príncipe Jatay, que junto com os príncipes fiéis dominava a situação, falou dirigindo-se a todos:

— Gostaria de fazer o último pedido ao Conselho, e especialmente ao regente.

O silêncio voltara a reinar no Grande Conselho e todos voltaram aos seus lugares, exceto Arary e os príncipes rebeldes, que contidos por alguns homens de armas, permaneciam bem no centro do grande salão.

— Que fale pela última vez o rei! — exclamou o Grande Conselheiro.

Sem abandonar o seu lugar, ao lado do príncipe Jatay, a poucos passos dos tronos centrais, ocupados apenas por Bartyra, muito pálida, Ay-Mhoré continuou:

— O Sumo Sacerdote puniu-se a si mesmo. A conjura traiçoeira foi amplamente dominada, o reino não corre mais nenhum perigo imediato. Acho que chegou a hora de nos unirmos para poder enfrentar com calma e serenidade a catástrofe futura. Está mais do que provado que o príncipe Arary, junto com Azamor, foram as cabeças pensantes dessa rebelião. Rogo ao regente do reino que os quatro príncipes rebeldes não sejam punidos, depois que jurarem lealdade e fidelidade diante do Conselho. — E dirigindo-se a Arary, que seguro pelos braços por dois guardas, não encarava ninguém, olhos fixos no chão:
— Que Tupã tenha piedade da tua alma!

— Que seja votado o pedido do rei! — disse Turyassu.

A votação foi favorável ao pedido do rei e os príncipes juraram fidelidade e lealdade ao Conselho, sendo imediatamente reintegrados em seus lugares.

Ay-Mhoré, então, fez um relato completo das atividades do Sumo Sacerdote, sem esquecer os mínimos detalhes da conspiração que o levou a ocupar esse cargo, durante o reinado de seu pai. Jacyara ou Azy-Mhalá compareceu nesse momento perante o Conselho, e com voz trêmula, confirmou todas as palavras do rei. Foi proposta então, e imediatamente aceita por todos, a reintegração nos seus direitos de Juranan ou Dezan, ficando o seu nome inteiramente reabilitado em toda a Terra das Araras Vermelhas. Em seguida, foi proposto o nome do sacerdote do Templo de Leo, Tabajara, e também aceito por todos, para ocupar as funções de Sumo Sacerdote dos Templos.

As discussões, agora em ambiente calmo e tranqüilo, prosseguiram e ficaram estabelecidas todas as normas e providências para o início do grande êxodo, que começaria a partir do terceiro dia da reunião do Conselho, ficando cada príncipe encarregado de planejar e organizar a distribuição do seu povo, para que, com calma e ordem, pudessem evacuar as cidades. Foi proposta ainda, e aceita pelo conselho, a indicação do príncipe Jaranan para, provisoriamente, assumir a chefia da cidade do leste, a cidade do príncipe Arary, já naquela hora preso e retirado pelo capitão Pery do salão do Grande Conselho.

Jatay e Ay-Mhoré subiram, então, lado a lado até os tronos centrais. O rei retirou o seu cocar-manto de penas e o depositou no seu trono. Entregou o cetro ao príncipe Jatay, e calmo, recitou as palavras da tradição:

— Pela vontade poderosa de Tupã, por minha espontânea e livre vontade, diante do Magno Conselho, reina agora como regente em toda a Terra das Araras Vermelhas o príncipe Jatay de Ouro Verde — e abraçou o príncipe, quando terminou de dizer essas palavras.

— Que Tupã me guarde — disse Jatay. — E que eu possa ser um regente tão bom e tão sábio quanto o meu tuxauá — disse, com emoção na voz, e ajoelhando-se em frente de Ay-Mhoré em sinal de respeito.

Ay-Mhoré apressou-se em levantá-lo, mas o outro, sorrindo, disse em voz bem alta, para que todos pudessem ouvir:

— Que rei pode haver maior do que aquele que abdica dos seus direitos por amor do seu povo?

Uma tempestade de aplausos ecoou pela sala nessa hora de grande emoção. Podia-se notar que vários homens choravam e outros, presos de indizível emotividade, disfarçavam seu pranto com fungadelas, exclamações ou pragas.

Aquela voz possante irrompeu nessa hora, estrangulada por um soluço:

— Com seiscentos demônios! Maior homem, em toda a terra, meus olhos jamais viram! — e Anhangüera, chorando, dirigiu-se até o trono e prosternou-se aos pés do rei, que se deu pressa em levantá-lo com todo carinho.

— Somos dois homens, eu e tu! — disse Ay-Mhoré estreitando seu amigo nos braços.

O Grande Conselho foi encerrado com grande emoção, vivida por todos que dele participaram. Quando Ay-Mhoré, de mãos dadas com sua mulher Bartyra e de braços dados com Anhangüera, retirou-se do salão, foi acompanhado pelo povo que o aplaudia e lhe dirigia bênçãos até ao palácio real.

Nadja, com os olhos marejados de lágrimas, acompanhou de longe o seu rei em todo o percurso. Quando sua figura majestosa desapareceu pelas escadarias do palácio, a sacerdotisa, jogando sua trança para trás da nuca com força, disse baixinho:

— Vai, meu senhor! Vai, meu rei, meu amigo, meu único amor. Cumpre teu destino com fé, com desprendimento, com coragem, pois aqueles que realmente te amam, sempre estarão contigo. Vai, meu amor, meu impossível amor. Quando estiveres ou te sentires completamente só, acharás a pequenina Nadja que te adora. E como não posso ir contigo, meu rei, meu amor, leva o meu coração, meus pensamentos de ternura, leva minha alma, pois minha vida já há muito que é tua.

As lágrimas corriam agora soltas, pelo rosto de Nadja. Foi quando a sacerdotisa sentiu que alguém a tocava de leve no braço.

— Conseguimos! Conseguimos, minha boa Nadja! — e Ararype sorridente estava ali à sua frente.

Nadja, com os olhos ainda molhados, fitou o seu amigo.

— É, conseguimos — pôde dizer.

27
O testamento de Nadja

Todo o vale viveu dias de grande atividade, depois da reunião do Grande Conselho. O caminho para as terras altas, já agora conhecido por todos, havia sido desimpedido e percorrido pelos dirigentes do reino, sendo estudado detalhadamente o tempo de seu percurso, que não era mais do que três horas de caminhada, a partir da cidade central. Alguns homens já designados por seus chefes se encontravam naquelas terras, que eram abundantes de vegetação e de rios piscosos, ideais para a fundação de novas cidades. Grupos e pequenas comunidades já aí se encontravam, preparando a recepção dos que chegavam, pois o grande êxodo, lentamente, e na maior ordem, já começara, a partir das cidades mais distantes do vale.

Nosso tão conhecido Zyliar, junto com sua irmã Nayma, que ficara ainda mais agarrada com ele depois da morte de Tupyassu, tiveram um importante papel nessa migração, pois conhecedores profundos dos caminhos da montanha, eram os guias volantes entre ela e as terras altas. Nayma sublimava sua dor na ajuda às mulheres e crianças que por ali transitavam, tratando a todos com a maior bondade e solicitude.

Pouco a pouco, ia se processando a evacuação do vale e para aquele enorme movimento de povo, envolvendo um complexo de múltiplas atribuições e de decisões às vezes sérias, a tomar em cada caso, não houve problemas de maior gravidade a registrar. Cada homem ou chefe de família podia levar um mínimo de objetos pessoais, e isso foi obedecido em sua quase totalidade, havendo um ou outro problema, logo superado pelos capitães e oficiais do reino, que agiram sempre com o máximo rigor, mas sem abuso de autoridade.

Depois que as cidades satélites estavam completamente evacuadas, exceto de seus príncipes, suas famílias, e seus homens de confiança, que passaram a residir provisoriamente na cidade central, chegou a vez dessa cidade começar sua migração. Conforme ordens do regente, que agora ocupava o palácio real, juntamente com amigos, família e servos do antigo rei, o povo teria prioridade na migração, ficando por último, nesta ordem, os nobres, os sacerdotes e sacerdotisas e por fim os príncipes e a família real, inclusive o regente com seus familiares.

Numa manhã desses movimentados dias, o príncipe Jatay, incansável em sua nova missão, acabando de chegar das terras altas, foi ao encontro de Ay-Mhoré, que se encontrava sozinho em seu gabinete particular, que ainda usava.

— Salve, meu rei! — saudou Jatay, que embora contra a vontade de Ay-Mhoré, ainda continuava a chamá-lo assim.

— Salve, príncipe. Quando deixarás de me chamar por esse nome?

— Para mim e para o nosso povo, sois o rei que mora em todos os corações.

Ay-Mhoré sorriu e convidou o regente para sentar-se nas almofadas, ao seu lado.

— Tudo vai correndo bem, creio?

— Da forma mais perfeita. Acabei de chegar das terras altas. O caminho é suave, embora suba um pouco, mas não está havendo grande dificuldade para os velhos, mulheres e crianças.

— Ótimo! — exclamou Ay-Mhoré, satisfeito.

— As terras altas — continuou o príncipe — são magníficas. Muita água, muita vegetação e terreno excelente para o plantio. Creio que poderemos ter em pouco novas cidades, novos templos e a implantação de um novo império, com dias de grande felicidade e paz para todo o nosso povo.

— Disso eu tenho absoluta certeza.

— Tive uma pequena reunião com os príncipes e ficou também decidido o nome que daremos à nova nação. Vim imediatamente vos comunicar o que ficou decidido.

— Uma mudança de nome? — perguntou Ay-Mhoré, espantado.

— Sim, meu senhor. Já é fato consumado. Houve unanimidade na votação. Novas terras, nova nação, esse o espírito que guiou a todos nessa mudança. Se os deuses acharam por bem destruir toda a Terra de Zac, é sinal evidente que essa nação já cumpriu seu destino. Deve ser do desígnio dos deuses que tenhamos uma nova nação, com novos destinos, e também com um novo nome, que fale da importância da terra Nhengatu, para que ela perdure por toda a eternidade.

— E que nome foi escolhido, príncipe Jatay?
— A nova terra já foi abençoada e batizada em cerimônia solene, presidida por Tabajara, Sumo Sacerdote dos Templos. O nome de nossa nação é agora Aymorés.

O antigo tuxauá quase pulou de suas almofadas de penas:
— Mas não deviam, de forma nenhuma, não deviam. Se é uma homenagem a minha pessoa, por alguma coisa que fiz, eu só posso declarar que o faria novamente como obrigação para com meu povo. Não, não deviam — repetiu Ay-Mhoré visivelmente contrafeito.

Jatay tomou as mãos dele entre as suas e encarando-o com seus olhos claros, falou ternamente:
— Meu rei e meu senhor, já está feito, por todos os Ay-Mhorés que reinaram neste vale. Foi feito em homenagem ao coração mais bondoso e mais magnânimo que viveu nesta terra. Foi feito em homenagem ao homem mais bravo e leal que eu conheço, e por fim, ao homem mais amado de todo o vale.

Havia emoção na voz do príncipe. Ay-Mhoré levantou-se e o abraçou por algum tempo. Foi com voz embargada e olhos úmidos que perguntou:
— Isso é definitivo?
— Sim, já foi feito! De hoje em diante, a Terra das Araras Vermelhas será conhecida como Nação dos Aymorés, e o príncipe Tupyaba reinará um dia com seu brasão, que será um coração azul, símbolo da paz, atravessado por uma lança vermelha, símbolo do sacrifício.

O silêncio seguiu-se a essas palavras de Jatay e foi Ay-Mhoré que o quebrou, depois de algum tempo, em que parecia meditar.
— Agradeço do fundo do meu coração, em meu nome e no de meu filho, merecer tanta honra e tanta bondade de todos.
— Foi apenas um dever e um agradecimento que todos nós tínhamos que cumprir — disse Jatay.
— Tenho pensado muito no assunto em minhas horas de solidão e meditação — disse Ay-Mhoré, grave. — E gostaria de pedir uma graça do príncipe regente.
— Mas claro, tudo que quiserdes.
— Tenho a tua palavra?
— Mas é evidente.
— Como dizia, tenho pensado muito, e cheguei à conclusão de que minha missão está terminada. Não, não me interrompa — disse Ay-Mhoré, ante a menção do outro dizer qualquer coisa. — Terminada minha missão, eu gostaria de merecer a graça do príncipe regente, de não precisar migrar

para as terras altas.

— Mas como, não entendo!

Jatay parecia espantado, não sabendo onde Ay-Mhoré queria chegar.

— Muito simples, gostaria de ficar e desaparecer junto com a terra que eu amo — disse Ay-Mhoré em tom tristonho.

— Mas isso é impossível!

— Penso que tu me deste a tua palavra.

— Mas não sabia que era para... para isso — conseguiu dizer Jatay.

— É uma pequena graça que eu julgo merecer.

— Mas... mas...

— Rogo humildemente ao príncipe regente que atenda meu pedido.

— Vossa decisão é irrevogável?

— Sim, irrevogável e definitiva.

Jatay pareceu meditar por alguns instantes, preso de tremenda indecisão.

— Mas senhor — disse afinal. — Há a considerar o vosso filho, vossa esposa. Bah! — explodiu! — Tantas outras coisas!

— Já pensei nisso tudo. Meu filho está bem amparado e reinará um dia, tenho certeza. Minha esposa sempre foi uma mãe excelente, sempre foi muito mais mãe do que esposa. Não, não estou ferido ou magoado por isso — disse Ay-Mhoré precipitando-se antes que fosse interrompido pelo outro. — Dessa forma, cuidará com todo desvelo da criança. A mim não resta mais nada, somente minha querida terra, terra pela qual eu vivi, na qual amei e sofri e agora, com ela, quero morrer. Compreende, meu amigo. Por favor, eu te suplico essa graça — disse Ay-Mhoré com os olhos cobertos de lágrimas.

— Não creio que possa entender perfeitamente, porém, quem sou eu, para negar o pedido de um homem que não deseja mais viver.

— Eu te fico muito grato, meu bom amigo — disse Ay-Mhoré. — Já que fui tão bem atendido, gostaria de merecer mais um favor.

— Só se não for igual ao primeiro...

Ay-Mhoré sorriu:

— Gostaria que Bartyra não soubesse da minha decisão antes de partir.

— E o que lhe direi na hora da partida?

— Que eu irei pouco depois. Nas terras altas, explicarás a ela que esse foi o meu desejo.

— Assim o farei.

— Mais um pedido — disse Ay-Mhoré, fisionomia cansada. — Que olhes pelo meu filho como um pai.

— Tens a minha promessa.

Depois que o príncipe regente se retirou, Ay-Mhoré ainda permaneceu por longo tempo, pensativo, sentado em suas almofadas. Quando a tarde já caía, ele se levantou e se dirigiu aos aposentos que se destinavam a Bartyra e seu filho. Conversou com sua esposa muito tempo, procurando parecer alegre e despreocupado. Beijou ternamente seu filho e pegando-o no colo, ficou algum tempo a olhá-lo, antes de o recolocar no berço.

— Amanhã, bem cedo, irás partir para as terras altas com nosso filho — disse Ay-Mhoré em voz calma. — Talvez eu não esteja aqui para nos despedirmos.

— Como? Não segues conosco? — perguntou Bartyra, surpresa.

— Não, irei depois. Parto, agora mesmo, para cumprir uma importante missão. Só depois disso é que estarei nas terras altas.

Os dois esposos se abraçaram e Ay-Mhoré, como toda ternura, beijou com suavidade os lábios da rainha.

Quando Ay-Mhoré saiu dos aposentos de Bartyra, na ante câmara encontrou o seu servo Jaguarassu, que parecia esperá-lo.

— Salve, meu senhor! Posso acompanhá-lo?

— Vou em importante missão para o norte, não posso levar ninguém — disse com tristeza o rei.

— Eu vos rogo que me deixeis seguir-vos — havia súplica nos olhos do velho servo.

Ay-Mhoré ficou a fitá-lo por algum tempo. Um pequeno lampejo nos olhos de Jaguarassu e Ay-Mhoré entendeu que o outro conhecia, não atinava de que maneira, os seus propósitos. Foi com voz suave e com a mão direita sobre o ombro de Jaguarassu, que Ay-Mhoré falou:

— Tupã te guarde. Eu agradeço tua lealdade e amizade. Mas em nome dessa amizade e lealdade, peço-te que fiques. Fiques e olhes por minha mulher e por meu filho, pois ficando com eles, eu posso partir com o coração mais leve.

Jaguarassu caiu de joelhos em frente de seu senhor e seu rei, que ele tanto amava, e segurando uma de suas pernas, reclinou a cabeça, procurando beijar os pés de Ay-Mhoré, que o evitou delicadamente, fazendo com que ele se levantasse. As pernas do rei estavam molhadas, e sufocando um soluço, o velho Jaguarassu beijou as mãos de Ay-Mhoré.

Faltavam apenas três dias para a grande catástrofe.

Depois de uma noite povoada de sonhos, a sacerdotisa Nadja levantou-se cansada, mas já com uma decisão tomada em relação aos acontecimentos tão próximos. Fazendo rápido sua toalete, seguida de pequeno desjejum, servido pela sua leal Adenara, Nadja, no seu gabinete particular, preparou-se para receber Ararype e Nayade, que já esperavam para falar com ela. Era a manhã do dia programado pra a migração dos templos, em todo o vale.

— Salve, meus filhos — disse Nadja, à entrada dos dois jovens. — Queria mesmo falar com todos dois.

Os dois namorados sentaram-se perto da sacerdotisa e esta prosseguiu:

— O tempo é bem curto, por isso quero que ouçam bem o que tenho para dizer, sem ser interrompida — fez uma breve pausa e pousando os olhos azul-acinzentados nos dois, que a olharam interessados, prosseguiu: — Quero que trates essa jovem com o máximo carinho. A ligação do passado que tens com ela e o que sei a respeito de ambos, me autorizam a falar dessa maneira. É uma verdadeira bênção, encontrar-se a alma gêmea numa de nossas vidas; poder logo senti-la, e pela união de corpos e espíritos completar-se num todo, que é a culminância de toda a felicidade. Tão logo chegues nas terras altas, Ararype, quero que os dois se casem e que sejam felizes para sempre. Prometem?

— Mas claro, Nadja, queríamos até convidá-la para nossa madrinha. Mas porque essas determinações todas? Até parece que não vais conosco para as terras altas? — perguntou Ararype intrigado.

Nadja desconversou:

— Claro, fico até muito feliz em ser madrinha. É que eu irei um pouco depois, para as terras altas. Tenho ainda uma missão a cumprir aqui. Quero que me prometa — tornou a pedir Nadja.

— Nós prometemos — disseram Nayade e Ararype.

— Muito bem — disse Nadja levantando-se e abraçando demoradamente os dois jovens. — Que Tupã os abençoe.

Quando os dois jovens saíram, Adenara fez entrar na sala Azalym e Narayama.

— Azalym — brincou a sacerdotisa. — Quero que cuides da minha discípula, com o mesmo amor com que cuidas de tuas feras.

O guarda-caça ficou muito vermelho e veio beijar as mãos de Nadja.

— Narayma — disse a sacerdotisa, séria. — Com a autoridade que me conferem o tuxauá e Tupã, de Suma Sacerdotisa das Danças Sagradas do Templo do Vento, eu, Nadja, retiro o teu compromisso de sacerdotisa, para que livre, possas casar-te com o homem que amas.

Narayma abraçou sua mestra, e com os olhos úmidos agradeceu, saindo radiante de felicidade, junto com Azalym.

— Ah! Tupã! — suspirou Nadja, quando se viu a sós. — Quisera que um sacerdote maior pudesse tirar o meu compromisso também.

Nem bem Nadja se recompunha da emoção e já Adenara introduzia Narayade na sua presença.

— Mandaste-me chamar, senhora?

— Sim, Narayade. Senta-te aqui ao meu lado.

A outra obedeceu, enquanto a sacerdotisa prosseguia:

— Minha filha, não quero que te descures do teu preparo espiritual. Nas terras altas, depois que o Templo do Vento estiver restaurado, quero que procures o atual Sumo Sacerdote dos templos, Tabajara. Irás procurá-lo em meu nome, e lhe dirás que a luz azul de Mestre Payê-Suman é o único caminho que procuras. Ele saberá o que fazer.

— Mas, senhora, eu gostaria de continuar aprendendo com a minha mestra — disse Narayade com a voz apreensiva.

— Assim é preciso, minha filha.

A outra arregalou muito os olhos e compreendeu toda a verdade.

— Quer dizer, que a senhora não pretende ir para as terras altas?

— Cada um deve cumprir o seu destino — respondeu Nadja com tristeza na voz.

Narayade começou a chorar baixinho, e depois agarrou-se ao pescoço de Nadja, que por um momento sentiu-se fraquejar.

— Olha, minha filha — disse a sacerdotisa com ternura, a afagar os cabelos da discípula. — Isso é um segredo entre nós duas. Tens que me prometer que não dirás nada a ninguém e que também serás forte e uma discípula dedicada. Prometes?

— Sim, minha senhora. Mas eu não entendo por quê! — Narayade estava inconsolável.

— Talvez um dia possas compreender porque as pessoas fazem coisas que para a grande maioria não têm o menor sentido.

— Mas, senhora...

— Lembra-te bem, minha filha. Dar é bom, mas melhor ainda é dar por haver compreendido. Amor sem renúncia, é puro egoísmo de quem só quer receber. Amor completo é entrega total. É não ser mais um, é dois num só. O amor é privilégio dos deuses. Quem ama realmente supera-se a si mesmo e junto com as hostes angélicas, ultrapassa a própria vida, transitória e mortal. Por amar demais eu renuncio a tudo, renuncio a mim mesma. — Nadja estava chorando, quando acabou de falar.

Narayade ficou muito tempo calada e depois, num arrebatamento, jogou-se aos pés de sua mestra e com olhos súplices, pediu:

— Mestra, ensina-me a amar assim?

— Algum dia, tu terás também esse amor — disse Nadja, olhos perdidos, brincando com os dedos nos cabelos desalinhados de sua discípula.

— Posso ficar mais um pouco a seu lado?

— Ainda tenho algumas coisas a fazer. Vai, minha filha, logo que acabar eu irei ter contigo.

Narayade, muito a contragosto, se retirou, e Nadja pediu a Adenara, que surgira na porta mal a outra havia saído, que trouxesse à sua presença Narayama.

Quando a bailarina preferida de Nadja entrou na sala, encontrou sua mestra caminhando de um lado para outro. A sacerdotisa pareceu despertar de um pesadelo e encarou Narayama.

— Minha querida filha — disse a sacerdotisa indo direto ao assunto. — Quero que prestes a máxima atenção no que tenho para dizer e peço-te que não me interrompas, pois temos muito pouco tempo.

— Sim, minha senhora — disse Narayama, sentando-se aos pés da sua mestra.

— Nós — começou Nadja — fomos criadas e vivemos para a dança. Pois se o universo inteiro expressa-se em miríades de formas rítmicas, nós tentamos encontrar esse ritmo, razão de ser de todas as coisas. A dança, minha filha, é um movimento harmônico em que o corpo procura, através dessa harmonia, mostrar a cadência do cosmo, nos gestos, nas atitudes, nas posturas, de tal maneira que música e movimento se fundem num só, exprimindo a beleza criativa de Tupã no seu uniforme e rítmico movimento de dar-se a si próprio. É pois, a dança, também um sacrifício. O sacrifício do Pai, que em harmonia e ritmo dá nascimento a todas as coisas. Na dança encontramos o amor, a paz, a harmonia interior, o equilíbrio e o ritmo, que unidos a essa paz, esse equilíbrio e essa harmonia do universo, nos dão a sensação de perfeição e realização, atributos reais desse mesmo cosmo. O universo tece a teia dos mundos bailando incessantemente, e nós em escala menor criamos os nossos mundos e nossos universos interiores, quando bailamos verdadeiramente. Entende, minha filha?

— Creio que sim, senhora. É mais ou menos o que sinto quando eu danço.

— Então — prosseguiu Nadja — dançar é também uma forma de dar. Pois que é dando que nós podemos receber aquilo que merecemos. Se o próprio Criador, Tupã, constrói os mundos dando-se a si mesmo, nós, bailarinas do Vento, também devemos prosseguir dando a nossa paz, a nossa harmonia a todos aqueles que já perderam a sua própria. E uma nobre missão, Narayama, missão que não deve ser interrompida.

A outra a escutava com toda atenção, e Nadja prosseguiu:

— Eu venho cumprindo a minha missão com dedicação e desvelo, mas agora, creio haver esgotado uma parte dessa missão. Não sei se estou certa ou errada, o futuro certamente o dirá. O Templo do Vento, porém, não pode interromper o seu objetivo; assim, minha filha, pesadas responsabilidades pesam sobre teus ombros, pois tu serás a minha sucessora, como Suprema Sacerdotisa da Dança do Templo do Vento.

Narayama estava muda de espanto, quando Nadja acabou de falar. E muda permaneceu por um bom espaço de tempo, enquanto a outra a observava detidamente. Quando falou, foi para dizer:

— Mas senhora, eu não estou preparada.

— Estás sim, eu o afirmo. E lembra-te bem, isto é uma promessa. Enquanto viveres, que vida seja a que vivas, quando te sentires só ou preocupada com algum problema, terás sempre ao teu lado para te ajudar a tua irmãzinha Nadja. Isto é uma promessa e um vaticínio, porque eu o sei e posso afirmar — e a sacerdotisa, de olhos brilhantes, jogou a sua grossa trança para trás.

Narayama estava muito embaraçada e emocionada, e foi com voz embargada que perguntou, aflita:

— Se entendo bem, a senhora não pensa em migrar para as terras altas?

— Não, minha querida filha. Fico para que seja cumprido o meu destino.

Narayama agarrou-se com sua mestra, enquanto Nadja a afagava, dizendo em seu ouvido palavras de carinho.

— Vem, minha filha, vamos ao salão principal que o tempo urge. Quero consagrar-te diante de todos como sacerdotisa da dança — e Nadja, retirando do dedo o seu anel, uma pequena borboleta com as asas abertas, trabalhada em fino ouro, o colocou no dedo de Narayama.

A cerimônia foi rápida e tocada por lances de grande

emoção. E nem bem Nadja abençoara a nova sacerdotisa, os guardas reais já se achavam no templo, para dar consecução ao plano de evacuação dos templos da cidade central.

Quando Nadja ficou sozinha no grande salão, deu um grande suspiro, passando as mãos pelos olhos, como para afugentar os próprios pensamentos, e dirigiu-se ao seu quarto secreto.

Acendeu quatro círios coloridos e ajoelhando-se numa almofada começou a orar. Pouco a pouco o quarto foi penetrado por um perfume forte de jasmim e o silêncio foi cortado por uma voz grave e bem modulada:

"— Insistes nos teus propósitos, muito embora tenhas sido mais do que avisada?"

— Perdão, Mestre. Do fundo do meu coração, mil vezes perdão! — exclamou Nadja, prosternando-se no chão.

"— Sabes que nem eu tenho autoridade para intervir no teu carma?"

— Sei, meu Mestre.

"— Sabes o que o futuro te reserva?"

— O futuro acha-se tão distante.

"— Não mintas a teu Mestre"

— Perdão, Mestre, perdão!

"— Filha minha, nem eu posso te condenar; que se cumpra o teu destino. Que tenhas muita força para elevar-te e resignação para cumprir com teu carma. Eu te abençôo em nome de Tupã e que por vidas afora compreendas a lição, e quando esgotada a lei de causa e efeito, tu possas te libertar, para sempre, do jugo da carne."

— Ó! Meu Mestre! Agradeço do fundo do meu ser. Que Tupã tenha piedade da minha alma.

"— Paz no teu coração, filha minha. Que seja feita a vontade de Tupã".

Os círios se apagaram e uma intensa luz azul envolveu a sacerdotisa por alguns momentos. Nadja ficou imóvel, ali no chão, um tempo enorme, depois levantou-se e com o coração mais sossegado, deixou para sempre o seu quarto tão querido.

Vagarosamente percorreu todo o templo, agora vazio e silencioso. Quando chegou ao salão principal, deparou com um vulto, que imóvel a observava. Estava um pouco escuro, e Nadja, apertando os olhos, procurou enxergar quem era. Uma estranha palpitação no coração lhe deu imediatamente a certeza de quem era. Com os braços abertos, um sorriso de felicidade nos lábios, Nadja correu em direção a Ay-Mhoré, que a esperava na semi-obscuridade do templo.

Epílogo

Durante dois dias seguidos, um vento forte varreu o vale deserto. O sol, oculto por nuvens negras, dava ao ambiente um tom soturno, ajudado por uma chuva fina que não cessava, umedecendo aquela terra outrora tão tépida e acolhedora. Grandes ressacas explodiam, vagas enormes sobre as praias de areias amareladas. O silêncio da cidade morta realçava o ruído do vento e aumentava ainda mais o estrépito dos vagalhões quebrando contra a costa. Relâmpagos caíam a todo momento, ora fendendo árvores enormes, ora despedaçando casas e muros inteiros, ora se perdendo nas matas distantes, num ruído ensurdecedor de apavorantes efeitos.

Ay-Mhoré e Nadja, abraçados e seguidos de perto por Anhangüera, dirigiam-se a passos lentos para a praia de leste. O gigantesco príncipe, depois do êxodo de sua cidade, procurara Ay-Mhoré e na sua voz possante, lhe dissera sem preâmbulos, e com aquela franqueza que o caracterizava:

— Bem poucos homens na Terra fizeram o que eu e tu fizemos. Já estou muito velho — disse sorrindo — para me acostumar com novas cidades e novas florestas de caça. De mais a mais — disse, com uma praga — meu lugar é ao lado de meu irmão e da terra que eu adoro — e encerrou o problema, irredutível no seu ponto de vista.

Ay-Mhoré tentou por todos os meios e modos, no deserto palácio real onde fora encontrado por Anhangüera, dissuadi-lo de tais propósitos, mas o príncipe desconversou, e começou a falar sobre outros assuntos, animadamente, como se nada estivesse para acontecer. Ay-Mhoré desistiu, e tomando nos braços aquele homem admirável, expressou naquela hora a profunda admiração e respeito que tinha por ele.

Agora, na praia deserta, os três a percorriam tristes, aguardando o desfecho de suas vidas, que eles, espontaneamente, entregavam em holocausto à terra maravilhosa que os vira nascer e que eles amavam tanto, a ponto de morrer por ela.

— Com medo? — perguntou Ay-Mhoré, afagando com ternura o queixo de Nadja, que se aconchegou em seu peito largo.

— Estando contigo, jamais terei medo.

— Porque ficaste? Já sabias que eu não iria com os outros?

— Fiquei porque te amo. E meu lugar é ao lado daquele que é a razão de minha vida. Quanto a saber que estavas aqui, de há muito que eu sabia.

— Mesmo sabendo que vais morrer, ainda assim ficaste?

— Ninguém morre, querido. Tudo é um constante mudar, no ínfimo tempo que chamamos vida.

— Acreditas que sobreviveremos a essa catástrofe?

— Nadja e Ay-Mhoré não. Nossas almas sim, meu amor, essas continuarão a existir por toda a eternidade — disse a sacerdotisa com tristeza na voz. — Mas falemos de coisas belas no pouco tempo que nos resta.

— De coisas belas — repetiu Ay-Mhoré. — Mas sim, falemos de nosso amor que é maravilhoso e pode se sobrepor às nações que migram. Da tua amizade profunda que toca as fibras mais íntimas do meu coração, de tua ternura e compreensão infinitas, que fizeram de mim um bravo, e me deram forças para vencer todos os meus inimigos e salvar meu povo. Dessa força extraordinária que vem do teu amor e que me consolou nos meus momentos de amargura. De tua bondade sem limites que fez de mim um homem justo e misericordioso. De tua sabedoria, que me tornou sábio, a ponto de poder renunciar ao poder e à glória por amor dos meus semelhantes. De tua coragem, que incutiu em mim o destemor que me libertou das trevas da intriga. De tudo que vem de ti, que és meu apoio, meu guia, minha estrela brilhante, meu horizonte, meu anseio de paz e minha própria vida. De coisas belas, disseste — e Ay-Mhoré divagava, mãos dadas com Nadja, olhos perdidos um no outro, como se mais nada existisse. — Falemos nas palmeiras gigantes do meu vale imenso, embaladas pela brisa suave. Matizadas por araras de mil cores, que emprestam seu vôo largo aos pensamentos mais distantes. Do pôr-do-sol, manchando o mar de pinceladas claras, para depois se tornar azul, qual teus olhos apaixonados que me fitam agora. Dessas montanhas azuladas e silenciosas que amparam o vale com silhuetas agudas e com sombra terna. Dessa terra vermelha como as araras que lhe deram o nome, que oferece dádivas como o amante terno oferece carícias. Falemos da Terra de Zac inteira, que é música para meus ouvidos, poesia para minha alma.

Ay-Mhoré calou-se de repente. Nadja o puxou para si e o beijou de leve nos lábios. O rei estremeceu, e pousando seus olhos escuros nos de Nadja, exclamou:

— Como amo isso tudo! E como te amo, minha pequenina Nadja.

Os dois foram interrompidos no seu enlevo pela voz possante de Anhangüera, que por um momento tinham esquecido.

— Vem alguém lá — e o príncipe apontou em direção à elevação do terreno onde acabava a praia.

— É ele! — exclamou Ay-Mhoré, mudo de assombro.

— Ele quem? — perguntaram a um só tempo Nadja e Anhangüera.

— O solitário da montanha azul — disse Ay-Mhoré firmando a vista.

O sábio da montanha aproximava-se vagarosamente, andando apoiado num bastão grosso. Chegou a poucos passos dos três e em voz articulada com alguma dificuldade, voz que não era ouvida há longos anos, conseguiu dizer:

— Salve, meus filhos, que a paz de Tupã esteja nos vossos corações.

— Mestre — disse Ay-Mhoré, ajudando-o a sentar-se na areia. — Por que viestes? Não sabeis que o vale inteiro irá desaparecer dentro de poucos instantes?

— Sei, meu filho, e por isso mesmo vim — o sábio falava com grande dificuldade.

— Mas por que, senhor?

— Contigo, meu filho, aprendi uma grande lição. A lição de renúncia, desprendimento e amor ao próximo. Tu, que tinhas tudo, tudo deixaste por amor. Deste teu título, teu poder, tua glória e até tua própria vida por uma coisa apenas: amor. Eu que pensava já ter dado tudo, cheguei à conclusão de que nunca dei nada. Isolei-me de tudo e de todos em meu egoísmo, e tratei apenas de fortalecer minha mente e meu espírito para nada. Não é negando que se consegue a libertação, é dando amor e compreensão aos nossos semelhantes que conseguimos a paz e a vitória sobre a matéria. Isolado, fui apenas mais um mentalista que queria consertar o mundo e os homens, sem conhecer nada desse mundo e desses homens. Um inútil solitário, apenas. Vim te pedir perdão, meu filho, e aprender de novo como se pode amar os nossos semelhantes.

O sábio calou-se. Ay-Mhoré aturdido olhava para aquele

homem e então Nadja viu, brilhando na testa do solitário, a luz azul do grande Mestre Payê-Suman. Ajoelhou-se à sua frente, no que foi imitado maquinalmente por Anhangüera. Então, Ay-Mhoré também caiu de joelhos à sua frente, e contrito pediu:

— Mestre, ensina-me a ser manso.

O sábio sorriu, um sorriso doce que deu a toda a sua fisionomia um halo de santidade.

— Já dizia o Mestre dos Mestres, o Mahadeva: desses, será o reino futuro.

— Apascenta minhas ovelhas — recitou Nadja. — O Mestre falou: Dia virá, em que haverá um só pastor para um só rebanho. Nesse dia, os deuses novamente habitarão a terra.

— Assim seja — disse o solitário, e abençoando os três caiu em profunda meditação.

Um relâmpago enorme rasgou o céu escuro de ponta a ponta, a terra tremeu e um vento forte vergou as palmeiras gigantes quase até o chão. Nadja e Ay-Mhoré, mãos dadas, ajoelhados no areia, ficaram a se fitar nos olhos.

Anhangüera levantou-se e quase vergado pelo vento, agarrou com as possantes mãos duas palmeiras quase juntas, e fazendo força as levou quase à sua posição primitiva. Seus músculos estavam retesados, pés fincados na areia, como a desafiar as forças da natureza. O vento aumentou de intensidade e relâmpagos enormes desciam sobre a Terra. Anhangüera, de pé entre duas palmeiras, músculos admiráveis saltando do seu torso desnudo, a segurá-las com as mãos, gritou a plenos pulmões:

— Ó deuses! Vinde ver, vinde ver como morre um homem!

As palmeiras gigantes, por um momento apenas, voltaram à sua posição vertical, puxadas por aquela força descomunal.

Um ruído ensurdecedor ouviu-se, a terra toda tremeu, o mar ao longe elevou-se a grande altura, como se mão invisível o tivesse jogado para cima, e depois, de um só golpe varreu todo o vale.

Fim

O autor

Roger Feraudy, carioca de nascimento, reside desde 1961 em Petrópolis, Rio de Janeiro.
Odontólogo aposentado, é mais conhecido por sua atuação na área artística e literária.
Escritor versátil, com mais de uma dezena de obras publicadas, de prosa e poesia, algumas em sucessivas edições, é bastante conhecido especialmente pelos títulos *Serões do Pai Velho* (3ª ed.) e *Umbanda, essa Desconhecida"* (3ª ed.), que já se tornaram clássicos da umbanda esotérica. Transita com facilidade por temas esotéricos diversos, como a origem do homem (*Religião e Cosmo*), os seres elementais (*Cyrne. História de uma Fada*), *A Mãe do Mundo* (*A Divina Mediadora"*), extraterrestres (*Um Anjo está nas Ruas"*) etc. Sensitivo de apurada percepção, pôde captar no campo extrafísico os registros com que compôs o romance ancestral verídico *A Terra das Araras Vermelhas*, que antecedeu seu último trabalho *Baratzil - A Terra das Estrelas* que conta a saga doas extraterrestres no Peru e no Brasil e a explêndida civilização que alí floresceu, denominada Paititi.
Com uma diversificada atuação na área musical, foi cantor profissional na década de 40. Nos anos 50/60 compôs música popular, e teve mais de 50 canções gravadas pelos maiores intérpretes da época, como Elizeth Cardoso (*Velhas Memórias*), Ângela Maria, Nora Ney, Dircinha Batista, Ivon Cury, Anísio Silva etc. Composições suas foram incluídas em filmes nacionais, como: *Desilusão*, com Anísio Silva, *Delicadeza* e *A Cara do Pai*, com Ivon Cury.
Criou em parceria diversos shows apresentados no Rio e em vários estados (*Pai Tomé de Luanda*, *Naexetá*), revistas musicadas (*Mágica Maestro*), (*Nagô Naê*), e shows de bolso (*Os gregos não eram assim, Quem não chora não mama,*

Yes, nós temos bananas). Em contraponto, fez a peça infantil musicada, de grande sucesso de público, *Alice e o Coelho Pimpão*. Integrando o *Samba Trio*, com Lombardi Filho e José Negrão, fez extensa turnê pela Europa e África Portuguesa.

Roger Feraudy pertence à Academia Petropolitana de Poesia Raul de Leoni e Academia Neolatina e Americana de Artes do Rio de Janeiro, bem como à Ordem dos Músicos.

Universalista, com profundos conhecimentos na área esotérica, Roger conta décadas de trabalho e pesquisa no campo do espiritualismo, sendo uma autoridade na área da umbanda esotérica no Brasil.

Leonino, cumpre integralmente o destino solar da criação artística; de ascendente sagitário, encara o desafio de mostrar novos horizontes do conhecimento espiritual.

A TERRA DAS ARARAS VERMELHAS
foi confeccionado em impressão digital, em março de 2025
Conhecimento Editorial Ltda
(19) 3451-5440 — conhecimento@edconhecimento.com.br
Impresso em Luxcream 70g, StoraEnso